图书在版编目(CIP)数据

小学各学科落实立德树人根本任务的理论与实践研究/重庆市教育科学研究院初等教育研究所组织编写.--重庆:西南大学出版社,2022.12
ISBN 978-7-5697-1484-5

Ⅰ.①小… Ⅱ.①重… Ⅲ.①小学教育—教育研究 Ⅳ.①G622.0

中国版本图书馆CIP数据核字(2022)第239805号

新时代重庆教育高质量发展与改革研究系列丛书
小学各学科落实立德树人根本任务的理论与实践研究
XIAOXUE GE XUEKE LUOSHI LIDE SHUREN GENBEN RENWU DE LILUN YU SHIJIAN YANJIU

重庆市教育科学研究院初等教育研究所 组织编写

责任编辑：曹园妹	
责任校对：张 琳	
封面设计：汤 立	
排 版：吴秀琴	
出版发行：西南大学出版社(原西南师范大学出版社)	
地址：重庆市北碚区天生路2号	
邮编：400715	
电话：023-68868624	
印 刷：重庆长虹印务有限公司	
幅面尺寸：170 mm×240 mm	
印 张：39.25	
字 数：604千字	
版 次：2022年12月 第1版	
印 次：2022年12月 第1次	
书 号：ISBN 978-7-5697-1484-5	
定 价：118.00元	

新时代重庆教育高质量发展与改革研究系列丛书

小学各学科落实立德树人根本任务的理论与实践研究

重庆市教育科学研究院初等教育研究所　组织编写

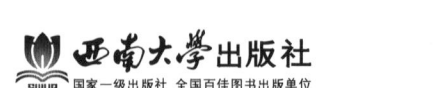

西南大学出版社
国家一级出版社　全国百佳图书出版单位

编委会

编委会主任：范卿泽　蔡其勇

编委会副主任：万礼修　刘雅林

编委会成员（按照姓氏笔画排序）

　　　　王若语　牛　晓　李　可　吴启菊

　　　　张咏梅　赵祖莉　陈祥彬　陈燕浩

　　　　邵发仙　周　颖　胡　苹　胡　松

　　　　侯玉桃　郭　蕾　郭冬梅　曹　雷

　　　　康世刚　靳　柯　黎贝蓁

前言

  2012年11月，党的十八大报告提出"把立德树人作为教育的根本任务"。2018年9月11日，中共中央总书记、国家主席、中央军委主席习近平在全国教育大会上发表重要讲话，强调"要努力构建德智体美劳全面培养的教育体系，形成更高水平的人才培养体系。要把立德树人融入思想道德教育、文化知识教育、社会实践教育各环节，贯穿基础教育、职业教育、高等教育各领域，学科体系、教学体系、教材体系、管理体系要围绕这个目标来设计，教师要围绕这个目标来教，学生要围绕这个目标来学。凡是不利于实现这个目标的做法都要坚决改过来"。

  为落实习近平总书记关于教育的重要论述和大会精神，我们组织我院初等教育研究所小学各学科的教研员对"立德树人"的由来与发展做了梳理，在分析政策变化和相关理论的基础上，对各个学科如何落实立德树人的根本任务做了实践研究，构成了该研究成果。

  本书由十四章构成。第一章主要梳理和分析了立德树人概念的历史渊源以及内涵发展变化。第二章分析了立德树人的理论基础和政策依据。第三章至第十四章分别从小学道德与法治、语文、数学、英语、音乐、体育、美术、书法、科学、信息科技、综合实践活动和安全教育等学科的视角梳理"立德树人"的历史演进，分析了不同学科落实"立德树人"的学科特点、基本要求和实践路径。

本书由重庆市教育科学研究院初等教育研究所所有教研员集体讨论构思设计，然后按照学科特点分别编写，其中，第一章由侯玉桃编写；第二章由靳柯编写；第三章由陈燕浩、肖洪雨、于海娇编写；第四章由张咏梅、郭蕾、罗云倩、吕佳颖编写（其中张咏梅、罗云倩和吕佳颖编写第一、二节，郭蕾编写第三、四节）；第五章由康世刚和陈祥彬编写（其中康世刚编写第一、二节，陈祥彬编写第三、四节）；第六章由王若语编写；第七章由胡苹、税雪、何衡正编写；第八章由牛晓、刘勇、陈明庆、易礼舟编写；第九章由黎贝蓁、石鹏娟、潘喜霞编写；第十章由吴启菊、刘祝、梅文江编写；第十一章由邵发仙、赵祖莉编写；第十二章由李可、尹杰、罗川兰、张志韬编写；第十三章由曹雷、毛擘、赖德莉编写；第十四章由胡松、郭冬梅、周健编写。陈燕浩协助收集整理了书稿。

本书的编写得到重庆市教育科学研究院"新时代重庆教育高质量发展与改革"项目的支助，也得到西南大学出版社的大力支持，特别是曹园妹女士做了极其辛苦的编辑工作！本书参考了国内外研究者的文献，在此一并致谢！

本书是重庆市教育科学研究院初等教育研究所对全学科落实立德树人根本任务研究的初步尝试，理论政策梳理和教学实践还有许多不完善的地方，敬请学者批评指正。请将您的宝贵建议发到信箱：653874202@qq.com。

重庆市教育科学研究院

初等教育研究所

目录

第一章 立德树人的由来与发展 (1)

 第一节 立德树人思想的历史渊源 (3)

 第二节 立德树人的内涵及教育政策的发展历程 (8)

第二章 小学各学科落实立德树人根本任务的理论基础与政策依据 (29)

 第一节 小学各学科落实立德树人根本任务的理论基础 (31)

 第二节 小学各学科落实立德树人根本任务的政策依据 (49)

第三章 小学道德与法治学科落实立德树人根本任务的理论与实践 (57)

 第一节 小学道德与法治学科落实立德树人根本任务的历史演进 (59)

 第二节 小学道德与法治学科落实立德树人根本任务的学科特点 (64)

 第三节 小学道德与法治学科落实立德树人根本任务的基本要求 (67)

 第四节 小学道德与法治学科落实立德树人根本任务的实践路径 (71)

第四章 小学语文学科落实立德树人根本任务的理论与实践 (93)

 第一节 小学语文学科落实立德树人根本任务的历史演进 (95)

第二节　小学语文学科落实立德树人根本任务的阶段特点　　（101）

　　第三节　小学语文学科落实立德树人根本任务的基本要求　　（109）

　　第四节　小学语文学科落实立德树人根本任务的实践路径　　（113）

第五章　小学数学学科落实立德树人根本任务的理论与实践　　（139）

　　第一节　小学数学学科落实立德树人根本任务的历史演进　　（141）

　　第二节　小学数学学科落实立德树人根本任务的学科特点　　（149）

　　第三节　小学数学学科落实立德树人根本任务的基本要求　　（158）

　　第四节　小学数学学科落实立德树人根本任务的实践路径　　（170）

第六章　小学英语学科落实立德树人根本任务的理论与实践　　（197）

　　第一节　小学英语学科落实立德树人根本任务的历史演进　　（199）

　　第二节　小学英语学科落实立德树人根本任务的学科特点　　（212）

　　第三节　小学英语学科落实立德树人根本任务的基本要求　　（216）

　　第四节　小学英语学科落实立德树人根本任务的实践路径　　（233）

第七章　小学音乐学科落实立德树人根本任务的理论与实践　　（245）

　　第一节　小学音乐学科落实立德树人根本任务的历史演进　　（247）

　　第二节　小学音乐学科落实立德树人根本任务的学科特点　　（252）

　　第三节　小学音乐学科落实立德树人根本任务的基本要求　　（264）

　　第四节　小学音乐学科落实立德树人根本任务的实践路径　　（269）

第八章　小学体育与健康学科落实立德树人根本任务的理论与实践　　（299）

　　第一节　小学体育与健康学科落实立德树人根本任务的历史演进　　（301）

第二节　小学体育与健康学科落实立德树人根本任务的学科特点　（313）

第三节　小学体育与健康学科落实立德树人根本任务的基本要求　（321）

第四节　小学体育与健康学科落实立德树人根本任务的实践路径　（332）

第九章　小学美术学科落实立德树人根本任务的理论与实践　（363）

第一节　小学美术学科落实立德树人根本任务的历史演进　（365）

第二节　小学美术学科落实立德树人根本任务的学科特点　（371）

第三节　小学美术学科落实立德树人根本任务的基本要求　（374）

第四节　小学美术学科落实立德树人根本任务的实践路径　（383）

第十章　小学书法学科落实立德树人根本任务的理论与实践　（397）

第一节　小学书法学科落实立德树人根本任务的历史演进　（399）

第二节　小学书法学科落实立德树人根本任务的学科特点　（403）

第三节　小学书法学科落实立德树人根本任务的基本要求　（405）

第四节　小学书法学科落实立德树人根本任务的实践路径　（419）

第十一章　小学科学学科落实立德树人根本任务的理论与实践　（439）

第一节　小学科学学科落实立德树人根本任务的历史演进　（441）

第二节　小学科学学科落实立德树人根本任务的学科特点　（455）

第三节　小学科学学科落实立德树人根本任务的基本要求　（458）

第四节　小学科学学科落实立德树人根本任务的实践路径　（465）

第十二章　小学信息科技学科落实立德树人根本任务的理论与实践　（483）

第一节　小学信息科技学科落实立德树人根本任务的历史演进　（485）

  第二节 小学信息科技学科落实立德树人根本任务的学科特点 （490）

  第三节 小学信息科技学科落实立德树人根本任务的基本要求 （492）

  第四节 小学信息科技学科落实立德树人根本任务的实践路径 （496）

第十三章 小学综合实践活动学科落实立德树人根本任务的理论与实践（529）

  第一节 小学综合实践活动学科落实立德树人根本任务的历史演进（531）

  第二节 小学综合实践活动学科落实立德树人根本任务的学科特点（537）

  第三节 小学综合实践活动学科落实立德树人根本任务的基本要求（542）

  第四节 小学综合实践活动学科落实立德树人根本任务的实践路径（544）

第十四章 小学公共安全教育学科落实立德树人根本任务的理论与实践（567）

  第一节 小学公共安全教育学科落实立德树人根本任务的历史演进（569）

  第二节 小学公共安全教育学科落实立德树人根本任务的学科特点（572）

  第三节 小学公共安全教育学科落实立德树人根本任务的基本要求（580）

  第四节 小学公共安全教育学科落实立德树人根本任务的实践路径（583）

参考文献 （605）

第一章

立德树人的由来与发展

　　立德树人是对传统教育思想的传承与发展,是中国特色社会主义教育的本质体现,是新时代贯彻党的教育方针的基本要求。通过分析立德树人思想的历史渊源,把握其根本内涵,能有效将立德树人思想内化到学校教育与管理各领域,在遵循教育规律,把握青少年成长特点的基础上,培养学生具有良好品德,树立自尊自信,加强社会主义核心价值观的引领。落实立德树人根本任务,必须明确"立什么德""树什么人"。本章将重点从立德树人思想的历史渊源,立德树人的内涵及教育政策的发展历程出发,充分阐述立德树人的由来与发展。

第一节

立德树人思想的历史渊源

立德树人的思想产生已久,从内涵上看,立德树人可以分为"立德"和"树人"两方面。从几千年的中华文化史出发,能有效发现"立德"与"树人"二者的发展脉络。"立德"源于《左传·襄公二十四年》中的名句:"大上有立德,其次有立功,其次有立言。虽久不废,此之谓不朽。"[1]"树人"源于《管子·权修第三》中的名句:"一年之计,莫如树谷;十年之计,莫如树木;终身之计,莫如树人。一树一获者,谷也。一树十获者,木也。一树百获者,人也。"[2]"立德树人"思想在中国源远流长,成为中华民族文化之精髓。而立德树人最早的出现,可以追溯至先秦时期"三不朽"的人生理想与管仲的教育理念。

一、先秦时期"三不朽"人生理想

"立德"思想可以追溯至先秦时期提出的"三不朽"。《左传·襄公二十四年》阐述了范宣子和叔孙豹探讨"死而不朽"是什么的问题,即"身死而名不灭"。公元前549年,鲁国大夫穆叔(叔孙豹)来到晋国,晋国范宣子到城外迎接他。在他们的友好交谈中,范宣子向叔孙豹请教"死而不朽"的含义,叔孙豹没有立即回答。于是,范宣子就列举了他的祖先自虞舜以来直到最近的种种业绩,其祖先世代为贵族,家世显赫,家境殷实,香火延绵不绝,他认为这就是"不朽"。叔孙豹听了却连连摇头,"以豹所闻,此之谓世禄,非

---

[1] 赵生群:《春秋左传新注》(上),陕西人民出版社,2008,第622页。
[2] 黎翔凤撰,梁运华整理《管子校注》(上),中华书局,2004,第55页。

不朽也"[①],他认为范宣子所理解的只是"世禄",还算不上"不朽"。接着叔孙豹列举鲁国大夫臧文仲的事例,"既没,其言立"。所谓不朽,指尽管人死了,但是"其言立于后世,不废绝"。并进一步指出:"大上有立德,其次有立功,其次有立言。虽久不废,此之谓不朽。"(大上,同"太上",指最上,最高境界)意思是说,为人处世,应当首先以德抚民,然后建立功业,再次为立言。尽管时间流逝,但他的精神、功业以及言论都经久不废。人是可以不朽的,不朽有两个条件。第一个条件表现在三个立:立德、立功、立言。"立德",即树立高尚的道德;"立功",即为国为民建立功绩;"立言",即提出具有真知灼见的言论。人不朽还有第二个条件,就是虽久不废。所谓虽久不废,即要坚持不懈,不断努力下去。人生的最高境界首先要立德,树立高尚的品德,践行自己的道德理想;接着才能在事业上有所追求,为国鞠躬尽瘁;最后将著作成书警示后人。以上三者缺一不可,永不磨灭,因此谓之"三不朽"。

立德作为"三不朽"思想的核心,凸显了德行品质的重要性,与儒家"修身、齐家、治国、平天下"所倡导的治于内而后成于外理念一致。"三不朽"思想把"立德"放在第一,即第一价值观,凸显了其作为"立功"和"立言"的基础性地位。"立德"是以道德层面为基础,提出只有具备德性修养的高尚,才能为后世所范,才能人格不朽。由此可见,从古代开始,高尚的品德就已经被人们赋予了较高的地位。"立功"是从国家层面,为国建功立业,确保国泰民安,人民过上幸福的生活,这是古人对事业的期望和抱负。"立言"是在思想层面,通过著书立说,把思想理念与言论主张永久地保存下来供后人学习,为后人提供有真知灼见的文字著作,便为不朽。以上三者,无论"立德""立功",抑或"立言",都充分体现了高尚的人格与人生价值不因生命结束而毁灭,而是永存于世,是超越有形生命实体的永恒的价值追求。"三不朽"思想体系显示出先秦哲学家、思想家们较为整体和全面的对价值的构想,包括立德、立功和立言三个方面。其中以立德为最高,立德是价值基石,也

[①] 赵生群:《春秋左传新注》(上),陕西人民出版社,2008,第622页。

是修身之本。所以说人首先要立德，人皆有死，永恒在于有德；其次才是立功、立言。立功和立言统一于立德，并从各个方面体现道德的要求。

晚清著名思想家魏源于"三不朽"之外，又提出"立节"一说，称为"四不朽"，并具体说明了"四不朽"的内涵以及它们之间的关系："立德，立功，立言，立节，谓之四不朽。自夫杂霸为功，意气为节，文词为言，而三者始不皆出于道德，而崇道德者又或不尽兼功节言，大道遂为天下裂。君子之言，有德之言也；君子之功，有体之用也；君子之节，仁者之勇也。故无功、节、言之德，于世为不曜之星；无德之功、节、言，于身心为无原之雨；君子皆弗取焉。"①实际上"节"与"德"同属一类，都反映人的精神品格。魏源的"四不朽"说，强调了德与功、节、言的统一，说明优良的品德必须以功和言表现出来，否则对社会不能产生影响；而缺乏崇高思想品德的事功和言论，则为"无原之雨"。魏源以思想家的锐利揭示了德与功、言的辩证关系。君子之功，应为"有体之用"，君子之言，应为"有德之言"。一个人创立的功业再伟大，如果不是为国为民的，抑或发表的言论再多，如果不是有利于社会和人民的，都称不上不朽。无论是"三不朽"说还是"四不朽"说，所反映的共同观念，即人生不朽的观念，为后世提供了较为全面的价值规范体系和较系统的人生理念，是中华民族关于人生价值取向的基本理念，也是其核心思想。

二、管仲的教育思想

"树人"一词最早出现在《管子·权修第三》，"一年之计，莫如树谷；十年之计，莫如树木；终身之计，莫如树人。一树一获者，谷也。一树十获者，木也。一树百获者，人也。"即培植之后第一年就有收成的是庄稼的成熟，培植之后十年才有收成的是林木，培植之后百年才有收获的是人才。这也是现在我们所说的"十年树木，百年树人"的最早起源。管仲树人思想的内涵极为丰富，不仅包括了以道德培养、教导百姓为主旨的德育，以促进工业生

---

① 中华书局编辑部编《魏源集》（上），中华书局，2018，第25页。

产、稳定社会为目的的职业教育,而且还包括了废私立公、德法并重,以及"百年树人"的终身教育等对当前教育具有重要启示意义的教育理念。[①]

何谓"树人"？首先,管仲提倡的"树人"是指培养能够辅佐君主治理国家、发展生产、管理民众以及富国强兵的有用之才。其次,管仲将栽培农作物、种植树木与培养人才进行深入的比较分析,阐述了人才培养的重要性、艰巨性与长期性,即终身教育理念。强调树人是最重要也是最有价值的事情,人才培养是大计,是根本性的长远规划,能够收益丰盛,且效果极为神奇。从此论述中可以看出我国古代劳动人民的智慧以及对人才培养的重视程度。再次,管仲从道德和经济之间的作用、关系出发,提出"仓廪实而知礼节,衣食足而知荣辱,上服度则六亲固"[②],即道德教化要以一定的经济基础为前提,两者相辅相成。管仲的这种道德教育方法与当时的社会政治经济状况有一定联系,从而使得其道德教育方法有一定的功利性和局限性,但它还是延续了中国先秦时代重视德教的传统,进一步突出了道德的重要意义。最后,在道德领域方面,管仲提出了以"礼义廉耻"为核心的教育内容,形成了统一的社会道德标准。"礼义廉耻"乃国之四维,"四维不张,国乃灭亡"[③]。管仲的"树人"思想,是较为先进的教育理念,更为接近现实的教育目的,涵盖了更加全面的教育内容,从而有效克服了传统立德思想的不足,是对立德思想的进一步丰富与拓展。

三、孔子的教育思想

孔子承袭了西周以来"敬德保民"的思想,倡导实行德政。认为:"为政以德,譬如北辰,居其所而众星共之。"[④]他相信如果实行德政,即治国的人如果能用道德教化的手段来推行政令,自己就像北斗被众星拱卫着那样,

---

[①] 刘娜、杨士泰:《立德树人理念的历史渊源与内涵》,《教育评论》2014年第5期。
[②] 黎翔凤撰,梁运华整理《管子校注》(上),中华书局,2004,第3页。
[③] 黎翔凤撰,梁运华整理《管子校注》(上),中华书局,2004,第3页。
[④] 张燕婴译著《论语》,中华书局,2006,第12页。

群星自然都环绕在周围,得到广大人民的拥戴。所以孔子倡导从平民百姓中培养德才兼备的从政君子,这种培养人才的途径,可以称为"学而优则仕"。[①]孔子德育的核心内容,是一个"仁"字,而孝悌是"仁"的基础。孝是父母子女之爱,悌是兄弟姐妹之爱,都是处理家庭内部关系的行为准则。孝悌是实现"仁"的基本素养,"爱人"是"仁"的基本要求。"不义而富且贵,于我如浮云。"[②]这句话告诫人们,利用不合法的经济手段致富就如同浮云一般,没有任何意义,可见孔子对道义人格的重视,也体现了他对道德品质的崇高追求。孔子主张"仁爱",即仁者爱人,这也是其教育思想的核心,是道德素质达到一定程度的精神境界。

孔子办学重视"德教",他特别重视学生的思想品格和对学生进行伦理道德教育,把德育放在首要地位。《论语》是记录孔子及其弟子言行的书,集中阐释了孔子及其弟子关于做人、从政等方面的观点主张。这本书提到"德"的地方近40处,由此可以看出孔子对"德"的重视程度。先秦时代虽以立德者为首,但并没有否定立功和立言。以强调仁德而闻名的孔子,肯定了管仲在事功方面对他人和社会作出的贡献,而且认为若能做到"民到于今受其赐"[③],即已是不朽的了。

四、《大学》

《大学》是《礼记》中的一篇。"立德树人"思想在《大学》中也有迹可循。《大学》开篇的"大学之道,在明明德,在亲民,在止于至善",是儒家对学校教育目的与立学做人理念的总纲式阐述,"明明德""亲民""止于至善"被称作"三纲领"。"明明德",就是把人天生的善性,即"明德"发扬光大,这是每个人为学做人的第一步。宋代理学家对《大学》的评价为"初学入德之门也"[④]。

[①] 孙培青主编《中国教育史》,华东师范大学出版社,2008,第33页。
[②] 张燕婴译著《论语》,中华书局,2006,第92页。
[③] 张燕婴译著《论语》,中华书局,2006,第214页。
[④] 曾参:《中华传统文化经典普及文库 大学·中庸》,中国工人出版社,2016,第3页。

第二节

立德树人的内涵及教育政策的发展历程

立什么德、树什么人,不同历史时期有不同的内涵,但在实质上是相同的,都是培育社会主义事业建设者和接班人,只不过不同时期因时代需求形成了不同的表现形式。立德树人是教育的根本任务,始终贯穿于中国共产党领导中国革命、建设和改革的伟大实践中。新中国成立以来,党的历代领导人对培养政治觉悟较高、思想道德素质过硬的社会主义事业建设者和接班人的战略是一以贯之的。

一、萌芽时期(1949—1976)——培养德、智、体全面发展的有社会主义觉悟的有文化的劳动者

中华人民共和国于1949年成立,从此中华民族站起来了,中国的社会生活也发生了巨大变化。1956年社会主义改造完成,中国开始了社会主义建设崭新的征途。人民站起来要有强大的精神和强健的骨骼,社会主义建设需要劳动者和接班人。根据国家结构和社会性质以及社会主要矛盾的变化,党制定了新中国的发展战略,并确定了教育方针与人才培养的根本属性和基本方向。具备临时宪法意义的《中国人民政治协商会议共同纲领》第五章文化教育政策指出,中华人民共和国的文化教育为新民主主义的,即民族的、科学的、大众的文化教育。因此1949年以来,我国的教育方针经历了由新民主主义到社会主义教育的重大转变,而新民主主义教育中也包含了社会主义的因素。这一时期,党开始关注德育问题,培养德、智、

体全面发展的有社会主义觉悟的有文化的劳动者是这个阶段人才培养的目标。

(一)有社会主义觉悟

新中国建立之初,中国共产党面临怎样改造旧中国,建立新中国教育体系的重大问题。1949年12月举行的第一次全国教育工作会议,肯定了新中国教育的新民主主义性质,明确了教育的首要任务是提高人民的文化水平,但未对人民大众的思想道德素质提出明确要求。随着1956年底社会主义基本制度的初步确立,我国教育也开始逐步走向社会主义性质,因此,道德教育也逐步受到更加广泛的关注与重视。1957年毛泽东针对一些青年学生和知识分子不关注政治、不关心祖国前程和人类理想等思想偏向,强调务必要加强思想政治教育工作。他在《关于正确处理人民内部矛盾的问题》中指出,"不论是知识分子,还是青年学生,都应该努力学习。除了学习专业之外,在思想上要有所进步,政治上也要有所进步,这就需要学习马克思主义,学习时事政治"[1]。社会主义制度的建立为我们开辟了一条到达理想境界的道路,而理想境界的实现还要靠辛勤劳动。"我们的教育方针,应该使受教育者在德育、智育、体育几方面都得到发展,成为有社会主义觉悟的有文化的劳动者。"[2]这一经典论述作为新中国几十年教育方针发生转变的基本依据,反映出党不但开始关注思想道德教育问题,同时明确指出了教育应该培养什么样的人的重要问题。这也是党在社会主义革命建设时期关于"培养什么样的人"的重要战略方针,即有社会主义觉悟、德智体全面发展的社会主义的劳动者。

立德树人,树"有社会主义觉悟的有文化的劳动者"明确了,而"立什么德"则有待更进一步剖析和说明。"立什么德"实际上已经包含在教育的目的中,即"有社会主义觉悟"。这个阶段的立德主要是立政治道德,而且是

---

[1] 中共中央文献研究室编《毛泽东文集》(第7卷),人民出版社,1999,第226页。
[2] 中共中央文献研究室编《毛泽东文集》(第7卷),人民出版社,1999,第226页。

社会主义的政治道德,这一点至关重要。毛泽东指出社会主义的教育,首先要处理红与专的关系问题,红与专的关系,是两个对立物的统一。在"红"的基本素质领域方面,要具备过硬的马克思主义理论和社会主义政治方向,具备愿意为社会主义献身的政治品格,并倡导青年人必须把坚持科学的社会主义政治方向摆在首位。"思想和政治又是统帅,是灵魂。"[1]"我们要培养的劳动者,是既有高度社会主义觉悟,又有高度文化科学知识的劳动者,也就是又红又专。"[2]"有社会主义觉悟"讲的就是"红",就是政治。

具有社会主义觉悟是社会主义革命和建设时期"德"的核心表现,也是"培养什么样的人"首要的重要政治思想条件。重视人才培养的"社会主义觉悟",既是全面肃清帝国主义、封建主义和买办资本主义的必然要求,也是社会主义社会教育为人民服务、培育社会主义建设一代新人的必然选择。新民主主义社会是过渡期,随着社会主义改造任务的完成和社会主义建设历程的开始,培育具有社会主义觉悟的一代新人将成为中国共产党考虑的重大战略问题。

(二)德智体全面发展

"德智体全面发展"的思想由来已久。孔子将德育放在首位,但他认为作为一个理想的人,仅有德还不行,还要有智与勇。他说:"君子道者三,我无能焉;仁者不忧,知者不惑,勇者不惧。"[3]《礼记·中庸》称:"天下之达道五,所以行之者三……知、仁、勇三者,天下之达德也。"[4]毛泽东吸取孔子注重德、智、体全面发展的思想,他在青年学生时代就对孔子的"知仁勇"三达德十分赞赏和肯定,并将其改造为德、智、体,主张三育并重。1916年12月

---

[1] 中共中央文献研究室编《毛泽东文集》(第7卷),人民出版社,1999,第351页。
[2] 上海高等学校、干校政治理论资料工作协作组编《马克思 恩格斯 列宁 斯大林 毛泽东及中共中央领导同志论劳动》,华东师范大学出版社,1958,第28页。
[3] 张燕婴译注《论语》,中华书局,2006,第220页。
[4] 中共中央文献研究室、中共湖南省委《毛泽东早期文稿》编辑组编《毛泽东早期文稿(1912.6-1920.11)》,湖南出版社,1990,第59页。

9日毛泽东在《致黎锦熙信》(黎锦熙,是毛泽东曾经的老师)中指出:"古称三达德,智、仁与勇并举。今之教育者以为可配德智体之三言。诚以德智所寄,不外于身;智仁体也,非勇无以为用。"[1]毛泽东高度重视对青少年的教育工作,认为青少年道德教育思想,是教育事业发展的宝贵财富。1953年6月30日,他在接见中国新民主主义青年团第二次全国代表大会主席团成员时,希望青年学子"身体好,学习好,工作好"。德、智、体全面发展的思想贯穿于毛泽东的一生。1958年8月毛泽东指出,"儿童时期需要发展身体,这种发展要是健全的。儿童时期需要发展共产主义的情操、风格和集体英雄主义的气概,就是我们时代的德育"。"我们所主张的全面发展,是要使学生得到比较完全的和比较广博的知识,发展健全的身体,发展共产主义的道德。"[2]

1952年中央人民政府教育部颁发的中学暂行规程(草案)和小学暂行规程(草案)中提出:"应对学生实施智育、德育、体育、美育等全面发展的教育。"[3]全国中学教育会议于1954年1月在北京举行,明确了当时中学教育的任务,即以国家总路线的精神教育学生,把他们培养成为积极参加社会主义建设和保卫祖国的全面发展的新人。周恩来在1957年6月的第一届全国人民代表大会第四次会议上所作的报告中指出,我们今后的教育方针,应该是培养有社会主义觉悟的、有文化的、身体健康的劳动者。社会主义革命和建设时期,为贯彻德智体全面发展教育方针,党和国家颁布了前面所提到的一系列法规、准则和条例等,以进一步规范学校教育德智体的内容。

(三)社会主义劳动者

20世纪50年代后期赫鲁晓夫时代修正主义的出现,更加凸显了"社会

---

[1] 中共中央文献研究室、中共湖南省委《毛泽东早期文稿》编辑组编《毛泽东早期文稿(1912.6-1920.11)》,湖南出版社,1990,第61页。
[2] 中共中央文献研究室编《毛泽东文集》(第7卷),人民出版社,1999,第398,399页。
[3] 张宏儒、长弓、筱平主编《中华人民共和国大事典(1949-1988)》,东方出版社,1989,第301页。

主义"的重要意义。"在人类思想史上,就科学性、真理性、影响力、传播面而言,没有一种思想理论能达到马克思主义的高度,也没有一种学说能像马克思主义那样对世界产生了如此巨大的影响。"[1]劳动教育在人才培养中的重要性,马克思主义的经典作家已经有很多经典的重要论述。马克思指出:"未来教育对所有已满一定年龄的儿童来说,就是生产劳动同智育和体育相结合,它不仅是提高社会生产的一种方法,而且是造就全面发展的人的唯一方法。"[2]"列宁在《怎么办?》中,立足于当时俄国发展所处的实际情况,通过对无产阶级们的深入调查研究,分析俄国的社会现状,提出政治教育要与生产劳动和无产阶级革命斗争相结合。"[3]列宁强调:"没有年轻一代的教育和生产劳动的结合,未来社会的理想是不能想象的:无论是脱离生产劳动的教学和教育,或是没有同时进行教学和教育的生产劳动,都不能达到现代技术水平和科学知识现状所要求的高度。"[4]毛泽东认为,"教育与劳动结合的原则是不可移易的"[5],他在1958年9月的最高国务会议上的结束语中指出:"几千年来,都是教育脱离劳动,现在要教育劳动相结合,这是一个基本原则。"[6]

1958年9月发布的《中共中央、国务院关于教育工作的指示》明确指出,党的教育工作方针,是教育为无产阶级的政治服务,教育与生产劳动结合。全面发展的新人,就是既有政治觉悟又有文化的、既能从事脑力劳动又能从事体力劳动的人。[7]"教育的目的,是培养有社会主义觉悟的有文化的劳

---

[1]《习近平谈治国理政》(第二卷),外文出版社,2017,第65页。
[2] 中共中央马克思恩格斯列宁斯大林著作编译局编译《马克思恩格斯选集》(第二卷),人民出版社,2012,第230页。
[3] 赵洁:《习近平"立德树人"教育观研究》,博士学位论文,新疆师范大学马克思主义学院,2021,第44-45页。
[4] 列宁、中共中央马克思恩格斯列宁斯大林著作编译局编译《列宁全集》(第2卷),人民出版社,2013,第463-464页。
[5] 中共中央文献研究室编《毛泽东文集》(第7卷),人民出版社,1999,第399页。
[6] 中共中央文献研究室编《建国以来毛泽东文稿》(第七卷),中央文献出版社,1992,第396页。
[7] 中央档案馆、中共中央文献研究室编《中共中央文件选集(1949年10月-1966年5月)》(第29册),人民出版社,2013,第34-35页。

动者,这是全国统一的。"①"培养有社会主义觉悟的有文化的劳动者"正确地解释了"全面发展"的内涵。因此,这个时期的教育目的就真正明确为树"有社会主义觉悟的有文化的劳动者",即立德树人的教育理论与实际工作主要围绕"培养有社会主义觉悟的有文化的劳动者"。根据这个教育目的,学校开展了许多丰富多彩的实践活动,一方面开设了马克思列宁主义相关课程,以更好地提高青年一代的政治修养,同时还将生产劳动课程纳入正式课程,以培养青年一代热爱劳动的优秀品格,以便更好地促进立德树人目标的实现。

二、重建与探索时期(1977—1989)——培养有理想、有道德、有文化、有纪律的社会主义"四有新人"

1977—1989年,"立德树人"政策在我国得以重新确立和重视,这一时期德育教育与思想政治教育重新进入学校并逐步受到关注。实施改革开放、建立社会主义市场经济,富起来就要有精神支撑,培育面向现代化、面向世界、面向未来的有理想、有道德、有文化、有纪律的"四有新人",是党在改革开放新时期对"培养什么人"提出的重要战略抉择。邓小平提出的培养"四有新人"的目标,为德育的发展指明了新的方向、奠定了新的基础。

1977年9月,中国教育部在北京召开全国高等学校招生工作会议,决定恢复已经停止了10年的全国高等院校招生考试,以统一考试、择优录取的方式选拔人才上大学。这就开启了教育变革的浪潮,我国的教育事业迎来了蓬勃发展的春天。第四次全国教育工作会议于1978年4月举行,会议确定了新时期的教育方针与重点任务是提高教育质量、加强革命秩序和革命纪律、造就具有社会主义觉悟的一代新人。1978年5月开始的真理标准大讨论吹响了思想解放的号角,年底党的十一届三中全会召开,改革开放正

---

① 中央档案馆、中共中央文献研究室编《中共中央文件选集(1949年10月-1966年5月)》(第29册),人民出版社,2013,第37页。

式开始实施。改革开放至今,我国在政治、经济、文化、教育等领域都取得了瞩目的成绩,在德育和思想政治教育工作方面的政策也日益推陈出新。党和国家的工作重点转向了国民经济建设,学校教育政策也开始走向服务经济建设。邓小平同志在讲到要认真选拔接班人问题时指出,"现在我们国家面临的一个严重问题,不是四个现代化的路线、方针对不对,而是缺少一大批实现这个路线、方针的人才"[1]。因此实施怎样的教育、造就什么样的人成为关键。

首先,经济社会发展形势趋于稳定,德育和思想政治教育工作重振旗鼓。改革开放使我国开创了社会主义经济建设和教育发展的新局面,德育工作涅槃重生。"三个面向""四有新人"的明确提出和具体内容以及实施经历了逐渐变化的过程。1980年5月26日,邓小平第一次以"四有"格式对少年儿童提出明确期望与要求,他为《中国少年报》和《辅导员》杂志题词:"希望全国的小朋友,立志做有理想、有道德、有知识、有体力的人,立志为人民作贡献,为祖国作贡献,为人类作贡献。"[2]同年12月25日,邓小平在中共中央工作会上指出,"要努力使我们的青少年成为有理想、有道德、有知识、有体力的人,使他们立志为人民作贡献,为祖国作贡献,为人类作贡献,从小养成守纪律、讲礼貌、维护公共利益的良好习惯"[3]。

其次,为培养"有理想、有道德、有文化、有纪律"的社会主义新人,党和国家陆续制定并发布了相关法律法规,实施了一系列规章制度。教育部、共青团中央于1980年4月29日共同发布《关于加强高等学校学生思想政治工作的意见》。教育部在1981年8月颁发了《中学生守则》和《小学生守则》,后又于1982年2月颁发了《高等学校学生守则》《中等专业学校学生守则(试行草案)》。1981年6月,党的十一届六中全会通过的《关于建国以来党的若干历史问题的决议》指出,"坚持德智体全面发展、又红又专、知识分

---

[1]《邓小平文选》(第二卷),人民出版社,1994,第220,221页。
[2] 中共中央文献研究室编《邓小平思想年编(1975—1997)》,中央文献出版社,2011,第314页。
[3]《邓小平文选》(第二卷),人民出版社,1994,第369页。

子与工人农民相结合、脑力劳动与体力劳动相结合的教育方针",成为各思想政治教育政策的指南。教育行政部门出台的《小学思想品德课教学大纲》系列文件,为学校德育管理工作、思想政治教育工作奠定了坚实的政策基础。邓小平1982年7月4日在军委座谈会上发表的讲话中,以"理想、道德、文化、纪律"界定社会主义新人,明确提出"使我们的各族人民都成为有理想、讲道德、有文化、守纪律的人民"[①]。教育部在1982年10月发布的《教育部关于在高等学校逐步开设共产主义思想品德课程的通知》中指出:"为了培养学生成为有革命理想、讲革命道德、守革命纪律、有文化的又红又专的人材,有必要把共产主义思想品德课作为一门必修课,纳入教学计划。"

再次,随着改革开放的全面实施,党的领导人对教育的本质与价值有了新的思考。1983年国庆节前夕,北京景山学校举行了建校20周年的庆祝活动,邓小平为景山学校的题词中提到:教育要面向现代化,面向世界,面向未来。在1985年3月召开的全国科技工作会议上,邓小平提出,"教育全国人民做到有理想、有道德、有文化、有纪律"的"四有新人"。改革开放以来的第一次全国教育工作会议于1985年5月召开,会议紧紧围绕教育体制改革进行,将"三个面向"和"四有新人"作为教育体制改革的指导方针和基本目标。5月27日发布的《中共中央关于教育体制改革的决定》明确提出"教育体制改革的根本目的是提高民族素质,多出人才、出好人才"。同时强调,教育必须为社会主义建设服务,社会主义建设必须依靠教育;教育培养的人才都"应该是有理想、有道德、有文化、有纪律,热爱社会主义祖国和社会主义事业"。"三个面向"第一次明确提出了教育现代化的要求,开启了我国教育现代化的新征程,是这个时期教育改革和发展方向的纲领性表述。"四有新人"的提出明确了这一时期教育的发展方向和具体要求。因此,在"三个面向"的宏观战略指导下,培养"四有新人"成为这个时期立德树人的主要任务。1988年12月25日发布的《中共中央关于改革和加强中小学德育工作的通知》中指出,"在中小学教育中,德育即思想品德和政治教育,对

[①]《邓小平文选》(第二卷),人民出版社,1994,第408页。

坚持学校的社会主义性质,促进学生德智体美全面发展,具有重要的作用",“从现在起,就必须努力把他们培养成为有理想、有道德、有文化、有纪律的一代新人"。这是自新中国成立以来,以中共中央的名义颁发的第一份关于中小学德育工作方面的文件,对加强和改进中小学德育工作具有重要的指导意义。

社会主义的"四有新人"中明确提出了"有道德",将"有道德"放在"四有"中的第二位,突出道德的重要地位,这不仅要求要继承和发扬中华民族几千年的发展历程中形成的传统美德,以及党领导人民在长期革命斗争和建设实践中形成的道德,而且要求适应改革开放新的时代需求,坚持"五讲四美三热爱",坚决抵制市场经济带来的拜金主义、享乐主义和个人主义等不良影响,力争做品德高尚的人。邓小平同志提出,改革开放要"两手抓",党在抓经济建设改善人民物质生活的同时,也要注重抓思想道德建设以提高人民的精神生活水平,从而使人民成为社会主义的"四有新人"。围绕"四有新人"的教育目标,全国开始有序实施九年义务教育,进一步普及和加强基础教育,提高人民的文化水平。

三、改革与完善时期(1990—2001)——培养德智体美等全面发展的社会主义事业建设者和接班人

从1990年解决人民生活温饱问题,到2000年人民生活总体上达到小康水平,人们的生活水平上了一个台阶。21世纪以来,培养德智体美全面发展的社会主义事业的建设者和接班人成为人才培养的主要方向。而这一阶段也是"立德树人"教育政策逐步系统化,德育与思想政治教育工作稳步发展的阶段。

立德树人与思想道德建设紧密联系,加强社会主义思想道德建设,是这个时期"德"的重要内容。党的十三届四中全会以来,党中央加强了以"三个基本"(基本理论、基本路线、基本纲领)、"三个主义"(爱国主义、集体主

义、社会主义)、"三观"(世界观、人生观、价值观)为主要内容、以增强"四信"(对马克思主义的信仰、对社会主义的信念、对改革开放和现代化建设的信心、对党和政府的信任)为目的的思想建设,大力加强以为人民服务为核心、以集体主义为原则、以"五爱"(爱祖国、爱人民、爱劳动、爱科学、爱社会主义)为基本要求、以"三德"(社会公德、职业道德、家庭美德)为基本内容,以形成新型人际关系为目的的道德建设,逐步建立起与市场经济相适应的社会主义思想道德体系。①

一是市场经济初步建立,德育与思想政治教育政策初具体系。邓小平在1992年南方谈话时,提出了"两手都要抓,两手都要硬"的重要思想。同年10月,党的十四大确立了社会主义市场经济体系,这就进一步加快了改革开放和社会主义现代化建设的步伐。但是由于社会大环境例如东欧剧变和苏联解体等的影响,随之而来的是纷繁多样的思想观念与价值观的相互碰撞,意识形态领域亟须正确的价值观念的引导,②教育事业面临新的挑战和要求。教育行政部门在这个时期审时度势,制定了一系列适应新时期社会主义发展的德育与思想政治教育政策。在中小学德育层面,1993年颁布了《小学德育纲要》,1995年颁布了《中学德育大纲》和《普通高校德育大纲》,后又于1998年出台了《中小学德育工作规程》,明确规定了各级各类学校实施不同德育工作的目标、内容、实现路径、德育原则和评估办法等。

二是教育目标明确,思想政治教育地位凸显。中共中央、国务院于1993年2月印发的《中国教育改革和发展纲要》指出"教育必须为社会主义现代化建设服务,必须与生产劳动相结合,培养德、智、体全面发展的建设者和接班人"的教育方针,描绘出一幅世纪之交教育改革与发展的宏伟蓝图。1994年6月召开的第六次全国教育工作会议,明确提出全党与全社会必须认真实施《中国教育改革和发展纲要》。中共中央在1994年颁布了《关

---

① 曾长秋、周含华:《中国德育通史简编》,湖南人民出版社,2011,第494页。
② 俞国良、李森:《我国"立德树人"教育政策历史进程的文本分析与启示》,《西南民族大学学报(人文社科版)》2019年第6期。

于进一步加强和改进学校德育工作的若干意见》。教育行政部门于1998年颁布的《中小学德育工作规程》，明确提出"德育即对学生进行政治、思想、道德和心理品质教育"。1999年颁布的《中共中央　国务院关于深化教育改革全面推进素质教育的决定》明确提出，"实施素质教育，必须把德育、智育、体育、美育等有机地统一在教育活动的各个环节中。学校教育不仅要抓好智育，更要重视德育"，将德育推向一个突出地位。

三是素质教育改革全面深入，个体需要步伐紧跟。《中共中央　国务院关于深化教育改革全面推进素质教育的决定》，第一次明确提出了"素质教育"的概念，诠释了素质教育的理论内涵，并要求贯彻到中国特色社会主义教育改革与发展的伟大事业中，成为中国特色社会主义教育思想的新内容和新境界。文件指出，深化教育改革，全面推进素质教育，构建一个充满生机的有中国特色社会主义教育体系，为实施科教兴国战略奠定坚实的人才和知识基础。要面向现代化、面向世界、面向未来，使受教育者坚持学习科学文化与加强思想修养的统一，坚持学习书本知识与投身社会实践的统一，坚持实现自身价值与服务祖国人民的统一，坚持树立远大理想与进行艰苦奋斗的统一。1999年6月15日，全国教育工作会议在北京召开，江泽民强调，我们必须全面贯彻党的教育方针，坚持教育为社会主义为人民服务，坚持教育与社会实践相结合，以提高国民素质为根本宗旨，以培养学生的创新精神和实践能力为重点，努力造就"有理想、有道德、有文化、有纪律"的，德育、智育、体育、美育等全面发展的社会主义事业建设者和接班人。这是自改革开放以来党中央、国务院召开的第三次全国教育工作会议，在"四有新人"的基础上，进一步提出了实施"素质教育"，使培养"德智体美等全面发展的社会主义事业建设者和接班人"成为这个阶段立德树人的主要内容。

2000年以来，各部门相继颁布了《关于加强高等学校思想政治教育进网络工作的若干意见》《关于在高校中推广中南大学开展网络思想政治工作做法的通知》《关于进一步加强和改进大学生思想政治工作的意见》等文件,这一系列文件突出强调思想政治教育进网络的重要性。中共中央办公厅、国务院办公厅于2000年12月发布的《关于适应新形势进一步加强和改进中小学德育工作的意见》,明确提出:"全社会共同努力,各部门通力协作,保障青少年健康成长。"要求"把丰富多彩的教育活动作为德育工作的重要载体",明确规定"不能按要求完成规定的社会实践活动的中学生,不允许毕业",更加凸显了思想政治教育实践的重要地位。

2001年,江泽民第一次明确把促进人的全面发展作为中国特色社会主义各项事业所追求的目标,并指出:促进人的全面发展"是马克思主义关于建设社会主义新社会的本质要求"。2001年4月29日,江泽民在清华大学建校90周年大会上的讲话中提出了"五个成为"的育人目标。江泽民希望青年们成为理想远大、热爱祖国,追求真理、勇于创新,德才兼备、全面发展,视野开阔、胸怀宽广,知行统一、脚踏实地的人。国务院于2001年6月公布的《关于基础教育改革与发展的决定》,将德智体美四者并列,至此,"德智体美"成为社会主义新人的核心素养。而培养"德智体美等全面发展的社会主义事业建设者和接班人"是这个时期的教育目标,党和国家围绕这个目标,开始在基础教育、职业教育、成人教育、高等教育,以及学校教育、家庭教育和社区教育等各级各类教育中贯穿实施素质教育,将德智体美等有机统一在教育活动的各个环节、各个方面,使其相互渗透、协调发展,以促进学生德智体美等的全面发展。

德智体美等全面发展的社会主义事业建设者和接班人,是这个时期树人的明确目标。而立"德"则需不断加强社会主义思想道德建设,以公民道德为重点,建立与社会主义市场经济相适应的社会主义道德。中共中央于2001年9月20日印发的《公民道德建设实施纲要》明确了这个阶段立德的具体内容。这份文件是以党的名义首次公布的有关公民道德建设的纲领性文件,目的是通过公民道德建设的不断深化和拓展,逐步形成与发展社会主义市场经济相适应的社会主义道德体系。纲要分为8个部分40个条款,详细阐述了公民道德建设的重要性、指导思想、方针、原则以及主要内容和基本路径,提出公民道德建设的主要内容是:社会主义道德建设要坚持以为人民服务为核心,以集体主义为原则,以爱祖国、爱人民、爱劳动、爱科学、爱社会主义为基本要求,以社会公德、职业道德、家庭美德为着力点。其中的"爱国守法、明礼诚信、团结友善、勤俭自强、敬业奉献"20字公民道德基本规范,简要概述了对国家、对社会、对他人、对事业的应有态度,成为社会主义合格公民的基本要求。

四、丰富与整合时期(2002-2011)——培养中国特色社会主义事业的建设者和接班人

随着21世纪初世界科学技术的迅猛发展,再加上改革开放过程中的矛盾逐渐显露,教育以及人才培养在国家发展中的重要性和紧迫性日渐凸显。继"科教兴国战略"后,党又提出了"人才强国战略"。中国特色社会主义进入新阶段,中华民族从站起来、富起来进入强起来的新时代。自党的十六大开始,原来的"有中国特色社会主义"概念中的"有"字不再保留,第一次使用"中国特色社会主义"这一更为简洁、更加有力的概念。彰显了社会主义的中国形态和独立意义,表明自党的十一届三中全会以来党对社会主义进行的探索,不仅仅满足于"有中国特色",而是力求形成一种独立的社会主义形态或社会主义样式。[①]党的十六大以来,以胡锦涛为总书记的党中央提出科学发展观,坚持以人为本,全面实施素质教育,推动教育事业与人才培养科学发展。党的十七大强调,"要全面贯彻党的教育方针,坚持育人为本、德育为先,实施素质教育,提高教育现代化水平,培养德智体美全面发展的社会主义建设者和接班人,办好人民满意的教育"。

这是"立德树人"教育政策适应和谐社会需求,不断创新,汲取和纳入新生力量的时期。国家和政府各部门通力协作,家庭与社会积极配合。党和国家制定了人才培养和加强思想政治教育的系列文件,实施"育人为本、

---

① 余翔、陈金龙:《中国特色社会主义:概念演变与内涵升华》,《光明日报》2013年01月16日,第11版。

德育为先"的战略决策。中共中央、国务院在2004年2月相继颁布了《关于进一步加强和改进未成年人思想道德建设的若干意见》《关于进一步改进和加强大学生思想政治教育的意见》。教育部于2005年发布了《关于整体规划大中小学德育体系的意见》,进一步明确了深入开展社会实践的重要意义。值得注意的是,这三个"意见"一致强调要净化社会环境,社会、学校和家庭应联合发力,营造有利于德育和思想政治教育的社会氛围,切实推进德育与思想政治教育工作的开展。2004年4月,中宣部与教育部联合印发的《中小学开展弘扬和培育民族精神教育实施纲要》,内容包括开展弘扬和培育民族精神教育的重要意义、指导思想、实施原则、重要内容、实施途径、保障措施等六个方面。

立德树人作为教育的根本任务经历了一个逐步发展的过程。中国共产党于2006年第一次提出要把立德树人作为教育的根本任务。胡锦涛在2006年8月29日的中央政治局第三十四次集体学习以及在2007年8月31日的全国优秀教师座谈会上,都强调:要坚持育人为本、德育为先,把立德树人作为教育的根本任务,努力培养德智体美全面发展的社会主义建设者和接班人。全面实施素质教育的核心是解决好"培养什么人、怎样培养人"的重大的问题,这应该成为教育工作的主题。加强爱国主义教育,深入开展理想信念教育,引导学生树立正确的世界观、人生观、价值观、荣辱观,增强学生热爱祖国、服务人民的使命感和责任感。[①]

这个阶段"德"的主要内容是社会主义核心价值体系。党的十六大提出"切实加强思想道德建设,……建立与社会主义市场经济相适应、与社会主义法律规范相协调、与中华民族传统美德相承接的社会主义思想道德体系"。党的十六届六中全会于2006年10月召开,会上通过了《中共中央关于构建社会主义和谐社会若干重大问题的决定》,首次提出建设社会主义核心价值体系的战略任务。2007年10月召开的党的十七大,正式将"建设社会主义核心价值体系"纳入党的报告中。社会主义核心价值体系的基本

[①] 中共中央文献研究室编《十六大以来重要文献选编(下)》,中央文献出版社,2008,第617页。

内容,包括马克思主义指导思想、中国特色社会主义共同理想、以爱国主义为核心的民族精神和以改革创新为核心的时代精神、社会主义荣辱观。尤其是社会主义核心价值体系中的社会主义荣辱观,是胡锦涛在2006年"两会"期间提出的,"八荣八耻"指明了公民基本道德规范的内容,使公民道德更加直观和形象,为公民践行社会主义道德提供了基本遵循。以"八荣八耻"为主要内容的社会主义荣辱观,旗帜鲜明地指出了在社会主义社会,什么是真善美,什么是假恶丑;应当坚持什么,应该反对什么;应当提倡什么,应该抵制什么。这些内容明确了最基本的价值取向和行为准则。

《国家中长期教育改革和发展规划纲要(2010—2020年)》于2010年正式颁布,文件指出要坚持德育为先,立德树人。同年7月召开的全国教育工作会议正式宣布我国开辟了中国特色社会主义教育的发展道路,这就为"培养中国特色社会主义事业的建设者和接班人"进一步提供了理论支持。需要注意的是,这一阶段仍有"培养德智体美全面发展的社会主义建设者和接班人"这样的表述,在这里,用"中国特色社会主义事业的建设者和接班人"表述,主要是为突出"中国特色社会主义"这一表述从"中国的特性"到"建设有中国特色的社会主义",到"有中国特色社会主义",再到"中国特色社会主义"的最终确立,就像前面提到的,也是为了突出"中国特色社会主义教育发展道路"开辟的重要意义。[①]

围绕"培养中国特色社会主义事业的建设者和接班人"的总体目标,全社会积极主动行动起来,在我国教育的各个阶段有针对性地进行改革,进一步推进学前教育普及化、义务教育均衡发展、高中阶段教育加快普及、高等教育结构的进一步优化以及推动世界一流大学和高水平大学建立,并以此为社会主义事业的蓬勃发展提供人才保障与智力支持。

[①] 王学俭、王君:《新中国成立70周年中国共产党立德树人的历史回顾、基本经验与时代展望》,《新疆师范大学学报(哲学社会科学版)》2020年第1期。

五、创新与深化时期(2012年至今)——培养德智体美劳全面发展的担当民族复兴大任的时代新人

全面建成小康社会、建设富强民主文明和谐的社会主义现代化强国、实现中华民族伟大复兴的中国梦,成为党和人民的奋斗旨归。2012年11月召开的党的十八大第一次正式提出"把立德树人作为教育的根本任务"。[①]"教育要落实立德树人的根本任务"也被写入党的十八大报告中。党的十八大以来,以习近平同志为核心的党中央审时度势、高瞻远瞩,高度重视培养社会主义事业的建设者和接班人,将立德树人作为教育的中心环节,把思想政治工作贯穿于教育教学全过程,实现全员、全程、全方位育人,努力开创教育事业发展的新局面。

立德树人基本任务的明确,表明了党的教育方针与政策不断完善和深化,并进一步发展。强起来就要有政治灵魂,培育能肩负中华民族复兴大任的时代新人、德智体美劳全面发展的社会主义事业的建设者和接班人,是党在中国特色社会主义建设的新时期,对"培养什么人"的战略回应。这一时期也是"立德树人"概念明确提出,对德育和思想政治教育政策进行创新,内涵更为充实、政策规定更为具体化、举措更为灵活多样、社会影响力得以空前提升的新阶段。

(一)担当民族复兴大任的时代新人

立德树人的根本任务就是要在新时代背景下努力培育能够担当民族复兴大任的时代新人。"培养担当民族复兴大任的时代新人",是中国特色社会主义不断发展对社会主义建设者和接班人的新要求。

《中共中央关于全面深化改革若干重大问题的决定》于2013年颁布,明确指出推进教育领域综合改革,必须以立德树人为基础。党的十八大以来,"立德树人"一词广为人知,并一度成为年度网络热点。"立德树人"在

---

① 中共中央文献研究室编《十八大以来重要文献选编(上)》,中央文献出版社,2014,第27页。

2015年被纳入"十三五"规划和《中华人民共和国教育法》。习近平总书记于2016年9月9日在北京市八一学校考察时提到,我国正处于历史上发展最好的时期,但要实现"两个一百年"奋斗目标、实现中华民族伟大复兴的中国梦,必须更加重视教育,努力培养出更多更好能够满足党、国家、人民、时代需要的人才。[①]同年12月7日,习近平总书记在全国高校思想政治工作会议上发表重要讲话,强调:高校"要坚持把立德树人作为中心环节,把思想政治工作贯穿教育教学全过程,实现全程育人、全方位育人,努力开创我国高等教育事业发展新局面""高校的立身之本在于立德树人"。[②]中共中央办公厅、国务院办公厅于2017年9月印发的《关于深化教育体制机制改革的意见》,提出完善立德树人的落实机制和体系。

"时代新人"的概念是在党的十九大报告中提到"培育和践行社会主义核心价值观"时提出的,它一被提出便得到高度重视,并很快被写进相关文件中,成为新时代育人目标的新要求。2017年10月,党的十九大报告提出:"要以培养担当民族复兴大任的时代新人为着眼点,强化教育引导、实践养成、制度保障,发挥社会主义核心价值观对国民教育、精神文明创建、精神文化产品创作生产传播的引领作用,把社会主义核心价值观融入社会发展各方面,转化为人们的情感认同和行为习惯。"党的十九大报告不仅再一次强调教育要履行立德树人的根本任务,而且第一次明确提出了"时代新人"的概念和"担当民族大任的时代新人"这样的表述,把培育肩负起中华民族复兴的大任视作培育时代新人和践行社会主义核心价值观的起点。"中华民族伟大复兴的中国梦终将在一代代青年的接力奋斗中变为现实"。[③]正如"时代新人"的提法来自"新时代"一样,"时代新人"的重要性也来自"新时代"的重要性。如果说"新时代"是我国发展新的历史方位,是中国特色

---

① 《习近平在北京市八一学校考察时强调 全面贯彻落实党的教育方针 努力把我国基础教育越办越好》,《人民日报》2016年9月10日,第001版。
② 《习近平在全国高校思想政治工作会议上强调 把思想政治工作贯穿教育教学全过程 开创我国高等教育事业发展新局面》,《人民日报》2016年12月9日,第001版。
③ 《在北京大学师生座谈会上的讲话》,《人民日报》2018年5月3日,第002版。

社会主义发展新的时代空间,那么"时代新人"则是我国发展新历史阶段的新力量,是中国特色社会主义事业的新主体。①这也是继十八大以后,立德树人再次被写入党的全国代表大会中。

习近平总书记在2018年9月召开的全国教育大会上明确提出,要把立德树人融入思想道德教育、文化知识教育、社会实践教育各环节,贯穿基础教育、职业教育、高等教育各领域,学科体系、教学体系、教材体系、管理体系要围绕这个目标来设计,教师要围绕这个目标来教,学生要围绕这个目标来学。此外,习近平总书记还指出:"我国是中国共产党领导的社会主义国家,这就决定了我们的教育必须把培养社会主义建设者和接班人作为根本任务,培养一代又一代拥护中国共产党领导和我国社会主义制度、立志为中国特色社会主义奋斗终身的有用人才。这是教育工作的根本任务,也是教育现代化的方向目标。"②2019年3月召开的学校思想政治理论课教师座谈会上,习近平总书记强调,"青少年是祖国的未来、民族的希望。我们党立志于中华民族千秋伟业,必须培养一代又一代拥护中国共产党领导和我国社会主义制度、立志为中国特色社会主义事业奋斗终身的有用人才。在这个根本问题上,必须旗帜鲜明、毫不含糊"③。党中央、国务院办公厅于2019年6月发布了《关于深化教育教学改革全面提高义务教育质量的意见》,该意见进一步强调要"坚持立德树人,着力培养担当民族复兴大任的时代新人";"落实立德树人根本任务,健全立德树人落实机制"。

(二)德智体美劳全面发展

新中国成立以来,德智体美劳等全面发展曾多次出现在领导人讲话和相关文件中。但在党的全国代表大会上、国家教育政策方针与权威性文件中,却始终没有把劳动教育和德智体、德智体美并论,而是把劳动教育单

---

① 刘建军:《论"时代新人"的科学内涵》,《思想理论教育》2019年第2期。
② 于珍:《继往开来谱新篇——中国教育现代化的探索之路》,《中国教育报》2021年7月3日,第004版。
③ 《习近平主持召开学校思想政治理论课教师座谈会强调 用新时代中国特色社会主义思想铸魂育人 贯彻党的教育方针落实立德树人根本任务》,《人民日报》2019年3月19日,第001版。

列、单独出文件予以明确强调和重视。[①]在教育方针和教育目的中,是以"教育与生产劳动和社会实践相结合"的方式表述。习近平总书记在2018年9月全国教育大会上强调,培养德智体美劳全面发展的社会主义建设者和接班人,加快推进教育现代化、建设教育强国、办好人民满意的教育。[②]把"劳"加入"德智体美"的培养队列,劳动教育纳入人才培养的全过程,进一步充实并完善了原有的教育任务和育人目标,德智体美劳并列成为党的教育方针。习近平总书记确定了"五育并举"的教育理念,并对"五育"内涵进行了更为充分的解读,代表着我们对培育什么人的教育任务更加清晰并具体化,立德树人育人工作上了新的台阶。

学校思想政治理论课教师座谈会于2019年3月18日召开,会上习近平总书记将立德树人与时代新人的教育目标相提并论,"贯彻新时代中国特色社会主义思想,坚持社会主义办学方向,落实立德树人的根本任务……扎根中国大地办教育,同生产劳动和社会实践相结合……努力培养担当民族复兴大任的时代新人,培养德智体美劳全面发展的社会主义建设者和接班人"[③]。至此,"培养担当民族复兴大任的时代新人"和"德智体美劳全面发展的社会主义建设者和接班人"一同成为新时代的育人目标。时代新人必须有理想、有本领、有责任、有担当,具有奋斗精神、实干精神、创新精神,是新时代的奋进者、开拓人、奉献者。[④]唯有如此,方可承担起在新时代实现中华民族伟大复兴的重任。这也是党的教育方针、教育目标对人才培养提出的新要求。

国务院办公厅颁布的《关于新时代推进普通高中育人方式的指导意见》中指出,到2022年,德智体美劳全面培养体系将进一步完善,立德树人的落

[①] 王树荫:《立德树人70年——中国共产党"培养什么人"的战略抉择》,《教学与研究》2019年第10期。
[②] 《习近平在全国教育大会上强调 坚持中国特色社会主义教育发展道路 培养德智体美劳全面发展的社会主义建设者和接班人》,《人民日报》2018年9月11日,第001版。
[③] 《习近平主持召开学校思想政治理论课教师座谈会强调 用新时代中国特色社会主义思想铸魂育人贯彻党的教育方针落实立德树人根本任务》,《人民日报》2019年3月19日,第001版。
[④] 冯建军:《立德树人的时代内涵与实施路径》,《人民教育》2019年第18期。

实机制进一步健全。这就明确了健全立德树人落实机制的时间表。通过如上叙述,不难发现"德智体美劳"全面发展,是从个人自身素质发展的微观层面谈教育的目标,而"肩负民族大任的时代新人"则是从国家民族的宏观层面谈教育的总体目标,进而把个体需要同社会需要、个人价值与社会价值有机结合,成为新时代立德树人独特的价值所在。

当今时代,教育作为一种公共资源,为国家所领导,任何国家的教育都必须反映国家的政治要求,维护国家的利益。教育部在2017年发布的《中小学生德育工作指南》中,明确提出要把课程育人理念作为德育的重要方式,将德育目标与内容有机融合并渗透到各个领域,充分重视地区差异性,努力实现因地制宜、因材施教的重要理念,不断加强对学生价值观、人生观潜移默化的引导与培养。同年10月30日,习近平总书记在会见清华大学经济管理学院顾问委员会海外委员和中方企业家委员时表示,"人才是创新的根基,是创新的核心要素。培养人才,根本要依靠教育。教育就是要培养中国特色社会主义事业的建设者和接班人,而不是旁观者和反对派"[①]。中共中央办公厅、国务院办公厅于2019年8月印发的《关于深化新时代学校思想政治理论课改革创新的若干意见》指出,教育承担着立德树人根本任务。思政课是贯彻落实立德树人根本任务的重要课程,起着不可替代的关键作用。国家出台的德育与思想政治教育政策,在优秀传统文化教育的基础上,增加了生态文明教育,尤其强调理想信念教育和心理健康教育的重要意义。在具体内容上,更强调道德规范方面的具体规定;实施渠道上打破以往德育与传统思想政治教育单一传递的特征;实施方法方面,提高了对知行合一重要理念的运用,实现理论与实践的有机融合与相互促进。

当前"德"的主要内容包括社会主义核心价值观以及公民道德建设。社会主义核心价值观是社会主义价值体系的核心内容,从国家、社会与个人

[①]《习近平会见清华大学经济管理学院顾问委员会海外委员和中方企业家委员》,《人民日报》2017年10月31日,第001版。

三方面分别论述了不同层次的价值追求,深入凝练了公民在各种不同的角色中应当遵守的基本道德规范,回答了立什么道德标准的具体要求。[①]核心价值观,其实就是一种德,既是个人的德,也是国家的德、社会的德。国无德不兴,人无德不立。[②]核心价值观承载的是一种积极进取的价值追求,强调社会主义核心价值观是一种"德",既是个人之"小德",也是国家之"大德",有着重要的现实意义。中共中央、国务院办公厅于2019年10月发布的《新时代公民道德建设实施纲要》,进一步明确了校园是公民道德建设的主阵地,立德树人应贯彻于学校教育全过程。《新时代公民道德建设实施纲要》对公民的"德"提出了具体要求,从社会公德、职业道德、家庭美德、个人品德四个方面,加强四个"着力点"建设。

根据"培养担当民族复兴大任的时代新人"的总体目标,新的时期在习近平总书记提出的关于教育改革和发展的"九个坚持",在新的理念、新的思路、新的观点指引下,需有效强化教育体制改革,着力促进社会主义核心价值观教育,有力推进社会主义核心价值观进学校、进课堂。立德树人是学校的立身之本,各级各类学校需开齐开足音、体、美、劳等课程,努力构建德、智、体、美、劳全面发展的人才培养体系,以更好地推动新时期立德树人教育目标的最终实现。

[①] 王学俭、王君:《新中国成立70周年中国共产党立德树人的历史回顾、基本经验与时代展望》,《新疆师范大学学报(哲学社会科学版)》2020年第1期。

[②]《习近平谈治国理政》(第一卷),外文出版社,2018,第168页。

第二章

小学各学科落实立德树人根本任务的理论基础与政策依据

　　德育是一种对学生道德的培养教育，狭义的德育概念指道德教育、学校德育，广义上则包含了思想教育、政治教育和道德教育等多种能够培养学生道德品质的活动，泛指家庭德育、社会德育和学校德育等。相较于智育的智力开发、体育的体质锻炼，德育则更为复杂和多样。在我国，由于人们从小接受党和国家的政治熏陶，思想和政治上的教育，走得更远更实，但道德教育受历史原因的影响，发展要相对缓慢。为了能培养出德智体美劳全面发展的社会主义事业的建设者和接班人，党的十八大提出了"立德树人"教育方针，紧抓国民的道德教育，在这里的道德教育，指的正是狭义上的概念，即学校德育，通过学科来落实立德树人的根本任务。

第二章 小学各学科落实立德树人根本任务的理论基础与政策依据

第一节

小学各学科落实立德树人根本任务的理论基础

德育理论的形态从历史演进的角度看,主要有四种:德育思想、德育论、德育学、德育原理(德育科学或德育学科群)。德育思想诞生于古代和现当代的许多思想家、政治家,如西方的苏格拉底、柏拉图,中国古代的孔子、孟子、朱熹等,他们针对人的教育提出了自己的看法和观点,这些思想成为德育理论的早期形态,为现代学校德育的发展奠定了基础[①];德育论是在教育学产生之后出现的德育思想理论化的形态,是教育学家在进行教育论述时提出的与学校德育相关的理论,具有一定的专门性和系统性;德育学是教育学形态转变成教育学学科群后,独立出来的德育论的演变,其后由于对学校德育日益细化的研究,德育学很快又成为一种新的理论形态,包含了多种德育学科的"德育科学";德育原理则是在德育学科研究的基础上,整合各方面研究成果的一种理论形态,与前三种理论形态相比,更加具有专业性和全面性,成为当下学校德育教学中的重要课程理论,因此我们要研究学科立德树人根本任务的落地,就要从其上层的理论原理中去探索和发现。

一、马克思的全面发展理论

马克思是德国著名的思想家、政治家、哲学家、经济学家、革命理论家、历史学家和社会学家,他创立了广为人知的历史唯物主义,其最大的愿望是实现人的全面而自由的发展。

---
① 檀传宝:《德育原理》,北京师范大学出版社,2017,第14页。

人的全面发展是指人的各方面得到发展,在马克思关于人的全面发展理论中,其核心价值取向就是寻求人类解放和人的全面自由发展之道。他认为,人的全面发展包括人的自身"素质"发展和人的"客体"发展两个方面。[①]

人的素质发展包含以下三个层次。

其一是内在需要的发展,包括物质需要和文化需要的发展,人的物质需要影响着素质发展,需要的文化因素越多,文明程度越高[②]。马克思把需要和满足需要的世界,把经济活动连同由其产生的物质和由物质而产生的精神的人与人之间关系的世界看作社会范畴,认为联系社会的纽带不是国家的强制,而是本来需要的强制。[③]在资本生产之前,人的需要处于物质的低层次,即衣食温饱,为了满足这些需要人们从事劳动和各种社会活动,通过劳动和社会活动获得需要的满足,而需要的满足又产生出新的需要,到了资本社会,人们开始追求更高层次的精神需要,即道德,人的内在道德需要促使人进行素质教育,个人的道德素质越高,社会的文明程度就越高。

其二是人的能力发展,包括人的内在能力和外在能力的发展,内在能力是"体力和智力的总和",外在能力是内在能力的实践显示,如语言表达、社会交往等,两者构成人的自由而全面发展的重要内容。[④]马克思认为,个人能力的全面发展,不仅仅是智力和体力的发展,随着社会的进步,社会分工越来越细致,学科分化也越来越多,需要人去全面地发展自己,提升个人的能力素质,社会的发展需要更多的人才,除了能从事物质生产劳动以外,还要有能够兼具艺术、科学探索等技能和活动的高素质人才。因此个人能力发展在人的全面发展中具有重要的地位,是人的全面发展的核心。

其三是人的社会关系的全面发展。黑格尔认为社会生活的基础就是需

---

① 万资姿编《人的全面发展从理论到指标体系》,中央编译出版社,2011,第8页。
② 万资姿编《人的全面发展从理论到指标体系》,中央编译出版社,2011,第8页。
③ 亨利希·库诺:《马克思的历史、社会和国家学说:马克思的社会学的基本要点》,袁志英译,上海译文出版社,2006,第249页。
④ 万资姿编《人的全面发展从理论到指标体系》,中央编译出版社,2011,第9页。

要的满足,相互协作和配合以取得维持生活的手段,马克思接受这种社会观,不过更强调构成社会生活的基础,服务于满足需要的协作[①]。他认为人是社会化的人,是群体中的人,个人的活动受社会关系的影响,只有不断地扩大个人活动的范围,才会使人在社会交往中实现心理和情感的交流,最终实现人的发展,因此,人的全面发展必然包括人的社会关系的丰富与发展。

人的"客体"发展是外在延伸,包括自然条件和社会条件,如经济、政治、文化等方面,社会提供的条件越多,就越有利于人的全面发展。外在的自然条件保证了物质生产的基础,而社会条件的改善则能让人不断向更高水平前进,如改善教育的社会基础条件,提高人的思想道德素质和科学文化素质。道德教育是实现人自由全面发展的较高层次,因此,马克思在人的素质培养和全面发展问题上,主张发展教育,将智育、体育和技术教育相结合,促进人的全面发展。

马克思哲学思想中关于人的全面发展理论,既包括了人的需求满足、社会关系的发展,还包括了个人能力的提升和综合素质的培养,他的全面发展理论对我国教育现代化建设具有深远的意义,是现代教育方针的理论基石,为我国全面发展教育的方针制定提供了导向作用。

二、苏霍姆林斯基的德育思想和德育理论

苏霍姆林斯基是苏联最伟大的教育家之一。他的教育思想、德育理论和马卡连柯一样,可以看作苏联社会主义教育,尤其是社会主义德育理论和实践探索的杰出代表。他是一位从实践走向理论的教育和德育思想家,他的德育思想和德育理论的主要特征可以概括为以下几个方面。

第一,他和许多社会主义教育思想家一样,明确承认和主张教育的社会政治目的性,公开主张政治信仰与道德教育的统一[②]。他相信政治信仰的

[①] 亨利希·库诺:《马克思的历史、社会和国家学说:马克思的社会学的基本要点》,袁志英译,上海译文出版社,2006,第241页。
[②] 檀传宝:《政治信仰与道德素质培育有效性的探究》,《上海高教研究》1998年第9期。

培养具有重要的德育意义。其一,政治信仰的确立对道德教育有重要的促进作用。苏霍姆林斯基说:"作为一种道德上的高尚的精神力量,则始于对神圣的东西的一种信仰……没有任何信仰的人,不可能有精神的力量、道德上的纯洁,也不可能有英勇的精神……对我们的意识形态那种神圣的东西有信仰的人,定会具有巨大的爱和恨的才华。"[1]"忠实于崇高的理想,是个人道德发展的顶峰。"[2]他认为所有教育工作者都应当对共产主义抱有坚定的政治信仰。其二,在完整的精神人格的塑造中,政治信仰与道德教育这两个方面的存在与统一是不可或缺的。"共产主义教育伦理学的实质就在于教育者相信共产主义理想是存在的,是可以实现的,而且是可以达到的,教育者应当用理想的标尺去衡量自己的劳动。"[3]"教育的理想就在于使每个人去追求自己的顶峰,不要迷失通往顶峰的方向,更不要从旁而过。"[4]所以,在苏霍姆林斯基看来,政治信仰教育和道德教育在目标上是完全统一的,也因此在德育的实践活动中他坚定地践行自己的教育思想,一方面反对用年龄作挡箭牌不对青少年进行信仰教育的错误倾向,另一方面反对处处道德教育政治化倾向。

第二,关于学校德育环境的营造、学校德育与社会环境的关系的辩证处理,他主张运用多种教育力量进行德育活动,反对在学校德育活动中,直接和简单的道德说教,认为政治信仰的确立和道德教育的进行都必须着眼于学生自身的成长,实现校园与社会生活的沟通。首先,他主张教育者要努力创造学生的"接受教育性",其要点在于让学生认识精神生活的幸福与美好,促使"孩子们、青少年们对思想美、忠于理想的美、为共产主义胜利而劳动之美的兴趣……只有当这种美变成学生个人财产时,知识才会变成力量,智慧才会变成精神力量"[5]。其次,他主张促成学生积极的行动。"信念

---

[1] 苏霍姆林斯基:《怎样培养真正的人》,蔡汀译,教育科学出版社,1992,第17页。
[2] 苏霍姆林斯基:《怎样培养真正的人》,蔡汀译,教育科学出版社,1992,第115页。
[3] 苏霍姆林斯基:《怎样培养真正的人》,蔡汀译,教育科学出版社,1992,第1页。
[4] 苏霍姆林斯基:《怎样培养真正的人》,蔡汀译,教育科学出版社,1992,第39页。
[5] 苏霍姆林斯基:《怎样培养真正的人》,蔡汀译,教育科学出版社,1992,第156页。

第二章　小学各学科落实立德树人根本任务的理论基础与政策依据

就其本质来说,不可能是一种不劳而获的精神财富,只有通过积极的活动,信念才能起作用,才能得以巩固,才能变得更加坚定。"[①]"教育的实质就在于使每个学生在培养自己的信念时,去锻炼自己的意志和精神力量,去反映自己积极对善的追求,果断地去达到善的理想。"[②]最后,苏霍姆林斯基主张强化学校德育环境建设以及社会环境与学校教育的互动,他非常重视学校教育环境的建设,基于自己的教育准则为学生创造富有教育意义的物质环境和精神环境,以便更好地达到培养"真正的人"的教育目的,还重视学校德育与社会教育资源的联结,鼓励学生从家人和朋友身上学习优秀品质,抑或从历史英雄人物身上提取学习材料,以供学生去领会学习英雄人物的品德与精神。

第三,他特别强调德育活动的重要意义。他认为培养学生的德育,不是只传授给他们理论知识,更需要去给学生提供更多有效的实践活动,让学生通过自身的积极活动去不断成长,去学习领悟。其一,他认为教育者的一个重要任务,就是要唤起学生感情上的敏锐性、注意力和感受力,强调学生要学会观察,通过观察身边人的情感状态和生活习性,来培养他们的情感共鸣。其二,他认为阅读也是一种学生获得教育的重要形式,鼓励学生通过阅读来获得更多的精神需求。其三,劳动课是苏霍姆林斯基最喜爱的德育活动形式,他认为劳动不只是体力活动,更是一种思维活动,让学生学会运用理解思维去感受劳动的艰辛与欢乐,从而培养出能吃苦耐劳、信念坚定的人。

第四,苏霍姆林斯基还特别重视"奉献"精神的教育,他认为"共产主义道德的准则——即具体的一些教诲和训导,怎样去生活,怎样去行动,什么是善与恶,——这一切都是'奉献'的本质"[③],希望通过对"奉献"精神的教育,来培养学生在实际人际交往中的道德感,领会人生的真谛。

[①] 苏霍姆林斯基:《让少年一代健康成长》,黄之瑞、张佩珍等译,教育科学出版社,1984,第212页。
[②] 苏霍姆林斯基:《怎样培养真正的人》,蔡汀译,教育科学出版社,1992,第255页。
[③] 苏霍姆林斯基:《怎样培养真正的人》,蔡汀译,教育科学出版社,1992,第4页。

三、杜威的道德教育论

约翰·杜威,美国著名哲学家、教育家,实用主义哲学的创始人之一,功能心理学的先驱,美国进步主义教育运动的精神领袖。他全面阐述了教育的本质,提出了"教育无目的论"的观点,认为教育本身无目的,只是人为教育附上了目标,教育才有了目的。在他看来,人处于社会关系中,社会的进步离不开道德的教育,道德是教育的最高和最终的目的。

在道德教育实施方面,杜威主张学校道德训练应遵循以下原则:在活动中培养儿童的道德品质,结合各学科达到德育的目的,注重教育方法的道德教育作用。

第一,在活动中培养儿童的道德品质。

在杜威的教育思想中,出于强调儿童阶段本能活动的教育作用,他提出了"儿童中心论"的观点。在杜威看来,过去传统的教学中,学校德育教学忽视了儿童的本能和活动,通过教师授课的方式将成人世界的行事标准传授给了儿童,并不利于培养儿童自身的道德品质。他认为,"一切品行从根本上和实质上说都源自与生俱来的本能和冲动"[①],儿童道德品质的培养应该是以他们的本能活动为核心,道德教育的任务就是要教育者清楚儿童的这种本能是什么,在不同年龄阶段是如何展现出来的,以及该进行怎么样的引导等。

杜威认为儿童有四种本能活动:语言和社交、制作、研究和探索、艺术。道德教育的目的就是要儿童将这些本能充分地发挥出来,让儿童在本能活动中激发主动积极的优良道德动机,并引导它们向有利于社会的方向发展。

第二,结合各学科达到德育的目的。

杜威指出,道德的目的是各科教学共同的和首要的目的,所以,"知道我们应怎样把道德价值的社会标准运用于学校工作的教材上,以及我们习惯上称之为使学生忙碌不已的'学科'上,成了一个极其重要的问题"[②]。杜

---

① 杜威:《道德教育原理》,王承绪等译,浙江教育出版社,2003,第24页。
② 杜威:《道德教育原理》,王承绪等译,浙江教育出版社,2003,第18页。

第二章 小学各学科落实立德树人根本任务的理论基础与政策依据

威认为,学校显然不可能把全部精力用于儿童道德的训练,因此,通过各科教学发展儿童的道德成为学校的重要任务。

在杜威看来,各学科知识与道德紧密相关,各学科教材并不是纯粹的知识载体,同时也是进行道德教育的重要载体,是培养儿童的道德品质的主要手段,将道德教育纳入各学科之中,使它们都承担起道德教育的任务,从而真正达到道德教育的目的。①

在对儿童进行道德教育时,各学科教材也应满足以下特点:一是教材要有社会性。杜威认为,教育是为了促进人的能力的和谐发展,那么一个课程计划必须考虑课程能适应现在社会生活的需要,选材时必须以改进我们的共同生活为目的。换言之,教育首先是人类的,随后才是专业的。②因此,他建议学校各学科在教材选择上,应该紧密联系社会生活,培养儿童适应社会的道德能力。二是教材心理学化。杜威认为,没有一门学科本身就自然而然地具有固定的教育价值,如果不顾及学习者的发展阶段,无法实现教育的目的,因此,学科教学应以儿童的心理变化为依据,使教材"心理学化",使儿童在能力所及的范围内吸收它。

第三,注重教育方法的道德教育作用。

"学校的社会性质是道德教育的基本因素,这一原理同样可以应用于教学方法的问题不在于它们的具体细节,而在于它们的一般精神。重点于是落在构造和贡献上,而不是落在吸收和单纯的学习上。"③

杜威认为儿童天生有贡献、行动和服务意识,课堂上机械地反复灌输不利于培养儿童的社会精神,导致道德的缺失,道德教育教学方法的选择与运用非常关键。

作为实用主义教育家,杜威主张把学生的道德教育放在社会实践中去,将道德知识在社会中进行灵活运用,让德育回归生活,把学校生活与社会

---

① 陈春莲:《杜威道德教育思想研究》,中国社会出版社,2016,第60页。
② 杜威:《道德教育原理》,王承绪等译,浙江教育出版社,2003,第117页。
③ 杜威:《道德教育原理》,王承绪等译,浙江教育出版社,2003,第15页。

生活紧密结合。一切能有效地发展参与社会生活能力的教育都是道德教育。因为只要学校与社会脱离，学校里的知识就不能运用于生活，因此也无益于品德的形成，所以，道德教育应集中在把学校作为社会生活的模式这一观念上。杜威之所以如此强调参与社会生活在学生道德发展中的作用，是由于他认为只有使学生置身于现实的情景中，并通过他们自己理智的思考和选择，才能形成对现实的判断能力。而且，他认为，通过参与社会生活或在生活中培养儿童的品德，是有效的途径。

杜威的道德教育理论为我国现当代德育理论和德育实践提供了新思路，让我们对道德和"道德的人"有了更新的理解，同时也树立了"德育首位""学科德育"的新概念，让我国德智体美劳五育并举和立德树人教育方针，有了更扎实的理论基础。

四、皮亚杰道德认知发展理论

让·皮亚杰，瑞士人，是近代最杰出的儿童心理学家，他在研究儿童心理发展的过程中，发现了关于儿童思维发展和道德发展的规律。他认为，同智慧和认识方面的发展一样，儿童道德发展方面也相应地表现了一些阶段性的特征。[1]他根据儿童对规则的理解和使用研究，在儿童思维发展四个阶段（感知运动阶段、前运算阶段、具体运算阶段和形式运算阶段）的基础上，得出了儿童道德认知发展四阶段理论。

第一阶段是"自我中心阶段"或前道德阶段。他认为儿童思维发展进入前运算阶段后，儿童开始运用象征性符号——语言。语言的出现，使儿童能同别人进行言语上的交流，这对儿童的情感以及道德的发展有一定的影响。[2]皮亚杰认为，这一阶段的儿童还不能像成人那样有效地满足自己个人情感和智慧的需要，儿童的思维和认知处于直观思维形式，因此他们的

---

[1] 陆有铨：《皮亚杰理论与道德教育》，北京大学出版社，2012，第35页。
[2] 陆有铨：《皮亚杰理论与道德教育》，北京大学出版社，2012，第39页。

情感和道德也处于直觉的自我中心倾向。①

　　第二阶段是"权威阶段"。皮亚杰认为在该阶段儿童出现了基本的判断意识，儿童利用语言和别人交流预示着儿童社会化的开始，语言是成人强加于儿童的一种服从关系和心理限制，该阶段的儿童开始对成人出现尊敬的情感，他们的道德受外界的支配，对行为判断依据物质后果，形成一种服从成人的他律道德。②

　　第三阶段是"可逆性阶段"或初步自律道德阶段。在这一阶段中儿童的思维认知得到了进一步增强，开始对他人的命令产生怀疑，不再认为应对长者和权威的要求要绝对服从，有了规则是可以被打破的意识。与认知发展相平行，儿童在社会发展方面开始出现合作意识，具体的运算思维和社会合作导致了儿童情感和道德的发展。在这个阶段儿童逐渐形成互相尊重的情感和自律的道德③。

　　第四阶段是"公正阶段"或自律道德阶段。这个阶段的儿童能根据自己的价值标准对一些道德问题做出判断，开始把公道的原则作为道德判读的内在基础④。在前道德阶段和权威阶段时，服从和跟随大人的意志是儿童的道德观念，这是因为这两个阶段的儿童不能够分清楚服从与公正，但随着儿童的成长和道德教育的培养，公正的概念开始出现，他们的行事从以完全自我为中心而变得自律，不再做不利于他人的事情，这正是受公正感的影响，相互尊重和自律的道德成为这一阶段儿童的主要表现。

　　从皮亚杰划分的四种儿童道德认知阶段，可以看出他对儿童道德和道德观念的看法。首先，在他看来，儿童的道德不是天生就拥有的，也不是社会规则直接赋予的，而是受自律和他律的相互影响产生的，儿童的道德需要自身的学习和他人的教导，两者相互作用才会促进儿童道德的发展，也就是说在儿童成长阶段，年长者不能不加约束让儿童的自然天赋野蛮生

---

① 陆有铨:《皮亚杰理论与道德教育》，北京大学出版社，2012，第40页。
② 陆有铨:《皮亚杰理论与道德教育》，北京大学出版社，2012，第42页。
③ 陆有铨:《皮亚杰理论与道德教育》，北京大学出版社，2012，第61页。
④ 陆有铨:《皮亚杰理论与道德教育》，北京大学出版社，2012，第77页。

长,也不能强加干涉以免产生逆反。其次,皮亚杰认为儿童道德的发展受儿童认知水平的制约,从他对儿童划分的道德认知阶段中可以看出,道德发展是以逻辑思维的发展为必要条件的,无意识服从主要体现在儿童听大人和权威的命令,当思维进入抽象思维阶段,儿童能够对事物、观念产生一定判断能力时,寻求道德公正感开始替代无意识服从。由此可见,儿童的道德判断能力是伴随思维能力的发展而提升的,教育者要注重对儿童思维能力的培养。最后,他提出了儿童道德发展的阶段论,儿童的道德发展是一个有明显阶段特点和顺序性的过程,与儿童逻辑思维的发展具有极大的相关性。

皮亚杰认为,第一,儿童道德从一个阶段向另一个阶段的发展,不是简单相加,他认为每一阶段的思维认知都是一个统一的整体,每一种行为的道德观念都是相互联系的,并不是孤立的道德观念的总和。第二,道德发展各阶段的顺序是不变的,后一阶段的道德观念能够取代前一阶段的观念,说明了儿童道德观念发展的一致性。第三,道德认知发展的前一阶段是后一阶段的必要组成部分。

皮亚杰的道德认知发展理论不仅给德育理论的研究和实际德育工作带来了重大的学习价值,还为后来的思想家、教育家们提供了理论发展方向。在他的儿童道德认知理论中,提出了很多于近现代教育有启发的观点;比如注重家庭教育与学校教育并行,还比如注重思维能力的培养等等,为我们现在落实立德树人根本任务奠定了理论基础。

五、科尔伯格进步主义道德认知发展理论

劳伦斯·科尔伯格(又译作柯尔伯格)是美国著名的心理学家、教育学家,也是道德认知发展理论的代表人物之一,他提出的道德认知发展理论与皮亚杰的道德发展学说一脉相承,并对皮亚杰的道德理论进行了拓展和完善。在道德发展研究方面,他提出了著名的三种水平、六个阶段的道德

发展阶段理论。在道德教育方面，他基于对儿童、青少年道德发展阶段的认识，提出了"道德两难问题讨论法"和"公正团体法"。

科尔伯格道德发展研究的心理基础源于皮亚杰的认知发展论，因此他与皮亚杰共有的立场是，不是认知决定情感和行为，而是认知发展和情感发展两者具有一个共同的结构基础，道德判断的年龄发展趋势有一个平行于认知发展结构基础的形式结构基础。[1]换言之，科尔伯格认为道德思维能力是内在于个体身上，随着个体的成长而发展，不是固定不变的。道德思维能力也就是个体的道德判断能力，根据其发展结构，科尔伯格将道德判断划分为以下三种水平、六个阶段。

水平一（前习俗水平）

阶段1：服从和惩罚的道德定向阶段

阶段2：朴素的享乐主义或功利主义定向阶段

水平二（习俗水平）

阶段3：好孩子定向阶段

阶段4：尊重权威和维护社会秩序定向阶段

水平三（后习俗水平）

阶段5：社会契约定向阶段

阶段6：良心或普遍原则定向阶段

在道德教育方面，科尔伯格强调因人而异，他认为道德产生于社会实践活动，产生于主体和客体之间的相互作用，在不同的道德发展阶段，基本道德价值在不同个体身上会出现不同的表现，基于此，他提出了关于道德教育的三个基本原则。

第一，必须了解学生道德发展的阶段水平。

科尔伯格认为，"儿童只能同化在发展意义上合乎他们自身水平的那些

---

[1] 科尔伯格：《道德发展心理学：道德阶段的本质与确证》，郭本禹、何谨、黄小丹、谢冬华等译，华东师范大学出版社，2004，第63页。

道德说理"①,虽然学生的道德认知发展在顺序上是不变的,但也并不是所有的学生,都能在当前阶段道德能力以同样的速度发展起来。处于同一年龄层次、阶段的学生,他们的道德认知发展水平完全可能处于不同的发展阶段,而在同一道德发展阶段的学生,也有可能是不同的年龄阶段,这就要求学校在进行道德教育时,要根据学生的不同道德发展阶段来进行培养,因材施教,做到具体情况具体分析,逐步培养和提高学生的道德水平。同时学校的道德教育工作者要深入学生当中,及时了解和确定学生的心理和道德发展情况,做到在尊重大班团体道德教育的同时,又尊重个别差异,通过私下谈心交流的方式,对学生进行针对性的教育。

第二,必须在儿童中引起真正的道德冲突和意见不一。

科尔伯格在学校道德教育上还提出了"认知—发展方法",他认为,"道德发展上的向前的运动不仅依赖于向儿童揭示下一阶段的思维,而且要使儿童体会到在运用他们自己当前的思维水平到成问题的情景中发生的认知—冲突的经验"②。这种方法的实质就是通过给学生设置各种问题,比如有争议性或讨论价值的问题,来诱发学生的思维碰撞和认知冲突,激发他们的道德兴趣,锻炼他们积极思维,提高他们的道德认识。

第三,要向儿童揭示出高于他已有发展程度一个阶段的道德思维方式。

低于儿童的道德发展水平或远远高于儿童的发展阶段的道德教育,很容易因遭到儿童的排斥而失去效果。

科尔伯格的道德认知发展理论和道德教育理论的研究,促进了学校德育的进一步科学化,大大推进了我国对道德教育的认知和实践。

六、赫尔巴特的德育思想

约翰·弗里德里希·赫尔巴特是十九世纪德国著名的教育家,是科学教

---

① 科尔伯格:《道德教育的哲学》,魏贤超、柯森等译,浙江教育出版社,2000,第396页。
② 科尔伯格:《道德教育的哲学》,魏贤超、柯森等译,浙江教育出版社,2000,第396页。

第二章　小学各学科落实立德树人根本任务的理论基础与政策依据

育的奠基人,在他的《普通教育学》中,提出了很多新颖独到的德育思想,对后世的道德教育产生了重要的影响。他认为教育的最终目的有两个,其一是最高的、普遍的目的,指向道德性格的形成;其二是可能的目的,即发展儿童的多方面兴趣。

在赫尔巴特的教育论中,教育的最高目的就是道德,他认为,德育应置于教育的首要地位。[1]只有道德发展起来了,才可能在人身上培养出理想的品性,培养出有完美道德品质的人,因此教育的工作就是以五种道德观念为依据,借助知识的传播,使受教育者明辨是非善恶,陶冶意志,养成高尚的道德品质。

在赫尔巴特的教育理论中,他认为一个完善的人必须具备以下五种道德观念。第一,"内心自由"观念,要求人的意志和行为不受束缚,只遵从自己内心的判断,赫尔巴特将"德行"与"内心自由"视为不可分割的整体,"德行即自由"的崇高感觉不是一时的冲动,道德的真正积极部分必然充满于一个人的心灵深处。[2]第二,"完善"观念,此观念是全部道德观念的核心,赫尔巴特认为人是在追求完善中发展的,当达到一个目标后总会自觉地去追求更高的目标,因此人常处于不完善而追求完善的过程中,这种追求是无限的,故而人才能进步,永远朝着完善迈进。[3]第三,"仁慈"观念,提醒人以善意来处理人际关系,但在培养仁慈观念时,教育者应当警惕会导致恶意的刺激,以免可能产生危害,受教育者要学会尊敬仁慈。第四,"正义"观念,实际上是"守法"的观念,要求当人们的意志发生冲突时,必须依据人们的志愿协调所制定的法律条文和守法观念来解决争端,进行道德判断。[4]第五,"公平"观念,此观念也是报偿的观念,是指当人在故意破坏道德时,应予以应有的惩罚,即"善有善报,恶有恶报"。

根据赫尔巴特的教育观点,在扩充的道德内容中,除了每个人应具有的

---

[1] 赫尔巴特:《普通教育学》,李其龙译,人民教育出版社,2015,第29页。
[2] 赫尔巴特:《普通教育学》,李其龙译,人民教育出版社,2015,第127页。
[3] 于钦波、刘民:《外国德育思想史》,四川教育出版社,2000,第400页。
[4] 于钦波、刘民:《外国德育思想史》,四川教育出版社,2000,第401页。

五种道德观念外,"善意"和"服从"也是不可少的,是道德一词所要提示的基本内容。以"善意"来说,"善意"将道德从意志的一种属性变成了德行、力量与行动,是人能够在适当的时候做出正确判断的依托,因此人要随时保持着一种"善意";以"服从"为例,与服从相对的一定有一个命令,人并非对偶然命令的每一次服从都是道德的。服从的人一定对命令审查过、选择过、估价过,因此有道德的人是命令着自己,而不以服从为起点。[①]

在实现德育的目标上,赫尔巴特提出了管理、训育和教育性教学三种手段。首先,在赫尔巴特看来,最初儿童是没有真正的决断意志,不能产生任何道德关系的,他们往往有一种不服从的烈性,而克服的手段是对儿童进行管理,"管理并非要在儿童心灵中达到任何目的,而仅仅是要创造一种秩序"[②]。其次,训育对儿童进行心理上的制约和规范,为下一步教学做准备,是在管理和教学之间的一个过渡阶段。赫尔巴特认为训育主要是对青少年的心灵进行有目的的培养,具体表现为他提出的五种道德观念的培育,因此训育一方面影响儿童性格的初步形成,另一方面帮助教学去影响一个人的性格形成。最后,教育性教学是实现教育的真正阶段,赫尔巴特认为,"教学如果没有进行道德教育,只是一种没有目的的手段,道德教育如果没有教学,只是一种失去手段的目的"[③]。只有进入了教学阶段的教育,才是最高层次的道德教育。这是因为在他看来,任何教学都包含一定的道德教育内容,即使有些教学内容本身不包含道德教育,但进行"教学"的教育者的思想和道德观念,也带有道德教育的功能。所以,教学永远具有教育性,永远是道德教育的主要渠道。[④]

[①] 于钦波、刘民:《外国德育思想史》,四川教育出版社,2000,第399页。
[②] 赫尔巴特:《普通教育学》,李其龙译,人民教育出版社,2015,第18页。
[③] 于钦波、刘民:《外国德育思想史》,四川教育出版社,2000,第403页。
[④] 于钦波、刘民:《外国德育思想史》,四川教育出版社,2000,第408页。

七、蔡元培的道德修养

蔡元培,中国近代著名的民主革命家和教育思想家,他融会中西文化,构建了适应时代的新教育理念,提出了军国民主义教育、实利主义教育、公民道德教育、世界观教育和美感教育"五育并举"的教育方针。在道德教育方面主张对民众的修养培育。他认为,实利主义和军国民主义分别可以富国、强兵,但国家的发展却不能只富国强兵,更应该发展学生的品德修养,改善社会道德风尚,提升社会精神文明。

蔡元培在树立道德教育目标时,提出了培养和发展国民个体"完全之人格"的目标。他在《中学修身教科书》的开篇中提到,"人之生也,不能无所为,而为其所当为者,是谓道德。道德者,非可以猝然而袭取也,必也有理想,有方法。修身一科,即所以示其方法者也"[1],点出人必须要有作为,只有成为有道德、有理想的人,才能够有利于国家和社会的发展。而想成为有道德、有理想的人,必须是受过道德教育的有"完全人格"的人。蔡元培提出的"完全人格",包括体育精神、礼仪习惯、德行情操、意志责任、知识品性等方面的道德修养。

在德育内容上,首先,蔡元培将西方德育思想与儒家传统思想相融合,提倡全新的自由、平等与博爱的民主思想和道德观,他认为自由是"富贵不能淫,贫贱不能移,威武不能屈"的意志自由与人格尊严,平等是人的社会地位平等,决定人高低贵贱的是品格,博爱则强调要有舍己为人的牺牲精神,因此培养民众道德就是要培养他们德才兼备、内外兼修的道德修养。其次,蔡元培还提出德智体美四育兼顾的修己之道,"凡道德以修己为本,而修己之道,又以体育为本""一切道德,殆皆非羸弱之人所能实行者"。[2]在他看来,体育是道德修养的本位,要发展道德,首先要保证自己身体健康,爱运动有精神的人,才能够为国家和社会作出贡献,才能做成大事。"人而无知识,则不能有为,虽矜饰其表,而鄙陋龌龊之状,宁可掩乎""知识者,

---

[1] 蔡元培:《中国人的修养》,青岛出版社,2020,第4页。
[2] 蔡元培:《中国人的修养》,青岛出版社,2020,第5页。

人事之基本也"。①知识是做人做事的基本,事业的发展依赖于知识的积累,知识的学习影响着民众的人文思想、国民学问的深浅、国家实力的强弱,文明强国的竞争主要依靠智力而不是体力,当下海外各国交际频繁,智力竞争格外激烈,我国民众要勤于学习,成为国家有用的人才。"人之所以异于禽兽者,以其有德性耳""德性之中,最普及于行为者,曰信义""交际之道,莫要于恭俭"。②在社会的人际交往中,信义与恭俭是最重要的道德,民众道德的培养就要讲信义,事尊长。

在德育实践上,首先,蔡元培强调学校、家庭和社会三者合作,在他看来,家庭、社会与学校对道德的教育是有联系的,"家庭者,人生最初之学校也""凡人既为社会之一员,而持社会之道德"③,人生来的品性源自家庭的教育,受教育的过程在于学校和社会,道德的教育与发展也需要三方面并举,共同施力。其次,他提出了道德教育的几大原则:第一,主体性原则,跟教育一样,德育的培养要因材施教,要适应人的发展规律;第二,德育为先原则,德育要与诸育并举,并优先发展,德育同智育、体育、美育一样,都是教育的主要方面,培养人才应注重全面发展;第三,自他两利原则,他认为道德教育应遵循利己利他原则,既要追求个人利益更要有足够的社会担当,通过教育培养学生的爱国心、事业心等道德行为。最后,蔡元培指出,"修德之道,先养良心"。他认为道德修养最基本的一点是行善、向善,人应该有去恶扬善的志向,节制自省的勇气,最终成为有道德、有理想的人。

蔡元培德育思想的提出与实践,为我国教育近代化发展奠定了基础,推动了我国教育事业的现代化发展。

八、陶行知的生活德育

陶行知是中国近代著名的思想家、教育家,师从杜威、孟禄、克伯屈等

---

① 蔡元培:《中国人的修养》,青岛出版社,2020,第20页。
② 蔡元培:《中国人的修养》,青岛出版社,2020,第24页。
③ 蔡元培:《中国人的修养》,青岛出版社,2020,第41,52页。

美国教育家研究教育。与杜威的"教育即生活""学校即社会"的思想不同，陶行知在继承了他学校生活与社会相联系的思想后，进一步提出了"生活即教育""社会即学校"的思想，主张将社会当成大的学校来进行生活教育，在他的教育思想中，德育思想贯穿始终，他认为，道德是做人的根本。

在陶行知的生活教育理论中，德育思想和实践是非常重要的组成部分，理论的实质是生活德育论，根本任务和培养目标是"追求真理做真人"。

所谓生活德育，就是指教育者按照一定社会和受教育者的需要，遵循品德形成的规律，采用集体生活与教育引导等有效手段，有目的、有计划、有组织地使受教育者在德育的生活中学习德育，实现内化与外化，把他们培养成为追求真理做真人的人这样一种活动过程。[①]

生活德育的目标是培养"完满人格"的"真人"，这种"完满"指的是"知情意合一"的品德教育和"教学做合一"的基本原则。

陶行知认为，知情意的教育是整个的，统一的，知的教育是在教儿童知识的过程中同时激发儿童的社会兴趣与行动意志，情的教育是调节并启发儿童追求真理的感情，而意的教育是理解知与情后的努力与行动，三者相互联系、无法割裂。"知情意合一"揭示了人的思想品德结构和形成机制，道德认知是个人思想品德形成的基础，决定着人的道德行为的发生、发展。道德情感是个人道德发展的内在保证，主宰人的思想品德动机系统的指向和功能的发挥。道德意志是为了达到道德目的而产生的自觉能动性。[②]"知情意合一"的教育就是要全面关注学生知、情、意的各个方面，全面而和谐地培养学生的思想品德。

"教学做合一"是陶行知在传统教育的基础上提出的教育改革方法论，首先，他认为教育的最佳形式是"教法、学法、做法"的统一。"教学做合一"的教学原则，是以"做"为中心，强调教与学都必须以现实为基础，不能脱离生活实际去教学。在陶行知看来，有行动才能得到知识，有知识才能创造。

[①] 陈善卿、张炳生、辛国俊：《生活德育论：陶行知德育理论的研究与实践》，东北师范大学出版社，2005，第4页。
[②] 陈善卿、张炳生、辛国俊：《生活德育论：陶行知德育理论的研究与实践》，东北师范大学出版社，2005，第49页。

因此，他提倡在做上教、在做上学。其次，陶行知认为生活中人人都在做，人人都是老师，要学会向社会生活学习，向大众学习，教学活动的真谛就是互为人师，互教互学。最后，陶行知提出"为教而学"，在"教"之前要先"学"，为了教育他人而进行学习，能最大限度地满足个人"好为人师"的心理诉求，才能够促生教学动力。

根据生活德育理论的方法论原则，陶行知在德育实施上也践行着"教学做合一"。

其一是重视生活实践。陶行知认为，德育是要对学生的品德修养和文明行为进行培养，人格教育要趁早，要从日常生活小事抓起，要注重对学生日常行为习惯的培养。同时，他还非常重视学生的劳动教育，主张"社会即学校"。社会的环境对比学校来说，教育的空间更为广大，无论是教育的材料、工具还是方法，在他看来，学校要与社会生活息息相通，他反对让学生死读书，要让学生积极参与到社会劳动实践中去。

其二是建立教育的集体生活。陶行知认为，集体生活是儿童之自我向社会化道路发展的重要推动力，为儿童心理正常发展所必需。集体生活可以逐渐培养一个人的集体精神，是用众人的力量集体地创造合理的生活、进步的生活和丰富的生活，进而以集体生活之不断地自我创新的过程来教育儿童[1]。他创办的育才学校教育的基础就建立在集体生活上，包括了集体的劳动生活、健康生活、政治生活和文化生活，通过各种各样的课堂让学生结成团体。

其三是培养学生自动力。陶行知除了主张集体生活的教育外，还非常重视学生的自觉自治能力，他说"生活、工作、学习倘使都能自动，则教育之收效定能事半功倍"[2]，德育的根本方针就是要在自动上培养自动力，主张学生自己管理自己，希望通过学生的充分自治来养成自我学习的内动力和自我教育精神。

---

[1] 方明主编《陶行知全集·第4卷》，四川教育出版社，2009，第384页。
[2] 方明主编《陶行知全集·第4卷》，四川教育出版社，2009，第413页。

其四是师生共学、共事、共修养。陶行知要求教师在培养学生时要做到严于律己,与学生共同学习、共同进步,只有破除师生之间的等级隔阂,为人师表、言传身教,才能够帮助学生养成尊师重道、遵纪守法的高尚品德。

陶行知的生活德育思想具有很浓厚的中国社会的特色,是经过几十年的实践总结出来的精华,一直到现在都对我国教育有极大的影响,对学校的道德教育有重要的借鉴意义,还是我国落实"立德树人"根本任务的理论基础。

第二节 小学各学科落实立德树人根本任务的政策依据

教育政策是党和国家依据一定历史时期的基本任务、基本方针而制定的关于教育的行为准则。改革开放以来,我国经济飞速发展,教育事业也得以恢复,如何培养人成为人们广泛关注的社会问题,相关的德育政策也应运而生,经过重建、完善、改进与深化,我国的德育政策的内涵不断丰富和深化,体系也更为完善。[①]

一、素质教育的德育要求

1981年6月,党的十一届六中全会审议和通过了《关于建国以来党的若干历史问题的决议》,决议对建国以来的重大历史事件作出了正确的总结,客观评价了毛泽东在中国革命中的历史地位,充分论述了毛泽东思想作为我们党的指导思想的伟大意义,肯定了我国建设社会主义现代化强国的正

[①] 李世奇:《21世纪以来我国中小学德育政策及其趋势研究》,《北京教育学院学报》2013年第2期。

确道路，还进一步指明了我国社会主义事业和党的工作继续前进的方向。在适合我国国情的现代化道路中，提出社会主义必须有高度的精神文明，要在全党加强和改善思想政治工作，用马克思主义世界观和共产主义道德教育人民和青年，坚持德智体全面发展的教育方针，发扬祖国利益高于一切的爱国主义精神和为现代化建设贡献一切的艰苦创业精神。为学校的德育工作提供了有力的政策支撑。

1985年，邓小平在第一次全国教育工作会议上指出，我国国力的强弱取决于劳动者的素质和知识分子的数量与质量，提出对教育进行素质改革。同年我国发布了《中共中央关于教育体制改革的决定》，明确指出："在整个教育体制改革过程中，必须牢牢记住改革的根本目的是提高民族素质，多出人才，出好人才。"此后，又在《中华人民共和国义务教育法》《中共中央关于社会主义精神文明建设指导方针的决议》和党的十三大报告中，反复强调"提高整个中华民族的思想道德素质和科学文化素质"的问题。

1988年国家教育委员会颁发《小学德育纲要（试行草案）》，1993年国家教育委员会在《小学德育纲要（试行草案）》修订基础上正式颁布《小学德育纲要》。《小学德育纲要》的目标是培养学生初步具有爱国情怀、良好品德、公德意识、文明习惯、良好意志、辨别是非等能力与素质，为使他们成为德、智、体全面发展的社会主义建设者和接班人打下了良好的思想品德基础。

1993年，中共中央、国务院发布《中国教育改革和发展纲要》，首次提出实施"素质教育"的明确要求，指出要"培养有理想、有道德、有文化、有纪律的社会主义公民"。对于教育的战略地位，提出："必须把教育摆在优先发展的战略地位，努力提高全民族的思想道德和科学文化水平，这是实现我国现代化的根本大计。"

1995年颁发《中学德育大纲》《普通高校德育大纲》，1998年颁发《中小学德育工作规程》，2000年颁发《关于适应新形势进一步加强和改进中小学德育工作的意见》，2004年颁发《关于进一步加强和改进未成年人思想道德建设的若干意见》《关于进一步改进和加强大学生思想政治教育的意见》，这一系列重要文件相继出台，明确了我国的学校德育工作的实施要求。

二、"全面发展"的提出与实施

1997年，国家教育委员会印发了《关于当前积极推进中小学实施素质教育的若干意见》的文件，文件指出改革人才培养模式，由"应试教育"向全面素质教育转变，这是我国国民经济和社会发展对中小学教育提出的要求，是基础教育面临的一项重大任务。全面推进素质教育要明确向素质教育转变的目标，梳理素质教育的基本观念，要坚持面向全体学生、全面提高学生的基本素质的宗旨，注重培养受教育者的态度、能力，促进他们德智体等方面的发展。

1998年发布《中小学德育工作规程》，此文件是依据《中华人民共和国教育法》及有关规定制定的，强调了德育是中小学素质教育的重要组成部分，德育工作的基本任务是培养学生成为热爱社会主义祖国、具有社会公德、文明行为习惯、遵纪守法的公民；引导他们逐步树立正确的世界观、人生观、价值观，成为德育体美劳全面发展的社会主义建设者和接班人。

1999年中共中央、国务院发布《中共中央 国务院关于深化教育改革全面推进素质教育的决定》，提出二十一世纪的新时代对各类人才的需求更加迫切，社会新形势对教育提出了新的要求，"要求全党、全社会必须从我国社会主义事业兴旺发达和中华民族伟大复兴的大局出发，以邓小平理论为指导，全面贯彻落实党的十五大精神，深化教育改革，全面推进素质教育，构建一个充满生机的有中国特色社会主义教育体系，为实施科教兴国战略奠定坚实的人才和知识基础"。在决定中第一条就提到要"全面推进素质教育，培养适应二十一世纪现代化建设需要的社会主义新人"。

2000年中共中央办公厅、国务院办公厅《关于适应新形势进一步加强和改进中小学德育工作的意见》出台，文件提出加强和改进中小学德育工作是教育的一项紧迫任务，要求进一步加强中小学德育课程建设，切实提高学校德育工作,引导和帮助青少年学生健康成长,使他们能够德、智、体、美全面发展。

2004年中共中央、国务院印发《关于进一步加强和改进未成年人思想道德建设的若干意见》,该文件是新时期指导中小学德育工作、全面推进素质教育的纲领性文件,文件充分认识和明确了加强和改进未成年人思想道德建设的重大意义和责任使命,要求充分发挥共青团、少先队组织在未成年人思想道德建设中的重要作用。

2007年,国务院批转教育部制定的《国家教育事业发展"十一五"规划纲要》,纲要包括教育事业发展面临的形势、指导思想、发展思路和主要目标以及主要任务和保障措施等,全方位地贯彻党的教育方针,全面实施素质教育。

素质教育和全面发展的政策是学科落实立德树人工作的重要抓手,深化教育改革,推进全面发展,实施素质教育是为了培养更符合新时代社会主义发展的建设者和接班人。

三、"立德树人"方针的政策依据

2010年国务院审议通过《国家中长期教育改革和发展规划纲要(2010—2020年)》,提出教育改革和发展要"全面贯彻党的教育方针,坚持教育为社会主义现代化建设服务,为人民服务",要"坚持德育为先,立德树人,把社会主义核心价值体系融入国民教育全过程"。

2012年,党的十八大召开,首次把"立德树人"作为教育的根本任务提了出来,强调要求将德育作为教育事业的核心来看待,全面实施"德智体美劳"全面发展的素质教育。

2014年4月,教育部发布《教育部关于培育和践行社会主义核心价值观进一步加强中小学德育工作的意见》,要求各地区切实把立德树人作为教育的根本任务,针对当前的新形势新要求,培育和践行社会主义核心价值观,进一步增强中小学德育的时代性、规律性和实效性,夯实中小学德育的

第二章 小学各学科落实立德树人根本任务的理论基础与政策依据

基本保障。同月,为把党的十八大和十八届三中全会关于立德树人的要求落到实处,充分发挥课程在人才培养中的核心作用,进一步提升综合育人水平,更好地促进各级各类学校学生全面发展、健康成长,教育部发布《教育部关于全面深化课程改革落实立德树人根本任务的意见》。

2017年1月,中共中央办公厅、国务院办公厅印发《关于实施中华优秀传统文化传承发展工程的意见》,对如何实施中华优秀传统文化传承发展工程做出了具体要求,提出要贯穿国民教育始终,围绕立德树人根本任务,遵循学生认知规律和教育教学规律,按照一体化、分学段、有序推进的原则,把中华优秀传统文化全方位融入思想道德教育、文化知识教育、艺术体育教育、社会实践教育各环节,贯穿于启蒙教育、基础教育、职业教育、高等教育、继续教育各领域。

2017年8月,教育部发布《中小学德育工作指南》,旨在深入贯彻落实立德树人根本任务,加强对中小学德育工作的指导,切实将党和国家关于中小学德育工作的要求落细落小落实,着力构建方向正确、内容完善、学段衔接、载体丰富、常态开展的德育工作体系,大力促进德育工作专业化、规范化、实效化,努力形成全员育人、全程育人、全方位育人的德育工作格局。其中,明确规定了要培养学生爱党爱国爱人民,增强国家意识和社会责任意识,教育学生理解、认同和拥护国家政治制度,了解中华优秀传统文化和革命文化、社会主义先进文化,增强中国特色社会主义道路自信、理论自信、制度自信、文化自信,引导学生准确理解和把握社会主义核心价值观的深刻内涵和实践要求,养成良好政治素质、道德品质、法治意识和行为习惯,形成积极健康的人格和良好心理品质,促进学生核心素养的提升和全面发展,为学生的成长奠定坚实的思想基础。

2017年9月,中共中央办公厅、国务院办公厅印发了《关于深化教育体制机制改革的意见》,提出健全立德树人系统化落实机制。强调要构建以社会主义核心价值观为引领的大中小幼一体化德育体系。针对不同年龄段学生,科学定位德育目标,合理设计德育内容、途径、方法,使德育层层深入、有机衔接，推进社会主义核心价值观内化于心、外化于行。深入开展理想信念教育，引导学生坚定拥护中国共产党领导，树立中国特色社会主义共同理想，增强中国特色社会主义道路自信、理论自信、制度自信、文化自信。深入开展以爱国主义为核心的民族精神和以改革创新为核心的时代精神教育、道德教育、社会责任教育、法治教育，加强中华优秀传统文化和革命文化、社会主义先进文化教育。

2017年10月，党的十九大召开，在党的十九大报告《决胜全面建成小康社会夺取新时代中国特色社会主义伟大胜利》中也强调了把教育事业摆在优先发展的战略地位，指出教育是提高人民综合素质、促进人的全面发展的重要途径，是民族振兴、社会进步的重要基石，是对中华民族伟大复兴具有决定性意义的事业。强调建设教育强国是中华民族伟大复兴的基础工程，要求全面贯彻党的教育方针，落实立德树人根本任务，发展素质教育，推进教育公平，培养德智体美全面发展的社会主义建设者和接班人。要求以培养担当民族复兴大任的时代新人为着眼点，发挥社会主义核心价值观对国民教育、精神文明创建、精神文化产品创作生产传播的引领作用。

2017年12月，教育部印发《义务教育学校管理标准》，要求全面贯彻党的教育方针，坚持育人为本、全面发展的办学宗旨，培育和践行社会主义核心价值观，把立德树人作为教育的根本任务，坚持教育与生产劳动和社会实践活动相结合，全面加强和改进德育、智育、体育、美育，将促进学生健康快乐成长作为学校一切工作的出发点和落脚点，使学生成为德智体美全面发展的社会主义建设者和接班人。

2019年7月，中共中央、国务院印发《关于深化教育教学改革全面提高义务教育质量的意见》，指出要坚持以习近平新时代中国特色社会主义思想为指导，全面贯彻党的教育方针，落实立德树人根本任务，培养德智体美劳全面发展的社会主义建设者和接班人；树立科学的教育质量观，深化改革，构建德智体美劳全面培养的教育体系，健全立德树人落实机制，着力培养担当民族复兴大任的时代新人；坚持"五育"并举，全面发展素质教育，完善德育工作体系,认真制定德育工作实施方案,深化课程育人、文化育人、活动育人、实践育人、管理育人、协同育人。

2019年8月,中共中央办公厅、国务院办公厅印发《关于深化新时代学校思想政治理论课改革创新的若干意见》,要求各地区各部门结合实际,全面贯彻党的教育方针,坚持马克思主义指导地位,贯彻落实习近平新时代中国特色社会主义思想,坚持社会主义办学方向,落实立德树人根本任务,坚持教育为人民服务、为中国共产党治国理政服务、为巩固和发展中国特色社会主义制度服务、为改革开放和社会主义现代化建设服务,扎根中国大地办教育,同生产劳动和社会实践相结合,加快推进教育现代化、建设教育强国、办好人民满意的教育,努力培养担当民族复兴大任的时代新人,培养德智体美劳全面发展的社会主义建设者和接班人。

2020年1月,中共教育部党组印发《教育系统关于学习宣传贯彻落实〈新时代爱国主义教育实施纲要〉的工作方案》的通知,要求以习近平新时代中国特色社会主义思想为指导,紧紧围绕中国特色社会主义伟大实践、"两个一百年"奋斗目标和实现中华民族伟大复兴中国梦,深刻认识中国共产党团结带领全国各族人民进行的革命、建设、改革实践是爱国主义的伟大实践。完善立德树人体制机制,加快构建大中小学一体贯穿、循序渐进的教育体系,着力通过颂扬先进形象、打造有效载体、营造浓厚氛围、激发爱国情感、利用重要仪式、激励使命担当等途径砥砺爱国奋进。加强政府、学校、家庭、社会育人力量整体协同,教育引导广大师生从感性到理性、从自在到自为,激发爱党爱国爱社会主义的巨大热情,凝聚奋进新时代、实现民族复兴的磅礴伟力。

2020年11月,中共教育部党组发布《关于教育系统学习贯彻党的十九届五中全会精神的通知》,要求准确把握全会对教育事业发展作出的重大部署。全面贯彻党的教育方针,落实立德树人根本任务,坚持以推动高质量发展为主题,以深化供给侧结构性改革为主线,以改革创新为根本动力,加快构建高质量教育体系,推进发展方式从规模发展向内涵发展转变,努力走出一条中国特色教育高质量发展之路。

2021年9月,教育部印发《国家义务教育质量监测方案(2021年修订版)》,文件提出要以习近平新时代中国特色社会主义思想为指导,全面贯彻党的教育方针,紧密围绕落实立德树人根本任务,扭转唯分数、唯升学等不科学的教育评价导向,引导聚焦教育教学质量、遵循教育规律,以全面客观的监测数据支撑教育决策、服务改进教育教学管理,促进培养德智体美劳全面发展的社会主义建设者和接班人。

2022年4月,为贯彻落实党的十八大、十九大精神,落实全国教育大会部署,全面落实立德树人根本任务,进一步深化课程改革,教育部修订印发了义务教育课程方案和课程标准(2022年版),新的课标以习近平新时代中国特色社会主义思想为指导,全面贯彻落实党的教育方针,遵循教育教学规律,落实立德树人根本任务,发展素质教育。以人民为中心,扎根中国大地办教育。坚持德育为先,提升智育说,加强体育美育,落实劳动教育。聚焦中国学生发展核心素养,培养学生适应未来发展的正确价值观、必备品格和关键能力,引导学生明确人生发展方向,成长为德智体美劳全面发展的社会主义建设者和接班人。

我国的教育政策跟随时代的变化而变化,从提出"素质教育"到"全面发展"的教育理念,再到"立德树人"的根本任务,具有明显的连贯性、阶段性特点,前一阶段的教育理念为后一阶段的改革打下基础,后一阶段的教育目标又是在前一阶段的原则上延伸而来的,这是教育政策的演化过程,也是一个价值观积累和实现的过程。现阶段我国的教育目标是培养学生的创造精神和实践精神,培养一批有道德有理想有文化有纪律的新时代建设者和接班人,因此,就需要我们的教育工作落到实处,落到课程上来,从基础学科中落实立德树人的根本任务,紧抓学生的思想与道德、文化与素质建设,满足时代和国家的需求。

第三章

小学道德与法治学科落实立德树人根本任务的理论与实践

办好思政课,要放在世界百年未有之大变局、党和国家事业发展全局中来看待,要从坚持和发展中国特色社会主义、建设社会主义现代化强国、实现中华民族伟大复兴的高度来对待。我们正在为实现"两个一百年"奋斗目标而努力。未来30年,我们培养的人要能够完成"两个一百年"的伟业。这就是教育的历史责任。我们党立志于中华民族千秋伟业,必须培养一代又一代拥护中国共产党领导和我国社会主义制度、立志为中国特色社会主义事业奋斗终身的有用人才。这就要求我们把下一代教育好、培养好,从学校抓起、从娃娃抓起。在大中小学循序渐进、螺旋上升地开设思政课非常必要,是培养一代又一代社会主义建设者和接班人的重要保障。[1]

——习近平

---

[1] 习近平:《思政课是落实立德树人根本任务的关键课程》,《求是》2020年第17期。

立德树人是教育的根本任务，"思政课是落实立德树人根本任务的关键课程"[①]，在落实立德树人根本任务中发挥着不可替代的作用。小学道德与法治学科是思政课的小学阶段，上好小学道德与法治课，实现政治上坚定马克思主义立场，思想上坚信社会主义核心价值观，道德上坚持弘扬真善美，法律上坚持宣扬公平正义，最终培养担当民族复兴大任的时代新人，培养德智体美劳全面发展的社会主义建设者和接班人。学科落实立德树人根本任务需要国家层面上有顶层设计，实践层面上有具体措施。

立德树人，党和国家高度重视。党的十九大报告立足迈入新时代中国特色社会主义的时代特征，做出了要"培养担当民族复兴大任的时代新人"的战略部署。例如，统编教材的编写工作。教材是教学之本，好的小学道德与法治教材能铸魂育人；不好的教材，很难有好的育人效果，很难实现立德树人的根本任务。习近平曾说，"针对义务教育阶段中道德与法治、语文、历史三科教材建设，我提出要从维护国家意识形态安全、培养社会主义建设者和接班人的高度来抓好"[②]。可见，三科统编教材的编写工作是落实立德树人根本任务中国家顶层设计一环。

学科落实立德树人根本任务有国家层面的顶层设计，顶层设计最终要落地落实，需要实践层面有具体措施。在实践过程中，我们要充分尊重学科特点，抓住学科教学基本要求，在课堂教学中探索落实立德树人的路径，本章将详细呈现。

---

① 习近平：《思政课是落实立德树人根本任务的关键课程》，《求是》2020年第17期。
② 习近平：《思政课是落实立德树人根本任务的关键课程》，《求是》2020年第17期。

第三章 小学道德与法治学科落实立德树人根本任务的理论与实践

第一节 小学道德与法治学科落实立德树人根本任务的历史演进

我们党历来高度重视思政课建设。在革命、建设、改革各个历史时期，我们党对思政课建设都作出过重要部署。新民主主义革命时期，我们党在红军大学、苏维埃大学、抗日军政大学、陕北公学等高校开设"党的建设""中国革命运动史""马列主义""辩证唯物主义""科学社会主义"等课程，在列宁小学开设"社会工作"课程，在解放区的小学、陕甘宁边区的中学开设"政治常识"课程。新中国成立后，我们党就把"中国革命常识""共同纲领"列入中学教学计划，在高校开设"中国革命史""马列主义基础""政治经济学""辩证唯物论与历史唯物论"等课程，强调中高等学校政治理论课的任务是用马克思列宁主义、毛泽东思想武装青年，培养坚强的革命接班人。我上中学时，学的政治课本叫《做革命的接班人》，书上讲的"热爱生产劳动，艰苦奋斗，用自己的双手建设富强的社会主义祖国""立雄心壮志，做革命的接班人"等，影响了我们这一代人的理想信念和人生选择。改革开放以来，党中央先后出台10多个关于学校思想政治工作的文件，对思政课建设提出明确要求，不断推动思政课改革。[①]

——习近平

由习近平总书记的讲话精神可知，培养什么样的人是根据社会发展需要，根据时代要求而定。王鉴、姜纪垒两位学者在《"立德树人"知识体系的

[①] 习近平：《思政课是落实立德树人根本任务的关键课程》，《求是》2020年第17期。

百年演进及其经验总结》一文中,从"遵循历史与逻辑统一的辩证思维方法,依据中国共产党领导中国革命、社会主义建设和改革开放的历史脉络及实践征程,从时代教育任务、思想政策演变、课程教材变革"的三层维度,将立德树人知识的历史演进分为"萌芽与初步探索阶段(1919—1949)、统一规整与控制阶段(1949—1978)、重建与结构整合阶段(1978—2000)、拓展与丰富完善阶段(2000—2019)"四阶段,表明立德树人不是一蹴而就的,而是有一个历史发展过程。从时代与人才需求的角度,对立德树人核心点的梳理呈现为:新中国成立之前,立德树人是培养"革命人才",新中国成立之初,立德树人是培养"建设人才";全面建设社会主义时期,立德树人是培养"有社会主义觉悟的有文化的劳动者"[1];改革开放时期,立德树人是培养"'四有'新人";党的十八大以后,立德树人是培养"社会主义建设者和接班人"。[2]这些阶段的划分为现在思考小学思政课立德树人的发展脉络给予思考和帮助。

一、为革命准备人才的萌芽阶段(1919—1949)

1919—1949年是新民主主义革命时期。1921年7月,中国共产党成立。在党的领导下,革命根据地建立,"中国共产党在根据地创办了各级各类学校,有普通中学、普通小学、师范学校、干部学校、夜校、半日校等,这些学校都设置有思想政治课程"[3]。"在抗日战争时期,中国共产党开始在抗日根据地高中学校设置思想政治课程。在解放战争时期,解放区高中学校思想政治课程内容得到进一步丰富和发展。"在党的带领下,这时期的教育在落实立德树人根本任务上,"主要是宣传党的理念、政治纲领与政策,普及马列主义思想,传播共产主义理想,根据政治和军事斗争形势的需要,为新民主

---

[1] 中共中央文献研究室编《毛泽东文集》(第7卷),人民出版社,1999,第226页。
[2] 王鉴、姜纪垒:《"立德树人"知识体系的百年演进及其经验总结》,《东北师大学报》(哲学社会科学版)2020年第6期。
[3] 孟庆男、马宝娟、谭咏梅主编《思想政治(品德)课程与教学论》,北京师范大学出版社,2011,第4页。

主义革命准备人才,培养无产阶级革命者和接班人"①,为建立新中国做准备。

二、为国家建设培养人才的发展阶段(1949—2000)

1949年新中国成立后,社会主义改造大规模开展,社会主义政治、经济、文化建设如火如荼;1978年党的十一届三中全会胜利召开,我国迎来经济建设和教育发展的新局面。新中国开启了社会主义建设新的征程,社会主义建设需要劳动者和建设者。

为了培养社会主义的建设者,培养大中小学生有社会主义觉悟,为社会主义建设和服务,"除了学习专业之外,在思想上要有所进步,政治上也要有所进步,这就需要学习马克思主义,学习时事政治。没有正确的政治观点,就等于没有灵魂"②。这一阶段更"强调人才培养的'社会主义觉悟',是彻底肃清帝国主义、封建主义和买办资本主义意识形态的需要,也是教育为人民服务、培养社会主义一代新人的必然选择"③。"有社会主义觉悟是社会主义革命和建设时期'德'的核心表达,也是培养什么人的政治思想要求。"④这也是当时的国际形势和新中国发展的要求。

为了培养社会主义建设各类人才,小学思政课适时变化。"1963年7月,教育部发布《关于实行全日制中小学新教学计划(草案)的通知》,规定思想政治按年级分别开设'政治常识''经济常识''辩证唯物主义常识',思想政治课程建设走上规范有序的发展路径。……这种有序发展没有坚持下来,思想政治演变成'语录课''批判课''运动课',沦为政治斗争的工具。"⑤

---

①王鉴、姜纪垒:《"立德树人"知识体系的百年演进及其经验总结》,《东北师大学报》(哲学社会科学版)2020年第6期。
② 中共中央文献研究室编《毛泽东文集》(第7卷),人民出版社,1999,第226页。
③ 王树荫:《立德树人70年——中国共产党"培养什么人"的战略抉择》,《教学与研究》2019年10期。
④ 王树荫:《立德树人70年——中国共产党"培养什么人"的战略抉择》,《教学与研究》2019年10期。
⑤ 王鉴、姜纪垒:《"立德树人"知识体系的百年演进及其经验总结》,《东北师大学报》(哲学社会科学版)2020年第6期。

"1978年1月,教育部颁发《全日制十年制中小学教学计划试行草案》,该草案规定在小学四、五年级开设政治课",对学生"进行初步的共产主义思想教育和必要的政治常识教育"[①]。1981年3月,教育部颁发《全日制五年制小学教学计划(修订草案)》,该草案明确提出将现行的政治课改为思想品德课,紧密结合学生的思想实际,进行生动活泼的初步的共产主义思想品德教育和形势教育[②]。1982年我国颁布《全日制五年制小学思想品德课教学大纲》,规定小学思想品德课是为建设社会主义精神文明,全面贯彻党的教育方针,用共产主义思想向小学生进行思想品德教育的一门重要课程。进行教学的目的是使小学生初步具有共产主义道德品质和好的行为习惯。1986年《小学思想品德教育纲要》提出培养"社会主义建设的各类人才"[③]。1997年《九年义务教育小学思想品德课和初中思想政治课课程标准(试行)》中提出"这是思想品德课和思想政治课在现有基础上的重大发展"[④],为国家建设培养人才。

三、为时代育新人的完善发展阶段(2000年至今)

新的时代条件下,立德树人"强调德智体美并列、培养德智体美全面发展的社会主义新人"[⑤]。从2001年起,教育领域迎来了轰轰烈烈的课改,小学思政课更名为"品德与生活""品德与社会",如品德与社会课程是在小学中、高年级开设的一门以学生生活为基础、以学生良好品德形成为核心、促进学生社会性发展的综合课程。[⑥]在2011年的课程标准中小学思政课的学

[①] 张晓:《回顾与思考:30年我国德育课程设置价值取向的变迁》,《教育导刊》2008年第12期。
[②] 张晓:《回顾与思考:30年我国德育课程设置价值取向的变迁》,《教育导刊》2008年第12期。
[③] 周宏芬:《对我国小学德育政策(1978-2000)多元视角政策分析》,硕士学位论文,南京师范大学,2003,第15页。
[④] 陈回花:《1980年来中小学德育课程标准(或大纲)的比较研究》,硕士学位论文,华中师范大学,2006年,第16页。
[⑤] 王树荫:《立德树人70年——中国共产党"培养什么人"的战略抉择》,《教学与研究》2019年10期。
[⑥] 中华人民共和国教育部:《义务教育品德与社会课程标准(2011年版)》,人民教育出版社,2011,第1页。

生生活化明显。

  2016年小学"品德与生活""品德与社会"课程名称统一更改为"道德与法治",使用国家统编教材,六年级上册为法治教育专册。"人无德不立,国无德不兴;法治兴则国兴,法治强则国强。提高公民道德修养和法治素养,是促进社会全面进步、人的全面发展的必然要求。"[1]将"法治"二字用于义务教育阶段的课程和教材名称,说明法治教育是"培养积极的合格的社会公民"的必然要求。此时,"道德与法治教育基于社会发展和学生成长的需要,以正确的政治思想、道德规范和法治观念对学生进行循序渐进的系统化教育,在道德教育中发挥法治对道德的促进作用,在法治教育中发挥道德对法治的滋养作用,使道德教育与法治教育相辅相成、相得益彰,培养学生成为担当民族复兴大任的时代新人"。[2]"努力培养担当民族复兴大任的时代新人,培养德智体美劳全面发展的社会主义建设者和接班人"[3]是新时代立德树人根本任务的阐释。

  纵观我国小学思政课的历史发展,可以发现小学思政课作为承担立德树人根本任务的主阵地学科,学科立德树人的理论和实践都有其历史发展脉络。正如习近平总书记所言,不同时期,立德树人的任务不同。小学思政课落实立德树人根本任务的进程,一直符合时代要求,与时俱进。

---

[1] 中华人民共和国教育部:《义务教育道德与法治课程标准(2022年版)》,北京师范大学出版社,2022,第1页。
[2] 中华人民共和国教育部:《义务教育道德与法治课程标准(2022年版)》,北京师范大学出版社,2022,第1页。
[3] 习近平:《思政课是落实立德树人根本任务的关键课程》,《求是》2020年第17期。

第二节

小学道德与法治学科落实立德树人根本任务的学科特点

小学道德与法治课程是义务教育阶段的思政课,"旨在提升学生思想政治素质、道德修养、法治素养和人格修养等,增强学生做中国人的志气、骨气、底气,为培养以实现中华民族伟大复兴为己任的有理想、有本领、有担当的时代新人打下牢固的思想根基",具有"政治性、思想性和综合性、实践性"的特点。[1]在落实立德树人根本任务时,需紧跟学科特点展开教学,例如课程内容结构化,教学资源生活化,教学组织形式素养化等。

一、政治性

政治性明确了"为谁培养人"的根本问题。马克思、恩格斯指出"任何一个时代的统治思想始终都不过是统治阶级的思想"[2],以马克思主义为指导的中国共产党领导下的思政课,一向不回避该学科的政治性,而且把学科的政治性放在首位。

道德与法治课程作为党领导下的思政课,要明确政治性,要坚持马克思主义的指导地位,要全面贯彻党的教育方针,要加强党对思政课的领导。小学道德与法治学科凝练了五大核心素养,其中政治认同居于首位。"政治认同是指具备热爱伟大祖国、中华民族、中华文化、中国共产党、中国特色社会主义的情感,以及为中华民族伟大复兴而奋斗的志向,能够自觉践行

---

[1] 中华人民共和国教育部:《义务教育道德与法治课程标准(2022年版)》,北京师范大学出版社,2022,第1页。
[2] 马克思、恩格斯:《共产党宣言》,载《马克思恩格斯选集》(第1卷),人民出版社,2012,第420页。

和弘扬社会主义核心价值观。"①政治认同主要表现为政治方向、价值取向和家国情怀三个层面。政治认同素养是政治性的有力表达,有助于学生形成正确的世界观、人生观、价值观,坚定正确的政治方向,成为中国人,塑造中国魂,初步树立共产主义远大理想和中国特色社会主义共同理想,成为德智体美劳全面发展的社会主义建设者和接班人。"要成为社会主义建设者和接班人,必须树立正确的世界观、人生观、价值观,把实现个人价值同党和国家前途命运紧紧联系在一起。"②

二、思想性

道德与法治的政治性决定其思想性。道德与法治课程始终以习近平新时代中国特色社会主义思想为指导,引导学生增强政治认同;始终坚持践行社会主义核心价值观,引导学生分辨是非,树立正确的三观;始终弘扬中华优秀传统文化,加强革命文化教育,构筑学生中国精神;始终引导学生树立法治意识,学会尊法、守法、用法;始终开展公民道德教育,提升公民道德修养为主要教育内容,这些内容是该学科思想性的体现。《义务教育道德与法治课程标准(2022年版)》指出"道德与法治课程以马克思列宁主义、毛泽东思想、邓小平理论、'三个代表'重要思想、科学发展观、习近平新时代中国特色社会主义思想为指导",用21世纪的马克思主义思想,当代中国的马克思主义思想"引导学生理解用马克思主义的立场、观点、方法观察时代、把握时代、引领时代的意义,形成正确的世界观、人生观、价值观,践行和弘扬社会主义核心价值观,坚定理想信念,厚植爱国主义情怀,增进对伟大祖国、中华民族、中华文化、中国共产党、中国特色社会主义制度的高度认同,把爱国情、强国志、报国行自觉融入坚持和发展中国特色社会主义事业、建设社会主义现代化强国、实现中华民族伟大复兴的奋斗之中"。③ 道

---

① 中华人民共和国教育部:《义务教育道德与法治课程标准(2022年版)》,北京师范大学出版社,2022,第5页。
② 习近平:《思政课是落实立德树人根本任务的关键课程》,《求是》2020年第17期。
③ 中华人民共和国教育部:《义务教育道德与法治课程标准(2022年版)》,北京师范大学出版社,2022,第2页。

德与法治课程中的共产党执政规律、社会主义建设规律、人类社会发展规律、中国特色社会主义理论体系，习近平新时代中国特色社会主义思想，还有中华民族博大精深的优秀传统文化，我们党带领人民在革命、建设、改革过程中锻造的革命文化和社会主义先进文化，都透着思政课的思想性和思想引领，引导学生用理想之光培育自己的核心素养，在社会生活中，让自己健康成长，为社会和国家作贡献，创造美好生活。

三、综合性

道德与法治课程的综合性是基于核心素养的综合，是符合学科自身特点的综合。道德与法治课程以发展学生的核心素养为导向，以"成长中的我"为原点，由"自我认识"到"我与自然""我与家庭""我与他人""我与社会""我与国家和人类文明"，不断扩展学生的认识和生活范围，以道德与法治教育为框架，强化中华民族传统美德、革命传统和法治教育，有机融入国家安全教育、生命安全与健康教育、劳动教育，以及信息素养教育、金融素养教育等相关主题。道德与法治课程，在需求上有机整合了社会要求与个人需要之间的关系，在内容上有机整合了思想政治、道德、传统文化、革命文化、法治、生命安全与健康等多方面的内容，在教学场域上有机整合了学校生活、家庭生活和社会生活，在学习方式上有机整合了学生的生活经验、知识学习和社会参与，在教学目标上有机整合了知识学习、价值观培养、人格养成和行为践行，有利于实现知、情、意、行的统一。这样的综合性，符合新课标理念强调的"统筹设计综合课程和跨学科主题学习"，让道德与法治成为综合课程。

四、实践性

道德与法治课程的实践性是基于品德形成的规律而提出的。品德的形成需要以道德认知为基础，但道德学习不能只是道德知识的学习。道德作为人与人之间社会交往的行为规范，必须基于社会实践。学生只有在社会实践中,学会处理与自我,与他人,与社会,与国家的关系,才能真正提高道德修养和法治素养,形成良好的道德品质和行为习惯。

实践性是马克思主义哲学最重要的特点和理论品质,实践是贯穿其始终的一条中心线索。通过实践,人类认识世界;通过实践,人类改造世界。小学思政课教材内容是根据儿童生活的发展变化和儿童身心发展规律展开编写的,是儿童相关生活经验和生活实践的展现和缩写,是实践的记录,该学科具有实践性。同时"道德与法治课程以马克思列宁主义、毛泽东思想、邓小平理论、'三个代表'重要思想、科学发展观、习近平新时代中国特色社会主义思想为指导"[1],改造人的主观世界,并让他们内化于心外化于行,指导人们改造客观世界。教学过程中,教师教学以活动设计为主,把课程内容融入活动,使学生在道德活动过程中成为有道德的人。儿童在活动中尝试、探索、讨论、争辩、体验、探究、思考,提升其核心素养。在立德树人的过程中,道德与法治教师的教和学生的学要多依靠学科实践活动达成。

第三节 小学道德与法治学科落实立德树人根本任务的基本要求

基础教育是立德树人的事业,要旗帜鲜明加强思想政治教育、品德教育,加强社会主义核心价值观教育,引导学生自尊自信自立自强。[2]

——习近平

---

[1] 中华人民共和国教育部:《义务教育道德与法治课程标准(2022年版)》,北京师范大学出版社,2022,第2页。
[2] 习近平:《思政课是落实立德树人根本任务的关键课程》,《求是》2020年第17期。

一、做好意识形态教育，坚持正确的思想政治方向

小学道德与法治学科落实立德树人应明确学科的意识形态特性，对学生进行爱党、爱国、爱社会主义、爱集体的教育，是回答"为谁培养人"的教育。只有用马克思主义中国化的最新成果，武装学生头脑，教育学生，用马克思主义理论去占领学生的思想阵地，才能让儿童在百年未有之大变局中，在面对当前社会变革和实践创新中，在面对层出不穷的新挑战、新问题时，学会用历史的眼光、国情的眼光、辩证的眼光、文化的眼光和国际的眼光观察、辨析、反思和实践，实现真学真懂真信真用马克思主义，在人生成长的道路上把握正确的思想政治方向[①]。所以，小学道德与法治学科立德树人的基本要求，第一就是要做好意识形态教育，坚持正确的思想政治方向。

二、遵循思想政治教育规律，摸索学科独特的育人方式

思政课与其他学科的性质不同，教学方式亦有不同。小学道德与法治落实立德树人根本任务教学实践中，应遵循其特有的学科规律。

首先，品德是知、情、意、行的统一。道德认知是品德形成的基础，道德情感和意志是品德形成的催化剂，道德行为是品德形成的关键。道德与法治不是以知识掌握为目的的学科，而是以提高学生的道德修养和法治素养，使学生养成良好的道德品质和行为习惯为目的的学科。所以道德知识学习不是终点，而是起点和基础，学科教学重在培养学生的道德品质和行为习惯。小学道德与法治学科与儿童生活紧密相连，因此学科教学过程中，应该从学生的生活出发，遵循品德形成规律，探索教学方式。

其次，一体化育人方式。道德与法治课程以"成长中的我"为原点，将学生不断扩大的生活和交往范围作为建构课程的基础；育人过程中，就要遵循学生的身心发展特点和成长规律，按照大中小思政课一体化的思路，以螺旋上升的方式组织开展育人活动，注意同一内容的教学深度，教学呈

---

① 中华人民共和国教育部：《普通高中思想政治课程标准（2020年版）》，人民教育出版社，2020，第2页。

现螺旋上升。

再次,兼顾学科逻辑与生活逻辑的统一。教材与教学内容选择以学生的真实生活为基础,体现社会发展要求,既有学科专业性,又有生活真实性。育人过程中,要坚持从儿童生活经验出发,用学理性的知识,深入浅出地解构生活中的道德难题,增强育人内容的实效性。实现校内课堂知识走出课堂、走出校园运用于社会,服务于人民,培养学生的社会责任感。

最后,探索适合核心素养培养的教学方式。素养不是在知识中形成的,而是在活动中形成的。应避免传统的说教方式,这里并不是说传统的说教完全不可取。随着核心素养写入课程标准,说教依然是明事理的一个重要途径,但大单元、大概念、大情境、大任务、大问题的探索,即在真实情境下、真实任务中,学生运用所学知识和技能解决问题的能力的提升,是培养学生核心素养的新方向。所以在课堂教学中,教师应多探索议题式、体验式、项目式等教学方式,培养学生的核心素养,便于学生能够在真实情景中运用所学知识和技能,解决问题,提升能力,锤炼品格,树立正确的价值观。在教与学的过程中,坚持教师主导与学生主体相统一。发挥教师的主导作用,晓之以理、动之以情、导之以行,做到价值性和知识性相统一、灌输性和启发性相统一;突出学生主体地位,充分考虑学生的生活经验,通过设置议题,创设多样化的学习情境,引导学生开展自主、合作的实践探究和体验活动,帮助学生形成正确的价值观,涵养必备品格,增强规则意识,发展社会情感,提升关键能力,使他们在感悟生活中认识社会。事实上,诸如道德判断、道德选择等道德思维能力,道德体谅、道德情感迁移等道德情感能力,以及道德行动能力,都需要通过议题式的、项目式的、体验式的学习来逐渐养成。这是思政课教学的特点所赋予的。

三、遵循学生身心成长规律,确保立德树人的针对性和有效性

新时代的儿童思维活跃、独立性强、善于追问、敢于质疑,用传统的灌

输模式对他们进行教育往往适得其反。学校应以学生为主，摸清学生的道德认知基础，倾听学生的道德困惑，收集学生的生活经验，关注学生生活中的焦点、困惑点等问题，激发其学习兴趣和动机，并保持一定的内驱力，引导学生面对问题、发现问题、思考问题和解决问题。这样才是尊重学生，这样才能解决好学生口头说与实际做的"两张皮"问题，把立德树人工作在儿童时期落到实处。教师在教学过程中不仅要关注道德知识，思维的具象还是抽象，认知的感性认识还是抽象认识，也要主动了解学生的思想状态，注重学生个人能力、道德品质等综合发展。学科立德树人落实过程中，着力根据学生的身心特点，改进教学方式和学习方式。例如教学过程中采用学生经验为教学资源，以学生经验引发学生共鸣，学生"做中学"，主动学习，深度学习，创设任务情境，问题情境，让学生在真实情境中学会用知识解决问题，提高能力，提升素养等，以确保立德树人的针对性和有效性。

四、综合运用多种评价方式，促进知行合一

道德与法治课程属于德育范畴。德育不同于智育。通过掌握知识促进智力发展的智育，可以通过考试来检测；但具有情感性、内隐性的德育难以通过考试来检测。所以，道德与法治课程评价要想真实反映学生的核心素养发展状况，促进学生的思想道德发展，就应综合运用多种评价方式，创新评价。道德与法治课程评价应包含反映学生学习情况的成绩评价和反映学生在家庭、学校和社会日常生活中的行为表现的评价，学以致用，知行合一。

第四节 小学道德与法治学科落实立德树人根本任务的实践路径

思政课建设成效是显著的,教学方法不断创新,教师乐教善教、潜心育人,教师队伍规模和素质稳步提升,大中小学思政课一体化建设初显成效。同时,我们也要看到,思政课建设中的一些问题亟待解决。有的地方和学校对思政课重要性认识还不够到位;课堂教学效果还需要提升,教学研究力度需要加大、思路需要拓展;教材内容还不够鲜活,针对性、可读性、实效性有待增强;教师选配和培养工作还存在短板,队伍结构还要优化,整体素质还要提升;体制机制还有待完善,评价和支持体系有待健全,大中小学思政课一体化建设需要深化;民办学校、中外合作办学思政课建设还相对薄弱;各类课程同思政课建设的协同效应还有待增强,教师的教书育人意识和能力还有待提高,学校、家庭、社会协同推动思政课建设的合力没有完全形成,全党全社会关心支持思政课建设的氛围不够浓厚。[①]

——习近平

上好思政课,铸魂育新人。思政课要发挥其铸魂育人的价值,必须要求思政课教师上好思政课。新时代境遇下如何上好小学道德与法治,落实立德树人根本任务?本章从教材分析、制定目标、活动组织、资源开发、评价实施、教师专业化等六个方面出发做初步探索。

[①] 习近平:《思政课是落实立德树人根本任务的关键课程》,《求是》2020年第17期。

一、教材分析

2016年小学"品德与生活""品德与社会"统一更名为"道德与法治",同时统编教材《道德与法治》在全国范围内投入使用。从课程名称的修改到统编教材的采用,说明国家对立德树人工作的重视,也说明小学道德与法治是立德树人的关键性学科。如何将教材承载的国家意图,准确正确地入学生脑入学生心,需要全面掌握教材。小学道德与法治教师不缺乏分析教材的方式和教学的技巧,这里的教材分析更多的是指先从对教材的认识高度入手,然后到教材的使用和研究。

第一,正确看待统编教材。习近平总书记提出要从维护国家意识形态安全、培养社会主义建设者和接班人的高度来抓好义务教育阶段中道德与法治、语文、历史三科的教材建设。站在国家的、政治的高度看待教材,这是小学道德与法治学科落实立德树人根本任务的政治保证。小学道德与法治的课堂教学,不仅是关乎人的发展的学科,还是关乎国家发展的学科,更是回答"为谁培养人"的学科。教师站在这个高度来执教这个学科,使命感和责任感也会让自己更加慎重地对待这个学科,这本教材,这个课堂,这群学生——社会主义建设者和接班人。

第二,正确使用统编教材。教科书是课程标准的物化,是教育思想、教育目标和教育内容的主要载体,小学道德与法治教材集中体现国家意志和社会主义核心价值观,是学科课堂教学活动的基本依据。

小学道德与法治教师目前大部分都是兼职老师,不专职但要专业。首先在兼职的前提下,要拿出充分的时间和精力了解、熟悉、分析教材。了解编写意图,国家和教材需要传递给儿童的是什么,培养儿童的什么;了解编写逻辑,教材的编写以小学生逐渐扩展的生活领域为纵向主线,以生活场域的面与小学生的儿童经验的点交集产生问题域串联主题内容为横向主线,纵横结合涵盖了道德、法治、历史、地理、心理等儿童生活经验的内容,以儿童生活实践经验为起点,符合学情,遵循儿童成长规律,摆事实、讲道理;用好教师指导用书,作为教材的辅助资料,其中有详细的教材意图介绍、教材逻辑分析和教学资源建议等,执教教师可以辅之读懂教材,理解教材,使用教材。同时思政课教师应补充夯实马克思主义理论、思想政治教育理论、道德原理和宪法等相关理论知识,这样对理解教材,构建大单元,提炼大概念有较大的帮助。

教师执教小学道德与法治,必须深入研究教材,才能精准确定教学目标,开展教学活动,帮助学生全面发展。

二、制定目标

教师应从培养学生核心素养的角度制定教学目标,将学生核心素养的培育作为教学的出发点和落脚点,使教学目标在培育学生核心素养方面起到指引性、规定性的作用。教师通常可依据教材分析和学情分析,拟定年段素养目标,接下来构建大单元,拟定单元素养目标,再下行划分课时,制定课时目标。

(一)制定目标的原则

除立足核心素养之外,小学道德与法治学科在确立教学目标时,应有特殊性。第一,政治立场鲜明。要"符合马克思主义基本要求,符合中国特色社会主义基本立场,对错误的社会思潮旗帜鲜明地加以批判"[1]。第二,价值导向清晰。要"符合社会主义核心价值观,坚持马克思主义国家观、民族观、历史观、文化观、宗教观,符合全人类共同价值"[2]。第三,知行要求明确。"要根据学生年龄特征和不同学段特点,对观念认知与道德品行进行科

---

[1] 中华人民共和国教育部:《义务教育道德与法治课程标准(2022年版)》,北京师范大学出版社,2022,第47-48页。

[2] 中华人民共和国教育部:《义务教育道德与法治课程标准(2022年版)》,北京师范大学出版社,2022,第47-48页。

学设计,制订具体适切和可操作的目标,在教学中引导学生知行合一。"①

(二)制定目标的策略

立德树人根本任务从理论表述到学科具体落实,经历了教育目标—学科目标—学段目标—年段目标—大单元目标—课时目标。大单元教学是培养学生核心素养的教学探索,也是落实立德树人根本任务的学科探索,因此大单元素养目标的制定也尤为重要。

如何制定大单元素养目标？一是理论方面。新课标从政治认同、道德修养、法治观念、健全人格和责任意识五个方面表述核心素养;冯建军在《立德树人的时代内涵与实施路径》中提出立德树人包括共产主义理想信念、社会主义核心价值观、中华传统美德、民族精神和时代精神、全球观念和生态意识等五个方面。②这为立德树人的大单元素养目标的制定提供了理论支撑。二是实践方面。对大单元素养目标如何表述,目前正处于探索阶段。根据核心素养的核心要义:核心素养就是学生能在复杂情景中,用自己所学的知识和技能解决问题。在这个过程中有必备品格和正确的价值观的展现,可以推测出素养目标的表述,包括大情景(大问题、大任务、大项目等)因素,涉及知识和技能因素,展现主体的品质和价值观因素。这些都为小学道德与法治学科落实立德树人根本任务过程中的教学目标制定提供了依据和方向。

实际教学中具体课时目标的制定,可以有以下考量。

首先,依据教科书、教师指导用书、课程标准制定教学目标。教师应在充分研读课程标准、教材和教师指导用书,在大单元素养目标下制定课时教学目标。教学目标的撰写应从三维目标走向素养目标的表述,表述应明确、具体、简洁,具有可操作性、可检测性。

---

① 中华人民共和国教育部:《义务教育道德与法治课程标准(2022年版)》,北京师范大学出版社,2022,第47-48页。

② 冯建军:《立德树人的时代内涵与实施路径》,《人民教育》2019年第18期。

其次，关注学生学情制定教学目标。道德与法治是教儿童学会做人，学会做事的学科，教学目标理应关注人，做到"目中有人"且"关注全体学生"。学情涉及的内容非常多，学生各方面情况都有可能影响学生的学习。道德与法治学科还需关注学生已有的道德认知基础和生活经验，这需要教师在日常上课的时候，多注意观察学生，与学生进行交互，找学生谈心等，备课时对具体教学内容进行针对性调查和了解。依据课标、教参、教材制定教学目标，才能很好地理解国家意图；依据儿童身心发展特点与规律确立的教学目标，才能让学生有德成才，全面发展。

最后，厘清课程、单元与课时目标的关系。课程目标、单元目标、课时目标三者之间如同森林、树林、树木，体现总分的关系。制定教学目标时要在大单元素养目标的基础上，根据大单元的大概念组合、根据大情景中的大任务小活动安排，仔细分析、合理进行课时划分，一课一得，每课时都为单元素养目标服务，每单元都为学段目标、立德树人总目标服务。所以教学目标的制定，直接关系思政课落实立德树人根本任务的实效性。

三、活动组织

教学目标，需要通过教学活动实现。小学道德与法治学科落实立德树人根本任务需要在一堂堂40分钟的课堂教学活动中完成。教学活动的种类丰富，形式多样，包含课堂教学活动和校内、校外实践活动。这里重点讨论课堂教学活动。教师常用的课堂教学活动包含：案例分析、热点分析、角色扮演、情境体验、模拟活动、讲故事、小组合作等。

课堂教学活动是一个完整的教学系统，由一个个相互联系、前后自然衔接的环节构成，教学活动设计是教学实施的前提，教学活动的设计应围绕教学目标的实现，以学生为主体，让学生在有道德的活动中提升综合素养，全面发展。

第一，活动设计为教学目标服务。不同活动的类型、活动资源的选择、活动层次的关联,最根本的目的是为教学目标服务,即教学目标会直接影响活动类型的选择和活动资源的选取,以及教学活动的设计。例如,要培养学生的道德思辨能力,可以选择道德两难问题或者开放性问题进行辩论或者探讨;要培养学生的社会参与素养,可以选择调查研究、采访社会人士等活动类型。

第二,活动设计注重层级性和关联性。活动理论指出,活动不是行为的累加,不是动作的简单组合,活动具有自己的层级结构。作为教学活动,在结构上包括教师一连串的个体行为,教师个体行为又包括教师一连串的操作;作为学习活动,在结构上学生通过一连串的不同操作实现这个行为的目标,通过一连串的行为目标的实现,完成任务活动或情境活动的目的。分析教学活动的层次结构能够帮助教师更好地结构化地进行教学活动设计,避免教学活动等同于简单的游戏,简单的故事发生。

第三,活动设计的主体性。学习不是一个知识的被动接受的过程,而是学习者作为学习活动主体的主动建构过程。无论是学习活动的个体建构还是共同体共同建构,都"需要依靠学习者本人主动参与、积极建构,充分发挥学习者在学习活动中的主动性及能动性"[1],从而使学习者在积极建构的过程中激发学习动机,获得知识,提高能力,提升素养。因此,学习活动设计应该关注主体性原则,以生为本,改变以师为本的教学活动设计状态。教师在设计活动过程中,要将主体学生放在活动的首位,放低教师在活动中的比重和姿态。

第四,活动设计的学习共同体。真实的课堂学习,很少是单个学生独立完成,更多的是个体在与生活情境中的其他成员进行交流、对话和合作的过程中完成。在活动化教学设计中,强调小组合作,重视活动中学习共同体的建立。

第五,活动设计的大情景。活动的本质属性是社会性,人类只有将事物放在一定的社会历史条件下来考察才能认识到事物发展的本质,否则就不

---

[1] 程志、龚朝花:《活动理论观照下的微型移动学习活动的设计》,《中国电化教育期刊》2011年第4期。

可能对事物有真正的认识,也不能很好地认识社会和适应社会。因此,在教学过程中,教师设计学习活动要与大情境、大任务融合。情境设置真实,符合学生认知,任务创设恰当,活动设计合理,不仅能够帮助学生学习知识、理解知识、建构知识,并且能够帮助学生将所学知识,迁移运用到陌生情境中,解决问题、提高能力、培养素养。总之,越符合学生真实的生活情境,教育效果越佳。

实际上,在教学中,一节课的学习活动不宜过多,一般由3—5个学习活动组合而成。教学活动后面可以写明教学活动的设计意图,即此环节采用了何种方式、运用了哪些学习资源来开展学习活动。

一直以来,对道德的理解,师生往往将焦点放在教育内容层面,忽视了教学活动本身也同样具有道德。教学活动的方式和实施,也应受到道德的规范。小学道德与法治学科落实立德树人根本任务应该改变那些填鸭式的"硬灌输"的教学方式,提倡使用合理的道德的方式获得道德。例如教学活动实施的场景、桌子摆放等空间因素,进行环境立德因素的关注;教学活动学生的参与度高低、学生的小组人数、学生对此活动的兴趣等主体性因素,进行以人为本立德因素的关注等。实现教学活动从教师突破重难点的关注到学生能力和素养培育的关注,再到进行立德树人途径的思考和探索。

四、资源开发

教师依据教学目标指向和教学内容分析,结合学生生活,采用相应的教学资源,开展教学。教师备课过程中,可供利用和选择的教学资源非常多,新课标指出,道德与法治教学资源的选择应"及时丰富和充实教学内容,反映党和国家重大实践和理论创新成果""充分体现马克思主义中国化最新成果""要密切联系社会生活和学生生活实际""用富有时代气息的鲜活内容"。[①]为了更好地说明教学资源的开发,以下从资源开发的关键因素、资

---

① 中华人民共和国教育部:《义务教育道德与法治课程标准(2022年版)》,北京师范大学出版社,2022,第48页。

源开发策略、资源选择三个方面进行阐释。

(一)资源开发的关键因素

小学道德与法治学科教学过程中,教学资源开发较为常见。这与教材本身相关。

教材中有大量的儿童经验,但是这些经验有一些是城市儿童的,有一些是农村儿童的;有一些是北方儿童的,有一些是南方儿童的;有一些不是少数民族儿童的,有一些是少数民族儿童的……同样都是儿童经验,但是否适合本班儿童?在实际教学中,我们更倾向于让教师把教材作为第一课程资源使用,并对教材资源进行二次开发。教师在不改变编者意图的前提下,可对教材内容适当进行取舍、补充和替换等,补充替换的资源多为本班、本校、本地区学生的实际生活经验,也有与时俱进的社会内容等。

教学资源的关键因素既要注意资源的政治性、时效性和生活性,又要适时、适量、适度、适合儿童,防止过度拓展和拔高要求。

(二)资源开发策略

小学道德与法治学科教学资源的开发可以从以下四个方面着手。

1.深挖教材资源

教材是最基本的课程资源,也是离学生最近的、学生可感知的资源。教师要结合本地、本校、本班具体情况深入挖掘教材资源,抓住教材精髓,为创造性使用教材打下基础。

2.利用校内资源

学校蕴藏着丰富的课程资源。校园物质环境、管理制度、各类德体艺卫活动、学科教学等,都可以作为课程教学资源加以利用。教师要立足校情,拓展思路,为学生核心素养的形成带来源头活水。

3.开发校外资源

注重发现、利用学生中间和本地区的先进模范等榜样资源，引导学生向身边的榜样学习；积极争取社会各方面力量的参与和支持，挖掘和利用中华优秀传统文化资源和红色资源，如重要人物、重大事件、伟大成就、重要作品、重要节日纪念日、故居遗址遗物、馆藏文物等，丰富课程资源。

4.活用网络资源

网络资源时代性强、内容丰富、运用灵活、渠道多元。因此，重视信息化环境下资源的开发和利用，是新时代课程资源建设的重要路径。教师要精选、整理和加工资源，立足核心素养的落实，发挥网络资源的作用。

（三）资源选择

校内、校外、文本、电子、抽象、具体、家庭、社会，各种资源都能成为课堂教学资源。教学资源丰富，需要教师做出取舍。教学资源的取舍和选择应紧跟社会发展进程，选取国内外影响较大的时事；应结合党和国家重大实践和理论创新成果，充分体现马克思主义中国化最新成果；应密切联系社会生活和学生生活实际选择鲜活的生活案例。同时案例选择要坚持正面引导为主、紧扣时代主题，要反映学生关注的现实问题，要有真实性、典型性、可扩展性，能够服务核心素养的培育，要关注学生的认知水平和接受能力，具有一定的感染力和说服力，能够引起共鸣。[1]教学资源的选择要少而精，贴合教学目标，贴合学生实际，效果更佳。

五、评价实施

"评价是检验、提升教学质量的重要方式和手段。要充分发挥评价的诊断、激励和改善功能，促进学生发展和改进教师教学。"[2]小学道德与法治学

---

[1] 中华人民共和国教育部：《义务教育道德与法治课程标准（2022年版）》，北京师范大学出版社，2022，第49页。
[2] 中华人民共和国教育部：《义务教育道德与法治课程标准（2022年版）》，北京师范大学出版社，2022，第49页。

科倡导形成性评价与终结性评价相结合的评价理念,强调以素养为导向,考查学生在解决真实问题,完成真实任务时综合运用知识的能力与体现情感态度价值观的水平,注重知行合一。

(一)评价内容

《义务教育道德与法治课程标准(2022年版)》指出,评价内容主要是对学生核心素养的综合发展状况进行评价,包括学生学习态度、参与程度、学习方式以及对课程内容的理解和迁移水平;同时对学生在真实情境任务中运用所学知识分析、解决问题时所表现出的核心素养整体发展水平进行评价。

(二)评价环节

小学道德与法治的评价一直都是大家关注的难点,随着2022年版课标的颁布,学业质量内容的增加,一些主要环节的评价需要教师关注和研究。

1.课堂教学评价

第一,面向全体学生进行全面评价。通过观察、提问、交流、记录等方式,分析、判断和掌握学生在上课过程中的表现,及时开展课堂评价并给予指导。

第二,紧扣目标实施评价。教学目标是开展课堂教学和评价的依据,应该围绕目标对学生的表现情况和目标达成度开展评价。

第三,注意主体多元评价。既有教师对学生的评价,也有学生对学生的评价,还有学生自己的评价等。

2.纸笔测评评价

纸笔测验要根据课程目标、内容、教学实际组织实施,强调情境的真实性,任务设计的探究性。

3.日常表现评价

学生的日常表现是课堂道德知识学习的外化。课后收集家长、教师、同学和学生自己对学生日常行为评价的信息,对学生的政治思想、道德修养、法治观念、责任意识等方面进行评价。

(三)评价结果呈现

小学道德与法治评价结果是基于课堂评价、作业评价、日常表现评价、纸笔测试和阶段性增值评价等,期望能对学生核心素养发展状况进行比较全面的评定。评价结果可以采用分项等级制加评语的方式呈现,评语简洁有针对性,强调收获与进步,同时给学生指明正确的努力方向。

六、教师专业化

"办好思想政治理论课关键在教师,关键在发挥教师的积极性、主动性、创造性。""思政课是落实立德树人根本任务的关键课程,思政课作用不可替代,思政课教师队伍责任重大。"[1]习近平总书记2019年3月18日在学校思想政治理论课教师座谈会上的讲话让全体思想政治课教师既感到荣耀,也让每位教师感到责任重大,必须奋起直追。

(一)兼职思政课教师的专业化问题

小学道德与法治是思想政治教育课程在小学学段的直接展现,学科背后是一门课程特有的课程理念、课程内容以及课程组织实施和考查方式,这些都是专业的行为,并非像某些人认为的,随便找个人都可以上"政治课"。所以,道德与法治教师的专业性是值得关注的问题。小学道德与法治教师的专业性是指小学道德与法治教师必须熟悉和了解小学道德与法治的教学内容、教学目标、教学要求及教学方法,这样才能上好道德与法治

---

[1] 习近平:《思政课是落实立德树人根本任务的关键课程》,《求是》2020年第17期。

课,实现立德树人。虽然有了专业性后,志业乐业这种专业情意对教育行为也很重要,但这里主要从提升小学道德与法治的专业性角度探讨。

有研究者将小学道德与法治教师的专业能力和专业素养归纳为"综合性的知识素养、思想意识层面的价值素养、人本关怀的儿童视角、整合课程资源的能力素养、活动能力素养等"[①]。这从一个侧面说明了小学道德与法治教师岗位是一个专业岗位,是需要充分的专业素养和能力去支撑的工作。而当前在小学道德与法治师资的配置上,多数是由其他学科的教师"兼职"完成,"专职思政教师只有3.04%"[②]。这个数据让我们看到了当前小学道德与法治这门课程的实施和开展还面临着很大的挑战。当然,"兼职"是否意味着是"业余"呢,这倒不一定,小学道德与法治作为一门综合性很强的学科,其学科内容的理解和课程活动开展涉及的知识领域是非常多的,有心理学的、有法学的、有政治学的、有历史学的、有团队建设的等等方面的内容,因此,有可能这种"兼职"反倒能多角度去理解和展开教学。通过调研大量的"兼职"教师,对小学道德与法治课程目标及学科任务的理解还是有一定的基础。但其中也有23%—30%左右回答"模糊""不清楚""很不清楚"。这就值得关注和反思。一个学科的执教群体对本学科课程目标不清晰、不明确,就等于不清楚这门课程存在的意义和价值。学科教师如果对本课程的目标都不明确,学科逐渐被"边缘化"就比较正常了。从这个角度来看,小学道德与法治课程的教学效果和立德树人效果有待提升。同时"挪、挤、占道德与法治课的情况",偶然和经常"挪、挤、占道德与法治课"的比例合起来为58.51%[③],这个数据与当前党和国家对思想政治课的重视程度以及学科本身的功用和价值是不相匹配的。这就亟须改变小学道德与法治思政课教师现状,提升思政课教师立德树人,铸魂育人的能力。

---

① 钟晓琳、唐延延:《小学道德与法治教师教学素养解读》,《中小学德育》2019年第6期。
② 陈燕浩:《小学道德与法治师资队伍的现状及改进——基于C市教师调查数据的分析》,《教育参考》2021年第1期。
③ 陈燕浩:《小学道德与法治师资队伍的现状及改进——基于C市教师调查数据的分析》,《教育参考》2021年第1期。

(二)小学道德与法治教师的专业培养的路径

第一,加强对现有小学道德与法治教师资源的整合。由于有大量其他学科教师"兼职"做道德与法治教师的情况,可以考虑在这一批教师中通过选拔和考核的方式,让愿意继续从事且适合从事小学道德与法治专职教师的人成为道德与法治专职教师,并加强对这批由其他学科转过来的教师的培训,确保其能胜任小学道德与法治的教学工作。对一直是道德与法治专职教师的且所学专业就属于思想政治教育学科的,要发挥其在学科上的特长,并提供机会让其尽快成长,成为本学校或者本区域的学科骨干。同时,要逐渐有计划地引进思想政治教育专业毕业的师范生进入小学道德与法治教师队伍中,建立一支人员稳定、专业素养高的小学道德与法治教师队伍。

第二,对地方教育管理者落实小学道德与法治课程的情况进行全方位督查。

首先,要对学校"挤占"和"挪用"小学道德与法治课堂时间的情况划红线,对道德与法治课程的开设必须按照国家统一规定保证课时量,一旦发现有违反规定的情况,对学校分管教学的负责人要进行问责,唯有如此,才能够保证小学道德与法治课程的课时量。其次,小学道德与法治教材会随着理论的发展和实践的变化不断与时俱进,小学道德与法治教师总是处于"常教常新"的状态,更需要通过培训尽快掌握教材的基本理念、框架结构以及实施要求。要划拨专项经费对小学道德与法治教师进行培训,制定专门的培训计划,上一级教育行政部门可以对经费使用情况进行监控和核查,确保道德与法治教师的培训经费落实到位,培训机会得到保障。

第三,建立区域协同教研共同体。通过区域协同教研,实现区域内教育资源的共享、教育经验的分享;并通过集体教研、联合教研等活动,推动小学道德与法治教师队伍素质得到提升;区域教研共同体的成立,也可以倒逼各地方政府以及学校完善道德与法治教师队伍的组织体系,从专职教研员的配备到学科带头人的培养,都可随之得以实现。

第四,完善制度体系。小学道德与法治课程的落实,最终还得通过制度的完善来保障。从教育行政管理部门和学校的教学管理来看,目前至少可以建立和完善如下两大制度体系:一是建立健全小学道德与法治教师队伍专业化发展制度体系。从道德与法治教师的从教资质、专业培训、教研团队的组建、资金保障、晋级评职等方面形成制度,为小学道德与法治专业化发展提供制度保障;二是进一步完善小学道德与法治课程实施制度体系,逐步完善和落实小学道德与法治课时制度、配套的课程过程实施制度、课程效果检测制度等,为小学道德与法治课程的实施提供制度保障。

一方面,小学道德与法治教师要不断苦练"内功",提高自己的专业素养,主动担负起学科立德树人的使命;另一方面,国家和社会要为这个群体提供良好的生长环境,让其有发挥自己才华的空间。当前,建设一支"政治强、情怀深、思维新、视野广、自律严、人格正的思政课教师队伍"[1],还有很多需要进一步改革和完善的地方。否则小学道德与法治作为在小学阶段"立德树人"的关键课程、德育的"主干课程",在青少年"拔节孕穗"期应有的价值引领作用就发挥不出来。

附:教学课例

小学道德与法治立德树人教学课例
——以《老师,您辛苦了》的教学为例

教学内容

统编教材《道德与法治》三年级上册第二单元第5课。

---

[1]《关于深化新时代学校思想政治理论课改革创新的若干意见》,《人民日报》,2019年8月15日,第03版。

教学过程

课前活动：

1. 请学生介绍身边熟悉的老师
2. 做"猜猜他是谁"的游戏

【评析】课前的猜老师环节既有较强的趣味性，又有利于引起学生的好奇心。该环节用学生熟悉的教师资源，让学生关注自己的老师，走进老师的生活，进入课堂学习。

表3-1　教师工作调查表

节次＼星期	星期一	星期二	星期三	星期四	星期五
早读					
第一节课					
第二节课					
第三节课					
第四节课					
午间					
第五节课					
第六节课					
放学后到老师回家前					

1. 通过调查，我知道了_____老师一周要上_____节课
2. 老师做的工作有_____

活动一：老师的辛苦我知道

1. 各小组统计各科老师周课时数（课前完成调查）

学生展示科任老师任课表，通过对体育老师工作调查表的展示，学生知道了科任老师的教学时间和教学环境，体会到了他们的辛苦。

师：课前我们完成了各科教师工作调查表，谁愿意来展示一下？

师：以体育老师为例,他一天最多上几节课?在哪里上?

生：体育老师一周上15节课,他在操场上上课。

师：无论是严寒还是酷暑,他都要在外面站着上课,而且一上就是好几节,如果你是体育老师,你有什么感受?

生：我觉得他很辛苦。

全班汇总各科老师的课时数。

师：其他科目老师分别有多少节课呢?(生回答,师填表)

生：美术老师15节,科学老师14节,数学老师15节,语文老师8节……

师：班主任的课时最少,是否他的工作最轻松?

(将班主任与科任老师的课时进行比较,为带领学生探究老师看不见的辛苦做铺垫)

2. 了解老师的课后工作,师生共同完成教师工作表

学生回忆班主任课后工作。

师：这是语文老师的任课表,除了一周的几节课,课后他在做什么?(生补充,师贴表格)

生：他会批改作业。

师：批改一份作业大概需要两分钟,全班一共50人,那就需要100分钟,大概两节半课的时间,如果你们的书写潦草,错误比较多,那批改的时间就更长了。

生：他会备课、制作课件。

师：他不仅要备课,他还要去听其他老师的课,时不时还要参加各种赛课。

生：他会陪着我们早读。

师：他不仅要每天陪着我们早读,他还要守着我们做清洁,每天中午为我们分饭。

(PPT补充老师的工作内容)

师：我也去做了课前调查,老师在课后要整理班主任日记,陪大家去参加各种社会实践活动,时不时地与家长沟通交流,为我们创造良好的学习环境。

通过同学的回答和老师的补充,让学生对教师的工作有一个更全面的认知。

3.加深对老师辛苦的感知

(1)时间圆盘,感知工作时间长。

师:孩子们,瞧,这是一个时间圆盘,整整24个小时,减去老师每天早上8点到下午5点的上班时间,再减去他每天休息的8个小时,剩下的时间他是否能够轻松些呢?一起来看看吧!

(2)观看《老师下班啦》漫画,了解老师课后的辛苦。

学生分享印象最深刻的场景并说明原因。

师:漫画中哪个场景让你感受到了老师的辛苦?(根据学生回答,撕掉时间圆盘)

生1:老师下班后还要接到各种各样的电话。

生2:老师休息的时间里,还要去学习。

师:原来在短暂的休息时间里,老师还要回复群里的各种信息,还要不停地学习,他留给自己的时间就更少了。

4.交流感受,用语言向老师表达感谢

师:面对这样一位辛苦付出的老师,你想对他说点儿什么呢?

生:我觉得老师很辛苦。

师:让我们一起对老师说一句"老师,您辛苦了!"

【评析】通过课前对教师课时表的调查,可以调动学生学习的积极性,让学生对教师工作有一个初步的认识。从科任老师到班主任,从学生知道的辛苦到不知道的辛苦,逐层深入地探究和引导儿童从多个方面去认识事物,同时也使"辛苦"这一抽象词语变得更加立体和丰富,以此丰富学生对教师工作的了解。

活动二:老师的坚持我了解

1.学生交流老师坚持教育事业的原因

从学生的已有认知出发,让他们来说一说,老师坚持工作的原因。

师:老师的工作比大家想象得辛苦,猜一猜是什么原因让他日复一日地坚持下来呢?

生:老师喜欢这份工作。

2.现场采访或播放采访教师的视频合辑,了解教师坚持教育事业原因的多样性(四有好老师)

生:现场采访听课老师。

师:想不想知道其他老师到底是怎么想的呢?一起来看看吧!(播放视频)

3.班主任的心声

师:今天我们的班主任XXX老师也来到了课堂,让我们掌声有请!

师小结:正是因为心中有爱,所以坚持;因为责任,所以老师一路前行,坚持的原因还有很多很多,等着你们继续去探寻。

【评析】从周围的老师出发,再回归到身边的老师,了解老师陪伴孩子的心路历程,激发学生的情感。将学生原有的认知和探究的结果进行对比,让学生对老师坚持工作的原因有一个更全面的认识,在培养学生沟通交流、归纳信息的能力的同时,让学生了解教师坚持的多种原因,感受老师工作的付出与伟大,使学生对老师的情感得到升华,并为活动三"感恩行动我能做"打下基础。

活动三:感恩行动我能做

1.说一说,我能为老师做些什么(学习、劳动、生活等方面)

学生自由交流,教师进行追问,让学生明白行动不仅可以为老师减轻负担,更利于自己进步。

师:面对老师的坚持,我们可以做点儿什么为他减轻负担呢?

生1:我可以帮老师做事。

生2:我可以上课认真听讲。

师:这样做对老师有什么好处呢?对我们自己有什么好处吗?

生:做好这些事情,我们不仅可以帮助老师减轻负担,更重要的是我们还能帮助自己成长。

2.写一写,将你最想为老师做的一件事写下来

师:请你选择你最想为老师做的一件事,将它写在爱心便利贴上,完成后贴到黑板上。

(生认真填写)

教师小结:卡片虽简单,却承载着你们的那份真心。话语虽朴素,却饱含着你们感恩的真情。让我们用行动将老师的坚持转化成自己的坚持。

3.搭档相互打卡,将行动坚持下去

同桌相互督促,根据彼此行动进行打卡记录,在后续的班队活动中进行展示。

师:瞧,这是我们的感恩搭档行动卡,让我们和同桌一起,相互鼓励监督,每日记录。一个月后这一张满是星星的卡片,不仅记录了我们的成长还是送给老师最好的礼物。在下个月的班队活动中,我们可以将记录卡展示在班级文化墙上,一起见证大家的成长!(同桌相互督促,根据彼此行动进行打卡记录,在后续的班队活动中进行展示)

4. 了解《教师法》

师：每个人的成长都离不开老师的教育。国家出台《教师法》，用来保护和支持老师的合法权益，并且将每年的九月十日定为教师节。

5. 感谢校园工人

师：三尺讲台育桃李无数，老师在平凡的工作岗位上，书写着不平凡的人生。在校园中还有这样的一群人，也在为我们创造一个安全、舒适的学习环境而默默地付出，你知道他们是谁吗？看，他们来了。（课件展示）

师：你能够通过哪些行动来为他们减轻负担呢？

生：不乱扔垃圾是帮清洁工阿姨减轻负担。

生：珍惜粮食不浪费是帮食堂阿姨减轻负担。

教师总结：每一份工作都有不易之处，我们要体谅、尊重和感谢身边所有努力工作的人！孩子们，感恩不能只挂在嘴边、记在心间，更要用行动来表现。做好自己能做的事，不给别人添麻烦，你就是优秀的人！

【评析】"说一说，写一写"的环节让学生对老师深厚的情感得以体现，通过记录打卡的方式将这份感激与尊重之情进行巩固。通过教师引导，学生从身边的小事着眼，思考自己力所能及的事情并明白坚持做好自己的事首先利于自己的成长，其次可以减轻老师的负担的道理，以此帮助学生树立正确的行为意识，从而在生活中采取正确行动。最后从教师到校园职工的拓展，让学生学会尊重教师的同时，还应珍惜校园职工的劳动成果。

第三章　小学道德与法治学科落实立德树人根本任务的理论与实践

板书设计

老师您辛苦了

辛苦　　　　　　　　坚持

节次\星期	星期一	星期二	星期三	星期四	星期五
教师工作调查表					
早读					
第一节课					
第二节课					
第三节课					
第四节课					
午间					
第五节课					
第六节课					
放学后到老师回家前					

梦想、责任　　爱……

课例点评

本节课能较好地实现教材意图，取得较好的立德树人效果。教师从学生生活实际出发，带领学生通过一系列的探究活动，从已知到未知，从显性到隐性多个层次加深学生对教师辛劳的理解，学生在逐层递进的活动中不断加深自己的认知，丰富自己的情感，在潜移默化中，实现对其核心素养的培养。

1. 教学内容结构多样化

为了让学生充分感知教师的辛苦，体会教师的不易，激发学生的感激之情，教师围绕"辛苦"这一目标，从显性到隐性，从工作辛苦到精神辛苦多个方面、不同层次进行活动设计。学生以课前调查表的形式，能够初步了解教师看得见的辛苦，根据漫画故事结合生活经历，感受教师看不见的辛苦。从体育老师、其他科任教师再到身边的班主任，结合学生眼中看到的内容，教师真情分享的内容，拉近教师和学生之间的距离，让学生在认知上得到拓展,同时唤起学生对教师的回忆,充分激发学生对教师的情感。

2. **教学资源生活化**

道德与法治学科的教学内容离不开教师对教学资源的挖掘。在本堂课中,教师以调查表格、采访卡为活动工具,引导学生课前自主回忆,收集学生自己熟悉的教师资源;课堂教学活动中,充分挖掘、熟悉教师资源,以班主任现场分享"坚持"理由(或视频分享),将学生的情感推向高潮;巧用现场采访教师资源(或观看采访视频),使教学资源更具有真实性和触动性。同时,学生熟悉的各科教师的照片和与教师有关的歌曲作为活动素材,既调动了学生的学习积极性,又营造了良好的情感氛围,育人效果好。

3. **教学组织形式素养化**

课前调查、课堂合作、课后探究都旨在培养学生自主探究的学习能力,培育学生的核心素养。课堂教学中,教师帮助学生从熟悉教师、教师工作,到结构化教师队伍和教师事务;从能看得到的琐事,到看不到的付出;教师变灌输为引导,学生变被动接受到主动探究;学生的思维方式得到延伸,学生的认知得到扩充,这些都在本堂课中可视化。教师以探究父母工作辛苦但仍然坚持的原因为作业内容,引导学生多角度思考、换位思考,在学校尊重老师,用自己的方式为老师减轻负担,感恩老师;在家庭尊重父母,用自己的方式减轻父母的负担,感恩父母。关注学生,培养学生的综合能力,培育学生的核心素养。

课例作者:重庆市大渡口区育才小学校　李雪
点评:重庆市教育科学研究院　陈燕浩

第四章

小学语文学科落实立德树人根本任务的理论与实践

2021年教师节,人民教育家于漪寄语青年教师,"成为新时代的大先生,需要思想自信,实践自觉"。百年现代语文教育走到今天,要落实立德树人根本任务,我们需要系统梳理语文教育发展历史,把握重要的发展脉络,汲取理论与实践的营养。

2022年,《义务教育课程方案》与《义务教育语文课程标准》颁布,培养有理想、有本领、有担当的时代新人是党和国家对新时代高质量义务教育提出的明确要求,同时也标志着义务教育全面进入核心素养时代。我们坚持"目标导向、问题导向、创新导向",做新课程方案落地的转化者,新课标理念的践行者。

本章梳理了百年语文教育的历史演进,提出了新时代语文教育落实立德树人根本任务的基本要求和实施路径。

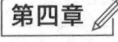

第一节 小学语文学科落实立德树人根本任务的历史演进

根据语文教育发展的历史和语文课程标准及纲领性文件自身的变迁轨迹，可以将百年来语文学科立德树人的历史演进划分为四个阶段：一是起步尝试期（清末及民国时期），二是艰难前行期（新中国成立到20世纪70年代中期），三是扎实探索期（20世纪70年代后期到20世纪末），四是深化推进期（21世纪以来）。本节根据变迁线索，细究不同阶段语文课程育人目标的嬗变，以明晰百年来语文学科立德树人的演进图像。

一、起步尝试：从"学为君子"到"学以致用"

1902年《钦定学堂章程》（"壬寅学制"）和1904年《奏定学堂章程》（"癸卯学制"）相继颁布后，语文教育正式独立设科。《奏定学堂章程》指出："讲解经文宜从浅显，使儿童易解，令圣贤正理深入其心，以端儿童知识初开之本。"[1] 1912年公布《教育部订定小学校教则及课程表》提出国文科的教学要求"国文要旨，在使儿童学习普通语言文字，养成发表思想之能力，兼以启发其智德"[2]。从经学到国文，语文教学在一定程度上摆脱了传统经学的附庸地位，但这一时期的语文教育的育人目标依然没有脱离封建桎梏，仍以

---

[1] 课程教材研究所编《20世纪中国中小学课程标准·教学大纲汇编（语文卷）》，人民教育出版社，2001，第5页。
[2] 课程教材研究所编《20世纪中国中小学课程标准·教学大纲汇编（语文卷）》，人民教育出版社，2001，本卷编者的话：第1页。

伦理道德教育为主，强调君子德性的养成。

五四运动倡导民主与科学，对整个中国的基础教育产生了广泛的影响，在语文教育上，白话文取代文言文成了最明显的表征。1920年教育部明令"初等小学一、二年级先改国文为语体文"[1]。由文言到白话，不仅是中国文化的载体变了，更意味着传统重道德规范的价值观向追求自由、向往民主平等的价值观转变。这一转变使国人从唯德是依的狭隘胡同里走了出来，使语文教育开始关注个体性灵。1923年颁布的《小学国语课程标准》开始强调儿童本位，一切从儿童的兴趣出发，减少了识字量，降低了课程内容的难度。

面临中国积贫积弱的社会现实，民国时期教育家刘半农明确提出了"只求在短时间内，使学生人人能看懂人应看之书，及其职业上所必看之书；人人能做通人应做之文，及其职业上必做之文"[2]。当时制定的一系列《课程标准》中"救亡图存""民族精神""爱国爱群"等成为高频词，语文教育的育人目标着重强调培养学生热爱国家之精神，唤起民族意识。语文教育对个人的要求相应地由"学为君子"演变为能够"学以致用"。

二、艰难前行：从"思想教育"到"双基训练"

"培养什么样的人"成为新中国成立后亟待明确的严肃问题。

1950年，中央人民政府出版总署编审局编辑出版了第一套全国统编中小学语文教科书。该套语文教科书的"编辑大意"特别指出"无论哪一门功课，都有完成政治思想教育的任务。这个任务，在语文科更显得重要"[3]。这段话不仅鲜明地指出了语文课程的首要任务是政治思想教育，也奠定了当时及后来很长一段时间语文教学目标受政治挂帅的思想指导。1956年

---

[1] 课程教材研究所编《20世纪中国中小学课程标准·教学大纲汇编（语文卷）》，人民教育出版社，2001，本卷编者的话：第1页。
[2] 刘半农：《应用文之教授》，《新青年》1918年第4期。
[3] 北京等七省市教育学院编《〈中学语文教学论〉参考资料》，山西人民教育出版社，1987，第37页。

第四章　小学语文学科落实立德树人根本任务的理论与实践

《小学语文教学大纲（草案）》明确指出小学语文教学的目的是"以社会主义思想教育儿童，培养他们成为个性全面发展的社会主义社会的成员"①。1958年中共中央、国务院颁布的《关于教育工作指示》中更进一步提出"党的教育方针是教育为无产阶级政治服务，教育与生产劳动相结合"②，在这一思想指导下，语文教育反映出浓厚的政治色彩。

20世纪60年代初期，由于国民经济的逐步调整和"左"倾错误的逐步克服，语文教育也发生了相应变化。1963年《全日制小学语文教学大纲（草案）》颁布，文件中提出小学语文教学的目的是"教学生正确地理解和运用祖国的语言文字，使他们具有初步的阅读能力和写作能力……一般不要把语文课讲成文学课或者政治课"③。育人目标在继续加强思想政治教育的同时，开始强调基础知识的教学与基本技能的训练，在强调语文工具性的同时，初步呈现出人文性色彩。此版教学大纲试图对语文课程的育人目标进行纠偏，并未真正落实，但它提出的"双基"教育却对以后几十年基础教育的发展产生了深远影响。

这一阶段在思想性和知识性之间形成拉扯，最终思想性占据绝对优势地位，当时的语文教学大纲成为思想政治教化的重要场域。

三、扎实探索：从"品德教育"到"素质教育"

经过前一阶段的艰难前行，教育界对"培养什么样的人"这一问题依然扑朔迷离。改革开放以后，语文教育对这一问题展开了扎实的探索。

1978年《全日制十年制学校小学语文教学大纲》旗帜鲜明地提出"语文

---

① 课程教材研究所编《20世纪中国中小学课程标准·教学大纲汇编（语文卷）》，人民教育出版社，2001，第117页。

② 朱坤：《论我国教育方针的历史演进及启示》，《学理论》2013年第35期。

③ 课程教材研究所编《20世纪中国中小学课程标准·教学大纲汇编（语文卷）》，人民教育出版社，2001，第153页。

这门学科，它的重要特点是思想政治教育和语文知识教学的辩证统一"[1]。1986年的《全日制小学语文教学大纲》强调，小学语文教学的目的是"培养学生的识字、听话、说话、阅读、作文的能力和良好的学习习惯，并在语言文字训练的过程中进行思想品德教育"[2]。1992年《九年义务教育全日制小学语文教学大纲》指出，"培育有理想、有道德、有文化、有纪律的社会主义公民"。教学目的在于"在听说读写训练的过程中，进行思想政治教育和道德品质教育"[3]。从这些表述可以看出，"思想品德教育"逐步替换了"思想政治教育"，思想政治色彩进一步弱化，形成了语文学科在育人上对学生品德影响的统一认识。

随着我国社会的不断发展与教育改革的日渐深入，为适应社会主义现代化建设的需求，1995年颁布的《中华人民共和国教育法》以法律文本的形式总结了以往教育实践中的经验，提出了较为全面的教育方针"教育必须为社会主义现代化建设服务，必须与生产劳动相结合，培养德、智、体等方面全面发展的社会主义事业的建设者和接班人"。2000年的《九年义务教育全日制小学语文教学大纲（试用修订版）》指出语文教学目的是"培育学生热爱祖国语言文字和中华优秀文化的思想感情，指导学生正确地理解和运用祖国语文，丰富语言的积累，使他们具有初步的听说读写能力，养成良好的语文学习习惯。在教学过程中，使学生受到爱国主义教育、社会主义思想品德教育和科学思想方法的启蒙教育，培育学生的创造力，培养爱美的情趣，发展健康的个性，养成良好的意志品格"。[4]"能力""习惯""个性""情趣""精神""全面发展"等关键词，关注人的真实生活世界，着眼于人的

---

[1] 课程教材研究所编《20世纪中国中小学课程标准·教学大纲汇编（语文卷）》，人民教育出版社，2001，第176页。

[2] 课程教材研究所编《20世纪中国中小学课程标准·教学大纲汇编（语文卷）》，人民教育出版社，2001，第194页。

[3] 课程教材研究所编《20世纪中国中小学课程标准·教学大纲汇编（语文卷）》，人民教育出版社，2001，第232页。

[4] 课程教材研究所编《20世纪中国中小学课程标准·教学大纲汇编（语文卷）》，人民教育出版社，2001，第255页。

全面和谐发展,凸显出教育的"全人"价值取向。

改革开放以来,语文学科的育人目标指向逐步明确,其内涵不断丰富,小学、初中、高中有衔接、分层级地朝着促进人的全面发展方向努力。这一时期对语文学科"培养什么样的人"这一问题的探索取得了显著进展。

四、深化推进:素养导向,落实立德树人根本任务

进入新世纪,教育界对"培养什么样的人"这一问题的探究在汲取过往经验的基础上,基于新境遇的研判做出了更为深刻的回答。

2001年《全日制义务教育语文课程标准(实验稿)》中提到"必须面向全体学生,使学生获得基本的语文素养……语文课程还应重视提高学生的品德修养和审美情趣,使他们逐步形成良好的个性和健全的人格,促进德、智、体、美的和谐发展"[1]。《义务教育语文课程标准(2011年版)》提出"培养学生的语言文字运用能力,提升学生的综合素养……为学生的全面发展和终身发展打下基础"[2]。这样的表述明确了语文学科在育人上重视学生素养提升以及全面发展的目标。

许多一线语文名师也对语文学科如何育人做出了自己的尝试。人民教育家于漪认为"语文教学千万不能忘了'教文育人'。'育人'是终极目标;'教文'为'育人'服务。学生语文能力,思想文化素质均明显提高,才是语文教学的成功"[3]。特级教师李吉林老师在实践中总结出"情境教育"[4],将语言训练与儿童生活相连接,与儿童的思维发展结合,走进儿童的心灵世界。特级教师于永正老师提出"儿童的语文"[5]这一观点,紧紧围绕"儿童"和"语文"两个核心元素,用大量鲜活的教学实践,诠释了对儿童生命成长

---

[1] 中华人民共和国教育部:《全日制义务教育语文课程标准(实验稿)》,北京师范大学出版社,2001,第2页。
[2] 中华人民共和国教育部:《义务教育语文课程标准(2011年版)》,北京师范大学出版社,2011,第2页。
[3] 于漪、孙军业:《语文教学应重在创建与发展——著名特级教师于漪访谈录》,《中学语文教学》1999年第9期。
[4] 李吉林:《情境教育的独特优势及其建构》,《教育研究》2009年第3期。
[5] 于永正:《对"儿童的语文"的几点思考》,《江苏教育》2018年第33期。

的真诚关注。这些名师都强调在语文学习的同时,关注儿童本身的成长,为语文学科育人目标的落实开辟了切实的路径。

自上而下的求索对语文学科"培养什么样的人"这一问题的研究取得了一定成效,但还需要进一步明确和完善。2012年,党的十八大明确提出将立德树人作为教育的根本任务,这是对"培养什么样的人、如何培养人以及为谁培养人"这一教育根本问题的总思考。党的十九大报告中不仅再次强调要落实立德树人的根本任务,而且首次提出了"时代新人"的概念,将培养担当民族复兴大任的时代新人作为培育和践行社会主义核心价值观的着力点。

《普通高中语文课程标准(2017年版)》明确将"坚持立德树人,增强文化自信,充分发挥语文课程的育人功能"[1]作为语文课程的基本理念,明确了语文课程的追求以及立德树人在语文课程中的地位,同时在新课标中提出了语文学科核心素养。

在这样的理念指导下,2019年秋季,小学语文统编教材全面使用。统编教材总主编温儒敏在解读教材编写理念时提到"'部编本'语文教材的编写立意要高,高在体现社会主义核心价值观,立德树人,指导思想明确,措施落实"[2]。人民教育出版社编审王本华也提到"教材以选文为主要载体,集中编排相关人文教育的内容,同时又辅以精心设计的语文实践活动,分散渗透,使学生在学习语言文字的过程中潜移默化地受到熏陶感染,逐步树立正确的思想观念和高尚的道德情操,最终使社会主义核心价值观、中华优秀传统文化、革命传统教育等内化为精神追求,外化为自觉行为,从而更好地达到课程标准要求的工具性与人文性的有机统一"[3]。可以说,统编语文教材的编写及使用是语文学科落实立德树人的重要举措。

2022年颁布的《义务教育语文课程标准》进一步强化了课程育人的导

---

[1] 中华人民共和国教育部:《普通高中语文课程标准(2017年版)》,人民教育出版社,2018,第2页。
[2] 温儒敏:《"部编本"语文教材的编写理念、特色与使用建议》,《课程·教材·教法》2016年第11期。
[3] 王本华:《守正创新,构建"三位一体"的语文教科书编写体系——部编义务教育语文教科书的主要特色》,《语文教学通讯》2016年第26期。

向,凸显出价值引领,以文化人。新课标指出"围绕立德树人根本任务,充分发挥其独特的育人功能和奠基作用,以促进学生核心素养发展为目的,以识字与写字、阅读与鉴赏、表达与交流、梳理与探究等语文实践活动为主线,综合构建素养型课程目标体系"①。新课标立足学生核心素养,重视学生文化自信、语言运用、思维能力、审美创造四方面的综合发展,力求充分发挥语文课程的育人功能,坚持全面发展,以育人为本。

对于语文学科"培养什么样的人"这一问题的求解,语文教育界新世纪以来的回答视阈更加广阔,格局更为高远,在社会主义核心价值观的指导下,力求全面落实立德树人的根本任务,以德育为先导,立足学生的核心素养,着眼当下,更面向未来。

百年语文教育不过是语文教育长河中的一段航程,它从苍茫的历史深处呼啸而来、又向遥远的未来奔腾而去。沟通历史,映照现实,构筑未来,我们还将为"培养什么样的人"这一问题做出属于这个时代的回应。

第二节

小学语文学科落实立德树人根本任务的阶段特点

百年大计,教育为本。教育之根,立德为先。教育的目的不是培养智力超群的天才,而是引导学生在不断深入学习的过程中,有德行,会做人。语文学科承担着文化传承、德育培养的重要使命,同时,它也是与立德树人教

---

① 中华人民共和国教育部:《义务教育语文课程标准(2022年版)》,北京师范大学出版社,2022,第2页。

育联系最为密切的学科。在不同的历史阶段,语文学科在落实立德树人这一根本任务上有不同的阶段特点。

一、清末语文课程中的德育目标及选文特点

(一)目标特点

清末语文德育目标的总取向是封建伦理道德,在德育内容上有封建糟粕,但也有一些积极因素。

(1)德育和体育一并重视,曲折地反映了在列强欺压下富国强兵的愿望。

(2)根据儿童的年龄特点来确定语文德育的目标层次和实施方案。

(3)设置"讲经读经"课以确保语文德育目标的落实。通过经书的阅读,认识儒家的伦理道德观念,达到语文德育的目的。

(4)把抽象的德育目标落实到各个科目中去。

(5)把语文德育目标的内容转化为对语文教学各个部分内容的要求,把道德判断隐含于其中。

(二)选文特点

《高等小学堂用最新国文教科书》这套语文教材,取代了清末各种蒙学教材,一直发行到清朝灭亡民国成立。因为是在清末编写的,其本身还带有浓郁的封建气息,但它是近代第一套取得成功的小学语文教材,该套教材在这一时期极具代表性,具有较明显的选文特点。

(1)编入了许多有关"君主立宪"制度的课文。

(2)在语文课本中,有一定范围和一定程度的科学普及的讲述。

(3)中外游记、介绍风景名胜等的文章编入课文,培养了学生对大自然的热爱。

二、民国时期语文课程德育目标及选文特点

(一)目标特点

民国时期语文课程德育目标总的价值取向是资产阶级的民主思想,它试图完成对封建伦理道德的超越。

(1)培养爱群爱国的公民道德,以完成对封建等级制的伦理超越。

(2)谋求儿童身心之陶冶,以完成对封建社会忽略人的基本需要造成礼教杀人恶果的人性超越。

(3)把本民族的价值观放到世界民族之林去观照,培养民族意识,以完成对封建社会故步自封、视野狭小的时空跨越。

(4)平民教育的精神,以完成对封建社会只有少数人可以享有受教育权利的制度超越。

(二)选文特点

《新制中华国文教科书》(初小用)(高小用)其内容非常广泛,包括国民知识、居家生活、生产实业、经济财务等内容,宣扬民主科学精神,倡导自立自强的行为。纵观这个时期选入的时文,可以看出,该套教材在内容上注重时代性,能够紧贴日常生活。它的选文特点有突出的两个方面。

(1)启人心智。该套教材很少说教,主要是启发学生自己去体悟。

(2)培养情操。该套教材选入了很多关于道德修养的篇目,这些文章小到自身修养,大到国家大义,都有涉及,而且这两方面有循序渐进的过程。

三、新中国成立到"文革"结束(1949—1977)语文课程德育目标特点

(一)目标特点

具体来说这一时期的小学语文德育课程价值取向体现出对国家政治意图的遵从,具体情况如下。

(1)在语文德育课程目标上,强调为无产阶级政治服务。

(2)废除旧体系,形成中国特色德育模式:

①强调榜样教育。

②德育内容以五爱教育为主要内容。

③重视劳动教育。

④积极开展社会实践。

(3)突出政治要求,弱化基本道德品质。

(4)强调社会需要,忽视学生个体发展需求。

(二)选文特点

1949—1977年,人民教育出版社在这期间共出版了三套教材,1951年开始组织编写五年一贯制《小学语文课本》,该套教材是第一次用语文取代国语。1954年,人民教育出版社开始独立编写《小学语文》课本。小学语文教材,名称仍叫语文课本,包括语言和文学两个部分。这套教材1956年在全国通用。1961年新编了《十年制学校小学课本(试用)语文》。

这三套教材在吸取之前经验的同时,也烙下了明显的时代印记,有着鲜明的政治特点。

(1)教材编写还是以老区教育经验为基础,整套教材都有着浓重的领袖主题的气息。该教材主要是学习苏联经验,努力体现劳动人民当家作主的时代精神。

(2)体现语言、汉语分科的思想。是小学语文教育的一次尝试,出现文学和汉语两个独立系统,阅读课文属于文学,语文练习属于汉语。

(3)教材既用来对学生进行语言文字方面的训练,又用来进行思想和知识方面的教育。当时提出:小学教育要培养小革命家。因此教材的思想内容和知识内容就要以培养小革命家为中心,侧重进行思想政治教育的文章约占课文总篇数的70%。课本的选材以及材料的编排都以总的培养目标为准则。

四、改革开放至20世纪末(1978—1999)语文课程德育目标特点

(一)目标特点

改革开放至20世纪末小学语文德育课程在价值取向上,以社会价值为中心的工具主义取向出现。

(1)逐渐从浓厚的政治情结中走出来,开始强调小学语文德育课程要服务于社会主义市场经济的发展。

(2)语文课程的德育目标不再提出要把学生培养成某一具体的社会人,而是着重培养学生多方面的能力。

(3)突出基础教育,注重培养学生的道德素质。

(4)语文德育内容上不再局限于较为单一的政治思想教育内容,增加了法制教育、公民教育、心理品质教育、社会发展常识教育和国情教育等内容,呈现出多元和丰富的特征。

(5)语文德育方法由单纯灌输努力转向多方面渗透。改变空洞、枯燥的说教,利用陶冶、渗透、倾听等方法来影响学生。创造良好的校园环境和教室环境,利用名人画像、哲理名言等对学生进行品德情操教育。

(二)选文特点

1976年10月,"文化大革命"结束,1978年编写《全日制十年制学校小学语文课本(试用本)。该套教材是"文化大革命"结束后第一套新教材,其编写指导思想是:贯彻执行党的路线、方针、政策,为实现我国四个现代化培

养又红又专的人才打好基础,在教材中要彻底清除"四人帮"的流毒和影响。1982年又出版了《五年制小学语文课本》。1983年,邓小平同志为景山学校题词"教育要面向现代化,面向世界,面向未来"。这不仅将小学语文教育改革推向高潮,而且也为小学语文教材的编写工作明确了前进的方向,于是1983年出版了《六年制小学课本(试用本)语文》。小学五、六年制通用教材使用至1999年,才全部过渡到义务教育小学语文教材,是新中国成立以来使用时间最长的小学语文教材。

这个时期也可以称为语文教材改革开放的突破期,教材的选文也要符合实现"四个现代化"早出人才多出人才的需要。这个时期的教材选文特点有如下三点。

(1)教材适应了基本普及初等教育的需要。

(2)教材重视培养革命理想,进行共产主义的思想品德教育。小学语文教材是对少年儿童进行社会主义精神文明建设的有力武器。在对新的一代的思想教育中,应以共产主义思想为核心,加强革命理想、道德、纪律的教育,重视培养全面发展的一代新人。

(3)教材密切联系实际,要看到近期普及教育的需要,也要对应实现"四个现代化"的人才需要。

五、当代(1999—现在)语文德育目标的特点

(一)目标特点

我国社会经济水平不断发展,培养综合素养水平较高的复合型人才逐渐成为我国教育事业教学任务的重要组成。重视德育教育工作的开展实施逐渐成为一种必然。

(1)融入立德树人教育思想。全面落实有理想、有本领、有担当的时代新人培养要求。将社会主义先进文化、革命文化、中华优秀传统文化、国家安全、生命安全与健康等重大主题教育有机融入课程,增强课程的思想性。

(2)树立以人为本的语文德育观。语文教育要把培养健全和完善的人以及传递人类文化价值观念放在核心位置,重视对人的生命精神与情感的终极关怀,让学生充分发挥主观能动性,拥有学习的自主权,体现学生的主体地位。

(3)注重培养学生的核心素养。语文核心素养是学科育人价值的集中体现,是学生通过语文课程学习逐步形成的正确价值观念、必备品格和关键能力。它也是语文课程目标的总纲,是立德树人在语文课程中的集中体现。

(4)力求转变学生的学习方式。提高语文学习的主动性、参与性,让语文德育远离了说教。语文课程具有综合性和实践性,学生在综合性的具体学习情境进行自主、合作、探究学习。学生在探究中培养意志,陶冶情操,得以提升自己的德育水平。

(5)关联学生的真实生活。语文的外延等同于生活的外延。在语文德育的过程中,重视让学生走出狭小的语文课堂而到社会实践中去感悟,建立"家校社"多维联动的全方位德育网络,将语文德育融于学生的真实生活。

(6)要求教师转变角色,注重以身示范。真正做到转变教育观点,树立正确的德育观、人才观和学生观。

(7)切实应用现代信息技术,坚持与时俱进,创建适应当前学生成长环境的语文课程,将科学技术的优势应用到语文德育上。

(二)选文特点

在小学语文教材中彰显出不同德育价值取向的选文主题分为五类:热爱共产党、热爱祖国、热爱自然、热爱科学、热爱生活。从1999年至今的教材选文篇数来看,当代语文教材选文具有以下五个显著特点。

(1)热爱中国共产党——持续经典。教科书中关于热爱中国共产党的篇数虽然相较1999年之前的篇数有所减少,不过也足以看出语文德育中重视热爱中国共产党的教育。

(2)热爱祖国——政治性向文学性回归。小学生的认知发展水平还处于感性认识水平,思维能力处于形象思维水平,表现为对热爱祖国的理解体现在具体、生动、形象上,所以在课文文本选择上,减少了抽象深奥的文章,增加了对祖国自然、人文和国家标志物喜欢、亲近和眷念的文本。

(3)热爱自然与保护环境——人类中心主义向人与自然和谐统一转变。国家越来越重视自然与环境问题,而小学课本也相应地重视人类和自然的关系。

(4)热爱生活——由政治化到人本化。以前关于热爱生活的文章,是以一个成人化的视角,谈一个已经预设好的结论。而现在关于热爱生活的文章,强调学生体验,依托学生情感,以学生的视角来看待生活中的人与人之间的关系,形成了热爱生活教育文章的一种常态。

(5)热爱科学——由工具理性到价值理性再到两种理性交融。目前小学语文教科书中更侧重于兼具科学精神与人文精神的介绍。重视的不仅仅是科学技术给人类带来的物质文明的进步,更重要的是在追求这种科技进步的过程中,对优秀人物的刻苦钻研、持之以恒、敢于怀疑等品质的褒扬以及优秀人物为人类利益作贡献的理念的介绍。

第三节

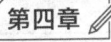

小学语文学科落实立德树人根本任务的基本要求

语文课程在立德树人、育才成人、以文化人方面有着特殊的、不可替代的作用。小学语文学科实现立德树人需要在整个教育的过程中贯穿"六个下功夫"、落实语文课程培养的核心素养、遵循儿童的认知规律,同时也要紧跟时代,探索信息化背景的语文教育。

一、树立育人观,贯穿"六个下功夫"

首先,语文学科立德树人价值的实现,是语文学科价值观的重建,即需要从单一的语文学科教学转向语文学科育人。树立正确的学科育人观,是实现学科立德树人的首要前提。如何落实立德树人的根本任务?2018年9月全国教育大会上,习近平总书记就如何落实立德树人提出六个方面的要求:要在坚定理想信念上下功夫、要在厚植爱国主义情怀上下功夫、要在加强品德修养上下功夫、要在增长知识见识上下功夫、要在培养奋斗精神上下功夫、要在增强综合素质上下功夫。[1]"六个下功夫"是对学生六个方面知识素质的基本要求,这就将"立德树人"分为"理想信念、爱国主义情怀、品德修养、知识见识、奋斗精神、综合素质"六个类目,这六个类目中多数内容和要求都是与个人品德、社会公德以及国家的大德相关,特别强调品德

---

[1]《习近平在全国教育大会上强调 坚持中国特色社会主义教育发展道路 培养德智体美劳全面发展的社会主义建设者和接班人》,《人民日报》2018年09月1日。

发展对人才培养的重要性。

其次,强调人才素质要求的全面性和综合性。"六个下功夫"为学校教育落实立德树人根本任务,做好新时代的人才培养工作提供了行动指南,是新时代人才培养的着力点和落脚点[①]。

语言文字是人类社会最重要的交际工具和信息载体,是人类文化的重要组成部分,也是一个国家存在的重要基础之一。汉语言文字不仅承载着中华民族灿烂辉煌的文明,也记录着中华民族的历史精神和价值取向。只有掌握了语言,人才能运用语言思维,才能与他人交流沟通,才能有效地建构自己的经验并理解他人的经验,才能习得文化,真正成为社会的一员。小学语文作为母语学习的基础性学科,具有实现立德树人得天独厚的育人功能。学科教学实施过程中的教材分析、目标确定、活动组织、资源开发、评价实施等各个环节,都应贯穿"六个下功夫",才能实现语文学科铸魂育人的功能。

二、站稳学科观,落实语文核心素养

学科育人,育人是目的,学科教学是路径,是载体。很好地实现学科育人,把握学科的特质,才能发挥这个载体和路径的最大作用。

语文是一门怎样的学科呢?《义务教育语文课程标准(2022年版)》是这样界定语文课程性质的:语文课程是一门学习国家通用语言文字运用的综合性、实践性课程。工具性与人文性的统一,是语文课程的基本特点。[②]这一表述,精准地阐明了语文学科的性质,即学习语言文字运用的学科,重点在动态的运用上,而不是语言文字的静态知识。怎么学呢? 是在语言实践中学,强调了综合性和实践性,绝不是仅在老师的讲解中学。在语言实践中学,才能实现语文的工具性和人文性的双重价值。

---

① 姜纪垒:《立德树人:中国传统文化自觉的视角》,《当代教育与文化》2019年第1期。
② 中华人民共和国教育部:《义务教育语文课程标准(2022年版)》,北京师范大学出版社,2022,第1页。

为了更好地实现语文育人的功能,2022年版课标还阐明了义务教育语文课程培养的核心素养,是学生在积极的语言实践活动中积累、建构并在真实的语言运用情境中表现出来的,是文化自信和语言运用、思维能力、审美创造的综合体现。主要包括"文化自信""语言运用""思维能力""审美创造"四个方面。①语文核心素养"第一次明确了语文学科教学所要达成的价值观、必备品格和关键能力的培养,整合了知识与技能、过程与方法、情感态度价值观三维目标。由此长期以来有关语文学科的性质、内涵的争论得以澄清,有了科学的清晰的定义"②。

怎样理解和实现学科核心素养的四个层面呢?首先要明确语文学科核心素养的四个方面是一个整体。语言是重要的交际工具,也是重要的思维工具;语言的发展与思维的发展相互依存,相辅相成。语言文字是文化的载体,又是文化的重要组成部分;学习语言文字的过程也是文化获得的过程。语言文字作品是人类重要的审美对象,语文学习也是学生审美能力和审美品质发展的重要途径。语言的建构与运用是语文学科核心素养的基础,在语文课程中,学生的思维能力、审美创造、文化自信,都是以语言的建构与运用为基础,并在学生个体语言经验发展过程中得以实现的。

很显然,语文学科立德树人的实现,要遵循语文学科的特点,通过"学语言""在语言中学""用语言学"等语言实践活动,采用熏陶和感染的方式进行。避免道德说教、贴标签和强制灌输的方式。

三、立足儿童观,遵循儿童的发展规律

个体从出生到成熟,心理是在不断发展的。发展心理学一般把人的心理发展分成认知发展,人格、社会性和情感发展两个相对独立的领域。语文学科要实现立德树人,既要遵循儿童的认知发展的规律,也要遵循儿童

---

① 中华人民共和国教育部:《义务教育语文课程标准(2022年版)》,北京师范大学出版社,2022,第4-5页。
② 杨伟:《语文核心素养概念的背景、意义与理论资源——论〈普通高中语文课程标准(2017年版)〉的创新》,《课程·教材·教法》2019年第7期。

人格、社会性和情感发展的规律。

认知能力在实践活动中发生发展,人类共同的基本的实践活动形成人的一般认知能力(即智力),它包括观察力、记忆力、想象力和思维能力等。思维能力是认知能力的核心。认知的发展主要表现为:认知结构复杂化、合理化,认知结构各要素间的关系相互协调,认知结构与情意个性等心理因素的相互促进及协调发展。小学阶段的学生观察力从模糊笼统的知觉发展到比较精确的知觉;记忆从形象记忆发展到抽象记忆;想象从无意到有意,想象的现实性和创造性成分逐渐增多。小学生的思维以具体形象思维为主,抽象思维在形成的过程中有抽象逻辑思维的自觉性较差、发展不均衡、灵活性和批判性差等特点。[①]

人格、社会性和情感发展规律相对于认知的发展规律要复杂得多。我国心理学专家卢家楣认为,人的情感心理可以分为三个层次:第一层是与生物性需要相联系的情感心理,第二层是与基本社会性需要相联系的情感心理,第三层是与高级社会性需要相联系的情感心理。第一层与动物的衣食住行等基本生物性需求相联系;第二层是带有一定程度的先天性特点的社会性需求,如依恋需要、交往需要、尊重需要、探究需要等;第三层是在人类社会环境中发生、发展起来的。这些情感主要包括道德感、理智感和审美感。[②]小学阶段是学生正式由与基本社会性需要相联系的情感心理向与高级社会性需要相联系的情感心理发展的重要阶段。

四、紧跟时代观,探索信息化背景的语文教育

信息技术高速发展的今天,在线教育势不可挡,对传统课堂教学的渗透也会越来越深,如何综合利用在线教育和课堂教学的资源,成为语文学科立德树人不可回避的一个问题。可以说语文教育与信息技术的融合是

[①] 曲连坤、傅荣、王玉霞:《第三部分 中小学生心理特点与心理健康教育 第一讲 中小学生的认知和思维发展特点》,《中小学心理健康教育》2002年第7期。

[②] 卢家楣:《情感教学心理学》,上海教育出版社,2000,第48—53页。

发展趋势。

如何融合语文教育与信息技术？在理论层面首先要理清语文教育与信息技术之间的关系，探索信息技术助力语文教育的路径，积极探索语文教学信息化模式的新可能。在实践层面创新高效使用信息技术的方法，借助互联网信息技术，整合教学资源，优化课堂教学模式，利用交互式网络学习平台，创建线上线下同步进行的"混合式"教学生态，为课堂内外教学服务。

第四节 小学语文学科落实立德树人根本任务的实践路径

小学语文学科教学应在教材分析、目标确定、活动组织、资源开发、评价实施等方面落实小学语文学科立德树人的基本要求，从而更好地实现学科育人目的。

一、教材分析

（一）充分理解小学语文统编教材

语文教材服务于语文教育，在语文学科教育中发挥着至关重要的作用。小学语文教材正从"一纲多本"走向统一。统编教材拥有明确的价值导向性，坚持中国特色社会主义理论体系，致力于培育和践行社会主义核心价值观,培养德才兼备、全面发展的青年。教师充分理解统编教材有利于更好地实现语文学科立德树人。

1.理解小学语文统编教材的总体特点

统编教材的总主编温儒敏是这样总结小学语文统编教材的特点的:体现社会主义核心价值观,做到"整体规划,有机渗透";接地气,满足一线需要,对教学弊病起纠偏作用;加强了教材编写的科学性;贴近当代学生生活,体现时代性。具有七个创新点:选文强调四个标准;更加灵活的单元结构体例;重视语文核心素养,重建语文知识体系;阅读教学实施"三位一体",区分不同课型;把课外阅读纳入教材体制;识字写字教学更加讲究科学性;提高写作教学的效果。[①]教师理解了统编教材的总体特点后才能更好地使用好统编教材,从而更好地实现学科立德树人的目的。

2.理解小学语文统编教材的选文特点

小学语文统编教材执行主编陈先云在谈及教科书选文的标准时指出:语文教科书选文秉持文道统一原则,更多地从知识、社会与儿童三个维度的价值诉求,阐释和建构语文教科书选文的自觉价值立场和合理价值尺度,其核心是处理好语言文字训练目标与思想教育目标之间的关系,为教科书编写提供正确的价值取向指引。[②]了解了语文统编教材的选文特点,教师在进行教材分析的时候,就能够准确把握选文内容的德育价值和语言文字的习得价值。

3.理解小学语文统编教材的单元结构特点

小学语文统编教材采用"双线组织单元结构",既适当保留人文主题,又不完全是人文主题来组织单元,有的则是文体组织单元,还有的是适当淡化单元主题,以便把必要的语文教学的要点、重点,按照一定顺序落实到各个单

[①] 温儒敏:《"部编本"语文教材的编写理念、特色与使用建议》,《课程·教材·教法》2016年第11期。
[②] 陈先云:《文道统一原则在小学语文教科书选文中的具体运用》,《小学语文》2021年第4期。

元中。教师在教学实践中可以按照新教材的单元顺序来安排教学,但不能拘泥于人文主题,要特别注意语文知识、能力的落实这条线。还要注意把单元中阅读、写作、综合性学习等几方面结合起来。①语文统编教材单元结构特点,符合语文学科的特征,也符合语文学科实现立德树人双线路径的特征。

4.理解小学语文统编教材的导学系统特点

小学语文统编教材的练习系统是如何指向语文学科素养的呢?学科素养的形成要靠学科知识和与之相匹配的学科活动。学科知识分为显性的知识和隐性的知识,学科隐性的知识是指学科的观念、思考、方法等,这些知识是形成学科素养的重要来源。小学语文统编教材通过课后习题认知维度的多层次涉及和高层次增量,来体现学科隐性知识,从而落实学科核心素养。②

小学语文统编教材导学系统的设计充分考虑了形式层面的实践动作与操作;实践内容相关的情境任务和动机目的;活动的意义和价值。例如小学语文统编教材课文《大青树下的小学》的课后第一题:朗读课文,一边读一边想象课文描写的画面。在文中画出有新鲜感的词语和同学交流。这道题在"读"这个实践层面给出了具体清晰的过程:边读边想象画面,然后勾出有新鲜感的词语。动机目的是与同学交流。意义和价值是在完成任务的同时实现对课文内容和表达形式的审美体验。③

(二)实施三层次教材分析

小学语文统编教材坚持"整体规划,有机渗透"的宗旨和原则,反对僵硬的说教。教师如何充分把握教材的这些特点呢?实施三个层次的教材分析是一条有效的途径。三个层次分别为:学期教学计划的教材分析、单元教学计划的教材分析、课时教学计划的教材分析。

---

① 温儒敏:《"部编本"语文教材的编写理念、特色与使用建议》,《教程·教材·教法》2016年第11期。
② 郭蕾:《学科素养形成机制下小学语文新旧教材课后习题比较分析》,《中小学教材教法》2018年第12期。
③ 郭蕾:《学科素养形成机制下小学语文新旧教材课后习题比较分析》,《中小学教材教法》2018年第12期。

1.学期教学计划的教材分析

教师在拟定学期教学计划时应整体阅读小学语文统编教材,掌握教材的知识和能力体系,明确各语文要素之间的关系,熟悉任教年级、上下衔接年级的教材内容。充分理解教材的编写思路和意图,认识各教学内容的重难点及其主要学习方式,明确各内容对学生核心素养发展的重要作用。

2.单元教学计划的教材分析

单元是统编教材的基本结构,每一个单元由双线组元,即人文主题和语文要素,充分体现了语文学科实现立德树人的路径特点。所以在进行单元分析的时候要注重单元的人文主题和语文要素分析。

相对而言,教师对语文要素的分析比较到位,体现在能了解单元要素在课程标准中的要求;理清与本单元语文要素相关的前后语文要素的关系,明确单元的语言学习价值;同时厘清单元内不同板块间的逻辑关系,明确单元内容的结构特点。

那么,如何来理解单元的情感价值观的教育价值呢?可以从单元的选文系统与导学系统及练习系统来分析。下面以小学《语文》四年级上册第七单元为例。[①]

课文内容的德育价值理解

情感是道德的基础。换句话说,形成既定的道德,首先得拥有相应的情感。从这个意义上来讲,语文教科书中的每一篇课文传递的情感因素都对学生的道德发展起到涵泳的价值。四年级上册第七单元主题为"家国情怀",本单元所有的课文都传递着这一主题的情感。

第一,每一篇课文的情感价值。

第21课《古诗三首》,其中唐代边塞诗《出塞》《凉州词》,表现了戍边将士驰骋沙场、保家卫国的情怀;《夏日绝句》表现了词人李清照与国家民族

[①] 郭蕾、陈燕浩:《统编教材革命文化题材课文的德育价值理解与实践——以小学语文统编教材四年级上册为例》,《中小学教材教法》2019年第9期。

共存亡的精神气概。第22课《为中华之崛起而读书》展现了少年周恩来为中华之崛起而读书的远大志向。第23课《梅兰芳蓄须》展现了梅兰芳蓄须拒演的民族气节。阅读链接《难忘的一课》表现了台湾人民深深的爱国情，浓浓的民族意。第24课《延安，我把你追寻》用诗歌的形式讴歌了延安精神，警示人们延安精神的现代意义。几篇课文展现了不同历史时期人们在家国大义面前的不同风采。

第二，整组课文的情感结构。

小学语文统编教科书单元的组元形式多样，有按写作能力形成的逻辑结构组元的习作单元，有按阅读能力形成的逻辑结构组元的阅读策略单元，有按文体特点组元的阅读单元。本单元的课文组织有一条明晰的情感线，即家国情怀在传统文化、革命文化和社会主义先进文化中的传承脉络。第21课《古诗三首》，传递了封建帝王时代，人民饱经忧患，追求国家统一、民族和谐的家国情怀；后面三篇革命文化题材的课文，传递了新民主主义革命时期，人民舍生取义、保家卫国的家国情怀；第24课追忆、赞颂延安精神，同时隐含着新时期责任担当、命运与共的家国情怀。统揽整个单元的情感价值线索，充分体现了革命文化联结传统文化与社会主义先进文化的纽带作用。

第三，练习系统与导学系统的德育价值理解。

小学语文统编教科书属于文选型教科书，这类教科书除了选文系统外，还有体现语文工具性特点的导学系统和练习系统。本单元中的《阅读提示》《交流平台》等栏目起到引导学生学习的作用，归在导学系统里。《课后练习题》《词句段运用》等栏目，指引学生语言运用，归在练习系统里。在这些栏目中也隐形地附着着德育价值。

略读课文《梅兰芳蓄须》一课的阅读提示是："在京剧舞台上，梅兰芳主演的《贵妃醉酒》《霸王别姬》等，享誉世界。默读课文，说说梅兰芳用了哪些办法拒绝为日本人演戏，在这个过程中经历了哪些危险和困难。有兴趣的同学，可以查找资料，深入了解这位京剧大师。"这段阅读提示旨在引导学生理解课文内容,感受人物形象。值得注意的是,编者在表述中运用了"享誉世界""京剧大师"等赞誉梅兰芳的用词。这样的用词肯定了民族艺术家梅兰芳的艺术造诣,认可了他传承、传播中国京剧艺术行为,从而引导学生对人物品质的赞扬和认同,促进学生对这种道德价值的认可和内化。

本单元《词句段运用》的第一题出示了"志存高远、精忠报国、大义凛然、英勇无畏、视死如归、铁面无私、秉公执法、刚正不阿"八个词语,题干的要求是:读一读,想想这些词语一般用来形容哪些人。这道练习题的设计,摒弃了通过查字典理解词语静态意义的方法,充分调动学生的已有认知来理解这些词语。学生可以回顾本单元课文内容,用这些词语形容课文中的人物,如,志存高远的周恩来、视死如归的戍边将士。还可以将这些词语与本单元课文外的相关的人物对接,如,志存高远的钱学森、大义凛然的李大钊、英勇无畏的邓世昌等。学生要用这些词语形容相应人物,脑子里一定会出现不同历史时期的人物在特定环境中的榜样行为。这个过程既能强化学生已有的道德认知,也能唤起道德想象力,起到丰富学生的道德情感作用。这样的练习题充分发挥了语义的道德作用,让特定的道德价值隐性嵌入,从而实现了练习题道德价值的附着。

3.课时教学计划的教材分析

课时教学计划的教材分析重点在分析本课教学内容在本单元的地位,与前后教学内容的关系,明确本课在本单元整体学习的阶段价值。分析本课具体教学内容和主要活动,清楚教学内容之间的逻辑关系,活动的主要目的及其与教学内容的联系。

二、目标确定

语文教学目标是指语文教学活动实施的方向和预期达到的成果,是语文教学活动的出发点和终点。

(一)教学目标制定的依据

教学目标的制定对语文教学有着重要的意义,一般来说,目标的制定可依据以下三个方面。

1. 依据课程标准制定教学目标

《义务教育语文课程标准(2022年版)》是语文学科教育的纲领性文件,对语文教育的观念、学习方法、年段目标、评价要求都做了全面系统的解读,为语文教学工作的有效开展提供了法理依据。语文教师制定教学目标,必须严格依据《义务教育语文课程标准(2022年版)》的年段目标来进行,否则就会造成语文教学越位或不到位。

2. 依据教材单元制定教学目标

"单元"作为教材系统的一个中观层级单位,最能集中反映编者的编写意图。统编教材以人文主题和语文要素统领单元,因而,教师在确定单篇课文教学目标时,应先对单元整体教学目标进行全面把握,把单篇课文置于单元整体之中考察。

3. 依据学生情况制定教学目标

学生是学习的主体,有效的教学目标的制定离不开学情的分析。

学情分析的内容围绕影响学生语文学习的各种因素,主要包括智力因素和非智力因素。具体而言,包括任教年级、班级学生已有的语文学业水平、语文学习经历、认知水平、学习能力、学习方式等,还包括班级人口学特征、班风、情感发展特征、学习动机、学习态度、学习习惯等。

学情分析的主要方法有:

(1)经验分析法。即教师在教学过程中基于已有的教学经验对学情进行一定的分析与研究。

(2)观察法。指教师在日常教学活动中,有目的、有计划地对教育对象、教育现象或教育过程进行考察的一种方法。

(3)资料分析法。指教师基于已有的文字记载材料间接了解、分析学生基本情况的一种研究方法。材料包括档案袋、笔记本、作业和试卷等。通过查阅相关资料,教师可以比较系统地了解学生的学习、生活、思想、个性以及家庭背景等方面的基本情况。

(4)问卷调查法。即教师通过已有的相关问卷或专门设计的问卷对学生的已有学习经验、学习态度、学习动机和学习期望等进行较为全面与深入的了解,并通过多元的统计分析,为教学活动提供更进一步的量化与质化数据。

(5)访谈法。即通过研究者与被研究者口头谈话的方式从被研究者那里收集第一手资料的一种研究方法。科学运用多元方法对学情进行深入分析,其研究结果才能具有现实指导意义。

(二)教学目标制定的策略

1.整体观:从知识、情感的分离到人文工具的统一

随着语文课程功能由"知识本位"向"以人为本"转变,相应的,语文教学目标的表述也体现了工具性与人文性的统一。教学目标应准确地表达语文知识目标、技能目标,融合语文学习的方法目标和情感价值目标。

2.立场观:从教师的"教"到学生的"学"

教学目标反映的是学生应该达到的学习要求,而不是教师要教什么。所以目标的制定是以学的视角,以学生为基础,关注学生的学习起点、学习兴趣和发展层次,不能随意"拔高"或"降低"目标要求。

3.显性观:从目标的模糊、笼统到可测、可评

依据课程标准中的年段目标、教材内容、学生情况拟定教学目标。教学目标应明确具体,具有可检测性。

知识性目标做到可测、可评比较容易。比如"能认读和默写古诗"这个

知识性目标就可以通过认读和默写两种方式来检测学习目标的达成。但是，情感态度价值观目标如何做到具有可测性、可评性？举一个例子来说明，语文教科书的选文中有相当数量的革命文化题材类课文，这类课文是爱国主义教育的重要载体。《为中华之崛起而读书》就属于这类课文。课文叙述了周恩来少年时代读书时的故事，他耳闻目睹了中国人在被外国人占据的地方受洋人欺凌却无处说理的事情，从中深刻地体会到"中华不振"的含义，从而立下了"为中华之崛起而读书"的志向。下面呈现该课的两份教学设计中的情感态度价值观的目标。

教案1：感受少年周恩来的博大胸怀和远大志向，树立为国家繁荣和民族振兴而刻苦学习的远大理想。

教案2：愿意查找资料结合课文内容，与同伴交流"为中华之崛起而读书"这个志向的原因。乐意写写自己读书的目的，做到理由清楚。

两份教学设计的情感态度价值观目标都抓住该篇课文的德育价值。不同的是，第一份教案的目标中用的是"感受""树立"两个动词，由于这两个动词无法表述学生的外显的行为，很可能导致教师在教学中既不知道怎样教，也不知道怎样评。第二份教案中把感受周恩来博大的胸怀和远大志向的目标化为了几个看得到的外显行为：查找资料，交流原因，写出读书目的。其中"愿意""乐意"等词表现了情感的层次。

三、活动组织

《义务教育语文课程标准（2022年版）》是这样界定语文课程培养的核心素养的，是学生在积极的语文实践活动中积累、建构并在真实的语言运用情境中表现出来的，是文化自信和语言运用、思维能力、审美创造的综合体现。[1]在这个界定中不仅明确了语文课程培养的核心素养的几个方面，即文化自信和语言运用、思维能力、审美创造；还指明了语文课程培养的核

---

[1] 中华人民共和国教育部：《义务教育语文课程标准（2022年版）》，北京师范大学出版社，2022，第4-5页。

心素养的形成路径,即学生在真实的语言运用情境中,在积极的语文实践活动中积累和建构。

(一)语文实践活动类型

义务教育阶段的语文实践活动主要有四种类型:识字与写字、阅读与鉴赏、表达与交流、梳理与探究。

1.识字与写字

识字与写字是小学语文教学的重要内容,识字主要包括识字数量、识字能力;写字包括写字习惯与字迹及行款要求。

(1)识字数量:第一学段认识常用汉字1600个左右,其中800个左右会写;第二学段认识常用汉字2500个左右,其中1600个左右会写;第三学段认识常用汉字3000个左右,其中2500个左右会写。

(2)识字能力:能借助汉语拼音认读汉字,学会用音序检字法和部首检字法查字典。对汉字有浓厚的兴趣,养成主动识字的习惯。能感知常用汉字形、音、义之间的联系,初步建立汉字与生活中事物、行为的联系,初步感受汉字的文化内涵。

(3)写字习惯包括写字时的坐姿与握笔姿势,还包括书写的速度、书写的正确率、书写修正方式及写字的态度等。书写规范、端正、整洁、行款整齐,力求美观,能用毛笔书写楷书。

2.阅读与鉴赏

阅读与鉴赏关注学生六个方面的能力发展:整体感知、整合信息、理解探究、解释推断、鉴赏评价和解决问题。

(1)整体感知。突出汉语言文字的特点,强调整体性、直觉化的思维方式,强调对文本内容、意蕴、语言等的直观感受和体会,而不是肢解文本进行单一的理性分析。

(2)整合信息。是对文本信息快速定位、识别、提取和加工的过程。现实生活中,阅读的目的往往是获取信息、知识或方法等,读者不必将文本从头读到尾。因此,学生首先要具备整合信息的能力,根据自己的阅读需要筛选、梳理、整合相关信息。

(3)理解探究。要求学生进入文本的更深层次,在文本意义的情境中解释具体词句的内涵和作用,探索文字背后的意义,善于发现问题,用自己的方式解决问题。

(4)解释推断,即借助相关信息理解文本中某一片段,判断某种观点。对于介绍新事物、专有名词较多或结构复杂的文本,需要学生利用文本信息给出合理的解释或推断。

(5)鉴赏评价,要求学生超越文本,结合自身经历和生命体验欣赏文本,能够客观地审视、思考文本的思想内容,评价文本的表现形式。

(6)解决问题,即利用文本信息和观点解决现实生活中的真实问题。学生要具备利用从文本中获得的经验解决实际问题的能力,只有这样才能真正促进语文学习与现实生活的融合。

3.表达与交流

表达与交流关注学生四个方面的能力发展:确定目的、选择内容、组织内容和修改完善。

(1)确定目的。即依据情境特征明确表达与交流的目的,关注为什么、为了达成什么。

(2)选择内容。能够依据确定的目的,选择有助于达成表达与交流目的的素材。

(3)组织内容。能够依据目的的需要,筛选相关内容,并按照一定的逻辑关系排列组合,使之形成清晰的结构。

(4)修改完善。具有修改完善的意识,能够针对目的调整内容、梳理结构、润饰语言,使之达到较好的表达效果。

4.梳理与探究

梳理与探究涉及梳理、整理、反思、分析、评价、发现和解决问题七种能力要素,梳理与探究的对象包括生活体验、语言材料、语文学习经验、社会生活中的问题和与学科内容相关的问题。综合起来,可以分为以下六个方面。

(1)梳理、整理生活体验。即能够按照情境要求梳理、整理自己的生活体验,从感性体验走向理性的认识,建构新体验,形成新思考。

(2)梳理、整理积累的语言材料。即能够依据相关知识框架或概念体系梳理、整理自己积累的语言材料,使之有序列,有结构,有主题。

(3)梳理、反思语文学习经验。即能够按照情境要求梳理、反思自己的语文学习经验,分析其合理之处并能够分享,发现其不合理之处并能够自觉调整。

(4)分析、评价语言问题,提出建议。即能够在具体的交际情境和语言环境中发现语言问题,借助相关知识分析、评价并提出修改、完善的建议。

(5)发现、分析社会生活中的问题。即能够在具体的情境中提取、概括出社会问题,用合理的观点分析、阐释并提出自己的观点和建议。

(6)分析、解决与学科内容相关的问题。即能够在涉及具体学科内容的情境中,运用学科特有的思维方式提取信息,形成有意义的结论,探索解决问题的合理方案。[1]

(二)学习活动设计

学习活动设计是教学设计的重要组成部分,它与学习目标、评价,构成一个整体,具有内在的一致性。指向语文课程培养的核心素养的学习活动应在情境任务的统整下,整合学习内容与资源,形成结构化的活动设计。

---

[1] 吴欣歆:《语文学科核心素养:语文课程目标的统整与重构》,《语文教学通讯 高中》2018年第16期。

1. 识字与写字

识字与写字教学活动设计可结合考虑集中识字与分散识字。可借鉴传统识字教学经验设计活动，引导学生体会识字方法，鼓励学生自主识字。随课文识字教学的活动设计应做到"字不离词，词不离句"，让学生在语境中理解字词的意义。

2. 阅读与鉴赏

阅读与鉴赏学习活动设计应遵循阅读的心理过程，兼顾自下而上和自上而下的阅读路径设计活动。阅读活动设计要符合不同文体的阅读价值及规律，重视文本特点，要注意课文内容的内在联系，防止设计肢解课文或离开课文搞孤立的语文要素训练的学习活动。

3. 表达与交流

表达与交流可以分为习作表达和口语表达，习作学习活动设计应根据不同的习作目的设计交际情境和写作任务，情境和任务应在习作的取材、立意、构思、起草、加工、修改等环节持续发挥作用。活动的设计关注学习的写作过程，可以聚焦写作难点设计支架，给学生提供反思、提升的机会。习作活动设计对应的评价量规，使教师、同学之间、学生自己的评价保持标准的一致性。口语交际应结合交际情境设计学习活动，做到交际任务明确，角色体验贴近学生实际。活动设计确保高比例的参与面。

4. 梳理与探究

梳理与探究会融入识字与写作、阅读与鉴赏、表达与交流活动中，如汉字学习过程中的各种归类、文本阅读中的观点梳理、表达过程中的材料整理等。

学习活动应依照活动的预案开展，活动展开的过程是师生共同建构的学习过程。教师要激发学生参加学习活动的积极性，加强活动过程中自主活动和合作活动的指导，自主活动重在激发学生的自主思考，合作活动重在指导学生在行为、思维、情感上与他人互动。对活动过程中学生生成的问题要及时回应,知识性提问的回应,要及时、准确地进行评价反馈。对理解性、感悟性提问的回应,要注重过程,采用追问、延时反馈等方式提高训练效果。除教师的直接指导外还可以借助学习工具单指导学生有序开展活动。

四、资源开发

语文课程资源,分为基本的教材资源和其他形式的补充资源。这里重点探讨其他形式的补充资源。小学语文作为母语学习的基础性学科,学习的外延与生活紧密关联,其学习资源的开发具有非常广阔的空间。

(一)语文课程资源的丰富性

语文课程资源存在的形式是多种多样的,例如,与教材配套的阅读材料、相关图书、报纸、工具书,电影、电视、广播、网络,报告会、演讲会、辩论会,生产劳动与社会实践场所,图书馆、博物馆、自然风光、文化遗产,等。

(二)语文课程资源的信息化

随着信息化和互联网技术的迅速发展,在线课程资源成为重要的组成部分。如微信公众号、在线题库、微课、慕课等。

语文课程资源的开发和利用,能使语文教育从狭小的课堂引向社会生活的广阔天地,在开发的过程中应注意以下两点:第一,确保教材的主导地位。教材是最重要的语文课程资源,具有统领全局的作用,其他资源的开发应与教材的目标保持一致性。第二,坚持学生为本。资源的开发要有利于学生自主学习,有利于学习方式的改变,要符合儿童的身心特点,适合儿童的认知水平,能联系儿童的经验世界与想象世界。

五、评价实施

(一)明确评价意义

语文评价是为了促进学生语文学科核心素养的整体提升,这是语文评价改革应坚持的核心理念,也是评价工作的基本功能定位。

无论是日常语文学习过程中的评价,还是阶段结果性的评价,都是教学过程的重要组成部分,都应该突显评价的真正目的,即评价的目的是促进学生不断改进语文学习方式、提升语文素养的手段。

(二)研制评价标准

研制评价的标准,首先得找到标准研究的依据,《国家中长期教育改革和发展规划纲要(2010—2020年)》(简称《纲要》)《关于深化教育教学改革全面提高义务教育质量的意见》等国家层面的纲领性文件是研制学科教育评价标准的上位依据。其次是语文课程标准中的学业质量要求。除此之外还要结合教材,同时校情、班情、家庭结构、家长素质都应该是本校、本班、本学科制定有针对性、实效性的评价目标的依据。

(三)丰富评价方法

1.纸笔评价

纸笔试卷测验是语文测试与评价中较为传统,同时也是很重要的评价方式。传统的纸笔测试更多的是关注零星语文知识的记忆和碎片语文技能的考查。如何使纸笔测试符合素养形成的要求呢?评价学生语文核心素养发展水平需要依托多样的语言实践活动,建构真实的语言运用情境。虽然语文核心素养具有内隐性,但学生在特定活动和情境中表现出来的语文关键能力是可以观测的外显指标。通过考查学生运用关键能力解决问题的过程,也能够在一定程度上反映其价值观念和必备品格。[1]

举例:

原题:阅读短文,试着从不同角度提出自己的问题,用批注的形式记录下来。

评价标准:所写的问题中涉及三个角度(内容、写法、启发)得6分;涉及两个角度得4分;只涉及一个角度得2分。

修改后题目:

晓东11岁,今天感冒了,高烧38.6℃,浑身酸痛,无咳嗽、咽痛。请你带着"指导晓东用药治病"的目的阅读《双黄连口服液说明书》,将阅读中遇到的问题写在横线上。

双黄连口服液说明书

【药品名称】双黄连口服液

【成分】金银花、黄芩、连翘,辅料为蔗糖、香精。

【性状】本品为深棕红色的澄清液体,味甜、微苦。

【适应症】用于外感风热所致的感冒,症见发热、咳嗽、咽痛。

【作用类别】本品为非处方药

【用法用量】口服。一次10毫升,一日3次;小儿酌减或遵医嘱。

分析:

原检测题虽然指向提问策略的运用,但是评价仅考虑提问的角度,这样片面的评价要素,很可能导致对提问策略价值理解的浅表化和提问方法教与学的功利化。有的教师应对这样的测试题创造了一些套路。如,针对内容提问的套路是:看到写人的文章就问这个人有什么特点;看到写事的文章就问事情发生的时间和地点。针对写法提问的套路是:看到比喻就问为什么要用比喻;看到设问就问为什么要自问自答;实在找不到这些特殊的写法就指向一个词问为什么用这个词。针对启发的套路是:在问题的前面

---

[1] 徐鹏:《语文核心素养评价:实施路径与未来展望》,《课程·教材·教法》2021年第2期。

加上"生活中",如,生活中遇到这样的事儿该怎么办……这样的测试题目无疑偏离了提问策略的学习价值。

题干上加上阅读的目的,让学生带着真实的阅读目的去理解文本,在理解的过程中实现真实的提问。学生带着明确的目的阅读说明书,会提出很真实的问题,如"非处方药是什么意思?""晓东的感冒是由外感风热所致的吗?""小儿酌减到底怎样减,还可以换成更为准确的表述吗?"对学生所提问题的评价就不再是提问的角度,而是问题能否指向真实的阅读目的。这样的试题回归到语言运用的真实场景,使纸质测试指向人的未来发展所必需的语文能力及相应的品行。[①]

2.观察法

观察法是教师带着比较明确的评价目的,制定观察计划和具体的观察指标,对学生的行为进行观察和记录,从而实现对学生情感态度价值观的评价。

下面是一份小学生语文学习动机表现评价表。

表4-1 小学生语文学习动机表现评价表

观察对象:　　　记录教师:　　　时间:第　周

	糟糕	较差	一般	较好	良好
专心听讲	1	2	3	4	5
举手发言	1	2	3	4	5
主动参与小组探究	1	2	3	4	5
主动找老师答疑	1	2	3	4	5
按时完成家庭作业	1	2	3	4	5
坚持课外阅读	1	2	3	4	5

这种观察除了用分值来计算外,教师还要着重记录特定情境下学生的行为表现,记录时间、地点、谁、起因、经过、结果等相关要素。教师可以通过长期观察和多次特定情境记录来较为准确地评价学生的情感态度价值观。

---

① 郭蕾、彭忍冬:《学习性评价在阅读策略教学中的应用》,《语文建设》2020年第24期。

3.访谈法

访谈法是教师在与学生进行语言交流中了解学生的态度、兴趣和价值观,从而比较客观地对学生的情感态度价值观做出评价的一种方法。交流的形式多样,可以是个别访谈、团体访谈、集体讨论、闲聊等。交流中应该从多个角度进行观察:除了学生对具体问题的看法和观点的陈述外,还应该观察学生的姿势、表情、声调等,从而实现对学生情感态度价值观的评价。

4.问卷法

问卷法是教师开展情感态度价值观评价常用的方法。教师要明确自己所要评价的具体变量是什么,以及这一变量的内部结构和外在表现是怎样的,然后在此基础上编写出一系列封闭式和开放式问题,合成一套情意评价问卷。在问卷的编制中常用到利克特量表。下面以一套小学四年级学生书写习惯的家长调查问卷为例,帮助大家了解问卷编制的过程。

第一步:框架的界定:小学四年级学生书写习惯划分为4个维度:写字的情感态度、写字姿势、字迹目标、速度目标。

第二步:拟定框架结构:

表4-2 小学四年级学生书写习惯家长调查问卷的框架结构表

调查问题	一级指标	变量(二级指标)
书写习惯	情感态度	心情、注意力;先观察,有整体规划后再动笔
	写字姿势	坐姿,握笔姿势
	字迹目标	正确(没有多笔少笔画的错字,能区别同音字、多音字,没有别字。用字的错误率在2%之内);规范(横平竖直,笔画规范,字迹清楚,字距适中,行款整齐。写错时,不乱涂乱画,能用规范的修改符号修改)
	速度目标	具体的字数

第三步:题目的设计:根据框架中的二级指标,编写一系列与指标相符

合的相关陈述句。

如,学生书写时情感态度的维度:关于书写时的状态,下列描述哪一项最符合您的孩子

A.书写时心情愉悦、平心静气、神情专注,能观察,会比较,不仅工整,还追求美观,能从书写中感受到快乐和成就感。

B.大多数时间能平心静气、专注书写,力求工整,很期待书写能得到老师或家长的表扬。

C.为完成任务而书写,书写时专注度不够,不会认真观察。

D.讨厌书写,不愿多写,书写要在老师或家长的督促下才能基本完成。

第四步:对题目进行试用和修正。试用中关注以下几个问题:第一,家长能否读懂题目;第二,题目表述是否有歧义;第三,是否涉及学生隐私或给家长带来情绪困扰;第四,家长需要填答的时间是否合理;第五,题目的区分度如何,规避趋中效应和天花板效应。

(四)真实任务情境评价

小学语文的学习包括识字写字、阅读、习作、口语交际、综合性学习五个板块的内容,在这些内容中,有部分是无法用纸笔测试实现评价的。如,有感情地朗读课文;说话的语气不要太生硬;避免使用命令的语气等目标。我们可以将这些目标整合在一个学习活动中,通过制定表现性评价量规对参与活动的学生实施相应的评价。下面以小学《语文》统编教材二年级下册的活动评价为例。

活动设计依据:小学《语文》统编教材二年级下册有多个指向表达的目标。本册教科书共有四次口语交际:"注意说话的语气""长大以后做什么""图书借阅公约""推荐一部动画片"。这四次口语交际练习借助交际情境训练了学生表达、倾听、应对的相关能力。表达能力目标有:说话的语气不要太生硬。避免使用命令的语气。清楚地表达自己的想法,简单说明理由。注意说话的速度,让别人听清楚。倾听能力目标有:认真听,了解别人

讲的内容。应对能力有:对感兴趣的内容多问一问。主动发表意见。一个人说完,另一个人再说。以上内容都是本册教科书中无法通过纸笔练习的方式给予评价的学习目标,于是可以将这些目标整合在一个情境任务中,通过量规的内容维度划分和标准程度的描述,对参与活动的每一位学生实施评价。

活动主题:"一日一故事"

活动表现性评价量规:

表4-3 "一日一故事"学生表现性评价量规

评价要素		等级描述			
		优秀	良好	合格	不合格
讲故事	准备	对活动很有兴趣,能提前选好小故事并多次练习讲述	对活动有兴趣,能提前选好小故事并练习讲述	对活动兴趣一般,临时想一个小故事	对活动没有兴趣,没有故事可讲
	讲述	声音能让在场的所有人听得到,能按照顺序流畅完整地讲述小故事	声音能让在场的所有人听得到,能较为完整地讲述小故事	声音能让大多数同学听得到,但故事断断续续,情节不完整	基本听不到声音,断断续续不知道讲述的是什么
	应对	自信有礼貌地回应别人的问题,发表自己的看法,简单说明理由	回应别人的问题,发表自己的看法	能简单回答别人的问题	对别人的问题不予理睬
听故事	倾听	专心倾听、了解故事内容,展开想象,记住感兴趣的人物和情节	专心倾听、了解故事内容,记住特别感兴趣的人物和情节	能倾听、了解故事内容	东张西望,对故事不感兴趣
	交流	对自己感兴趣或者困惑的地方,能主动、自信、有礼貌地提问或发表自己的意见	对自己感兴趣或者困惑的地方,能提问或发表自己的意见	不主动提问或发表自己的看法,但是能回应别人的问题	没有思考,害羞胆小,不敢发表自己的意见,从不回应别人的问题

附：教学课例

小学语文立德树人教学课例
——以《为中华之崛起而读书》的教学为例

教学内容

统编小学《语文》四年级上册第七单元第22课《为中华之崛起而读书》。

教学过程

活动一：把握主要内容，进入"立志"话题的思考

1.猜想题目含义，思考"立志"话题

师：题目"为中华之崛起"是什么意思？

生1：我查了字典，"崛起"是兴起的意思，所以题目的意思是为了中华的兴起。

生2：联系课文内容，我知道因为周恩来所在的时代"中华不振"，所以他立下了振兴中华的志向。

生3：这就是周恩来的学习目标，为了让中华民族不再受欺凌，重新获得民族的尊严，非常了不起！

师：结合查找的资料和对课文内容的预习，大家对题目的认识很到位。这是周恩来读书的目的。他为什么会有这样的志向呢？让我们通过今天的学习来了解吧。

2.整体读文，理清事件，归纳主要内容

学生默读课文，说说课文写了几件事，分别写了什么内容。教师引导串联主要内容。

生1归纳第一件事的主要内容，抓不住重点，将同学的回答一一罗列出来。

师：在第一件事中，很多同学都回答了魏校长的问题，但是，作者重点是要写周恩来的回答，在归纳主要内容时其他同学的回答可以忽略。

生2归纳第二件事的主要内容，由于时间、地点的词语太多，不知道该选哪个。

师：在第二件事的概括中，出现了"十二岁那年""在奉天上学的时候""来到东北""奉天"这些表示时间或地点的词语，我们应该舍大取小，即选择相对比较具体一些的时间、地点："十二岁那年"和"奉天"。

生3归纳第三件事的主要内容，不能抓住主要人物。

师：尝试划去次要的人物、围观的中国人，保留主要的人物。再理清主要人物之间的关系，说清楚主要人物做了什么或想了什么。

【评析】出示课题后，通过对课题的提问引发学生的思考，学生将课题与志向联系起来。教师尊重学生的初步理解，激发学生对周恩来为何如此"立志"的思考。奠定了本文学习的情感基调。在概括主要内容的过程中，教师不急不躁，仔细聆听，针对难点，有效辅助。有助于学生克服畏难情绪，渐渐领悟方法，找到学习的信心。

活动二：借助资料，探寻立志原因

1.借助表格体会"中华不振"，探寻立志原因

教师出示表格。学生默读第11—17自然段，根据表格提示，搜集相关信息，填表。

表4-4 "中华不振"分析教学设计表

体会"中华不振"，探寻立志原因		
人物	表现	周恩来的想法
伯父	叹气，没再说了	
妇女	哭诉，指望巡警帮忙反招训斥	
中国巡警	（不帮忙）训斥妇女	
围观群众	握紧拳头 只能劝慰	

师：借助自己收集的资料，你认为周恩来立下"为中华之崛起而读书"的志向的原因是什么？

生1：因为在自己的国家，人们遇到不公平的事情无处说理，周恩来想改变这样的现状。

生2：他和一般人的思路不同，所有的人都感受到了"中华不振"，都很气恼，却没有去想办法改变这一切。他想到了，还把这个作为自己的理想。

【评析】想象性体验是指学生没有办法在课堂上亲身经历，而是通过想象去领悟别人的生活状态和人生意义。这个环节既是利用表格对内容的梳理，也是引导学生站在周恩来的角度去完成想象性体验，从而理解周恩来立志的原因。

2.结合课外资料，体会"中华不振"，探寻立志原因

教师出示视频资料，帮助学生理解。

师：在这样的社会境遇中，所有的人都感受到了中华不振，少年周恩来目睹了这样的一幕幕并没有像一般人那样仅仅是义愤填膺，仅仅是哀叹"中华不振"，他认识到只有学习到更多的知识才能找到拯救濒临绝境的旧中国的道路。

【评析】运用多媒体营造情境，用PPT展现苦难的旧中国，让学生感受到具体的画面，激发学生不忘国耻，振兴中华的情感。

3.结合周恩来的诗作，体会如何将自己的志向付诸行动

教师介绍诗歌背景，出示注释，学生理解诗意。

教师小结：周恩来在奉天立下了读书救国的志向，并转化为行动，值得我们学习。

【评析】对四年级的学生而言，寻找课文中表层信息的能力是具备的，但如何去探寻信息背后的关联却有一定难度，所以教师设计了一张能集合表层信息的表格，以周恩来会怎样思考作为辅助学生形成关联思维的问题，帮助学生找寻周恩来立下志愿的原因。课后题的诗歌其实是在暗示学生不仅要立志，更要有行动力。本环节中，学生亲历了文本信息加工形成

结论的整个过程,获得了探究过程中的困惑、惊喜等多种情感体验。

活动三：写出自己的读书目的和理由

1.结合课文相关理解,思考自己读书的目的

师：少年周恩来生活的时代,中国积贫积弱,所以他有了"为中华之崛起而读书"的志向,目前中国正走向民族复兴,你们读书是为了什么呢？

2.独立思考3分钟后,全班交流

生：找到好工作,挣大钱。

师：为了更好地生活无可厚非,但是更高远的目标也许会让你产生更大的学习动力,实现更高远的人生目标。

生：我特别想当医生,帮助更多的人恢复身体的健康。

师：你能举个例子来说说,为什么特别想当医生吗？

生：……

师：志向不分高低,是我们对未来的一种期许,它像一盏指路的明灯,照亮未来的路,并且不断地给我们勇气去战胜路途中的困难。希望你像周恩来一样,为了一个高远的志向矢志不渝地去追寻,去努力！

【评析】课后谈自己读书志向是学生价值内化的一个外显。整理交流的过程就是动态的情感态度价值观教学内容,教师尊重学生多样读书观的同时,注意了价值观的引导,让学生的读书观从小我扩展到大我,逐步引导到家国意识、社会责任等。

活动四：课外阅读延伸,深入感受志向与行动的关联

师："为中华之崛起而读书"是周恩来一生为之奋斗的目标,为了实现自己的志向,周恩来把自己的全部生命奉献给了祖国,用自己的一生践行着"为中华之崛起而读书"的誓言。

师：感兴趣的同学可以读读《周恩来传》,了解我们的好总理奋斗的、光辉的一生。

【评析】情感态度和价值观的形成需要一个长期潜移默化的过程,教师

给学生推荐具有正向影响力的书籍,让学生在阅读中学习榜样,站在巨人肩头重新看远望高,让家国情怀这样的隐性目标得以落实。

课例点评

语文的情感体验和价值观的塑造是通过具体的篇目熏染的。情感目标不能靠记忆、反复背诵,而是要通过心灵的感受和体验获得。情感过程是情境体验过程,是交往、互动过程。本节课着眼于学生的情感态度价值观的发展,通过一系列思考性的问题,让学生的情感体验丰富起来,对志向思考的塑造在潜移默化中完成。

第一,营造和谐氛围,以情境激发兴趣。

师生关系是维系教学正常进行的基本关系,这种关系中蕴含着民主、和谐、平等的价值观。这样的情感力量远远胜于显性知识的力量。"立志"这个话题比较空泛,一开课教师就抓住课题,从解题入手,引导学生思考,对学生的理解加以鼓励,营造和谐的开课,激发学生探究的兴趣。在归纳主要内容这个难点上,教师不急不躁,认真倾听学生发言中出现的问题,用自己的耐心和有启发性、有支撑感的语言去引导,如:"尝试划去次要的人物、围观的中国人,保留主要的人物。再理清主要人物之间的关系,说清楚主要人物做了什么或想了什么。"帮助学生在具体的困难情境中,感受到挑战困难的乐趣,激发向上的动力。在这样的和谐氛围中,学生才能安心地表达,逐步扩展思维空间。

第二,在想象性体验中体会人物情感,形成价值观。

情感态度价值观目标的体验性特征决定了情感态度价值观目标的达成需要学生自身的情感体验。在理解周恩来为何会立下这样的志向的探寻中,教师依据文本提供的场景,引导学生设身处地地站在不同的人物的角度去换位思考:看到伯父的表现,周恩来会怎样想?看到妇女的做法,周恩来又会怎么想?……通过一个个具体的想象去触摸人物的所思所想,达成对周恩来高远志向的理解,引发学生真切的情感体验:原来周恩来没有止步于愤恨,而是思于改变!愿意以匹夫之力担起中华振兴之重任!在这样的过程中,学生的体验不再表浅,感受不再空泛,在潜移默化中受榜样影响,产生心灵的震撼。

第三,开发相关材料,展现文本情感。

要使学生真正在思想、品格、情操等方面受到陶冶就要帮助学生披文入情,文字是作者生活的加工和提炼,媒体则能以直观的形象让学生更真切地感受到情感。在教学中,教师合理地开发背景资料,让学生更好地被文字隐含的情感感染。在体会周恩来当时所处的时代背景时,教师提供了一段视频资料。这段视频资料用最直观的方式,展现了旧中国积贫积弱的画面。这样的画面会对学生的情感产生影响,有益于爱国情感的激发。除了媒体材料的开发之外,将课后题中的周恩来所写《大江歌罢掉头东》的诗句进行理解。学生在查阅资料、整理资料、对比分析资料的过程中既提升了阅读探究能力,也记住了少年周恩来将个人学习与国家命运结合起来思考的方式,同时被少年周恩来的"知行合一"的爱国求实精神所感染。

第四,抓住价值冲突,共情善诱。

教师所持的价值观往往是社会所倡导的主流价值观,而学生有可能持有当下社会比较自我的非社会倡导的主流价值观。两种价值观在具体的事件情境中就会产生冲突,成为很好的教学内容。本课的教学中当学生说自己读书就是为了找到好工作,挣大钱时。教师并没盲目评价,而是耐心倾听学生读书观背后的缘由,认真识别背后的价值意蕴,在尊重学生目前的认知基础上,引导学生走向自己的最近发展区,尽量向高标准靠近。

课例作者:重庆市沙坪坝区第一实验小学校　李捷
点评:重庆市教育科学研究院　郭蕾

第五章

小学数学学科落实立德树人根本任务的理论与实践

德国著名教育家赫尔巴特说"知识教学是教育的基本假设,但只有对人的意志、道德和心智等加以培养的教学才有教育性"。所以,德育价值是一个学科存在的必要性前提。《义务教育数学课程标准(2022年版)》指出:"数学素养是现代社会每一个公民应当具备的基本素养。数学教育承载着落实立德树人根本任务,实施素质教育的功能。"本章主要介绍新中国成立以来小学数学学科落实立德树人根本任务的历史演进、学科特点、基本要求和实践路径。

第五章 小学数学学科落实立德树人根本任务的理论与实践

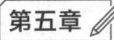

第一节

小学数学学科落实立德树人根本任务的历史演进

姜浩哲、沈中宇和汪晓勤等学者对新中国成立70年以来数学学科的德育工作进行回顾和分析,将其分为起步探索(1949—1954)、发展提升(1954—1965)、改革推进(1978—1999)和完善健全(1999—2019)四个阶段。[1]小学数学学科落实立德树人离不开数学课程的阶段,本书结合宋乃庆教授主编的《小学数学教育概论》对新中国成立以来我国小学数学课程改革进行的划分[2],以小学数学教学大纲为载体,以相关学者发表的成果为研究内容,将小学数学学科落实立德树人根本任务的探索分为五个阶段。

一、小学数学学科落实立德树人根本任务的探索阶段

(一)第一阶段(1949—1956)国民公德教育阶段

新中国成立以来,教育部明确提出"以老解放区新教育实验为基础,吸收旧教育有用经验,借鉴苏联经验,建设新民主主义教育"[3]。具有临时宪法性质的《中国人民政治协商会议共同纲领》在"文化教育政策"中指出"提倡爱祖国、爱人民、爱劳动、爱科学、爱护公共财物为中华人民共和国全体

---

[1] 姜浩哲、沈中宇、汪晓勤:《新中国成立70年数学学科德育的回顾与展望》,《课程·教材·教法》2019年第12期。
[2] 宋乃庆、张奠宙主编《小学数学教育概论》,高等教育出版社,2013,第23-30页。
[3] 课程教材研究所编《20世纪中国中小学课程标准·教学大纲汇编(数学卷)》,人民教育出版社,2001,第2页。

国民的公德"①。基于此,在学校教育中以及在学科教育中强调国民公德教育。在1950年教育部颁布的《小学算术课程暂行标准(草案)》中的"目标"要求是"训练儿童善于运用思考、推理、分析、总合和钻研问题的方法和习惯""培养儿童爱国主义思想,并加强爱科学、爱护公共财物等的国民公德"。②而在1952年颁布的《小学算术教学大纲(草案)》中指出"学习解答应用题,除了能发展儿童逻辑思维以外,还可以激发他们的爱国主义情感。算术应用题的内容应尽量运用我们祖国建设的实际材料""应该利用算术知识使儿童理解我们祖国建设的基本知识与其伟大的意义,并培养儿童对劳动有自觉的态度""还要求培养儿童自觉的纪律性,工作的明确性与准确性等优良品质""还应培养儿童善于钻研、创造、克服困难、有始有终等意志和性格"。③

(二)第二阶段(1956—1966)道德品质培养阶段

1956年颁布的《小学算术教学大纲(修订草案)》中指出"算术教学必须有助于儿童智慧的发展和道德品质的培养,以促进全面发展的教育任务的实现"④。1963年颁布的《全日制小学暂行工作条例(草案)》指出"必须对学生进行共产主义思想品德教育。要教育学生热爱祖国,热爱社会主义,热爱共产党,学习和继承革命传统,好好学习,天天向上,为准备建设社会主义祖国而努力。要教育学生尊敬劳动人民,使他们懂得社会财富,包括自己的衣食住行,都是来自劳动人民的劳动成果;要教育学生学习劳动人民的勤劳、勇敢、诚实、俭朴等优良品质。要教育学生尊重兄弟民族的风俗习惯,加强民族团结。要教育学生热爱劳动。要教育学生热爱科学。要教育学生爱护公共财物,遵守公共秩序。要教育学生爱护集体,遵守纪律,对别人提出的

---

① 《中国人民政治协商会议共同纲领》,《江西政报》1949年2月12日。
② 课程教材研究所编《20世纪中国中小学课程标准·教学大纲汇编(数学卷)》,人民教育出版社,2001,第49页。
③ 课程教材研究所编《20世纪中国中小学课程标准·教学大纲汇编(数学卷)》,人民教育出版社,2001,第58-60页。
④ 课程教材研究所编《20世纪中国中小学课程标准·教学大纲汇编(数学卷)》,人民教育出版社,2001,第70页。

错误敢于提出意见,对自己的错误勇于承认和改正。要对学生进行学习人民解放军的教育,适当组织高年级学生开展学军活动。要教育学生尊敬教师和长辈,对同学、兄弟姊妹要互助友爱,提倡助人为乐,对人有礼貌"。

(三)第三阶段(1978—1986)思想政治教育阶段

1978年,邓小平在全国教育工作会议上指出"把坚定正确的政治方向放在第一位,这不仅不排斥学习科学文化,相反,政治觉悟越是高,为革命学习科学文化就应该越加自觉,越加刻苦"[①]。为此,1978年颁布的《全日制十年制学校小学数学教学大纲(试行草案)》在"目的和要求"中指出"结合教学内容对学生进行思想政治教育"。具体要求为"要启发学生学习积极性、教育学生为革命学好数学;要通过数学的训练,使学生养成严格认真的学习习惯;要通过数学知识的教学,使学生受到初步的辩证唯物主义观点的教育;要用富有教育意义的、形象生动的图画和有说服力的数字材料,使学生受到思想政治教育。所举事例和文字、语言,要适合学生的年龄特点和接受能力"[②]。

(四)第四阶段(1986—2000)思想品德教育阶段

1986年颁布的《全日制小学数学教学大纲》在"目的和要求"中指出"结合数学教学内容对学生进行思想品德教育"。具体要求为"要通过数学的实际应用,不断对学生进行学习目的的教育,激发学生学习的积极性,培养学生的学习兴趣。要通过数学的训练,使学生养成书写整洁、严格认真的学习习惯和独立思考、克服困难的精神。要通过数学的教学内容,使学生受到辩证唯物主义观点的启蒙教育。要用富有教育意义的、有说服力的数据和统计材料,使学生受到爱祖国、爱社会主义的思想教育。所举事例和

[①]《邓小平文选(1975-1982)》,人民出版社,1983,第10页。
[②] 课程教材研究所编《20世纪中国中小学课程标准·教学大纲汇编(数学卷)》,人民教育出版社,2001,第100-101页。

文字、语言,要适合学生的年龄特点和接受能力"①。

1988年颁布的《九年制义务教育全日制小学数学教学大纲(初审稿)》在"前言"中指出"使学生在掌握基础知识的同时,智力得到发展,能力得到提高,受到思想品德教育"。具体的教学要求为"要根据数学的学科特点,对学生进行学习目的的教育,爱祖国、爱社会主义的教育,辩证唯物主义观点的启蒙教育。培养学生良好的数学学习习惯和独立思考、克服困难的精神"。并在"教学中应该注意的几个问题"中要求"结合学科特点,对学生进行思想品德教育:要结合教学内容,阐明数学在日常生活和生产建设中的广泛应用,激发学生学习数学的兴趣,不断进行学习目的的教育。随着社会主义物质文明和精神文明建设的发展,要用生动的、富有教育意义的、有说服力的数据,统计材料以及一些数学史料,对学生进行爱祖国、爱社会主义的思想教育。所举的事例和说明,要适合学生的年龄特征和接受能力。要通过数学中的加与减、乘与除、正比例与反比例等内容的教学,使学生受到辩证唯物主义观点的熏陶。在教学过程中,要注意培养学生认真、严格、刻苦钻研的学习态度,独立思考、克服困难的精神,计算仔细、书写整洁、自觉检验的学习习惯。思想品德教育要从一年级起,渗透到各个年级的教学中"②。

1992年颁布的《九年义务教育全日制小学数学教学大纲(试用)》在"前言"中指出"小学数学教学必须以唯物辩证法为指导,改革教育思想、教学内容和教学方法。要正确处理智育和德育、知识与能力、理论与实际、教与学、面向全体学生与因材施教的关系,充分调动学生学习的积极性和主动性,使学生在掌握基础知识的同时,智力得到发展,能力得到提高,并受到思想品德教育"。在教学要求中明确指出"要根据数学学科的特点,对学生进行学习目的的教育,爱祖国、爱社会主义、爱科学的教育,辩证唯物主义

---

① 课程教材研究所编《20世纪中国中小学课程标准·教学大纲汇编(数学卷)》,人民教育出版社,2001,第111-112页。
② 课程教材研究所编《20世纪中国中小学课程标准·教学大纲汇编(数学卷)》,人民教育出版社,2001,第132-135页。

观点的启蒙教育。培养学生良好的数学学习习惯和独立思考、克服困难的精神"。在"教学中应该注意的几个问题"中提出"结合学科特点,对学生进行思想品德教育",具体要求为"思想品德教育是小学数学教学的一项重要任务。要从一年级开始贯穿在各个年级的教学中。进行思想品德教育要结合教学内容,要符合学生的年龄特征和接受能力。通过阐明数学在日常生活和生产建设中的广泛应用,激发学生学习数学的兴趣,不断进行学习目的的教育。随着社会主义物质文明和精神文明建设的发展,要用生动的、富有教育意义的、有说服力的数据,统计材料以及一些数学史料,对学生进行爱祖国、爱社会主义、爱科学的思想教育。通过数和计量的产生和发展,数学概念之间的联系,如加与减、乘与除、积和商的变化,正比例与反比例等内容的教学,使学生受到辩证唯物主义观点的启蒙教育。要培养学生认真、严格、刻苦钻研的学习态度,独立思考、克服困难的精神,计算仔细、书写整洁、自觉检验的学习习惯"[1]。

2000年颁布的《九年义务教育全日制小学数学教学大纲(试用修订版)》中仍然提出"思想品德教育"的要求,相关内容与1992年的要求没有变化。

(五)第五阶段(2001—2022)情感态度培养阶段

2000年我国颁布的《基础教育课程改革(试行)》中要求"大力推进基础教育课程改革,调整和改革基础教育的课程体系、结构、内容,构建符合素质教育要求的新的基础教育课程体系"[2]。非常重要的一个标志就是从"教学大纲"转变为"课程标准"。对课程标准的要求是:应该体现国家对不同阶段的学生在知识与技能、过程与方法、情感态度与价值观等方面的基本要求。制定国家课程标准要依据各门学科课程的特点,结合具体内容,加

---

[1] 课程教材研究所编《20世纪中国中小学课程标准·教学大纲汇编(数学卷)》,人民教育出版社,2001,第153-156页。

[2] 钟启泉、崔允漷、张华主编《为了中华民族的复兴 为了每位学生的发展》,华东师范大学出版社,2001,第3页。

强德育工作的针对性、实效性和主动性,对学生进行爱国主义、集体主义和社会主义教育,加强中华民族优良传统、革命传统教育和国防教育,加强思想品质和道德教育,引导学生树立正确的世界观、人生观和价值观;倡导科学精神、科学态度和科学方法,引导学生创新和实践。

基于《基础教育课程改革纲要(试行)》的要求,2001年颁布的《义务教育数学课程标准(实验稿)》在"情感态度"中要求:"能积极参与数学学习活动,对数学有好奇心和求知欲;在数学学习活动中获得成功的体验,锻炼克服困难的意志,建立自信心。初步认识数学与人类生活的密切联系及对人类历史发展的作用,体验数学活动充满探索与创造,感受数学的严谨性以及数学结论的确定性。形成实事求是的态度以及质疑和独立思考的习惯。"[1]

2014年,《教育部关于全面深化课程改革落实立德树人根本任务的意见》要求:"统筹各学科,特别是德育、语文、历史、体育、艺术等学科。充分发挥人文学科的独特育人优势,进一步提升数学、科学、技术等课程的育人价值。同时加强学科间的相互配合,发挥综合育人功能,不断提高学生综合运用知识解决实际问题的能力。"同时在"修订课程方案和课程标准"中要求"依据学生发展核心素养体系,进一步明确各学段、各学科具体的育人目标和任务,完善高校和中小学课程教学有关标准。要增强思想性,有机融入社会主义核心价值观的基本内容和要求,全面传承中华优秀传统文化,弘扬社会主义法治精神,充分体现民族特点,培养学生树立远大理想和崇高追求,形成正确的世界观、人生观、价值观"。

《义务教育数学课程标准(2022年版)》在"课程性质"中指出:"数学教育承载着落实立德树人根本任务,实施素质教育的功能"。在"课程理念"中进一步指出"义务教育数学课程以习近平新时代中国特色社会主义思想为指导,落实立德树人根本任务,致力于实现义务教育阶段的培养目标,使得人人都能获得良好的数学教育,不同的人在数学上得到不同的发展,逐

---

[1] 中华人民共和国教育部:《义务教育数学课程标准(实验稿)》,北京师范大学出版社,2001,第7页。

步形成适应终身发展需要的数学素养"[1]。

以上从教学大纲和课程标准的要求梳理了数学学科落实立德树人要求的变化,可以得出以下几点启示:一是无论是数学教学大纲还是数学课程标准都要求在数学学科中落实立德树人的根本任务。二是数学学科具有独特的立德树人的价值和意义;三是数学学科落实立德树人从一年级开始,贯穿小学一到六年级;四是数学学科落实立德树人的要求随着教育改革政策的变化而变化。

二、数学学科立德树人教育的研究成果

随着教学大纲和课程标准的变化,研究的内容也随之变化。纵观所有研究的内容,主要成果集中在以下五个方面。

(一)数学学科本身的德育价值功能研究

认为数学本身就具有德育价值。如何伯镛探索了数学本身的德育,提出数学在教育中外在的德育意义、数学内在的德育意义和数学形成与发展历史的德育意义。[2]朱美玉则认为数学的德育功能有:培养辩证唯物主义观念、培养爱国主义精神和塑造健全人格(包括培养探索进取精神、培养科学态度和自主意识)并提出增强数学德育的实效性的措施:数学教师要强化德育意识;挖掘教材中的德育因素和讲究数学德育的方法艺术。[3]

(二)数学课程的德育价值

数学是中小学阶段的一门重要课程,付茁从课程的角度探索了数学课程的德育功能,认为数学课程的德育,是指在学习和掌握数学科学知识的过程中,对发展人的道德认知、道德行动、道德态度所具有的教育作用和意

---

[1] 中华人民共和国教育部:《义务教育数学课程标准(2022年版)》,北京师范大学出版社,2022,第1—2页。
[2] 何伯镛:《大哉,数学之为德——试论数学的德育意义》,《数学教育学报》1996年第2期。
[3] 朱美玉:《浅谈数学的德育功能》,《教育与职业》2009年第9期。

义。按照数学课程所含德育因素的不同特征,可把含有德育功能的数学课程内容划分为三类:蕴含显性德育因素的内容、蕴含隐性德育因素的内容、蕴含悟性德育因素的内容。并提出育德的三种策略,即直抒德育、昭示德育和诱思德育。[①]

(三)数学教育的德育形式和德育功能

齐建华认为数学教育的德育形式主要有精神价值的道德和形式价值的道德。数学教育的德育功能主要是科学态度的培养(包括严谨态度、求实精神、批判精神和自主意识)。数学教育中道德品质培养的途径有:开展研究性学习,培养科学精神;加强批判思维的训练,培养独立判断的习惯;注重社会应用,增强社会意识;开展合作学习,培养团队精神。[②]张奠宙系统设计了数学学科德育的体系。一个基点:热爱数学。三个维度:人文精神、科学素养、道德品质。六个层次(按数学本身、数学和数学以外领域联系的紧密程度排列):第一层次——数学本身的文化内涵,以优秀的数学文化感染学生;第二层次——数学内容的美学价值,以特有的数学美陶冶学生;第三层次——数学课题的历史背景,以丰富的数学发展史激励学生;第四层次——数学体系的辩证因素,以科学的数学观指导学生;第五层次——数学周围的社会主义现实,以昂扬的斗志鼓舞学生;第六层次——数学教学的课堂环境,以优良的课堂文化塑造学生。[③]

(四)数学教学中落实德育

在数学教学中渗透德育研究。邓鹏等提出数学教学中渗透德育的五个层面:爱国主义教育、马克思主义哲学观教育、现代公民道德教育、科学精神教育和数学美学教育。[④]李正银研究了数学教学中的德育渗透艺术:穿

[①] 付茁:《数学课程中的德育功能初探》,《教育评论》2006年第2期。
[②] 齐建华、王春莲:《论数学教育的德育功能》,《教育研究》2001年第5期。
[③] 张奠宙:《数学学科德育的基点和层次》,《数学教学》2006年第6期。
[④] 邓鹏、黄群宾:《论数学教学中渗透德育的五个层面》,《天津师范大学学报(基础教育版)》2004年第3期。

插人物形象;融入发展史料;提炼精神思想;激发美感愉悦。[1]

(五)数学史乃至数学文化的德育价值及其成效

关于数学史的德育价值研究,骆祖英认为:数学史是世界科技发展史的重要组成部分,有助于爱国主义和国际主义教育;数学史是数学内部矛盾运动发展史,充满辩证唯物主义;数学史是数学家的奋斗拼搏史,展示着数学家为真理而献身的伟大人格和崇高精神。[2]数学文化是有成效也是一线教师极为关心的事情。郭莉、康世刚的调查表明,数学文化不仅有助于学生提高数学学习兴趣,增强学好数学的自信心,加深对数学内涵的理解,而且有利于他们开阔数学视野和增强民族自豪感。对不同地域、不同层次和不同年级学生的分析结果表明,数学文化对不同地域学生的影响程度从高到低依次是农村、乡镇和城市,数学文化更有益于中等生和后进生的数学学习,数学文化对学生学习数学的影响也随着年级的升高而逐步增强。[3]

第二节

小学数学学科落实立德树人根本任务的学科特点

数学是研究数量关系和空间形式的科学。数学不仅是运算和推理的工具,还是表达和交流的语言。数学在落实立德树人根本任务中具有重要的

---
[1] 李正银:《数学教学中的德育渗透艺术》,《教育理论与实践》2011年第11期。
[2] 骆祖英:《略论数学史的德育教育价值》,《数学教育学报》1996年第2期。
[3] 郭莉、康世刚:《数学文化对数学学习影响的调查研究》,《教育评论》2018年第10期。

意义和价值。17世纪,威廉·配第把统计学命名为"政治算术",并定义为"对与政府相关的事情利用数学推理的艺术"。强调在社会科学中利用数学方法,他甚至坚持认为,政治学、经济学都是统计学的分支。社会科学必须利用数学语言,才会成为真正的科学。[①]著名数学家格涅坚柯在《当代世界的数学和数学教育》中明确指出"数学教育在形成'真诚、正直、坚韧和勇敢'等个性品质方面有重大作用。"他还进一步说"作为学校一门学科的数学,有不同于学校教育的其他学科的特点,它最能够促进学习者的'有理智的顽强性'和'自觉的勇敢精神'这些未来战士的品格的发展"[②]。我们认为,数学在落实立德树人方面具有以下特点。

一、数学史本身就是一部立德树人史

数学史是研究和展示数学发展进程及其规律的科学,简单地说就是研究数学的历史。它不仅追溯数学内容的源头,展示思想和方法的演变、发展过程,更重要的是探索促进和制约数学发展的各种因素,以及历史上数学科学的发展对人类文明所带来的影响。英国数学史家福韦尔总结了15条数学史的教育价值:(1)增加学生的学习动机;(2)改变学生的数学观;(3)因为知道并非只有他们有困难,因而得到安慰;(4)使数学不那么可怕;(5)有助于保持对数学的兴趣;(6)给予数学以人文的一面;(7)有助于解释数学在社会中的作用;(8)有助于发展多元文化进路;(9)历史发展有助于安排课程内容顺序;(10)告诉学生概念如何发展,有助于他们对概念的理解;(11)通过古今方法的对比,确立现代方法的价值;(12)提供探究的机会;(13)过去的发展障碍有助于解释今天学生的学习困难;(14)培养优秀学生的远见卓识;(15)提供跨学科合作的机会。[③]而数学家Tzanakis和Arcavi更明确地指出数学史的德育价值:(1)数学史告诉师生,数学是一门不

[①] 丁石孙、张祖贵:《数学与教育》,大连理工大学出版社,2008,第68页。
[②] 张奠宙主编《数学教育研究导引》,江苏教育出版社,1998,第255页。
[③] 汪晓勤:《HPM:数学史与数学教育》,科学出版社,2017,第19页。

断演进、人性化的学科,而不是一个僵化的真理系统;(2)数学史可以培养学生坚持真理、不懈探究、提出问题、追求创新的品质;(3)数学史告诉师生,面对挫折、失败和错误,不必灰心丧气。①

二、数学学科的特点为立德树人提供量化工具

通常意义上来说,数学本身具有三个主要的特点:抽象性、严谨性和广泛应用性。

(一)数学的抽象过程使育德从主观走向客观

所谓抽象就是从许多实物中舍弃个别的、非本质属性的,得到共同的、本质属性的思维过程。数学的抽象完全舍弃了事物的质的内容,仅仅保留了量的属性和空间形式,也就是说,数学的抽象具有量化的特征和形式化的特征。亚里士多德在《形而上学》中这样描述:"数学家用抽象的方法对事物进行研究,去掉感性的东西诸如轻重、软硬、冷热,剩下的只有数量和关系,而各种规定都是针对于数量和关系的规定。有时研究位置之间的关系,有时研究可通约性,还研究各种比例,等等。"②而这个过程就改变了人们主观的喜好,用客观的数据和关系来说明。比如在中小学经常强调培养学生节约粮食、节约用水、节约用电等,教育学生节约一粒米,节约一滴水等等,甚至组织学生关于"节约一滴水"等的演讲比赛和征文比赛进行德育教育。如果用数学的方法就会更加明确量化,如果每人节约一滴水,14亿人每天节约一滴水,一年就会有2.6万吨水。如果每人每天平均喝水1.5升,可以满足4.7万人喝一年。正如数学家辛钦所说:"数学的思维风格的特点之一就是它的简练清醒的意识,什么时候可以采取通向既定目标的最短逻辑道路,毫不留情地抛弃掉那些对于获得论证完整性并非绝对有用的

---

① 汪晓勤:《HPM:数学史与数学教育》,科学出版社,2017,第40页。
② 苗力田:《亚里士多德全集(第七卷)》,中国人民大学出版社,1977,第246—247页。

东西。具有良好风格的数学著作不能容忍任何水分,任何装饰以及削弱逻辑严密性的夸夸其谈,片面性等。"①

(二)数学的严谨性能够培养严谨的思维品质

数学的严谨性是指数学推理的严格性和结论的精确性。推理的严格性指数学的证明过程要求从一些初始概念和命题出发,按一定的逻辑规则,推演出所有的命题来。同时,对任何一个命题的证明都只能根据初始命题或从初始命题推导出来的命题。结论的精确性指数学结论及其证明,对每一个懂得有关理论的人来说,都是确定无疑的和无可争辩的,而且任何一个懂得这些数学理论的人都可以重复这一证明,再得出这一结论。②

在数学史上,涌现出了一大批追求真理、治学严谨的科学家。如我国古代数学家刘徽,他刻苦钻研、治学严谨、虚心学习前人的数学思想,又不迷信古人,敢于纠正古人的错误,提出自己的新见解,始终坚持"师古而不泥于古"。他修正了《九章算术》中的许多错误和不精确之处,并全面论证了书中的公式和解法,对有些不能解决的问题以求实的态度严格要求自己。如《九章算术》中对球体积的计算公式是不准确的,后来张衡试图改进,仍不正确。刘徽直率地提出批评,并提出用"牟合方盖"来推求球的体积,尽管他的思路是正确的,但最后一步始终不能解决,这时他坦诚地说"欲陋形措意。惧失正理。敢不阙疑,以俟能言者"。他做到了"严谨、求实、创新、谦虚"。而后来的祖冲之也坚持决不"虚推(盲目崇拜)古人",而要"搜炼古今(从大量的古今著作中吸取精华)"。一方面,他深入研究古代数学家(包括刘徽)的著述,吸取其中有用的内容。另一方面,他也大胆怀疑古人的研究成果,并通过实际观察和研究,在世界数学史上第一次将圆周率(π)值计算到小数点后七位,即3.1415926到3.1415927之间。他提出约率22/7和密率355/113,这一密率值是世界上最早提出的,这项成果领先世界近一千年,

---

① 张奠宙主编《数学教育研究导引》,江苏教育出版社,1998,第449页。
② 孙宏安:《数学的特点刍议》,《数学教育学报》1993年第1期。

所以有人主张叫它"祖率"。也是他的严谨,他编制的《大明历》中将"岁差"首次引进历法,提出在391年中设置144个闰月,推算出一回归年的长度为365.24281481日,误差只有50秒左右。

(三)数学的广泛应用能够增长知识和见识

著名数学家华罗庚说"宇宙之大,粒子之微,火箭之速,化工之巧,地球之变,生物之谜,日月之繁,无处不用到数学"[1]。数学来源于生活,又广泛地应用于现实生活。随着社会经济的高速发展,数学在现实生活中的应用越来越广泛。Gal指出,数字的信息经常出现在对成人生活非常重要的各种文本中,如职工利益报告、付款时间表、契约、交税指导、生活费用安排等。我国研究者在一项研究中选择了与人民日常生活紧密相连的报纸杂志(《光明日报》《工人日报》《农民日报》《参考消息》《经济日报》《中国证券报》《广州日报》《甘肃日报》和《北京青年报》等)作为获取数据信息的基本来源,了解人们日常生活中的数学。研究表明:第一,数学的定量化特征越来越多地表现在日常生活中。大数和百分数以相当高的比例出现在经济、科技、政治、生活的新闻和广告中,这说明在以商品经济为主和科技日益发展的社会中,信息的传递和交流更多的是定量的,而不是定性的。第二,图形图表,尤其是各种各样的统计图、统计表(如直方图、扇形统计图以及一些形象的统计图)出现较多,它们以清楚、明了、信息量大、对比度强等特点出现在报刊中。第三,在一些报纸如《中国证券报》中出现了比较复杂的数学表达式(主要是代数式)。第四,与生活相关的报道以及广告中的数学内容很多也很丰富。在广告中,这些内容多与保险、房地产、储蓄、旅游等行业有关,如,方位图、直方图、数学术语、公式等。

正因为如此,学生要认识这些新事物必须具有良好的数学素养,才能增长知识和见识。

---

[1] 华罗庚:《华罗庚科普著作选集》,上海教育出版社,1984年,第337页。

在小学数学学习中,通过数学的描述可以增长知识和见识,如学生学习了质量的度量单位后,教材中出现蜂鸟和鸵鸟的对比数据。《你知道吗》栏目介绍了"世界上最小的鸟是蜂鸟,大约2克重;世界上最大的鸟是鸵鸟,大约100千克重,它的一个蛋重1500克"。通过习题"纺锤树又名酒瓶树、佛肚树、萝卜树,是木棉科、瓶树属植物的通称。它最高可达30米,两头尖细,中间膨大,最粗的地方直径可达5米,里面贮水约有2吨"了解相关树种。通过"分数"的习题认识"冰山一角"。"你听说过'冰山一角'的说法吗?冰山露在水面上的只是小部分,大部分隐藏在水面下。假设一座冰山的体积是1000m²,它露在水面以上的体积是100m²。冰山露在水面上的体积占总体积的$\frac{(\quad)}{(\quad)}$,水面下的体积占总面积的$\frac{(\quad)}{(\quad)}$。"

未来社会的发展对数学素养的要求将越来越高,美国著名数学家Steen指出,21世纪是一个数字化世界,在企业、教育以及其他人类活动的领域中,用数学思考的需要在迅速增长,如农民用计算机寻找市场,分析土壤、调节土壤的营养与种子的数量;护士用计量单位的转换确定药剂用量的准确性;生物学家发展计算机语言绘制人类的基因;投资者用计算机表格来计划市场与投资。数字和数据在当前社会中的作用是无止境的。

三、数学家成长故事具有立德树人的榜样作用

教育心理学研究表明,榜样人物是影响学生学习的重要外部条件,许多学习是由模仿他人的行为而习得,学习者获得了关于榜样行为、行为情境,以及行为结果的知识,从而获得替代性强化,影响自身行为的选择。加涅认为,导致向榜样人物学习的一些系列事件,大体上按照下列顺序进行:(1)建立榜样人物的感染力和可信性。(2)刺激学习者回忆态度的对象以及适当的态度出现的情境。(3)榜样人物示范或显示合乎需要的个人行为。

(4)显示或介绍榜样人物受强化后的结果。[①]正如有学者所说,正确地介绍优秀数学家的生平、传记和事迹以及从事科学研究的辛勤劳动和钻研创造精神,追求知识追求真理为祖国为人类服务的信念,有助于培养学生们爱科学、爱劳动、锻炼坚强的意志和性格,并且有助于培养对数学的热爱和兴趣[②]。张奠宙先生特别对"中国数学家"的教学指出"中国数学家不能仅限于祖冲之、刘徽等少数古代数学家,也要介绍在落后情况下努力赶超的近现代数学家……在教学中,不能只是简单地介绍他们的成果,更重要介绍他们所处的社会背景,弘扬他们的坚忍不拔创新精神"[③]。限于篇幅,本书仅仅介绍数学家苏步青的爱国故事。苏步青上中学时,一位刚从东京留学归来的教数学的杨老师在第一堂课没有讲数学,而是讲国家发展形势。他说:"当今世界,弱肉强食,世界列强依仗船坚炮利,都想蚕食瓜分中国。中华亡国灭种的危险迫在眉睫,振兴科学,发展实业,救亡图存,在此一举。'天下兴亡,匹夫有责',在座的每一位同学都有责任。"他旁征博引,讲述了数学在现代科学技术发展中的巨大作用。这堂课的最后一句话是:"为了救亡图存,必须振兴科学。数学是科学的开路先锋,为了发展科学,必须学好数学。"杨老师的课深深地打动了苏步青,他的兴趣从文学转向了数学,并从此立下了"读书不忘救国,救国不忘读书"的座右铭。17岁时,苏步青以第一名的成绩考取著名的东京高等工业学校并被免试推荐读研究生。他在多个国家的数学刊物上连续发表40多篇论文,被誉为"东方一颗灿烂的数学明星"。1931年获得了理学博士学位后,许多名牌大学纷纷想办法用高薪聘请他。苏步青对他们说:"我出国留学是为了找一条救国救民的道路,以自己的学识去拯救苦难深重的国家。看到中国如此贫穷,人民倍受奴役,我怎能袖手旁观呢!"苏步青摆脱了各种阻力回到祖国,并在浙江大学当教授,国内生活极为艰苦,甚至几个月发不了工资,但是苏步青认为

---

① 邵瑞珍主编《教育心理学》,上海教育出版社,1988,第205页。
② 颜秉海:《中学数学课程中数学史知识的引进》,《数学通报》1958年第4期。
③ 张奠宙:《关于数学史和数学文化》,《高等数学研究》2008年第1期。

自己选择了"一条光明爱国的道路,祖国还未富强,为国吃苦,再苦也算不得什么"。除了苏步青的爱国故事之外,还有古希腊的阿基米德、中国的华罗庚、陈省身等一批数学家的爱国故事都值得学生阅读学习,从而使他们在阅读中促进爱国主义精神的形成。

四、数学学科的科学精神是立德树人的核心内容

2014年教育部印发《教育部关于全面深化课程改革落实立德树人根本任务的意见》,提出"教育部将组织研究提出各学段学生发展核心素养体系,明确学生应具备的适应终身发展和社会发展需要的必备品格和关键能力"。通过核心素养这一桥梁,可以转化为教育教学实践可用的、教育工作者易于理解的具体要求,明确学生应具备的必备品格和关键能力,从中观层面深入回答"立什么德、树什么人"的根本问题,引领课程改革和育人模式变革。在核心素养的"人文基础"的"科学精神"中提出了"理性思维""批判质疑""勇于探究"。其中"理性思维"的要求是:崇尚真知,能理解和掌握基本的科学原理和方法;尊重事实和证据,有实证意识和严谨的求知态度;逻辑清晰,能运用科学的思维方式认识事物、解决问题、指导行为等。"批判质疑"的要求是:具有问题意识;能独立思考、独立判断;思维缜密,能多角度、辩证地分析问题,做出选择和决定等。"勇于探究"的具体要求是:具有好奇心和想象力;能不畏困难,有坚持不懈的探索精神;能大胆尝试,积极寻求有效的问题解决方法等。数学学科是承载科学精神的重要学科之一。正如数学家M.克莱因所说:"在最广泛的意义上说,数学是一种精神,理性精神。正是这种精神,使得人类的思维得以运用到最完善的程度。亦正是这种精神,试图决定性地影响人类的物质、道德和社会生活;试图回答有关人类自身存在提出的问题;努力去理解和控制自然;尽力去探求和确定已经获得知识的最深刻和最完善的解释。"关于数学的精神也引起了国内外学者的广泛关注。日本数学家米山国藏认为充满于整个数学的有六种精

神,即"应用化的精神;扩张化、一般化的精神;组织化、系统化的精神;研究精神,致力于发明发现的精神;统一建设的精神;严密化的精神;思想的经济化的精神"[1]。国内曹一鸣教授指出数学具有科学的人文精神:严谨朴实、理智自律、诚实求实、勤奋自强、开拓创新和宽容谦恭。[2]侯维民教授提出"数学精神",主要指理性精神、数学求真精神、数学创新精神和数学合作与独立思考精神。[3]《义务教育数学课程标准(2011年版)》在"情感态度价值观"中要求"形成坚持真理、修正错误、严谨求实的科学态度"[4]。如果能够关注数学的科学精神,会产生深远的影响。正如米山国藏所说:"我搞了这么多年的数学教育,发现:学生们在初中、高中等接受的数学知识,因毕业进入社会后几乎没有什么机会应用这种作为数学的知识,所以不到一两年,很快就忘掉了。然而,不管他们从事什么业务工作,唯有深深地铭刻于头脑中的数学的精神、数学的思维方法、研究方法、推理方法和着眼点等(若培养了这方面的素质的话),却随时随地发生作用,使他们受益终身。"[5]

---

[1] 米山国藏:《数学的精神、思想和方法》,毛正中、吴素华译,四川教育出版社,1986,第10-55页。
[2] 曹一鸣:《数学教育中的科学人文精神》,《中学数学教学参考》2001年第5期。
[3] 侯维民:《"数学精神"与数学教育》,《数学教育学报》2004年第3期。
[4] 中华人民共和国教育部:《义务教育数学课程标准(2011年版)》,北京师范大学出版社,2012,第9页。
[5] 米山国藏:《数学的精神、思想和方法》,毛正中、吴素华译,四川教育出版社,1986,序。

第三节

小学数学学科落实立德树人根本任务的基本要求

《义务教育数学课程标准(2022年版)》指出："义务教育数学课程以习近平新时代中国特色社会主义思想为指导,落实立德树人根本任务,致力于实现义务教育阶段的培养目标,使得人人都能获得良好的数学教育,不同的人在数学上得到不同发展,逐步形成适应终身发展需要的核心素养。"[1]小学数学学科落实立德树人根本任务,要立足立德树人的根本内涵,结合学科特点,充分挖掘数学学科蕴含的立德树人的育人功能,并将课程方案提出的坚定理想信念、厚植爱国主义情怀、加强品德修养、增长知识见识、培养奋斗精神、增强综合素质,培养有理想、有本领、有担当的德智体美劳全面发展的社会主义事业建设者和接班人等课程目标要求,有效地落实在数学教学实践中去。

一、融入社会主义核心价值观,培养社会主义事业接班人

党的十八大报告指出："倡导富强、民主、文明、和谐,倡导自由、平等、公正、法治,倡导爱国、敬业、诚信、友善,积极培育和践行社会主义核心价值观。"教育部关于《中小学德育工作指南》提出,把社会主义核心价值观融入国民教育全过程,落实到中小学教育教学和管理服务各环节。为此,小学数学学科落实立德树人的根本任务,应结合具体的教学内容,依据小学

---

[1] 中华人民共和国教育部:《义务教育数学课程标准(2022年版)》,北京师范大学出版社,2022,第2页。

生的接受能力,将社会主义核心价值观有效融入具体的教学活动中,培养社会主义事业建设者和接班人。

(一)树立现代化国家意识,培育富强、民主、文明、和谐的价值观

富强、民主、文明、和谐是对富强中国、民主中国、文明中国、和谐中国的价值凝练,是把我国建成社会主义现代化国家,实现中华民族伟大复兴的中国梦的价值追求。在小学数学教育中,应采用一些现实题材为数学课程资源,让学生从小对社会主义现代化国家有所认识和梦想。具体讲,一是通过我国在经济建设中取得的重大成就,让学生感受我国的民富国强,激发学生的民族自豪感,厚植爱国主义情怀。二是结合具体事例,让学生感受到我国人民是国家的主人,从小培养学生的主人翁意识,意识到他们长大后是建设繁荣富强美好中国的主力军,树立从小学习本领,将来把祖国建设得更加繁荣富强的远大理想。三是让学生从社会进步与发展中,从广大人民群众安居乐业中,感受到社会的文明与和谐,坚信中华民族的伟大复兴必将实现。

例如,结合有关内容的教学,介绍新时代我国在农业、工业、贸易、教育、民生等方面取得的巨大成就,目前已经进入小康社会的行列。如在平均数的教学中,介绍1980年改革开放初期,我国人均GDP只有300美元,到2020年人均突破1万美元位居世界第二。在吨的认识中,介绍2021年我国粮食产量达682850000吨,居世界第一;钢铁产量为1336668000吨,居世界第一;宁波舟山港口年吞吐量为1224000000吨,居世界第一。在百分数的教学中,让学生从现在与以前森林覆盖率的对比中,感受到绿水青山就是金山银山的生态文明思想。在万以上数的认识中,通过2021年我国快递业务量1083亿件,全国居民人均可支配收入达35128元,普通小学在校生10779.9万人,2021年底全国基本养老、失业、工伤保险参保人数达15.4亿人,养老、失业、工伤三项基金总支出6.3万亿元这些数据,不但有助于学生学习读数、写数的知识,增强数感,而且也能让学生感受到中国的繁荣富强、文明和谐发展。

(二)以法治教育为核心,培养自由、平等、公正、法治的价值观

自由、平等、公正、法治是对美好社会的生动表述,也是从社会层面对社会主义核心价值观基本理念的凝练。习近平总书记指出:"要坚持法治教育从娃娃抓起,把法治教育纳入国民教育体系和精神文明创建内容,由易到难,循序渐进不断增强青少年的规则意识。"[①]为此,小学数学教育,应有意识地将习近平总书记的法治思想与社会主义核心价值观的内容,融入具体的课程资源与教学活动中去,通过一些具有数学信息的日常生活故事与数学问题,体现对人的尊重和人权的保障,让学生初步感受到人人依法享有平等参与社会生活、公平竞争发展的权利,初步懂得党和国家的法律法规是维护和保障人民根本利益,实现自由平等、公平正义的法律保证,让学生从小树立遵纪守法的意识和规则意识。

例如,在进行百分数的教学时,可以结合税率的学习适当介绍有关税收的法律法规,让学生了解纳税既是国家的法律规定,也是公民的基本义务和社会责任,初步树立依法纳税、自觉纳税的法律意识;在数的运算教学中,通过运算规则的学习,让学生懂得规则意识,形成按步骤、讲规则办事的意识和习惯;在常见量的教学中,可以结合人民币、克和千克的认识开展"跳蚤市场"的综合实践活动,并适度介绍《计量法》,让学生初步了解计量关系着国家利益和人民日常生活,任何人都应在《计量法》规定的范围内进行计量活动,让学生从小养成诚信计量、公平交易的意识。

(三)以爱国主义教育为核心,培养爱国、敬业、诚信、友善的价值观

爱国、敬业、诚信、友善是公民基本道德规范,也是社会主义事业建设者和接班人的基本要求,因此,应将这些价值观的要求在学生身上从小给予培植。在小学数学教育中,一是利用蕴含爱国、敬业、诚信、友善等内容

---

① 习近平:《加快建设社会主义法治国家》,《求是》2015年第1期。

的课程资源与具体事例,为学生厚植爱国主义情怀,让他们感受中国共产党领导中国人民,为建立新中国而英勇奋斗的精神;认识中国特色社会主义制度的优越性,以及新中国在国家建设发展中取得的巨大成就;了解中华民族的灿烂文明和悠久历史。二是通过生动的案例与富有教育意义的学习活动,让学生从小树立为国家和民族无私奉献、英勇献身的精神,为国家安全和统一努力奋斗的理想信念,增强维护国家和民族尊严与利益的意识。三是结合具体事例与教学活动,让学生感受到诚实守信、诚恳待人、团结友善、互相尊重、互相关心、互相帮助的价值观。

例如,"蛟龙号"深海潜水器的研制成功,是我国科技发达、国家强大的重要标志之一。为此,在教学毫米的认识时,可以通过我国的"蛟龙号"深海潜水器下潜深度达到了水下7000米,引出"蛟龙号"深海潜水器首席装配钳工技师顾秋亮为了保证潜水器在深海能承受几百个大气压而不会渗水,他组装所有原件的精密度都要达到0.01毫米以内,更为精湛的技术是,他安装潜水器观察窗的玻璃时,球体与玻璃的接触面也要控制在0.2丝以下(即0.002毫米,相当于一根头发丝的五十分之一),这些技术不但需要精密的仪器,更需要靠顾秋亮几十年练就的用眼看、用手摸的本领。可见,这样的教学不但有助于拓展学生对长度的认识,增长见识,更有助于学生从情境中受到爱国、敬业的价值观教育。

二、注重数学文化的教学,提高学生的人文素养

数学文化是人类文化的重要组成部分,是指人类在数学行为活动中创造的物质产品和精神产品。物质产品包括数学概念和命题、数学语言、数学问题等数学知识成分;精神产品包括数学思想、数学意识、数学精神和数学美等观念成分。通过数学文化的教学,不仅可以增长学生的知识见识,增强综合素质,培养有本领的好少年,而且还能陶冶学生的情操,培养学生的人文精神,激发学生的理想信念和责任担当意识,形成积极完美的人格

修养。在数学教学中注重数学文化的教学,既要注重数学史、数学家的精神、数学美、数学应用价值在数学教学中的体现,也要注重从社会主义先进文化、革命文化和中华优秀传统文化中挖掘数学成分,将数学文化与社会主义先进文化、革命文化和中华优秀传统文化有机融合,提高学生的人文素养。

(一)了解数学知识的发展历史,感受数学文化的内涵魅力

数学知识的产生、发展的历史,展现出数学知识的本源与自身内在的规律,体现了数学在推动人类社会政治、经济、文化、科学技术的发展,以及人类文明进步等方面的作用,同时,还体现出数学研究的曲折过程与辉煌成就。因此,在小学数学教学中,应充分挖掘数学史知识的教育功能,促进立德树人根本任务在数学学科教学中得到更加有效的落实。

一是通过对数学史的介绍,让学生了解中国古代数学光辉灿烂的历史,增强民族自豪感。同时,也要让学生从中国传统数学的一些落后与不足中,感受到那个时代民族的落后,从反面激发学生奋发努力、积极向上、为国争光的理想信念。例如,在圆的周长教学中,让学生了解祖冲之发明的"密率"和"约率"的成就;在数的运算和问题解决的教学中,让学生感受到中国古代数学的优秀传统是"算法数学",它能十分精确地表达出公理化的演绎体系,从而激发学生的民族自豪感。

二是从数学历史的角度,让学生感受数学在推动人类社会文明与进步中的作用,感受到数学在科学技术的进步与发展中的巨大力量,了解数学的应用价值,从而让学生初步树立学好数学,将来为人类进步和祖国繁荣富强贡献力量的理想信念。例如,在教学长方形面积时,介绍《九章算术》中的"方田"问题(故事),让学生初步了解我国西汉时期张苍整理、校订的《九章算术》对中国及世界数学发展产生的重大影响,从而感受到数学在解决生产生活中的问题、推动社会进步中的作用;在十进制的教学中,介绍二进制在计算机中的应用,并介绍计算机对人类进步、科技发展的巨大推动作用,

让学生感受数学的力量与应用价值,增强报效祖国、奉献人类的理想信念。

三是通过数学史拓展学生的国际视野,让学生感受到中国的数学成就,对推动其他国家的文化发展与科技进步的作用。同时,认识到借鉴国外数学研究的优秀成果,也可以推动我国数学发展和科技发展,认识到数学是人类共同的财富,独立、平等的交流与合作有助于数学的发展,从而让学生初步感受人类命运共同体的思想意识,初步培养国际合作交流的宽广胸怀。例如,向学生介绍我国发明的算盘流传于国外,对推动世界文明作出的贡献;让学生了解当今全世界都在使用的阿拉伯数字,离不开印度人、阿拉伯人的功劳;在用字母表示数的教学时,向学生介绍中外数学家对用字母表示数,以及代数的探索成就,认识到代数是巴比伦人、希腊人、阿拉伯人、中国人、印度人、西欧人等一棒接一棒而完成的伟大数学成就,初步感受数学无国界,初步培养学生的国际合作交流意识。

(二)了解数学家的经历与成就,感受数学家的科学精神

在数学家们的身上,表现出实事求是、追求真理、严谨认真、不怕困难,乃至不惜牺牲生命的科学精神。数学家的经历、成就及科学精神,对学生具有积极的文化影响价值。为此,在数学教育中,应充分发挥数学家的故事对培养学生人文精神的作用,落实立德树人根本任务。

一是从数学家的生平事迹中,感受数学家追求真理、实事求是、勇于探索、大胆创新的科学精神,了解数学家认真勤奋、刻苦钻研,不怕困难,坚定执着的顽强意志,让学生对数学家所表现出的热爱数学、献身数学、报效祖国、服务人类的精神产生积极的情感共鸣,从而在数学学习中逐步形成实事求是、敢于探索的科学精神和认真勤奋、刻苦学习、不怕困难的意志,从小树立奋斗精神。例如,在"一笔画"的教学中介绍数学家欧拉,让学生感受到欧拉在视力极度恶化乃至失明的情况下,还与病魔斗争,坚持数学研究,撰写了许多数学论文和书籍,为人类数学事业作出了杰出贡献,特别应让学生了解,当欧拉的大量研究成果被一场大火化为灰烬、他被人从火中

救出后,还发誓要重新编写被烧毁的成果的故事,让学生感受到欧拉身上所具有的坚韧不拔、战胜困难的顽强意志。再如,结合"烙饼问题"的教学,介绍华罗庚的优化思想,让学生了解虽然华罗庚1948—1950年就已经被美国伊利诺依大学聘为正教授,但1950年2月他毅然携家人从美国回到北京,并在途中写下了《致中国全体留美学生的公开信》,喊出了"科学没有国界,科学家是有自己的祖国的"的心声,表达了对祖国的热爱,从而增强学生的爱国主义情怀。

二是通过对数学家研究成果的介绍,让学生认识到他们的研究成果,不仅成为打开科学大门的钥匙,也为人类进步和国家建设作出了巨大的贡献。从而让学生对数学家的成就产生崇拜和敬意,激发学生树立今天学好数学,今后为祖国和人类作贡献的远大理想。例如,在梯形面积教学中,结合学生对梯形面积的自主探索,介绍我国数学家刘徽的出入相补法,并以此介绍他在数学上作出的极大贡献和研究成果,从而激发学生对数学家的崇拜与学习热情。

(三)感受数学的美,陶冶学生的思想情操

数学既有外在的形态美,也有内在的逻辑美,古今中外许多著名的数学家都曾认为,数学不仅与美学密切相关,而且数学中到处闪现着美的光辉。毕达哥拉斯就极度赞赏整数的和谐美、圆和球体的对称美,称宇宙是数的和谐体系。因此,数学教育应凸显其美育价值,激发学生的数学学习兴趣、好奇心和求知欲,提升其人格品位和思维品质,培养综合素质,落实立德树人根本任务。

一是利用数学的直观美激发学生良好的学习情感。数形结合、几何直观是数学的重要思想方法,在教学中,应注意借助几何图形的直观美,让学生感受客观事物的形态千变万化,从这些变化形态中感受其中的协调美,并从这些直观美中获得愉悦的美感体验,激发数学学习兴趣,增强审美意识和审美能力。例如,让学生从几何图形的对称美,长方形(正方形)中呈

现出的方正美,由圆的特点折射出的曲线美,由无限分割圆得到长方形图形的变换美,由分割正三角形得到科克雪花曲线的变换美等题材中,感受客观事物的美好美妙。

二是在数学对象的结构与关系的和谐美中感悟数学本质。和谐是美的最基本、最普遍的特征,数学的和谐美数不胜数,既表现在数学内容与表现形式的和谐统一,也表现在数学知识的联系与思想方法的统一,还表现在有关方法在本质上的一致性等。例如,黄金分割比不仅表现在数学内部关系的和谐,同时,将它运用到建筑、琴弦、绘画等艺术作品上,使其视觉、听觉效果显得更加美妙;由长方形的面积公式推导出平行四边形的面积公式,由长方形、平行四边形的面积公式推导出三角形、梯形、圆的面积公式,根据推导圆的面积公式的思想推导圆柱体积的计算公式等,无不体现出数学对象之间的和谐美与逻辑美。因此,数学教育应注意让学生感受到数学结构关系的和谐美,促进学生对数学本质的理解,提升思维品质。

三是利用数学语言的简洁美激发学生的学习兴趣。数学语言的简洁、概括与形式化,既是数学思想的体现,也是数学美的表现。爱因斯坦说过,美,本质上终究是简单性。他还认为,只有借助数学,才能达到简单性的美学准则。因此,在数学教育中,应突出数学的简洁性,让学生获得美的感受,培养抽象思维能力,激发数学学习兴趣。例如,在运算定律的学习中,不但要让学生理解用字母表示的运算定律的含义,还要在用字母表示的运算定律中感受数学结论的简洁美和愉悦轻松感,激发学习数学的兴趣。

四是用数学的奇异美激励学生探究的愿望。数学中的许多现象、结果往往让人感到美妙,它的奇异、奇特往往能使学生产生好奇心和探究欲望。因此,在数学教育中,应适度寻找或设计这样的数学问题,激发学生的好奇心和数学学习的兴趣。例如,结合因数与倍数的教学介绍完全数,比如6的因数有1,2,3,6,它们的关系是:1+2+3=6,像6这样的数就是完全数,目前在所有自然数中,只找到了48个这样的完全数;二年级学习了表内乘除法后,让学生进行这样的运算:任何一个自然数,进行+1,×2,+4,÷2,-3的计算过程,结果都会还原为原数。可见,这样的问题能让学生感到数学的奇妙,激发学生的好奇心,增强进一步探索其原理的欲望。

三、发展良好情感态度,培养健康的心理品质

情感态度价值观是数学课程目标的重要维度,不仅要提高学生学习数学的兴趣、好奇心和求知欲,增强学习的责任感,建立学好数学的信心,还要培养学生积极健康的心理品质,宽容的人格魅力,乐观的生活态度,实事求是、勇于探索的科学精神,不仅强调个人的价值,还应强调个人价值和社会价值的统一。

(一)激发好奇心和求知欲,培养数学学习兴趣和动力

培养学生对数学学习的兴趣是落实情感态度价值观目标的主要内容,直接影响学习质量和学习态度。心理学研究表明,"学生原本就有对客观世界的浓厚好奇心,数学教学应该努力把学生的这种好奇心引导到探索事物的数量关系上来,把这种好奇心转化为学习数学的兴趣"[1]。为此,数学教育应注意激发学生的好奇心和求知欲,培养学生浓厚的数学学习兴趣,让学生了解数学,喜欢数学,甚至迷恋数学。具体讲,一是让学生了解数学的价值,激发学生学习数学的兴趣。二是通过生动有趣的数学问题情境,激发学生的学习兴趣。三是改进教学方法,转变学习方式,让学生自主地、积极主动地经历知识的形成过程,体验数学学习的快乐。四是通过具有探索性、挑战性的数学问题,激发学生探索的欲望和兴趣。五是让学生看到数学的内在本质和自身的魅力,激发学生学习数学的兴趣。

---

[1] 教育部基础教育课程教材专家工作委员会:《义务教育数学课程标准(2011年版)解读》,北京师范大学出版社,2012,第124页。

(二)获得学习成功的体验,培养顽强的意志品质

良好的数学教学活动,既要让学生感到数学学习的好玩,也要让学生对数学学习过程中的困难有所体验,并感受到克服困难取得成功的快乐,从而增强学生的心理调控能力和应对挫折克服困难的意志与勇气。具体讲,一是让学生发现自己的优点和能力,相信自己有能力解决学习中遇到的困难,培养战胜困难的勇气和自信心。二是当学生面对学习困难时,既要鼓励他们尝试克服困难解决问题,也要关注他们学习困难的程度,适时帮助他们解决学习中的困难,获得克服困难取得成功的体验,进一步增强学习自信心。三是让学生认识到克服学习中的困难,有助于战胜生活中的困难,乃至人生中的困难,增强学生应对挫折、适应环境的能力。

(三)注重独立思考与反思质疑,培养良好的学习习惯

认真勤奋、独立思考、合作交流、探索质疑,是良好的数学学习习惯和学习品质,也是今后在人生道路上应有的工作态度,教师应注意通过数学教学培养学生具有这些习惯。一是培养学生在学习中精力集中、注意专注、思考精细等学习习惯。例如,学生在进行独立思考或独立练习时,教师不要进行不必要的言语干扰,而应让学生用心、静心思考与计算,培养学生专心专注的习惯。二是注意让学生遇到问题时先独立思考,自主寻找解决问题的方法或答案,再与他人交流,听取他人的意见、建议或帮助的习惯。三是面对书本、同学的思考方法或结论时,不盲目认同,应再度思考,直至自己完全弄通理解,培养学生勇于探索,敢于质疑,善于质疑的习惯。

(四)坚持严谨求实,培养良好的科学态度

坚持真理、修正错误、严谨周密、实事求是,既是数学学习中应具有的品质,也是今后学习、工作、科学研究以及生活的良好态度。在数学教育中,一是应让学生对思考解决问题的方法、思路、结论明辨对错优劣。二是

应让学生明确学习中有不同意见是正常的,并让学生在长期的讨论与争论中,感悟到通过质疑、讨论、争辩能更加明确问题的本质,更加明晰道理,深刻理解知识,从而培养学生严谨求实、敢于修正错误的科学态度。

四、发展核心素养,培养学生终身可持续发展的能力

《义务教育数学课程标准(2022年版)》指出:"义务教育数学课程以习近平新时代中国特色社会主义思想为指导,落实立德树人根本任务,致力于实现义务教育阶段的培养目标,使得人人都能获得良好的数学教育,不同的人在数学上得到不同发展,逐步形成适应终身发展需要的核心素养。"[1]并提出了核心素养导向的课程目标。可见,发展学生的核心素养,与落实立德树人根本任务具有紧密的联系,它对培养有本领,能担当起建设美好中国、实现中华民族伟大复兴中国梦重任的社会主义事业建设者和接班人,具有十分重要的作用,也是落实立德树人根本任务的目标要求。

(一)培养用数学的眼光观察现实世界的素养

"数学为人们提供了一种认识与探究现实世界的观察方式。通过数学的眼光,可以从现实世界的客观现象中发现数量关系与空间形式,提出有意义的数学问题;能够抽象出数学的研究对象及其属性,形成概念、关系与结构;能够理解自然现象背后的数学原理,感悟数学的审美价值;形成对数学的好奇心与想象力,主动参与数学探究活动,发展创新意识。"[2]小学阶段培养学生用数学眼光观察世界的素养,具体表现在数感、量感、符号意识、几何直观和空间观念的培养,进一步说,一是应让学生在数学学习中能理解数的各种表示及其意义,对事物的可测量属性,以及大小关系具有直观感悟,能认识到符号在数学中的各种功能及其在现实世界中的具体意义,理解符号的数学表达方式,初步运用符号表示数、数量、关系和一般规律,

---

[1] 中华人民共和国教育部:《义务教育数学课程标准(2022年版)》,北京师范大学出版社,2022,第2页。
[2] 中华人民共和国教育部:《义务教育数学课程标准(2022年版)》,北京师范大学出版社,2022,第5页。

从而培养学生的数感、量感、符号意识,发展数学抽象能力。二是具有运用图形描述和分析问题的意识与习惯,能根据语言的描述画出相应的图形,分析图形的性质,能建立图形与数的联系,构建数学问题的直观模型,利用图形分析实际情境与数学问题,把握问题的本质,探索解决问题的思路,发展学生的几何直观能力。三是能感悟与理解空间环境、实物与图形的形状、大小及位置关系,能够根据物体特征抽象出几何图形,根据几何图形想象出所描述的实际物体,想象出物体的空间方位和相互之间的位置关系,感知图形的运动和变化规律。

(二)形成用数学的思维思考现实世界的素养

数学为人们提供了一种理解与解释现实世界的思考方式。在小学阶段,培养学生用数学思维思考世界的素养,主要是运算能力和推理意识的培养。具体讲,一是要知道可以从已有条件(信息、事实、命题)出发,依据规则推出其他结论(命题),能够通过简单的归纳、类比、猜想初步发现一些新的结论;通过法则运用,体验数学从一般到特殊的论证过程;能对自己及他人问题解决的过程给出合理解释,从而让学生对逻辑推理过程及其意义有初步感悟,养成讲道理、有条理的思维品质,增强交流能力。二是能够明晰运算的对象,理解算理,掌握算法,把握算理与算法之间的关系;能够利用合理简洁的运算方法解决问题,从而让学生逐步养成讲道理、有条理的思维习惯,形成规范化思考问题的品质和一丝不苟、严谨求实的科学态度。

(三)形成用数学的语言表达现实世界的素养

数学为人们提供了一种描述与交流现实世界的表达方式。在小学阶段,培养学生用数学的语言表达现实世界的素养,主要表现为数据意识与模型意识的培养,逐渐让学生用数据和数学模型表达、描述客观世界中的数量关系与空间形式,养成用数学语言表达与交流客观事物的习惯。具体讲,一是让学生对模型的普适性获得初步感悟,能够认识到现实生活中大量的问题都与数学有关,有意识地用数学的概念与方法予以解释,感知问题的共性,形成一类数学问题,用数学的方法予以解决,增强数学应用意识和创新能力。二是能够感悟数据的意义和随机,感悟数据中蕴含的信息,从数据中发现规律,善于用数据表示、解释和预测简单的不确定现象,逐步养成用恰当的方式表达数据的能力和用数据说话的习惯。

第四节 小学数学学科落实立德树人根本任务的实践路径

数学学科落实立德树人的根本任务,要依据立德树人根本任务的目标要求,遵循学生的身心发展规律,结合数学学科特点,注重教材中蕴含的立德树人育人功能挖掘和课程资源开发,有意识地将立德树人的目标要求落实到教学设计与教学活动中去。

一、深度分析教材,挖掘课程内容的立德树人育人功能

教材是对学科课程理念、课程性质、课程目标和课程内容的具体体现,是学科知识的载体,体现了学科思想,蕴含着立德树人的育人功能。小学数学学科教学落实立德树人根本任务,首先要注重对小学数学教材进行深度分析,充分挖掘教学内容与题材中蕴含的立德树人的教育功能,充分发挥课程内容的育人作用。

（一）挖掘教材中蕴含的社会主义核心价值观的因素

数学教材中承载数学问题的题材，有的联系着社会政治、经济、文化、教育、科技等现实情境故事或客观事实，蕴含着社会主义核心价值观的教育因素，充分挖掘这些教育因素，有助于设计更加具有教育功能的教学目标与教学活动。具体看，可以从四个方面去挖掘教材中体现社会主义核心价值观的育人功能。

一是挖掘单元主题图中蕴含的社会主义核心价值观的育人功能。例如，人教版小学数学教材三年级上册"万以内数的加减法（二）"，呈现中国湿地部分动物种类数量的题材（如图5-1），既有助于学生提出加法问题，

图5-1

也能让学生树立保护湿地、保护珍稀动物，保护自然环境的意识，感受生态文明的价值理念。

二是挖掘例题中蕴含的社会主义核心价值观的题材。数学教材中的例题是知识的载体，教材中的很多例题都是通过现实情境题材承载数学问题，这些题材有

图5-2

的蕴含着社会主义核心价值观的教育点。例如，人教版小学数学教材六年级上册"比例的意义和基本性质"，例题选用天安门广场上升国旗、操场上升国旗和教室里挂国旗等题材承载比例的问题（如图5-2），不但有助于学生了解国旗的长宽比，理解比例的意义，而且还有助于挖掘了解国旗、热爱国旗、敬重国旗等爱国主义情感教育点。同时，借助该题材可以适当延伸国旗的象征意义，渗透中国革命历史文化。

三是挖掘练习题中蕴含的社会主义核心价值观的题材。教材中部分带现实情境的习题，也蕴含着社会主义核心价值观的教育功能，因此，在教学中既要利用好这些习题的思维价值，也应充分挖掘这些习题的思想政治教

育价值。例如,西南师大版小学数学教材五年级下册方程单元中的习题(如图5-3),以我国西气东输工程为题材,有助于学生了解到西气东输工程,促进了西部地区大开发和东西部的协调发展,有助于促进民族大团结和边疆建设,感受富强、文明、团结、和谐的社会主义核心价值观。

6. 我国最大的西气东输管道工程,全线是从新疆塔里木的轮南到上海,总长3900km。其中一期工程是东段,从陕西的靖边到上海,长$a$km;二期工程是西段,从轮南到靖边,长$b$km。

(1) 在图上标示出相关的数量。
(2) 试一试,你能写出哪些等式?

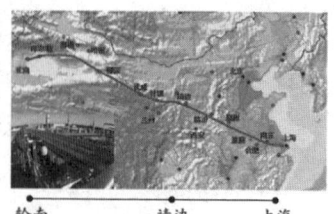

图5-3

四是挖掘综合与实践内容中蕴含的社会主义核心价值观教育题材。综合与实践主要是让学生综合运用数学知识,以及其他学科的知识解决实际问题,题材具有明显的现实性,有的题材蕴含着丰富的社会主义核心价值观的教育功能。例如,西南师大版小学数学教材四年级上册的综合实践"节约一粒米",四年级下册的综合实践"制定乡村旅游计划",人教版小学数学教材六年级下册的综合实践"绿色出行"及"北京五日游"等题材,都蕴含着勤俭节约的优良传统、美丽乡村、美丽中国以及国家富强、人民幸福的教育点,挖掘这些教育因素有助于学生感受富强、文明、和谐的社会主义核心价值观。

(二)分析教材内容中蕴含的数学文化育人功能

数学教材本身就是数学知识和文化的载体,教材中不仅承载着数学概念、数学命题、数学方法、数学问题,而且蕴含数学思想、数学意识、数学精神、数学美等数学观念层面的文化内容,同时,还体现了社会主义先进文化、革命文化和中华优秀传统文化,这些内容有的蕴含在数学知识的背后,在知识的形成过程中表现出来,有的还用数学文化专栏形式单独呈现。由此,挖掘数学教材中蕴含的文化育人功能,有助于培养学生的文化自信,落实立德树人根本任务。

一是挖掘数学知识背后蕴含的数学思想、数学意识、数学精神。观念层面的数学文化内容,往往作为暗线蕴含在数学知识背后,体现在知识的形成过程中或问题解决活动中。因此,分析教材时应注意透过现象看到数学的本质,充分挖掘数学知识背后蕴含的数学观念层面的文化内容。例如,西南师大版小学数学教材一年级上册"1—5的认识"(如图5-4),对升国旗情境中物品的数量(1面国旗,2只鸟,3个人,4盆花,5棵树)进行分类,再抽象出1—5的数,这一过程有助于学生感受数是对数量的抽象和事物多少的描述,从而感悟数学抽象的思想、符号化思想。此外,还可以通过对古人的实物记数、结绳记数、刻痕记数,到现在的符号记数这一历史演变过程的介绍,学生深刻体验到数的历史文化价值。

图5-4

二是挖掘数学文化专栏中蕴含的数学文化。目前而言,无论是哪个版本的教材,几乎都结合知识的学习,设置了数学文化专题栏目,这些栏目用数学史知识、数学故事、数学家、数学思想、数学应用等文化内容承载数学的文化价值。因此,充分挖掘并用好这些题材的文化教育价值,有助于落实立德树人根本任务。例如,西南师大版小学数学教材,每册都用《你知道吗?》这个栏目介绍有关数学史、数学家、数学故事等数学文化内容,比如五年级下册,结合因数与倍数介绍"陈景润与哥德巴赫猜想",结合长方体、正方体介绍数学家"阿基米德巧辨皇冠真假",结合方程介绍"古老的方程"。再如,人教版小学数学教材用《你知道吗》介绍数学文化内容,比如六年级上册结合分数乘法解释《庄子·天下篇》中的一句话"一尺之棰,日取其半,万世不竭"的含义;结合分数除法介绍"五线谱里的音符也可以用分数表示";结合圆的周长认识介绍"中国古代数学著作《周髀算经》和祖冲之对圆周率的研究成果",结合圆的面积介绍我国古代数学家刘辉的《九章算术·注》及割圆术;结合百分数介绍"恩格尔系数"等。可见,挖掘教材中蕴含的数学文化内

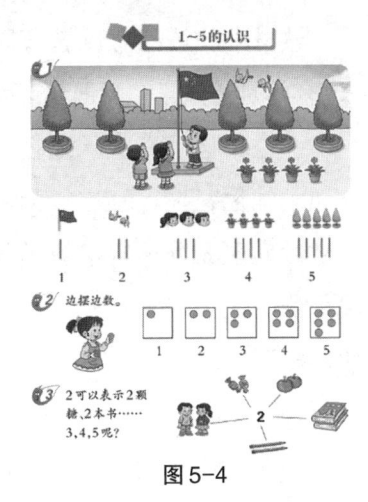

容,对学生了解数学知识的源头与发展历史,感受数学家的科学精神及研究成果,感悟数学的美与数学的应用价值等都具有十分明显的文化育人功能。

(三)分析教材中蕴含的情感教育点

教材中的情感态度教育因素,有的是在承载数学问题的题材中体现出来,有的是通过学生的探究活动体现出来,还有的是在练习中体现出来。

一是教材中一些承载教学内容的题材,本身就有助于激发学生的好奇心和求知欲,具有激发学习兴趣,建立学好数学的信心的功能。同时,还有的数学问题充分体现了数学与现实生活的联系,有助于学生感受数学的应用价值。例如,西南师大版小学数学教材六年级上册的综合实践"读故事,学数学",呈现"古代有一位公主叫狄多,她在王国发生叛乱后逃到了非洲。一天,她向当地的酋长雅布乞求一些土地,雅布酋长不想多给土地,就给了狄多一张犍牛皮,让公主用这张犍牛皮圈土地,圈多少就给多少。聪明的公主用这张犍牛皮圈了很多土地,在这片土地上建立了拜萨(意为牛皮)城"。可见,该故事题材有助于激发学生的好奇心和求知欲,使学生积极参与到探索活动中去。

二是教材内容的组织,体现了需要学生通过动手实践、独立思考、合作交流等方式经历知识的形成过程,有助于满足学生的好奇心,激发学习的兴趣,也有助于培养学生的合作意识和探索精神。例如,人教版小学数学教材六年级上册"圆的周长",教材内容体现了让学生动手操作测量圆的周长和直径,用计算器计算圆的周长与直径的关系。学生发现圆的周长是直径的3倍多一些,但无法知道精确结果,于是通过数学文化介绍我国数学家祖冲之利用割圆术计算出圆周率在3.1415926到3.1415927之间,是世界上第一个把圆周率精确到7位小数的人,且这个结果比国外早1000多年。可见,教材这样呈现知识的形成过程,有助于学生对圆周率产生好奇心,激发探索的兴趣和民族自豪感。

三是教材中的一些练习题,蕴含有让学生感到数学有趣、有用的情感教育点,有助于激发学生的学习兴趣,体验数学的价值。例如,人教版小学数学教材六年级上册练习十五的第17题,从数学的角度解释蒙古包为什么要做成圆形的,从而让学生感受圆的知识与现实生活的联系,激发学生的学习兴趣。

(四)解读教学内容的核心素养育人功能

数学学科具有高度的抽象性、严密的逻辑性和应用的广泛性等特点,也体现了在数学知识背后蕴含着数学抽象、推理、模型等基本的数学思想,数学学科的这些基本特点和基本思想,决定了数学学科具有培养学生用数学眼光观察现实世界,用数学思维思考现实世界,用数学语言描述现实世界等核心素养的育人功能,而这些功能就蕴含在数学教材内容中。因此,应注意挖掘教材中培养学生核心素养的教育点。

一是关注数学概念、法则、定律、公式、关系等数学知识背后的数学本质,挖掘培养数感、量感、符号意识等在内的数学抽象能力的教育价值。例如,人教版小学数学教材四年级下册第三单元"运算定律",就蕴含着培养学生数感、符号意识、推理意识、模型意识,发展核心素养的育人功能。

二是关注图形的抽象、想象与描述,挖掘教材中培养学生几何直观与空间观念的教育价值。例如,西南师大版小学数学教材四年级下册"认识三角形",体现了将生活中的三角形物体抽象成几何图形,建立三角形概念的过程,有助于数学抽象、直观想象和空间观念的培养。

三是关注数学概念、法则、公式、规律的形成过程,分析教材中蕴含的培养学生推理意识、运算能力等核心素养的教育价值。例如,人教版小学数学教材五年级下册"分数的基本性质",例1建构分数基本性质的过程需要归纳推理,例2运用分数的基本性质通分需要演绎推理。可见,教材中分数基本性质的内容,不但蕴含着培养学生推理意识的教育功能,也有利于培养学生的运算能力。

四是关注教材中数学问题解决和统计与概率的内容,挖掘模型意识、数据意识和推理意识的教育价值,培养学生的数学语言和数学思维。例如,人教版小学数学教材五年级上册"运用小数乘法解决问题",体现了让学生分析数量之间的关系,寻找解决问题的思路和方法,构建模型解决出租车付费这一类问题,从而培养学生的推理意识、运算能力,感受数学与生活的联系,获得模型意识,增强数学应用意识。

二、注重资源开发,优化立德树人课程资源

数学学科落实立德树人根本任务,应紧扣立德树人核心目标要求,优化立德树人的课程资源,在充分用好教科书、教师用书等文本资源的同时,注意从社会现实生活、历史发展以及其他学科等领域中,精选既与数学有关,也蕴含立德树人教育价值的课程资源,并与教科书的资源有机整合,形成开放式、立体化的落实立德树人根本任务的优质数学课程资源。

(一)从国力增长中开发立德树人的课程资源

新中国成立以来,我国在社会、经济、科技、生态环境、文化教育等方面的发展取得了巨大的成就。因此,可以从数学的角度,在这些事实中开发立德树人的课程资源。

一是从我国经济发展领域中开发立德树人的课程资源。中国的经济发展举世瞩目,由解放初期的一穷二白,发展成为如今经济总量位居世界第二,人均GDP突破1万美元的世界经济大国,这些成就在各个地方、各个领域等都有丰富的、让人激动的数据,这些数据能让学生感受到祖国的富强,人民的富裕,能激发学生的民族自豪感,增强他们对中国特色社会主义道路的拥护和中国共产党的热爱。

二是从我国科技发展成就中开发立德树人的课程资源。自新中国成立以来,特别是改革开放以来,我国的科学技术发展对国民经济发展、综合国力增强以及人民生活改善的贡献等让人振奋,这些素材中蕴含着丰富的数据,它有助于让学生感受到祖国的强大和数学的作用,有助于激发学生爱

国、爱党、爱社会主义的情感,也有助于感受数学与科学的价值,培养学生的科学精神,激发学生热爱科学的情感。

三是从我国生态文明中挖掘立德树人的课程资源。"生态兴则文明兴,生态衰则文明衰"[①],"绿水青山就是金山银山"[②]。近年来,我国在治理人口资源环境方面付出了巨大的努力,也取得了卓越的成效。因此,可以精选具有数学信息的生态文明建设中的素材,让学生在理解数学知识的同时,看到祖国山河的壮美,感受到自然环境美的愉悦,认识到创建美好环境,是人类追求美好生活的共同愿望,从小培养学生热爱祖国大好河山、保护祖国美丽家园的意识和热情,进一步培养学生的环保意识。

四是从我国文化教育事业发展中开发立德树人的课程资源。我国是一个人口大国,也是一个文化教育事业大国。新中国成立以来,特别是改革开放以来,教育事业取得了巨大的成绩,接受教育的人数及各类教育的普及率大幅度提升,而且受教育的层次逐渐提高。因此,注意从文化教育事业的发展中选择蕴含数学信息的题材,让学生感受到社会主义现代教育事业蓬勃发展,认识到教育事业的发展,不但提高了国民文化素养,而且为中国特色社会主义建设培养了大批人才,从而增强对中国教育成就与优势的认识,落实立德树人根本任务。

(二)从现实生活中开发立德树人的课程资源

学生的日常生活与现实生活紧密联系,从现实生活中开发落实立德树人根本任务的数学课程资源,不但能让学生对问题情境感到熟悉与亲切,也有助于学生对问题的理解。具体可以从三个维度去考虑。

一是从家庭生活中开发立德树人的课程资源。家庭生活中有学生十分熟悉、蕴含立德树人教育价值的生活事件,家里具有的尊老爱幼、家庭和睦、邻居和谐、勤劳致富、勤俭节约、热爱劳动的优良家风,家长正确的人生

---

① 习近平:《推动我国生态文明建设迈上新台阶》,《求是》,2019年第3期。
② 习近平:《习近平谈治国理政》(第二卷),外文出版社,2017,第393页。

观、价值观和世界观,以及家庭物质与文化环境的改变等,都蕴含立德树人的教育价值。从家庭生活中挖掘立德树人的课程资源,容易引起学生情感的共鸣,提升落实立德树人教育的实效性。例如,在统计教学中,可以让学生收集家里每月丢弃的塑料袋的原始数据作为课程资源,并进行统计分析,培养学生的环保意识和生态文明价值观。再如,选择几个有代表性的时间节点,以学生家庭收入变化的数据作为课程资源,并进行统计分析,可以让学生感受到家庭收入的增加,家庭生活的富裕,从而感受国家的富强与人民生活的幸福。

二是从社会生活中开发立德树人的课程资源。在社会经济、政治、文化、心理、环境、人际关系等诸多因素综合作用下,形成了一系列复杂的、多层次的社会现象,构成了丰富多彩的社会生活。学生不同程度地接触到一定的社会生活,有时还会间接或直接参与社会生活。因此,从社会生活中开发对学生具有积极教育作用的课程资源,有助于落实立德树人的目标要求。例如,以学生到敬老院开展社会实践活动为题材,开发蕴含数学问题的课程资源,有助于培养学生的综合实践能力,增强学生尊敬老人和社会关爱的道德情感。再如,从当前城市红绿灯的增多,红绿灯的变化规律,以及人们交通行为的改变等社会现象中,开发蕴含数学问题的课程资源,既有助于学生感受数学的价值,增强模型意识,也有助于培养学生遵守交通法规和交通安全的意识,感受社会的发展进步与人们文明素养的提高。

三是从学习生活中开发立德树人的课程资源。学习生活是学生主要的现实生活,从学习生活中开发蕴含立德树人的课程资源,可以使问题情境对学生更具有亲切感和真实感,有助于激发学生的学习兴趣,提高立德树人的教育效果。例如,在"年、月、日和二十四时计时法"的教学中,可以开发实践性和探索性的课程资源,让学生安排一天、一周的作息时间,探索年历上重要节日、节气的意义以及背后蕴含的文化,既有助于增强数学语言意识,也有助于培养学生合理安排时间、珍惜时间的意识和习惯,还有助于学生受到优秀传统文化和革命文化的教育。

(三)从历史题材中开发立德树人的课程资源

中华民族历史悠久,中华民族在一个个前进发展的历史阶段和历史事件中,无不体现出典型的爱国主义、团结统一、爱好和平、勤劳勇敢、自强不息的民族精神,从而也孕育出了优秀的中华民族传统文化和革命文化。为此,数学学科落实立德树人根本任务,还应注意从数学的角度去观察中华民族的发展历史,从中挖掘体现中华民族精神的优秀传统文化和革命文化,落实立德树人根本任务。

一是从中华民族历史事件中开发立德树人的课程资源。中国历史上发生过很多重要事件,有的事件既蕴含数学信息,也具有立德树人的教育功能。例如,在抗日战争时期,八路军发动的百团大战这一历史事件,有着丰富的数量信息,可以根据教学需要设计成多样化的计算教学与问题解决的题材,让学生感受到中华民族不畏强敌、英勇善战的民族精神,并渗透追求世界和平发展、树立生命至上的人类和平发展理念。

二是从历史人物故事中开发立德树人的课程资源。中国历史上,有很多民族英雄和爱国人士,他们身上表现出了典型的爱国主义精神,从这些人物故事中开发既有数学信息,也蕴含立德树人教育价值的课程资源,可以让学生产生积极的情感共鸣和爱国主义热情。同时,也有助于激发学生刻苦学习、报效祖国的理想追求。例如,在"烙饼问题"的教学中引出统筹思想,从而介绍华罗庚的爱国故事,用华罗庚刻苦学习、潜心研究、勤奋工作,以及用卓越成果报效祖国的事迹,激发学生的爱国热情,同时,感受统筹思想的重要作用,增强学生刻苦学习的毅力。

三是从历史文化中开发立德树人的课程资源。习近平总书记在十九大报告中强调:"文化是一个国家、一个民族的灵魂。文化兴国运兴,文化强民族强。"我国是一个历史悠久的文明古国,中华民族文化不仅思想深邃圆融,内容广博,而且高扬道德,为国人提供了立身处世的行为规范,以及最终的精神归宿。因此,要从中华历史文化中开发课程资源,深入挖掘中华优秀传统文化中蕴含的思想观念、人文精神、道德规范等传统文化的课程资源,并结合时代特征加以创造性地应用于数学教学中,让学生感受到中华优秀传统文化的灿烂辉煌,树立文化自信。例如,在年、月、日的教学中,可以开发中华传统节日的课程资源,一方面让学生了解"年、月、日"的知识,另一方面挖掘这些传统节日中的积极教育因素。比如,从日历上"八一"建军节中,挖掘新中国是无数革命先烈抛头颅、洒热血换来的,并计算从1921年8月1日至今,中国人民解放军成立了多少年、多少天等课程资源,让学生了解解放军的建军历史文化,激发学生热爱解放军、热爱新中国,励志保卫祖国的情感。再如,在认识方向的教学时,从介绍指南针入手引出我国的四大发明,激发学生的民族自豪感和创新意识,既可以让学生知道四大发明为人类社会的进步所作出的贡献,也可以让学生了解火药的发明成果被西方国家利用制造武器侵略中国,给中国人民带来的痛苦和灾难,从而激发学生努力学习、不甘落后、自强不息的爱国情怀。

(四)从跨学科整合中开发立德树人的课程资源

"数学是自然科学的重要基础,在社会科学中发挥着越来越重要的作用,数学的应用渗透到现代社会的各个方面,直接为社会创造价值,推动社会生产力的发展。"[1]由此,数学学科落实立德树人根本任务,还应注意从跨学科整合中开发课程资源。

一是从数学与人文社会科学的联系中开发立德树人的课程资源。社会科学一般包括文学、艺术、经济学、政治学、法学、历史学、社会学、心理学、教育学、管理学、民俗学、新闻学等。人文社会科学对关怀人生、推进社会发展具有积极的文化影响功能、思想教育功能、社会管理功能和决策咨询功能。因此,将人文社会科学的某些内容、价值理念与数学有机结合开发课程资源,有助于凸显课程资源的立德树人功能。例如,数学与艺术具有密切的联系,在艺术中就会用到数学的知识与思想方法,将数学内容与艺术结合开发课程资源,既可以让学生从数学的角度感受艺术美,也有助于

---

[1] 中华人民共和国教育部:《义务教育数学课程标准(2022年版)》,北京师范大学出版社,2022,第1页。

学生探索艺术美背后的数学原理。比如,黄金比是一个典型的数学内容,它体现了数学与艺术的完美结合。由此,在"比的认识"的教学中,可以以国歌为课程资源,让学生探索国歌从开始到歌曲的高潮点(起来,起来,起来部分)与演唱整首歌曲的时间比、小节数的比中发现黄金分割点,感受黄金比在音乐中的广泛应用,培养学生的艺术素养,落实立德树人的根本任务。再如,在"认识人民币"的教学中,搜集货币的产生、发展史料,以及世界各国的货币情况、兑换比例(汇率)等题材,不但可以让学生了解货币的知识,还有助于学生从货币角度了解历史文化和艺术,认识数学与经济的联系。

二是从数学与自然科学的联系中开发课程资源。自然科学包括天文学、物理学、化学、地球科学、生物学、医学等,其认识的对象是整个自然界物质的各种类型、状态、属性及运动形式。从数学与自然科学的联系中开发课程资源,不但有助于学生感受到数学是自然科学的基础、研究的工具和语言,进一步了解数学的价值,而且还可以让学生感受科学精神、科学态度,培养学生的科学素养。例如,教学"长度单位"时,除了认识常用的长度单位"毫米、厘米、分米、米、千米"外,还可以将"微米、纳米……"以及"光年、秒差距……"等其他长度单位加以梳理排列,让学生感受到数学与物理学、天文学等学科的联系。还可以用纳米与毫米的关系(1纳米=$\frac{1}{1000000}$毫米),以及我国纳米技术的研究成果在医疗技术、生命科学、天文技术及材料科学等领域的应用,让学生进一步感受数学与其他学科的联系,开阔眼界,增长见识,激发学生的科学精神和爱国主义热情。

三、做好教学活动设计,将立德树人的目标要求落实在教学活动中

数学教学落实立德树人根本任务的教学活动设计,应以数学学科教学落实立德树人根本任务的目标要求为导向,以蕴含立德树人教育价值的课程资源为载体,根据教学内容的特点和学生的年龄特征设计具体的教学活动,让学生在学习数学知识、发展数学能力的同时,达成落实立德树人根本任务的目标要求。

（一）在课堂导入活动中融入立德树人的目标要求

课堂导入是数学课堂教学过程的必要环节，好的课堂导入，不但可以激发学生的学习兴趣，引发思考的方向，搭建新旧知识的桥梁，而且还可以融入立德树人的目标要求，使新课导入更具育人价值。为此，课堂导入环节，一方面应注意将蕴含立德树人育人功能的课程资源与教学内容有机融合，创设有助于落实立德树人目标要求的问题情境。另一方面注意通过题材的新颖有趣、情境的生动形象，以及多样化的教学手段呈现问题情境，激发学生参与数学学习的兴趣。

例如，一位教师教学圆的周长（教学时正值新中国成立70周年国庆阅兵典礼过去不久），开课时，师生谈话引出2019年国庆节北京天安门广场阅兵式的话题，播放一段阅兵式的视频并介绍：阅兵式以天安门的东华表作为受阅部队的敬礼（开始）线，西华表作为礼毕线，两座华

图5-5

表之间相隔96米，徒步方队走过96米的距离每步固定75厘米，正好128步（如图5-5）；装备方队在引领车的引领下整齐划一，分秒不差。随之提出问题：引领车越过96米的距离，车轮大约要转动多少圈？ 可见，该新课的引入活动，一方面问题情境紧扣圆的周长这一主题，激发学生的认知需求。另一方面视频再现国庆阅兵式的动人情境，让学生对整齐划一的受阅队伍产生敬意，不但能激发学生的学习兴趣，而且能使学生感受到祖国的繁荣强大，产生民族自豪感，增强爱国主义情感。

（二）在探索新知过程中落实立德树人的目标要求

探索新知的教学活动，除了要注重达成"四基"，发展"四能"，培养核心素养等学科教学目标外，还应结合教学内容让学生感悟数学文化，激发学

生的学习兴趣,培养学生认真细致、独立思考、合作交流、实事求是、探究质疑等学习习惯和科学精神,注意将社会主义核心价值观、理想信念等立德树人的目标要求渗透在知识的探究活动中。

一是注意将激发学生的学习兴趣,培养学生的学习习惯和科学态度的目标与要求融入新知探索活动中。具体讲,注意发挥学生的主体作用,给学生思考的时间和交流的机会,注意将交流与质疑有机结合,鼓励学生对同学、对教师的意见有理有序地提出反问与质疑,通过质疑争辩,深刻理解知识,培养科学精神和研究态度。例如,在教学五年级下册"认识长方体"时,学生通过测量发现长方体每组的棱长是相等的,这时有学生质疑:测量有误差,万一没测量准确咋办?还有其他办法说明每组棱长是相等的吗?这时教师应鼓励学生再想办法,有的同学经过思考认为,根据长方形的对边相等的条件,运用等量代换可以推出每组的4条棱是相等的。可见,这样的教学,不但培养了学生的理性精神和推理意识,也培养了学生的反思质疑精神和严谨的科学态度。

二是将数学文化的内容融入新课教学活动中。在新课教学中融入数学文化,一方面可以让学生了解数学知识的产生过程,感悟数学思想,拓展数学视野,促进知识理解。另一方面可以让学生了解中华传统文化,了解社会文明与进步,增强学生的人文素养。例如,《九章算术》是我国古代十分重要的一部数学著作,体现了战国及秦汉时期的数学成就,在数学的发展中有十分突出的地位,它不仅最早提到了分数问题,也首先记录了盈不足等问题,《方程》章还在世界数学史上首次阐述了负数及其加减运算法则,是当时世界上最简练有效的应用数学,它的出现标志中国古代数学形成了完整的体系。而且早在隋唐时期就传入了朝鲜、日本,被译成日、俄、德、法等多种文字版本。可见,在进行分数、方程、负数等内容的教学时,可以适当融入该著作中的相关内容,让学生了解知识的源头,拓展数学视野,了解我国古代数学文化成就,以及对世界数学发展的重大影响,从而产生民族自豪感和对数学学习的兴趣。

(三)在课堂练习与应用中落实立德树人的目标要求

课堂练习与应用是数学课堂教学的重要环节,在课堂练习与应用中突出立德树人的教育功能,一是应注意通过练习内容与形式的多样化激发学生学习数学的兴趣,让学生积极主动地参与到数学学习中去,切忌枯燥的数学课堂练习让学生丧失学习兴趣。二是注意通过数学练习培养学生耐心细致、克服困难、磨炼意志的学习品质和习惯。比如在计算练习时,应关注学生计算的耐心和细心;在做思考性较强的练习时,注意鼓励学生克服困难,积极思考的勇气。三是设计带有实际情境的综合性练习,让学生感受到数学的应用价值,发展核心素养,同时,在情境中融入具有课程育德、课程思政的教育内容,凸显课堂练习落实立德树人的教育价值。

例如,在路程、时间与速度的教学中,可以设计这样一组问题情境题,并用视频、图片、文字呈现:(1)早在1952年我国修通了哈尔滨到广州的长跨度铁路,研制出了第一代蒸汽机车,速度35 km/小时,这条铁路有多长?(2)后来研发出了内燃机车,速度达70 km/小时,从广州到哈尔滨需要多少时间?(3)再后来又发明了电力机车,速度可达100 km/小时,这时从广州到哈尔滨一天能到达吗?(4)现在我国有了高铁,速度可达350 km/小时,照这样的速度,从广州到哈尔滨需要多少时间? 在学生做完练习后,将四种机车的速度(35 km/小时—70 km/小时—100 km/小时—350 km/小时)以及从广州到达哈尔滨的时间(100小时—50小时—35小时—10小时)一起展示在屏幕上,教师通过语言讲解激发学生的情感(一个由中国铁路发展看中国的时代到来了……)(注:案例来自全国小学数学优质课观摩交流会)。可见,这样的练习设计体现了跨学科综合,融知识性、思考性、趣味性和思想性于一体,不但培养了学生综合运用知识解决问题的能力,而且激发了学生练习的兴趣、民族自豪感和爱国情怀,增长了学生的见识。

(四)在课堂总结延伸中升华立德树人的目标要求

课堂总结与延伸环节,一般是在课堂教学的最后环节,引导学生对全节课的学习过程、方法、收获、问题等做反思总结。因此,该环节往往也是体现立德树人教育的有效时机。具体讲,一是可以引导学生回顾课堂学习,进一步强化愉悦的学习体验,感受学习成功的快乐,进一步激发学习兴趣。二是可以将本节课的教学内容向现实生活拓展,让学生感受数学的应用价值。三是可以进一步渗透立德树人的有关目标要求,实现情感态度价值观的升华。

例如,在"小数的初步认识"教学中,设计"用小数说脱贫"的课堂总结:动态播放一张张不同时间我国脱贫攻坚情况的图片与贫困人口数量(从1978年的 7.7 亿,最后到2020年贫困人口变为 0 人)(如图 5-6),并配上《我爱你中国》的背景音乐和教师声情并茂的解说。可以看出,该总结延伸不但让学生了解到小数在现实生活中的应用,更是在这个过程中,学生深刻感受到中国共产党的伟大和人民生活的不断富裕,使学生的爱党爱国情感在情境中得到升华。同时,也激发学生勤奋学习,今后把祖国建设得更加繁荣富强的理想追求。

图 5-6

四、加强评价检测,将立德树人目标纳入质量评价体系

数学教学落实立德树人目标要求的评价,应坚持为党育人、为国育才评价导向,促进学生德智体美劳全面发展的原则,注意贯彻《深化新时代教育评价改革总体方案》和《义务教育数学课程标准(2022年版)》的评价理念,

将立德树人的评价与学生的数学学业评价有机结合,制定具有数学教学评价特征、体现立德树人根本任务目标要求的评价检测体系。

(一)设计紧扣立德树人目标要求的评价内容

达成立德树人教学目标要求的评价内容,主要包括社会主义核心价值观在教学中落实的评价,学生学习数学文化培养人文精神的评价,学生学习情感态度价值观培养的评价,以及核心素养培养效果的评价等方面的内容。对这些内容的评价设计应注意以下三点。

一是注重教师落实立德树人目标要求意识的评价。应根据教学内容的特点,关注教师在设计教学目标时,是否将立德树人的教学目标与一般性的教学目标有机整合,设计制定了恰当的立德树人教学目标。

二是应考虑评价内容与学科教学内容本身的适合度,一方面要关注课程资源开发与教学设计是否凸显立德树人的教育价值;另一方面要结合教学内容具体分析该内容是否恰当体现了立德树人的有关目标要求,切忌生硬套用立德树人的有关名词。例如,在进行"大数的认识"教学时,落实立德树人目标要求的评价,可以关注教学是否充分体现数与生活的联系,是否恰当利用我国在社会、经济、文化、科技等方面发展成就的数据,让学生感受国家的发展与富强,从而受到爱国主义教育。

三是注意评价内容的明确性与模糊性结合,一方面应考虑评价内容的明确性,关注教学中是否明确地体现了立德树人的有关目标要求。例如,在教学"百分数的问题"时(纳税问题),是否明确设计并在教学活动中体现了培养学生遵纪守法,树立纳税意识的目标要求;在"七一"建党节前后的教学中,是否有意识地将党史与数学问题有机结合设计问题情境,对学生进行热爱中国共产党的教育。另一方面应根据德育规律,注意评价内容的适度模型性,不过于用量化的方法去衡量一节课而言立德树人目标要求的达成效果,非必要定量评价时,尽可能用定性描述的方法给予评价。例如,评价学生数学学习的兴趣,可以看教师在教学中是否比较明确地注重通过教学内容、方式等激发学生的学习兴趣，但对学生学习兴趣的激发、学生兴趣的表现度等用适度模糊的定性评价更有价值。

（二）采用多种方式评价立德树人目标要求的达成情况

对数学教学落实立德树人目标要求的评价，难以像"双基"那样用一张试卷把它检测出来，应根据教学内容的特点，结合立德树人目标要求的具体内容，采用多样化的评价方式实施评价。

一是通过对教学过程的观察实施评价。课堂观察是了解教与学行为的基本途径，也是评价立德树人在课堂教学中落实情况的重要方式。立德树人评价的课堂观察，一方面应注意观察立德树人教学目标是否在教学活动中得到体现；另一方面观察课堂中学生对社会主义核心价值观、数学文化、情感态度的认识、体验、感悟的效果，了解学科核心素养达成的程度。

二是通过与学生的交流访谈实施评价。课堂观察往往受时空限制的影响，课后与学生进行交流与深度访谈，更有助于了解学生对立德树人的有关问题的认识与感悟，评价立德树人教学目标要求在教学中达成的效果。

三是通过问卷调查与书面作业实施评价。涉及立德树人的某些问题，还可以通过问卷调查与书面作业的形式实施评价，从而深入评价与分析立德树人的教学效果。例如，在学期末时，可以结合立德树人的目标要求设计综合调查问卷，综合评价立德树人目标要求的教学效果。

四是开展与学科学业成绩融合的综合评价检测。立德树人的教学评价，还可以与学业检测结合起来，将知识技能、数学能力与情感态度的评价有机融合，在学业检测中融入立德树人目标要求的评价内容。例如，在期末考试试卷中可以适当设计一点主观性话题的题目，了解立德树人落实情况。比如，将近几年新能源汽车快速增长的素材设计成扇形统计图的有关问题，让学生说说面对这些数据有何感想。这样的评价既考查学生的数据意识，也有助于评价学生的环保意识和对我国在环保方面取得的成就的认识。

五是设置问题解决情境实施表现性评价。表现性评价是让学生在真实的或模拟的生活情境中,运用先前获得的知识解决某个新问题,从而考查学生知识技能的掌握程度,以及问题解决能力、合作交流能力、批判反思能力等多种能力与核心素养的发展状况。因此,对立德树人教学效果的评价,有时也可以采用表现性评价方式进行。例如,设计表现性评价情境:查阅收集年、月、日的有关知识,设计并制作年历卡,在年历卡上寻找你认为有意义的日期,并对这些日期做出说明或解释。该情境既可以评价学生对年、月、日知识的掌握情况,也可以评价学生对社会主义核心价值观、传统文化等目标要求的认识情况。比如,可以评价学生对国庆节、建党节、建军节等这些重要节日及其意义的了解情况,也可以评价学生对父母及亲人的生日、重阳节等日子的了解情况,评价学生尊敬老人的态度,还可以评价学生对清明节、端午节、中秋节等具有传统文化意义节日的了解情况。

(三)实施多元评价主体参与评价

对立德树人的教学评价,应坚持多元的评价主体,以评导教,以评导学,通过评价让教师、学生乃至家长,更加明确在数学教学中应注重落实立德树人的目标要求,充分发挥评价的导向作用。

一是坚持以教师为主体的评价。一方面教师应强化自我评价意识,自觉地对自己数学教学落实立德树人的情况与效果进行自我反思总结,发现问题,自我改进。另一方面提倡教师与同行之间的相互反思与评价交流,通过集体智慧让教师更加有效地探索数学学科落实立德树人教学目标要求的具体办法。

二是提倡学生开展自我评价。让学生对涉及立德树人教学目标的问题进行自我反思总结,使学生对社会主义核心价值观、数学文化、情感态度等有关问题的认识更加清晰,感受更加深刻。例如,在每节课的反思总结环节,不但要让学生反思总结本节课在认知方面的收获,还应引导学生对情感态度价值观的体验进行反思,比如让学生说一说,本节课的哪些方面让你对数学更感兴趣,本节课的哪些问题让你感受深刻。

三是发挥学校及家长在学科教学落实立德树人教学评价中的主体作用。学校(行政)应成为立德树人课程评价的主体,通过恰当的方式对教师在教学实施中落实立德树人的情况及效果进行综合评价。此外,必要时还可以家校联合,通过家长问卷与访谈,收集数学教学落实立德树人的情况与教学效果。

附:数学课例

小学数学立德树人教学课例
——以《认识年、月、日》的教学为例

教学内容

人教版义务教育教科书小学《数学》三年级下册第76页的内容。

教学过程

活动一:创设情境,引出课题

师:同学们,你们看过在天安门广场上举行的国庆大阅兵吗?新中国成立以来,我国已经举行了15次盛大的国庆阅兵式。想看吗?(播放1949—2019年间国庆阅兵的视频)

师:这一场场大阅兵让你自豪和激动吗?视频中是用什么来记录这些重要事件的?

生1:用年、月、日记录。

师:是呀!年、月、日不但能记录这些重要的历史时刻,还能记录事情发展的过程以及先后顺序。今天,我们就来一起学习比时、分、秒更大的时间单位——年、月、日。

师:关于年、月、日,你都知道些什么?

【评析】新课引入环节,以1949—2019年,天安门广场上举行的国庆阅兵为题材设置问题情境,将数学主题与课程思政内容紧密结合,用隆重、热烈与震撼的视频画面,激发学生的观察兴趣,感受祖国的强盛与国防力量的增强,激发学生的民族自豪感和爱国主义热情。

活动二:自主探索,感悟模型

1.建立年、月、日的概念

师:大家知道的可真不少,年、月、日是怎么产生的呢?其实这与地球、月球、太阳的旋转有关,我们一起来了解一下。

播放地球、月球、太阳转动的视频,介绍1日、1月、1年的产生与形成。

师:现在你们知道年、月、日是怎么产生的了吗?

师:通过视频我们不仅知道了1年、1月、1日是怎么来的,还知道了1年是365天5小时48分46秒,大约可以看成多少天?(365天)

师:看成365天方便我们使用,但是5小时48分46秒能忽略不计吗?该怎么办呢?

生:5小时48分46秒大约可以把它看成6小时。

师:这位同学用凑整的方法,把每年少算的这5小时48分46秒大约看成6小时,几个6小时就能凑成一天呢?(4个),这样每几年就少算了1天(4年),于是每4年就要增加1天,你现在明白了刚才大家所说,一年就是365天或366天了吗?

【评析】借助三球运动的视频,将数学与天文学科紧密融合,让学生了解年、月、日是怎样产生与规定的,初步建立年、月、日的概念,增强学生的见识,也为后面的探索提供认知基础。

2.探究年、月、日的关系

(1)明确探索任务。

师:一年的365天或366天该怎样分布在各月去呢?年、月、日里还藏有哪些秘密呢?下面我们通过观察年历卡来寻找答案。

(2)学生独立思考探索,小组交流。

(3)交流完善表格。

师:大家都完成了吗?谁来说你填的是哪一年,每月分别有多少天?

学生回答:(略)

(4)观察发现规律。

师:通过观察比较,一年都是12个月吗?1月都是31天吗?

师:你们还有什么发现?

生1:我发现有31天的月份是1月、3月、5月、7月、8月、10月、12月。有30天的月份是4月、6月、9月、11月。

生2:我知道有31天的月叫大月,有30天的月叫小月。

生3:2月有时是28天,有时是29天。

生4:28天这一年叫平年,全年365天;29天这一年叫闰年,全年366天。

师:大家真能干,通过探究我们发现了这么多有关年、月、日的知识,下面我们来理一理年、月、日之间的关系。

【评析】基于对日历的观察与自主探索,从年历卡上发现年、月、日的天数及其关系,初步感悟年、月、日的模型,培养量感、推理意识和探索发现能力,发展核心素养。

活动三:明确由来,渗透文化

1.引导发现并提出问题

师:关于年、月、日,你们还有什么问题吗?

生1:为什么7月和8月两个大月是连续出现的?

生2:为什么1个月有的是28天或29天、有的是30天或31天。

师:是呀,为什么这里月和日的关系有4种情况呢?还有问题吗?

生3:为什么7月前单数月是大,7月后双数月是大呢?

师:你们提出了很有价值的问题,老师为你们点赞。其实,年、月、日的问题不仅与地球、月亮围绕太阳的旋转有关,还与人为的规定有关。

2.借助数学文化了解年、月、日关系的由来

播放课件,教师语言讲解:早在5000多年前,古埃及人通过对天狼星的

观察制定了天狼历，规定1年12个月，1个月30日，外加5日的假期，共365日。古罗马的统帅恺撒，把天狼历引入古罗马并修订，制定了儒略历，规定单数月为31天，双数月为30天，2月为29天。后来屋大维继承王位后，把8月改成31天，2月改为28天，把原来的9月与10月，11月与12月的天数对调，就变成了7月前单数月大，7月后双数月大。

但是这样每年还多出了1天，就在2月减少1天为28天，最后再把每4年少算的一天加在2月，所以2月有时是28天，有时是29天。

其实这种历法沿用至今，我们称为公历或阳历，年历卡就是按照这样的规定来编制的。

师：你们的疑惑都解开了吗？

生：把5小时48分46秒看成6小时，每四年又多算了11分14秒怎么办呢？

师：这个问题提得好，但这个问题的计算比较复杂，由于时间关系，我们可以课后去探索这个问题。

【评析】借助历法知识的介绍，让学生明确年历卡上各月天数规定的由来，感受年、月、日的历史文化在推动人类文明中的作用，拓宽学生视野，增长数学见识。

活动四：感受长度，增强量感

师：好了，我们认识了年、月、日，你能联系生活中的实际例子，说一说1年、1月、1日到底有多长吗？首先1日有多长？（学生回答略）

师：对月的感受呢？

师：1年呢？

师：你感觉1年怎么样？（很长）无论有怎么样的感受，一年大约都是365天。

师：同学们，通过感受时间的长短，大家会发现时间时时处处都伴随我们，一旦流逝，不再回来，因此，我们要珍惜每一天。

【评析】在认识了年、月、日及关系认知的基础上,让学生结合生活中自己亲身经历过的事情,说一说对1年、1月、1日长短的体验,既可以增强学生对年、月、日长短的感悟,也可以让学生认识到时间流逝永不复返,受到珍惜时间的思想教育。

活动五:练习应用,拓展提升

1.填空

(1)2022年是平年,2月有( )天。

(2)7月的最后一天是星期一,8月1日建军节这天是星期( )。

(3)大熊猫一般可以活25( )。

(4)"神舟十三号"的宇航员在太空生活了183( )。

(5)中国少年先锋队成立于1949年10月13日,到今年的10月13日,中国少年先锋队已经成立( )年了。

2.台灯坏了,还在保修期吗(如图5-7)

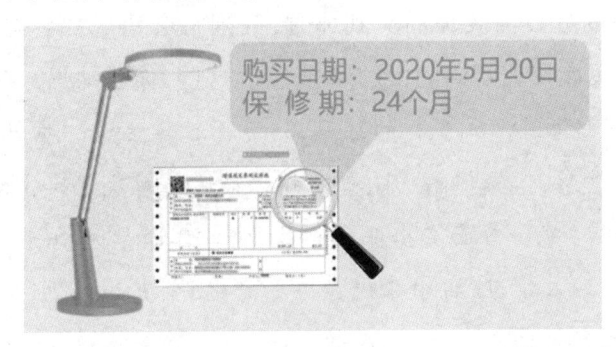

图5-7

3.在年历卡上圈出你认为有意义的日期

4.铭记重要的时刻

师:无论是大家谈到的这些重要的日子,还是历史上很多让人铭记的时刻,都用时间一一记录在历史长河中。你们知道中华民族有多少年的文明史吗?

生:已经有五千多年了。

结合课件演示，师生互动交流：

在中华民族五千多年的文明史上，就记录着像二十四节气、万里长城等很多悠久的文明成果。五千年时间实在是很长，但我们不知道时间是从何时开始的，时间没有起点，也没有终点。

师：我们再来看看时间前进的方向，你们知道中国共产党是什么时候成立的吗？(1921年7月1日)这是个特别有意义的日子，大家一定要记住！我们党从1921年7月1日成立，到2021年7月1日，算一算经过了多少年？(100年)，我们党用100年的时间，把我国建成了小康社会。我们再看，今天是什么时间？(2022年4月20日)，你们与陈老师一起认识了年、月、日。从现在再过27年是哪一年？(2049年)，从1949年10月1日新中国成立，到2049年10月1日，算一算又是多少年？(100年)，2049年你们多少岁了？(36岁)，想象一下，那时你们在做什么？(学生回答略)是呀，那时你们可能是科学家、工程师、企业家，也许是医生，或与陈老师一样是一名光荣的人民教师，总之祖国的建设需要你们！到那时，我国将会建成社会主义现代化国家，实现中华民族伟大复兴的中国梦！想起这些，你激动吗？期盼吗？

【评析】通过4道形式多样的练习，一方面让学生进一步巩固年、月、日的知识，增强量感，体验用年、月、日的知识描述与解决现实生活问题，培养数学应用意识。另一方面突出课程思政，将建军节、"神舟十三号"在太空飞行的天数等融入练习，将中华优秀历史文化、党史知识、新中国建设的成就与奋斗目标融入练习活动，拓展学生的视野，增长见识，受到热爱中国共产党、热爱社会主义祖国的教育。同时，激发学生树立远大理想，为实现中华民族伟大复兴的中国梦而刻苦学习的热情。

活动六：反思总结，升华体验

师：好，我们就从现在开始继续努力学习，迎接那天的到来，好不好？

生：好。

师：回想一下，通过今天的学习，你们有哪些新的收获？(学生回答略)

师:时间看不见也摸不着,但是我们可以用年、月、日、时、分、秒来记录它们,人们常用的历法也不仅仅只有公历,日历上还记录着农历、二十四节气等我国的传统历法,下节课我们将继续探索。请看,下节课的实践探索问题:

(1)农历的过去与现在;(2)一年四季的形成;(3)二十四节气的秘密;(4)传统及重要节日背后的秘密。

【评析】课后反思与延伸,着力对农历、二十四节气等有关问题的探索,有助于学生了解我国的优秀传统文化,感受中华优秀传统文化的灿烂历史,树立文化自信。

课例点评

年、月、日是常见量的教学内容,内容本身具有培养量感、推理意识、模型意识、应用意识,发展核心素养的教育功能。同时,与年、月、日有关的优秀历史文化、中国红色革命文化、社会主义建设成就等题材十分丰富。因此,本节课的教学,充分挖掘教学内容具有的育人功能,设计丰富的、有助于发展学生核心素养、体现数学学科育人的教学活动,立德树人的教学目标明确,落实立德树人的教学效果明显。具体有以下四个特点。

1. 感悟数学本质,发展核心素养

本节课的教学,注重数学与天文现象相结合,借助三球运动的客观事实与历法史料,不但有助于学生清晰认识到年、月、日的产生与由来,形成年、月、日的概念,而且也让学生深刻理解年、月、日之间的关系,了解年历背后的历法知识,进一步完善对时间模型的认识。同时,通过对年、月、日关系的探索,并结合现实生活感悟年、月、日时间的长短,增强量感、推理意识和应用意识,发展核心素养。

2. 渗透历史文化,提升人文素养

年、月、日的知识背后蕴含着丰富的历史文化。本节课的教学根据立德树人的目标要求,注意将年、月、日产生的天文现象,历法的产生与演变等历史文化,以及与年、月、日有关的中华优秀传统文化、中国红色革命文化、现代社会主义精神文明和物质文明等有机融入年、月、日的认识中,不但促进了学生对年、月、日及其关系的深刻认识,更拓展了学生的数学视野,增长了见识,发挥了数学课程的文化育人功能,提升了学生的人文素养。

3. 融入思政内容,突出爱党爱国

结合教学内容有机开展思想政治教育,从小培养学生热爱中国共产党,热爱社会主义祖国,是学科教学落实立德树人根本任务的重要目标和要求。本节课的教学,在中华民族的历史文明与文化题材、党史题材、新中国建设与发展成就的题材中挖掘与时间有关的数学问题,并运用现代信息技术手段呈现生动的问题情境,不但有助于学生感受中华优秀传统文化的历史悠久与灿烂辉煌,树立文化自信,而且也让学生了解中国共产党的历史与成就,感受祖国发展的强盛、国防力量的强大,以及对未来更加美好生活的向往,从而增强学生的民族自豪感和爱党爱国的情感,激发学生树立远大理想,为实现中华民族伟大复兴的中国梦而刻苦学习的热情。

4. 突出主体地位,培养科学精神

有效的教学是学生的学和教师的教的统一,学生是学习的主体,教师是学习的组织者、引导者与合作者。本节课的教学,一方面恰当发挥教师的主导作用,注意激发学生的学习兴趣,引导学生自主探索,提高教学效果;另一方面突出学生的主体地位,引导学生通过观察、猜测、计算、推理、验证等方法独立思考,合作交流,自主探索,鼓励学生发现并提出问题,让学生在经历年、月、日知识的探索过程中了解知识背后的数学本质,提高自主探索的有效性,培养质疑问难、勇于探索的科学精神。

课例作者:重庆市渝中区人和街小学　陈思怡
点评:重庆市渝中区人和街小学　金岚

第六章

小学英语学科落实立德树人根本任务的理论与实践

　　党的十八大报告提出"把立德树人作为教育的根本任务,培养德智体美劳全面发展的社会主义建设者和接班人",立德树人是发展中国特色社会主义教育事业的核心所在,是培养时代新人的本质要求,坚持在学科教学中落实立德树人的根本任务是贯彻党的教育方针的重要举措。因此,我们回顾英语学科立德树人的历史演进,探究小学英语教育理论与教学实践相结合、英语学科教学与立德树人目标相融合的教育规律,有利于国家在宏观上把握小学英语教育发展过程中的经验和教训,为未来小学英语教育教学的发展提供理论依据和实践指导。

第六章 小学英语学科落实立德树人根本任务的理论与实践

第一节

小学英语学科落实立德树人根本任务的历史演进

中国英语教育始于清朝,至今已有一百多年历史。随着历史的进步和世界外语教育事业的发展,中国英语教育也取得了很大的进步,为中国的社会主义建设作出了巨大贡献。中国英语教育发展史,本身就是一部饱含家国情怀的爱国主义教育史,是一部见证中国快速发展的奋斗史,更是一部落实立德树人的典型教育案例。

一、新中国成立前小学英语教育发展的历史演进

(一)中国早期的英语教育:英语是振兴中华的必备工具

千百年来,科举制度是普通民众跻身上流社会的重要途径,书院和私塾是培养中国人才的主要渠道,"四书五经"是中国教育的主要内容。[1]然而,鸦片战争结束后,清政府被迫与帝国主义国家签订了一系列不平等条约,被迫与帝国主义国家发生政治、经济、文化等联系,外交事务骤然增加。当时,中国没有自己的翻译人才,每当与洋人会商,都要请洋人作翻译,其中难免会有偏袒欺蒙之弊。清政府内部的洋务派极力兴办自己的学校,培养自己的翻译人才。许多有识之士也清楚地认识到:要振兴中华,就必须学习"东洋"和"西洋"的先进科学技术;要学习洋人的科学技术就必须学习外

---

[1] 欧阳胜美:《我国小学英语教学的历史演变与现实发展》,硕士学位论文,湖南师范大学,2007,第6页。

语。他们上书政府要求朝廷兴办自己的学校以培养外语人才。

西方的传教士和商人为了发展自己的传教和通商事业，也希望在中国培养出一批懂外语的人才。随着各地传教活动的发展，教会学校也逐步设立起来。早期小学英语教学就这样由西方传教士引入我国，为我国教育界带来了"西学"概念。张之洞于1898年3月在《劝学篇》中提出了"中学为体，西学为用"的主张，成为当时的教育宗旨，英语课程的设置就成为顺应社会的需要。[①]教会学校的小学生开始接触英语，也带来一种开放的教育意识。直到1858年的《中英天津条约》苛刻规定："自今以后，遇到有文辞辩论之处，总以英文作为正义……"使清政府认识到兴办学校学习英语已迫在眉睫。京师同文馆就是在这样的背景下诞生的。同文馆首开英文馆，在中国英语教育史上成为学校正规英语教育的开端，对晚清的教育改革和中国近代英语教育起到了巨大的推动作用，也为中国培养出第一批外语人才。

19世纪70年代，中国的有识之士向政府提出向英国派遣留学生，这一提议得到曾国藩、李鸿章的赞许，为此他们两次上书清政府。1871年，清政府终于决定派遣天资聪慧的幼童去美国留学，各地新式学校也派遣自己的学生出国留学。随着洋务运动的发展，这批留学生回国后，被陆续启用，为中国各行各业的发展作出了巨大贡献。

清朝末年，清政府在推广新学和加强学校教育方面也作出了一定努力。1903年，由张百熙、张之洞、荣庆等拟定的《奏定学堂章程》（癸卯学制）于1904年1月公布。"癸卯学制"是中国近代教育史上最早实行的全国通用的新学制，它奠定了中国近代新学制的基础。中国数千年来之教育，几乎都以"经义经训"为主要内容，根本无任何所谓的"西学"科目。"壬寅""癸卯"学制打破祖宗旧规，把外语课等新科目正式列入法定的教育课程之中。[②]通商口岸邻近城镇的高小开始设置外语课，小学英语课程的合法性在"癸

[①] 欧阳胜美：《我国小学英语教学的历史演变与现实发展》，硕士学位论文，湖南师范大学，2007，第10页。
[②] 欧阳胜美：《我国小学英语教学的历史演变与现实发展》，硕士学位论文，湖南师范大学，2007，第13页。

卯学制"得到了承认,小学英语在新式学堂中正式开设。英语教学摆脱了我国千百年来读经追求功名、读书做官的附庸地位,学校英语教学朝着为社会培养急需实用人才的方向发展,小学英语教学有了良好的发展开端。①

期间,教会学校在中国也得到了快速发展。教会学校在教学内容上除重视宗教教育外,最突出的特点是强调英语教学,英语已成为教会学校的基本教育语言。虽然他们的目的是推行殖民地奴化教育,但在客观上为中国培养出一批有专长的学者、专家,为中国近当代的政治、经济、文化教育事业的发展作出了巨大的贡献。

(二)建党初期的英语教育:英语是开展革命工作的重要条件

十月革命一声炮响,给我们送来了马克思列宁主义。许多青年向往俄国,希望走出国门探索救国救民的真理。1920年9月,陈独秀领导的中国共产党在上海发起组织并筹办了指导培养干部和输送青年赴俄留学的外国语学社。学社以教学俄语为主,兼学英语等其他外国语言,这是中国共产党创办的第一所外语专门学校,也是共产党创办的第一所干部培养学校。②学社把外语教学与马克思主义相结合,学生一方面在学社学习,一方面投身革命实践,体现外语学习的特色。外国语学社为中国革命事业造就了一批出色人才。他们中有我党早期青年运动和工人运动的领袖人物杨明斋、俞秀松等;有我党早期的政治活动家罗亦农、王一飞等;有军事家董劲光等;有著名的翻译家、作家曹靖华等;还有成为我国第一代党中央领导集体的重要成员毛泽东、刘少奇等。

1922年10月,被称为"红色学府"的上海大学(简称"上大")成立。上大开设的必修外语有英、德、俄、日四种,要求每个学生掌握两门外语,以便直

---

① 欧阳胜美:《我国小学英语教学的历史演变与现实发展》,硕士学位论文,湖南师范大学,2007,第17页。
② 刘捷:《探索与经验:中国共产党外语教育百年回溯》,《课程·教材·教法》2021年第2期。

接阅读外文原著。[①]学校强调把学好外语作为培养一个合格社会科学工作者的必备条件,主张学用结合。上大用不到5年的时间,造就了一大批职业革命者和杰出的专业人才。例如,党的先驱瞿秋白、蔡和森、恽代英等。

(三)解放初期的英语教育:英语承载着党的红色基因

1938年2月,中央军委二局日文训练班在延安创办,主要培训对敌技术侦察专业人员。日文训练班成为人民军队创办的第一个外语专业培训机构。为了加强与苏联的交流合作,培养俄文军事翻译人员,根据中央军委的指示,1941年3月在延安的中国人民抗日军政大学第二分校成立俄文队。1944年后,美国派出军事观察组到延安,导致英语方面的人才需要尤为迫切。当年6月,中央军委俄文学校增设了英文系,并改名为延安外国语学校。延安外国语学校为我党培养了一大批优秀的军事翻译人才、外语人才和外事干部[②]。同时,延安外国语学校也为新中国成立后创办外国语院校创造和积累了经验。英语学习承载着革命使命,为解放初期的革命胜利作出了一定贡献,在中国外语教育史上具有特别的历史地位。

二、新中国成立后小学英语学科落实立德树人根本任务的历史演进

新中国成立后,教育受到了应有的重视,英语教育取得了突飞猛进的发展。在中国共产党的领导下,英语教育工作者不忘初心使命,传承红色基因,弘扬革命精神,为中国特色社会主义建设与发展作出了巨大贡献。

(一)新中国成立后小学英语教育起步阶段:英语是科教兴国的必要条件之一

新中国成立后,人民政府对文化教育事业予以极大的关注。由于国家

[①] 刘捷:《探索与经验:中国共产党外语教育百年回溯》,《课程·教材·教法》2021年第2期。
[②] 周大军、李洪乾:《人民军队外语专业教育发展八十年》,《军事历史研究》2019年第3期。

在革命与建设事业的总方针是向苏联学习,所以在外语教育中,主要以俄语为主。

20世纪50年代中期以后,根据党中央"必须扩大外国语的教学"的指示,在继续办好俄语教学的同时,其他外语开始得到加强。1956年7月10日,教育部发布的《关于中学外国语科的通知》指出,从1956年秋季起,凡英语师资条件较好的地区,从高中一年级起应增设英语课。从1957年秋季起,初中一年级开始恢复外国语课。1959年3月26日,教育部发布的《关于在中学加强和开设外国语的通知》提出,大体上规定三分之二的中学教英语及其他外国语,三分之一的学校教俄语,形成外语教育多语种发展的新局面。1960年4—9月,人民教育出版社重新编写了中学英语教材。10月,教育部召开全国中小学教材编审干部会议,决定由人民教育出版社重新编写一套统一的十年制中小学英语教材[①]。

20世纪60年代初,我国对外交往日渐频繁,越来越多的国家同我国建立了外交关系,外语人才的需求十分迫切,特别是高水平的英语人才严重不足,如何培养高级外语人才成为当时亟须解决的问题。周总理和廖承志副委员长认为10—15岁是一个人学习外语的最佳年龄段,积极倡议采取从小学到大学"一条龙"培养外语人才的办法。1956年,周总理在中共中央召开的知识分子问题讨论会上指出:"为了实现向科学进军的规划,我们必须为发展科学研究准备一切必要条件……必须扩大外国语的教学,并且扩大外国重要书籍的翻译工作。"1962年7月,教育部针对河北、内蒙古、辽宁、浙江、山东、湖南六省区,要求人民教育出版社供应小学外国语课本的来函、来电提出"对小学开设外国语课的有关问题的意见"。意见要求:试验新学制的五年一贯制小学的外国语课,一般在四、五年级开设为宜,个别基础较好的六年制小学如有外国语教师,也可以在五、六年级开设外国语课,授课时数可按每周3课时安排。

1963年7月,教育部颁发了《关于开办外国语学校的通知》(以下简称

[①] 刘捷:《探索与经验:中国共产党外语教育百年回溯》,《课程·教材·教法》2021年第2期。

《通知》)。《通知》提出,我国国际交往日益扩大和社会主义建设各项事业迅速发展,迫切需要培养一批高级外国语人才……大力加强普通中学的外国语教学,并在师资条件具备的情况下,有计划、有步骤地在全日制小学高年级开设外国语课以外,还有必要、有计划、有重点地开办一些从小学三年级开始学习外国语的外国语学校。于是1963年秋季,除原有的北京外国语学院附属外国语学校和北京市外国语学校以外,在上海、南京、长春、广州、重庆、西安6市各新建1所外国语学校,共8所。这8所外国语学校按照《通知》精神招收了新生,有小学三年级的,也有初中一年级的。[1]

1963年,教育部发出《关于在若干大城市设立外国语学校的建议》,附件中对外国语学校的教学安排提出了建议:外语从小学三年级起开设,授课时数各年级平均每周不少于6课时。小学阶段因为要打好本国语文基础,外语的授课时数可以略少一些。因此在1963年5月教育部制定的《关于外国语学校试用教学计划(草稿)》中,小学三、四、五、六年级的外国语周课时数是每周5节。

1964年11月14日,中共中央、国务院同意印发国务院外事办公室等五部门联合上报的《外语教育七年规划纲要》。纲要并提出以下措施:新建和扩建一批高等外语院校;举办外语训练班,培养和提高科学技术干部的外语水平;千方百计解决师资问题;大力改革大学和中学外语教学,逐步编写出适合各种程度的教材;改进招生工作,保证学生政治、学业质量;大力加强政治思想教育……《外语教育七年规划纲要》适应当时国际形势和国内社会主义建设事业发展对外语人才的需要,描绘了我国外语教育事业发展的壮观蓝图,是我国外语教育史上一份重要的政策文献[2]。

由于国际形势的发展和国家社会主义建设的需要,英语教学受到普遍重视,英语教学的目的是培养国家需要的建设性人才。小学英语教育继"俄语热"后又进入一个"复兴时期"。小学英语教学也打破了"重知识,轻能力"

---

[1] 刘捷:《探索与经验:中国共产党外语教育百年回溯》,《课程·教材·教法》2021年第2期。
[2] 刘捷:《探索与经验:中国共产党外语教育百年回溯》,《课程·教材·教法》2021年第2期。

的教育壁垒,逐渐重视政治思想教育和听说读写及语言运用能力训练的培养,小学英语教学成了"为国育人"和"科教兴国"的必备条件之一。

1966—1976年,"文化大革命"的十年动乱期间,外国语学校遭到严重破坏,广州、哈尔滨、旅大、唐山4所外国语学校停办,其余10多所外国语学校改变了办学性质。[①]

(二)新中国成立后小学英语教育恢复阶段:英语掀起改革开放的先声

1976年10月,"文化大革命"结束,国家进入了新的历史发展时期。1978年1月,教育部颁发了《全日制十年制中小学教学大纲(试行草案)》,这是我国唯一一部包括小学和中学两个学段的完整教学大纲。按照大纲要求,人民教育出版社编写了全国通用的《全日制十年制学校小学课本(试用本)英语》,共六册,每学期一册,供小学三至五年级学生使用,小学英语有了建国以来适合小学生学情的英语教材,而不是简单提前使用中学教材。[②]教材以听说为主、读写兼顾,重视能力培养,特别明确了小学英语教学与思想教育的关系。明确规定英语教学的任务是帮助学生掌握语言,同时,也要对学生进行思想教育。因此,选择教材时要求既要遵循英语教学规律,又要选择内容健康、有助于学生树立正确思想和培养良好品德的教材进行教学,寓思想教育于语言教学之中。

1978年4月,在全国教育工作会议上,邓小平就提高教育质量造就具有社会主义觉悟的一代新人、教育事业同国民经济发展要求相适应和尊重教师劳动、提高教师质量等问题发表了重要讲话,为新时期包括外语教育在内的中国教育改革发展指明了方向。同年8月,教育部在北京召开全国外语教育座谈会。这次会议是粉碎"四人帮"后第一次专题研究新时期中国外语教育发展的会议。会议提出了关于《加强外语教育的几点意见》,强调

[①] 欧阳胜美:《我国小学英语教学的历史演变与现实发展》,硕士学位论文,湖南师范大学,2007,第30页。
[②] 欧阳胜美:《我国小学英语教学的历史演变与现实发展》,硕士学位论文,湖南师范大学,2007,第33-34页。

必须加强中小学外语教育,大力办好高等学校公共外语教育和各种形式的业余外语教育,集中精力办好一批重点外语院系,语种布局要有战略眼光和长远规划,大力抓好外语教师队伍的培养和提高,编选出版一批相对稳定的大中小学外语教材,加强外语教学法和语言科学的研究,尽快把外语电化教学搞上去。《加强外语教育的几点意见》的颁布,对我国外语教育的发展产生了积极的影响,外语教育迎来了改革发展的春天。

改革开放为我国中小学外语教育提供了难得的发展机遇。1982年5月27日至6月3日,教育部在北京召开全国中学外语教育工作会议。这是新中国成立以来第一次就中学外语教育工作召开全国性会议。会议在总结历史经验的基础上提出了《关于加强中学外语教育的意见》,强调要根据各地实际情况明确中学外语教育的要求,用战略眼光谋划中学外语语种设置,建设一支合格的外语教师队伍,加强外语教材建设,改进外语教学方法,改善外语办学条件,办好外国语学校。1986年5月12日全国外语特级教师代表经验交流会在济南市举行。这次会议不仅是中学外语界,也是我国基础教育界举行的新中国成立以来第一个特级教师代表会。[1]

由于当时的大纲要求较高,并不符合小学生外语学习实情,农村地区学校更是无法达到要求,导致开设小学英语的学校大部分质量都不合格。1980年,全国各小学都停止开设外语课。1981年3月,教育部发布《关于修订全日制五年制小学教学计划的说明》,由于外语教师师资不够,中小学衔接问题没有解决好,已经开设的学校大部分教学质量不合格,学生进入初中后仍然要从头学起,而且往往还要正音,造成许多困难。因此,凡不具备合格师资条件的,停止外语教学。具备师资条件的,也必须经主管部门批准,在四、五年级开设,每周各三课时,由各省、市、自治区酌情安排,同时要解决好中小学衔接问题。人民教育出版社按照上述要求,从1981年下半年起,以试用本为基础,以语法句型结构为主线,以《全日制五年制小学教学计划》为依据,重新编定中小学英语教材《小学课本英语》,共四册,并编写

---

[1] 刘捷:《探索与经验:中国共产党外语教育百年回溯》,《课程·教材·教法》2021年第2期。

了《小学英语学科的总要求和安排》,将教学重点转移到语音规则的学习和听说读写能力的培养,并不要求教音标,教学方法也主要采用情景教学法来调动学生英语学习的积极性。①

1982年5月,教育部在北京召开全国中学外语教育工作会议,总结了1949年以来中学外语教育的正反面经验,研究了加强中学外语教学,提高教学质量的问题。同年7月,教育部下达《关于加强中学外语教育的意见》,指出:"小学开设外语要注意保证质量,解决好中学与小学的衔接问题。"该意见下达后,许多省市教育行政部门制定规划、采取措施,小学英语教学又有了一次大规模的发展。各地开始普遍开设外语课,连经济不发达、特别是一些原来外语基础比较差的农村及乡镇学校外语教学也有所发展。②

(三)新中国成立后中国英语教育稳定发展阶段:英语是素质教育基础课程之一

随着我国经济建设的发展,改革开放政策的贯彻,外语的重要作用越来越明显,人民群众对在小学阶段开设外语课程表现出了较高关注程度,从而再度掀起英语热。1992年《九年义务教育全日制小学、初级中学课程计划(试行)》中提出"有条件的小学可增设外语""小学可在高年级开设外语"后,开设外语的小学数量迅速增加。据1990年不完全统计,全国23个省、市、自治区的部分小学开设了英语。③

针对这种情况,国家教育委员会于1993年出台《小学英语教学与教材编写纲要》,明确提出了小学英语教学目的、教学要求、教学内容以及教材编写和教学中应该注意的几个问题。它提出学习语言越早越好,对小学开设英语持肯定态度。五年制和六年制小学分别在最后两年教学英语,每周3课时。并指出"小学英语教学的目的是激发学生学习英语的兴趣和培养

---

① 欧阳胜美:《我国小学英语教学的历史演变与现实发展》,硕士学位论文,湖南师范大学,2007,第36页。
② 刘捷:《探索与经验:中国共产党外语教育百年回溯》,《课程·教材·教法》2021年第2期。
③ 欧阳胜美:《我国小学英语教学的历史演变与现实发展》,硕士学位论文,湖南师范大学,2007,第37页。

能力,使学生敢于大胆开口,并获得一些英语的感性知识,打下较好的语音和读写基础,养成良好的学习习惯,为进一步学习英语奠定初步的基础。"

根据《小学英语教学与教材编写纲要》的规定,人民教育出版社与新加坡太平洋出版有限公司合作,重新编写了一套小学英语教材,九年义务教育小学教科书(实验本)《英语》,供五年制小学的四、五年级和六年制小学的五、六年级开设英语课的学校使用。全套共四册,每学期一册。教科书以功能为纲,强调在交际活动中听说,兼顾语法结构,把语音视为语言教学的基础,小学阶段要学会48个音标。要求教师既要培养学生运用英语进行交际的能力,又要帮助学生打下扎实的语言基础,并通过愉快教学法等培养学生对英语学习的兴趣。①

在此期间,各地展开了外语教学法的研究,以交际教学思想为指导,逐步产生了五步教学法、全身反应法、游戏教学法和情景教学法等。课堂内以学生为中心,教师提供、组织各种游戏活动,让学生在听、说、玩、演、唱等活动中培养学习兴趣;组织交际化的教学过程,用实物、图片、动作、幻灯片、计算机等设置语言情境,让学生在情境中运用语言,发展交际能力。在慢慢丰富的教学资源中,在逐渐活泼、有意义的教学方式中,小学英语教学质量逐步提升。

截至1998年,已有27个省、市在不同地区不同程度地开设了小学英语课程。1998年10月18日至20日在青岛召开的第四次全国小学英语教学教研工作研讨会对小学英语课课程建设达成了共识:小学开设英语课是为了适应培养21世纪人才的需要,是面向现代化、面向世界、面向未来的需要,是提高中华民族人口素质的需要。因此,小学英语教育应以素质教育为目标。小学开设英语对学生智力与非智力因素的开发,身心素质的发展,民族与世界的意识形成,良好学习习惯的养成,开阔视野,启发思维,都会起到积极的促进作用。此时的小学英语教学符合了小学外语教学的基本规律,也开始融入语言教学之外的思政教育理念。

---

① 欧阳胜美:《我国小学英语教学的历史演变与现实发展》,硕士学位论文,湖南师范大学,2007,第38页。

（四）新中国成立后英语教育的改革阶段：英语是推进中国走向世界的重要工具

随着科学技术的迅猛发展，国际竞争日趋激烈。各国间的综合国力的竞争，关键是科学技术的竞争，现代科学技术的主要标志是信息技术。而社会生活的信息化和经济活动的全球化使得外语，特别是英语，日益成为我国对外开放和与各国交往的重要工具，具备英语基本技能已是我国公民21世纪初的迫切愿望。

因此，小学开设英语的地区日益增加，规模迅速扩大。教学实验项目的开展为积极推进小学开设英语课程提供了经验和基础。为全面推进素质教育，适应我国国民综合素质提高的需要，教育部《关于积极推进小学开设英语课程的指导意见》把小学开设英语课程作为21世纪初基础教育课程改革的重要内容，从2001年秋季起，积极推进小学开设英语课程，我国的小学英语教学进入了一个新的起点。

1999年开始，教育部组织起草了关于义务教育阶段英语课程标准的设想。经过近两年的时间，通过多次全国范围的征求意见、反复研讨和不断修改，形成了《国家基础教育英语课程标准（实验稿）》，提出了我国英语教学的发展方向，为小学英语教学统一了指导思想，较好地体现了新课程理念：注重学生的全面发展；注重联系学生实际；注重学习能力和学习策略的培养；增加了英语国家文化知识的了解，有利于学生培养世界意识。

2001年1月，教育部颁发《小学英语课程基本要求（试行）》，对小学英语课程设置、课程目的、教学模式等提出了明确的要求，为小学英语课程实施、教学评价、教材审查和选用提供了主要依据，使教师更好地通过课堂指导学生开阔视野，丰富生活经历，形成跨文化意识，增强爱国主义精神，发展创新能力，形成良好的品格和正确的人生观与价值观。

《义务教育英语课程标准（2011年版）》首次将英语课程的性质界定为"具有工具性和人文性双重性质"。工具性是指掌握语言这一工具；人文性是指通过掌握本民族语言和外国语言的学习，来开拓学生的视野，了解其他民族优秀的文化,从而丰富自己的文化、提高自己的人文素养,为终身学习奠定基础。

2011年版课标清晰地阐述了英语课程的目的即在发展学生综合语言运用能力的过程中,培养学生良好的道德品质和社会适应能力,提升整体国民素质,促进科技创新和跨文化人才的培养。英语学习不再是简单地提升学生的综合语言运用能力,还承担着提高学生综合人文素养的任务。2011年,教育部颁布的修订版课程标准进一步强化了义务教育与高中英语课程的区分与衔接,并采用能力级别方式设计英语课程,从小学三年级到高中三年级按能力设定了九个级别要求,设计了义务教育和高中毕业的基本要求,高中阶段设计英语必修课和选修课程。随着中小学外语课程改革发展的逐步深入,多家出版社依据2011年版英语课程标准,编写或修订出版了多套中小学英语教材。中小学外语教材由"一纲一本"转变为"一标多本",呈现出百花齐放的局面,极大地丰富了中小学教材资源建设,全面促进了中小学英语改革。①

2012年至党的十八大以来,中国外语教育逐步进入了新时代。2013年,习近平总书记先后在哈萨克斯坦与印度尼西亚发表演讲,以此为标志,我国面向世界,开启了新时期"一带一路"倡议。2015年9月,教育部印发了《关于加强外语非通用语种人才培养工作的实施意见》。2016年4月,中共中央办公厅、国务院办公厅印发了《关于做好新时期教育对外开放工作的若干意见》。2016年7月,教育部印发了《推进共建"一带一路"教育行动》的通知。2018年9月,习近平总书记在全国教育大会上强调,我们要以更高远的历史站位、更宽广的国际视野、更深邃的战略眼光对加快推进教育现代化、建设教育强国做出总体部署和战略设计。在这样的新时代背景下,外语教育面临大有可为的历史机遇,也肩负起了更多的时代任务。进入新时代,中小学外语教育改革由"课标驱动"推进到"素养驱动"。2013年,教育部启动"中国学生发展核心素养"项目研究。2014年,教育部印发《教育部

---

① 刘捷:《探索与经验:中国共产党外语教育百年回溯》,《课程·教材·教法》2021年第2期。

关于全面深化课程改革落实立德树人根本任务的意见》，启动了普通高中课程标准的修订工作。"核心素养"成为此次高中课程标准修订的关键词。①2016年，教育部发布《中国学生发展核心素养》。2017年，教育部发布了新版普通高中课程方案和14门课程标准。

2022年，《义务教育英语课程标准（2022年版）》出台。2022年版英语课标提出了语言能力、文化意识、思维品质和学习能力四大英语学科核心素养，并明确了新时代我国义务教育阶段英语教学的新理念：一是发挥核心素养的统领作用，落实立德树人的根本任务，以培养有理想、有本领、有担当的时代新人为出发点和落脚点；二是构建基于分级体系的课程结构，满足学生个性发展需求；三是以主题为引领选择和组织课程内容，紧密联系生活实际，体现时代特征，培根铸魂，启智增慧；四是践行学思结合、用创为本的英语学习活动观，坚持学创结合，培养学生解决问题的能力，形成正确的态度和价值判断；五是注重"教—学—评"一体化设计，坚持建立素养导向的多元评价体系，落实"双减"，促进学生全面发展；六是推进信息技术与英语教学的深度融合，促进义务教育均衡发展。②

新课程改革以来，全新的课程理念引领小学英语教育迅猛发展。小学英语教学的工具性与人文性的和谐统一，让英语学科的育人价值得到更全面的体现。它不仅注重培养学生交流、沟通的能力，更重要的是在语言教学过程中，关注对学生的意志品格、正确的价值观、自主学习意识与能力以及良好的学习习惯的培养；引导学生认识世界的多样性，在体验中外文化的异同中形成跨国文化意识，增进国际理解，弘扬爱国主义精神，形成社会责任感和创新意识，从而提高人文素养。

由此可知，从早期的教会传教士的小学英语教学，到民国时期小学英语教学的初步发展，至新中国成立前后小学英语的进一步发展，到"文革"时期的停办，至"文革"后的小学英语教学的复兴，小学英语教学经历了大起

---

① 刘捷：《探索与经验：中国共产党外语教育百年回溯》，《课程·教材·教法》2021年第2期。
② 中华人民共和国教育部：《义务教育英语课程标准（2022年版）》，北京师范大学出版社，2022，第2-3页。

大落的曲折过程,但英语教育始终承载着爱国主义教育、红色基因传承、为国育人的历史使命和责任担当。伴随着新中国的成长与发展,英语教学在思政教育和落实立德树人教育实践活动中也起到了重要的推动作用和非凡影响,为党和国家培养了一批又一批优秀的领袖人物和专业人才。

第二节 小学英语学科落实立德树人根本任务的学科特点

《义务教育英语课程标准(2022年版)》课程性质中指出,英语是当今世界经济、政治、科技、文化等活动中广泛使用的语言,是国际交流与合作的重要沟通工具,也是传播人类文明成果的载体之一,对中国走向世界、世界了解中国、构建人类命运共同体具有重要作用。因此,义务教育英语课程体现工具性和人文性的统一,具有基础性、实践性和综合性特征。学习和运用英语有助于学生了解不同文化,比较文化异同,汲取文化精华,逐步形成跨文化沟通与交流的意识和能力,学会客观、理性看待世界,树立国际视野,涵养家国情怀,坚定文化自信,形成正确的世界观、人生观和价值观,为学生终身学习、适应未来社会发展奠定基础。[①]

2014年3月,教育部发布了《教育部关于全面深化课程改革落实立德树人根本任务的意见》,提出了"核心素养"这一重要概念,要求将研制与构建学生核心素养体系作为推进课程改革深化发展的关键环节。英语课程以

---

① 中华人民共和国教育部:《义务教育英语课程标准(2022年版)》,北京师范大学出版社,2022,第1页。

习近平新时代中国特色社会主义思想为指导，全面贯彻党的教育方针，落实立德树人根本任务，以培养有理想、有本领、有担当的时代新人为出发点和落脚点。

核心素养是课程育人价值的集中体现，是学生通过课程学习逐步形成的适应个人终身发展和社会发展需要的正确价值观、必备品格和关键能力。英语学科核心素养主要由语言能力、文化意识、思维品质和学习能力四个方面构成。英语教师应以核心素养为抓手，落实立德树人根本任务。

一、通过语言能力培养，实现德育渗透

语言能力指在运用语言和非语言知识以及各种策略，参与特定情境下相关主题的语言活动时表现出来的语言理解和表达能力。[1]通过英语学习，学生能逐渐发展语言意识和形成英语语感，并在语境中整合性运用所学语言知识，理解口语和书面语所传递的意义，识别其恰当表意的语言手段，有效地使用口语和书面语传递意义和进行人际交流。

教学过程中，教师要有意识地创设必要的语言情境，通过听、说、读、看、写等方面的语言实践活动去学习、积累、应用英语。引导学生在解决问题的过程中，学习语言知识，发展语言技能，获得文化体验，汲取文化精华，提升思维品质，培养学习能力，实现迁移创新，从而培养良好的心理品质和思想道德品质，在语言学习过程中落实立德树人根本任务，为学生的终身发展打下坚实基础。

二、通过文化意识树立，浸润德育思想

英语作为语言学科，既有工具性价值，也有人文性价值。它受语言学、文化学、心理学、教育学、交际学等多种学科观点的支撑与滋养。英语学习

---

[1] 中华人民共和国教育部：《义务教育英语课程标准（2022年版）》，北京师范大学出版社，2022，第4页。

不仅要让学生在学习过程中习得英语语言的符号系统,还强调语言目标与人文目标的整合。英语学习可以让学生在中国文化与外国文化的双向交流与互动中,涵养多元文化素养,形成健康向上的审美情趣和正确的价值观。

文化意识是英语学科核心素养的重要组成部分,是学生在新时代表现出来的跨文化认知、态度和行为选择。[①]文化意识的培养有助于学生理解文化内涵、比较文化异同、增强家国情怀和人类命运共同体意识,提高接受和传播中华传统文化的能力,提升文明素养和社会责任感。

中华优秀传统文化是中华民族的"根"与"魂",是民族的凝聚力、创造力和生命力,立德树人必须从中华传统文化中汲取精神营养,这不仅是对中华文化的继承和发展,更是保障中华民族屹立于世界民族之林的关键所在。中华优秀传统文化内涵深远,以爱国主义为核心的民族精神与以改革创新为核心的时代精神的相互融合,构成立德树人的精神支撑。小学英语学科教学,除了要在语言学习中了解西方文化和中西文化的异同,更要运用语言向世界宣传和弘扬中华传统文化。用英语讲好中国故事,是学生在全球化背景下表现出的知识素养、人文修养和行为取向。教师要深度解读教材文本、整合教材资源、创设语言情境、挖掘文化内涵、浸润德育思想,帮助学生树立正确的人生观和价值观,促进学生终身发展。

三、通过思维品质锤炼,凸显德育功能

语言是交流的工具,也是思维的工具。语言学习可以丰富思维方式,发展思维能力。《义务教育英语课程标准(2022年)》指出:英语课程承担着培养学生基本英语素养和提升学生思维能力的任务。杜威曾说过:"学习就是要学会思维,学校为学生所能做的或需要做的一切,就是培养学生的思维能力。"思维品质的培养是新时期英语学科核心素养的重要组成部分,是

[①] 中华人民共和国教育部:《义务教育英语课程标准(2022年版)》,北京师范大学出版社,2022,第5页。

促进素养形成的心智保障。

英语学科思维品质的培养,主要指人的思维个性特征,反映学生在理解、分析、比较、推断、评价、创造等方面的层次和水平。小学中低年级阶段,重点培养学生的形象思维能力。随着学生年龄的增长,到小学高年级阶段,我们可以逐渐培养学生的创新思维能力和批判性思维能力。教师在教学过程中要保护好学生的好奇心和想象力,学生提出新观点、新方法、新设想,教师要引导他们做出独立的、正确的判断,并积极鼓励学生在观察、思考和发现规律的过程中提高思辨能力,形成良好思维品质。

四、通过学习能力发展,提升德育境界

学习能力是指主动学习、积极调适、自我提升的意识、品质和潜能,对实现英语学习目标、全人发展和终身学习至关重要。学生通过学习,具有持久的英语学习兴趣,主动学习的学习态度和明确的学习目标,运用恰当的学习方法开展自主学习、合作学习和探究学习,可以增加合作意识和团结协作精神,有助于监控和管理学习过程,多渠道获取学习资源,优化学习策略,养成学习习惯,提升德育境界。

学习能力的培养有助于培养学生养成良好的终身学习习惯。英语学习需要学生从一些线索中主动发现和揭示其中的内在联系,形成音形义之间的连接,可以培养学生自主学习的意识与思维转换的能力。例如:要求学生根据图片呈现的迹象去猜测人物的心情、根据上下文理解猜词、根据关键词理解短文大意、英语对话表演等等,都需要学生开展智慧性的学习活动,在主动发现中学习、在合作探究中学习、在实践创新中学习,体现了培养学生的自主学习能力、合作能力、探究能力和交际能力等多种能力的潜在价值。

语言能力、文化意识、思维品质和学习能力是英语学科核心素养的内涵,集中体现了英语学科的育人优势和育人价值。语言能力是核心素养的

基础要素，文化意识体现核心素养的价值取向，思维品质反映核心素养的心智特征，学习能力是核心素养发展的关键因素，四个维度相互渗透，融合互动，协同发展。

第三节 小学英语学科落实立德树人根本任务的基本要求

"国无德不兴，人无德不立。"党的十八大将立德树人作为教育的根本任务，习近平总书记就教育发展改革发表了系列讲话，深刻阐释了立德树人问题就是"为谁培养人、培养什么人和怎样培养人"的问题。立德树人就是"立育人之德"和"树有德之人"的有机统一。[①]"德"是学生成长的根本方向，是学生发展中的必修任务，也是首要任务。在任何时候我们谈及优秀人才时都会提到"德才兼备""品学兼优"，"德"始终都放在了首位。如今，新时代赋予了"立德树人"崭新的内涵和丰富的育人价值理论，对各学科落实立德树人目标提出了基本要求。

一、以课程标准为依据，坚定立德树人目标达成

党的十八大以来，习近平总书记提出"立德树人"的教育根本任务，并在全国教育大会上强调：要在党的坚强领导下，全面贯彻党的教育方针，遵

[①] 王嘉毅、张晋：《立德树人的科学内涵与现实要求》，《中国电化教育》2020年第8期。

第六章 小学英语学科落实立德树人根本任务的理论与实践

循教育规律,坚持改革创新,以凝聚人心、完善人格、开发人力、培育人才、造福人民为工作目标,培养德智体美劳全面发展的社会主义建设者和接班人。因此,《义务教育英语课程标准(2022年版)》强调英语课程是全面贯彻党的教育方针、落实立德树人根本任务、发展英语学科核心素养的基础性、实践性和综合性课程。该课程旨在培养学生学习和运用英语语言、了解和传播中外优秀文化,体现工具性和人文性相融合,具有时代性、基础性、实践性、成长性、综合性和整体性特征。通过英语课程的学习,学生感知、体验、理解和运用英语,发展语言能力,了解不同文化的差异,汲取文化精华,客观、理性地看待世界,逐步形成跨文化沟通与交流的意识和能力,树立国际视野,涵养家国情怀,养成良好品格,坚定文化自信,形成正确的世界观、人生观和价值观,学会自主学习、合作学习和探究学习,为学生终身学习和适应未来社会发展奠定基础。①

(一)坚持为党育人,为国育才

我们党为中国人民谋幸福、为中华民族谋复兴的初心使命,在英语教育领域具体表现为:为党育人、为国育才。培养什么人、怎样培养人、为谁培养人是英语教育首先要明确的根本问题。中国特色社会主义最本质的特征是中国共产党领导,中国特色社会主义制度的最大优势是中国共产党领导。我国是中国共产党领导的社会主义国家,我们的英语教育必须把培养社会主义建设者和接班人作为根本任务,培养一代又一代拥护中国共产党领导和我国社会主义制度、立志为中国特色社会主义奋斗终身的英语人才。

(二)发展核心素养,明确育人目标

义务教育英语课程以培养有理想、有本领、有担当的时代新人,实现课程的育人价值为出发点,以中国学生发展核心素养为指导,发展学生必备品格和关键能力,落实立德树人根本任务。核心素养作为课程枢轴,统领

---

① 中华人民共和国教育部:《义务教育英语课程标准(2022年版)》,北京师范大学出版社,2022,第1页。

课程目标、课程内容、教学方式、评价考试、教材编写等关键环节。义务教育英语课程体现了义务教育阶段学生身心成长的阶段性特征,注重在发展学生英语语言运用能力的过程中,帮助他们学会学习,理解和鉴赏中外优秀文化,涵养家国情怀,坚定文化自信,促进国际理解,逐步形成跨文化沟通与交流的能力,发展逻辑思维和辩证思维,涵养道德情操和审美情趣,树立正确的世界观、人生观和价值观。

(三)面向全体学生,建立分级体系

《义务教育英语课程标准(2022年版)》立足我国义务教育阶段学生英语学习的发展现状,坚持面向全体学生、兼顾差异、分层教学,确保课程的适切性。分级体系的设立体现学段的特点和要求,具有义务教育英语课程时代性、基础性、实践性、成长性、综合性和整体性的特点。教师应面向全体学生,充分考虑学习条件和学习经验,因地制宜,因材施教,确定教学内容与要求,[1]满足学生能力循序渐进与持续发展的不同需求,建立分级学习体系,设定分层教育目标,让每一个孩子都学有所获,学有所用。

(四)实施单元教学,发挥育人优势

义务教育英语课程内容的选取遵循培根铸魂、启智增慧的原则,紧密联系现实生活,体现时代特征,反映社会新发展、科技新成果,聚焦人与自我、人与社会和人与自然等主题,符合语言学习规律和学生认知水平。[2]课程内容由主题、语篇、语言知识、文化知识、语言技能和学习策略六个要素构成。强调以单元形式组织呈现内容,以主题为引领,以不同类型的语篇为依托,融入语言知识、文化知识、语言技能和学习策略的学习要求,避免碎片化的知识学习。教师依据核心素养和学段目标,挖掘单元内各语篇蕴含的育人价值,明确预期的核心素养综合表现,充分发挥单元内容育人功能,

---

[1] 中华人民共和国教育部:《义务教育英语课程标准(2022年版)》,北京师范大学出版社,2022,第1页。
[2] 中华人民共和国教育部:《义务教育英语课程标准(2022年版)》,北京师范大学出版社,2022,第2页。

使学生完成单元学习后,能够运用所学知识技能、方法策略和思想观念,尝试解决真实情境中的问题,在解决问题的过程中有逻辑地表达个人对单元主题的理解,形成结构化认知,做出正确的价值判断,促成正确的态度和价值观的形成。

(五)深入研读语篇,促进素养发展

语篇是英语课程的要素之一,语篇承载着表达主题的语言知识和文化知识,为学生提供多样化的文体素材。教师围绕真实情境和真实问题,开展语篇研读实践活动,学生通过学习理解类活动,获取和梳理语言和文化知识,形成知识间的关联;通过应用实践类活动,内化所学语言和文化知识,加深理解并初步应用;通过迁移创新类活动,联系个人实际,尝试在新的情境中运用所学解决真实生活中的问题,体现正确的价值判断,达到学用结合、学以致用的目的。这样,学生在体验中学习、在实践中运用、在迁移中创新,推动自身的核心素养在义务教育全程中持续发展。

(六)完善评价体系,提升学业质量

义务教育英语课程要求实施"教—学—评"一体化教学,倡导形成性评价与终结性评价相结合的评价理念,探索主体多元、方式多样、素养导向的评价体系。形成性评价强调评价的过程性和发展性,一方面发挥学生的主观能动性,引导他们主动监控和调整自己的学习目标、学习方式和学习进程,高效地开展学习;另一方面促使教师根据学生在学习过程中的表现及时提供反馈与帮助,持续反思和改进教学,服务学生核心素养的形成与发展,推动以评促学、以评促教。终结性评价关注价值引导和命题方式创新,在考查学生语言能力的同时,重视考查学生的文化意识、思维品质和学习能力,确保评价目的与学生核心素养发展目标一致。

(七)丰富课程资源,促进英语教育信息化

义务教育英语课程倡导信息技术与英语教学的深度融合,重视教育信息化背景下英语教与学方式的变革;鼓励教师合理利用、创新使用数字技术和在线教学平台,开展线上线下融合教学,创设丰富的语言学习情境,为学生提供满足个性化需求的优质英语学习数字资源;充分发挥现代教育技术对英语课程教与学的支持与服务功能,选择恰当的多媒体手段、人工智能、大数据等新技术,探索开展因材施教和精准施教的路径,拓展学生学习和运用英语的渠道,缩小城乡英语教育发展的差距。

(八)加强国际理解教育,培养国际视野

党的十八大以来,教育对外开放的蓝图更清晰,布局更宽广,助力更显著,品牌更鲜明,影响更深远。习近平总书记强调:"推进教育现代化,要坚持对外开放不动摇,加强同世界各国的互容、互鉴、互通","要大力培养掌握党和国家方针政策、具有全球视野、通晓国际规则、熟练运用外语、精通中外谈判和沟通的国际化人才,有针对性地培养'一带一路'等对外急需的懂外语的各类专业技术和管理人才,有计划地培养选拔优秀人才到国际组织任职"。加快推进我国教育现代化和培养更具全球竞争力的人才,各级各类外语教育要作出新努力、新贡献。基础教育阶段要加强中小学国际理解教育,帮助学生树立人类命运共同体意识,培养德智体美劳全面发展且具有国际视野的新时代青少年。同时,外语教育要坚定支持多边教育合作,助力中国在联合国、二十国集团、亚太经合组织、上海合作组织、金砖国家等多边机制下的教育合作中发挥积极的建设性作用,让中国走向世界,让世界更好地了解中国,为全球教育发展贡献中国力量,为全球教育治理贡献中国方案。

"发展英语学科核心素养,落实立德树人根本任务",是新课程标准基本理念之一,立德树人是新课程改革的课程目标,旨在发展学生的语言能

力、文化意识、思维品质和学习能力等英语学科核心素养,以德育为魂、能力为重、基础为先、创新为上的实施策略,注重在发展学生英语语言运用能力的过程中,帮助他们学习、理解和鉴赏中外优秀文化,培育中国情怀,坚定文化自信,拓展国际视野,增进国际理解,逐步提升跨文化沟通能力、思辨能力、学习能力和创新能力,形成正确的世界观、人生观和价值观。

二、以课程实施为基础,发挥学科特有育人价值

所谓学科的育人价值,是指某个学科的课程、内容除了使学生学习某些学科知识和发展学科技能之外,还要促进学生在心智能力、情感态度、思想品德、社会责任等方面的发展。基础教育阶段的各门学科都有育人的价值,都可以从不同角度促进学生的全面发展,英语学科也不例外。长期以来,英语学科一直被认为是一门工具性学科,中小学开设的英语课程在内容选择和目标设置方面都具有明显的偏向性,缺乏对学科育人价值的把握。[1]如果不能准确把握英语学科的育人价值,就不能理解英语学科核心素养的内涵。因此,各学科都应以核心素养为基础来设置课程的内容和目标,除了重视发展学生的学科能力以外,还应凸显课程的育人价值,英语学科的育人价值是学科核心素养的基础。

英语学科不仅是一门工具性学科,还具有更为广泛的育人价值,它是工具性和人文性的统一。对于中国人,英语是一门外语,学习英语有利于我们国家与别的国家和国际组织在经济、文化、科学技术等领域开展对外交流与合作,也有利于我们通过英语来学习科学文化知识。但是,如果仅仅从英语作为交流工具的角度来看待小学英语学科和英语课程的价值是完全不够的。英语不仅是交流的工具,也是思维的工具,英语课程承担着提高综合人文素养的任务,学习外语,不仅仅是与人用外语交流,同时也是引导学生用另一种认知的方法思维,培养健康的价值观,涉及的是心智发展

---

[1] 程晓堂、赵思奇:《英语学科核心素养的实质内涵》,《课程·教材·教法》2016年第5期。

和可能对学生品格产生的影响,教授语言与发展学生品格同等重要。[①]学习英语的过程是学生接触其他文化、形成跨文化理解意识与能力的重要途径,也是促进学生认知能力、情感态度、思维能力和价值观进一步发展的过程,这就是英语学科更深层次的育人价值。

三、以核心价值观为导向,落实立德树人根本任务

核心价值观是一个民族、国家、社会精神追求的集中体现。社会主义核心价值观既是社会主义事业的本质要求,也是立德树人的基本要求。学校是培养学生的摇篮,也是培育和践行社会主义核心价值观的主阵地。小学阶段,少年儿童的自我认知水平和判断能力较低,易受外界环境影响,价值观没有完全定型,需要教师为他们指明正确的发展方向,以正确的价值观引领其健康发展。课堂教学是学校教育的主战场,教师要紧扣立德树人的根本任务,让学生在课堂浸润中领会、在主题活动中深化、在生活实践中践行。小学英语学科教学也应以社会主义核心价值观为导向,坚持立德树人的根本任务,帮助学生系好人生的第一粒扣子。

(一)创造性使用教材,挖掘学科育人价值

教材是实现教学目标的重要材料和手段。教师在教学中要根据教学的需要,创造性地使用教材,对教材加以适当的取舍和调整。力求教学内容不囿于教材编写内容,不仅要注重语言知识的传授和操练,更要充分发掘课程、教材和教学方式中蕴含的育德资源,渗透核心价值观的教育,落实立德树人根本任务。小学英语教材内容丰富,涵盖国家、家庭、朋友、节日、自然、职业、爱好等与儿童生活息息相关的单元话题,每个单元和章节都蕴藏着一定的人文性内涵,包括礼仪教育、劳动教育、家国情怀、人际交往以及人与自然的和谐等,是教师引领学生形成价值观的良好素材。

[①] 龚亚夫:《英语教育的价值与基础英语教育的改革》,《外国语》2014年第6期。

小学英语教材中编写的语篇及语言实践活动虽然比较简短，但都具备了情景真实、语言自然的特点，教师要正确把握英语学科的语言目标和学科特有的育人价值，认真分析教材，整合教材资源，挖掘教材中所蕴含的价值观教育资源和文化内涵，适当地对学生渗透社会主义核心价值观教育，在培养学生语言学习能力的同时，让学生在情感共鸣中潜移默化地接受感召，形成良好的品格，逐渐建构社会主义核心价值观。如下课例所示（教学内容选自人教版三年级起点PEP《英语》）。

教学材料改编对比原教材教学材料（斜体部分为选取内容）

三年级上册第二单元A. Let's learn

Sarah：*I see green.*

Wu Binbin：*I see red.*

三年级下册第五单元B. Let's talk

Father：Have some grapes.

Mike：*Thanks, I like grapes.*

Zhang Peng：Sorry, I don't like grapes. Can I have some bananas?

Sarah：Here you are.

四年级上册第五单元A. Let's talk

Mike：Mom, I'm hungry. What's for dinner?

Mum：What would you like?

Mike：*I'd like some soup and bread, please.*

Mum：What would you like for dinner?

Dad：Some fish and vegetables, please.

Mum：Dinner's ready?

Dad：Thanks！

四年级下册第一单元B. Let's talk

Chen Jie：Welcome to our school！ This is my classroom.

Man: It's so big! How many students are there in your class?

Chen Jie: Forty-five students.

Man: Is that the computer room?

Chen Jie: No, it isn't. It's the teachers' office.

Man: *Do you have a library?*

Chen Jie: Yes, we do. It's on the second floor. This way, please.

五年级上册第四单元 A. Let's talk

Miss White: We'll have an English party next Tuesday. What can you do for the praty, children?

Zhang Peng: *I can sing English songs.*

Miss White: Wonderful! How about you, John?

John: I can do some kung fu!

Miss White: Thank you, John.

五年级上册第三单元 B. Let's talk

Sarah: *What's your favorite food?*

Zhang Peng: *Noodles. I love beef noodles. They are delicious. What's your favorite food?*

Sarah: Fish.

Zhang Peng: Well, let's see. We have beef noodles and fish sandwiches today.

Sarah: Great!

六年级上册第六单元 B. Let's talk

Mum: Sarah, Sam. Come here, please.

Sarah: What's wrong?

Mum: Your father is ill. He should see a doctor this morning, so we can't go to the zoo today.

Sarah: Oh, no!

Mum: *Don't be sad. We can go next time.*

Sarah: How does Dad feel now?

Mum: Not well. Let's go to the hospital.

六年级下册第一单元 B.Let's talk

Zhang Peng: Look! That's the tallest dinosaur in this hall.

Mike: Yes, it is. How tall is it?

Zhang Peng: Maybe 4 meters.

Mike: Wow, it's taller than both of us together.

Zhang Peng: Look! There are more dinosaurs over there!

Mike: They are all so big and tall.

Zhang Peng: Hey, this dinosaur isn't tall! I'm taller than this one.

Mike: *Oh, yes. How tall are you?*

Zhang Peng: I'm 1.65 meters.

整合创编后教学材料: My chopsticks, my stories.

Mom: You can eat noodles with chopsticks.

旁白: Look at that fat baby, that was me. I can eat noodles with chopsticks. What can you eat with chopsticks?

I: I'd like some chicken and fish. What would you like?

旁白: Chopsticks helped me try the tastes.

Mom: Hey, Julie!

旁白: Chopsticks taught me learn the manners. I'm sorry, grandma. You first, please.

旁白: Don't pick dishes with chopsticks. Don't ... We should let the elders always be first.

Teacher: How long are the chopsticks?

Student: They're 22cm.

Teacher: Chopsticks are usually from 20—25cm.

旁白：Chopsticks helped me know the rules. Not too short, not too long.

Teacher：Can you break the chopsticks?

旁白：Chopsticks made me feel the spirits.

Mom：Union is strength.

旁白：Chopsticks taught us so much. From then on, brother and I learned to stay as a team with others.

《义务教育英语课程标准(2022年版)》指出,学生在获得文化知识、理解文化内涵的基础上,还应当坚定文化自信,培养一定的跨文化沟通和传播中华文化的能力。由此可见,在英语教学中渗透中华优秀传统文化既能提高学生的英语综合语言能力,又能弘扬中华优秀传统文化,促进学生文化意识的培养。本节课基于人教版小学英语教材(三年级起点)3—6年级的重点单词、短语和句型创设语言材料,将中国传统文化产品之一的"筷子"作为主题,基于学生的认知储备,充分引导学生联系生活实际,延展对"筷子"的文化理解。课中采用了多模态教学内容的输入,通过情景导入、预测猜想、视频欣赏、情感体验、思维训练、游戏体验等多种方式进行信息传递,学生通过了解"我"的成长经历中与筷子的故事,表达和理解了筷子的作用、使用筷子的基本餐桌礼仪,筷子背后所蕴含的道理及精神,感悟到中国文化的博大精深,坚定了文化自信。

(二)优化教学设计,体现核心价值内涵

2018年,《教育部关于加快建设高水平本科教育全面提高人才培养能力的意见》要求把思想政治教育贯穿高水平本科教育全过程,强化课程思政和专业思政。2019年,《教育部关于深化本科教育教学改革全面提高人才培养质量的意见》要求把课程思政建设作为落实立德树人根本任务的关键环节,充分发掘各类课程和教学方式中蕴含的思想政治教育资源。2020年,《高等学校课程思政建设指导纲要》将全面推进课程思政建设定位为落实立德树人根本任务的战略举措。可以看出,从"强化课程思政"到"关键

环节",再到"战略举措",国家政策规划对课程思政的定位和要求越来越高。[①]教学设计是教育理念与教学实践的统一,是推动教育教学改革的关键环节,是落实立德树人根本任务的实践抓手,教师需要基于超越英语学科知识的设计,深挖立德树人的目标内涵,回归学科育人本质,做到知识传授与价值引领相统一。

在复杂的教学过程中,小学英语教学设计要将立德树人融入教学目标、教学内容、教学过程、教学评价等全过程,形成以语言知识为核心、以学科育人价值为重点的全方位育人观。

1. 教学目标

现代课程论强调课程的本质是目标导向的教育活动。因此,落实小学英语立德树人目标的首要任务是精准设定教学目标。教学目标要基于语言素材的深度挖掘提炼而成,德育目标应当与语言教学目标有机衔接,不可脱离语言素材而独立存在,被任意拔高或贴标签,导致思政目标与语言目标不同步。

2. 教学内容

教师可以结合小学英语立德树人的学科内涵,一方面要聚焦语言知识传授和能力的培养,另一方面要聚焦学科特有的育人价值塑造。内容设计要体现两者的有机融合。这就要求英语教师在单元教学内容中找准德育元素的切入点,厘清思政内容和语言学习内容之间的内在契合关系,以无缝对接和有机互融的方式,做到两者的融合发展,使学科教学内容和德育目标相得益彰。

3. 教学过程

课堂教学对社会主义核心价值观的建构具有重要意义。在小学英语课堂教学过程中,教师要充分挖掘德育素材、设计得当的教学活动、采用科学

---

① 胡杰辉:《外语课程思政视角下的教学设计研究》,《中国外语》2021年第2期。

的教学方法,让社会主义核心价值观在循序渐进过程中"内化于心,外显于行",培育和践行社会主义核心价值观。

4.教学评价

小学英语学科教学评价既要注重评价内容,也要考虑评价形式。以形成性评价与终结性评价相结合,以教师评价、同伴互评、自我评价等多元评价方式,运用信息技术、智能批改技术等手段,开展及时评价,促进社会主义核心价值观的形成。以 My chopsticks, my stories 教学设计为例(见附件)。

本节课充分体现了新课程标准下倡导的"让学生在教师的指导下,通过感知、体验、实践、参与和合作等方式,完成任务目标、感受成功"的理念,使学生在情景中感受、体验和运用语言。

(1)面向全体学生,注重素质教育。

本节课面向全体学生,特别关注学生的情感,通过最喜爱的食物等紧密联系生活的问题引出课题,激发学生的英语学习兴趣,在这里就建立了孩子们学习的自信心,使他们在学习过程中发展语言运用能力,增强语言自信,为后续内容做好铺垫。

(2)整体设计目标,体现灵活开放。

本节课在新课标和英语学科核心素养理念的指导下,聚焦学生的语言能力、文化意识、思维品质、学习能力的发展,培养学生的综合语言运用能力。其中本课以教师从幼时至今亲身经历的与筷子之间的四个小故事为主线,以筷子与中国美食、筷子与餐桌礼仪、筷子与中庸之道、筷子与团结精神为主要学习内容,充分结合学生的旧知,以旧引新、新旧融合。

(3)突出学生主体,尊重个体差异。

学生的发展是本节课的出发点和归宿。本节课在教学过程、课程评价和教学资源的开发等方面都突出以学生为主体的思想。在教学过程中,教师运用听、说、读、看、写等多种方式,巧妙地将中国文化的内涵贯穿始终,不仅实现了语言在真实语境中的意义操练,更通过多个学生自主、合作、探究的学习活动,让学生在体验中理解并"用英语讲好中国故事",促进了学生对中国优秀文化的理解和认同。

(4)采用活动途径,倡导体验参与。

本课还是任务型的教学模式,让学生在教师的指导下,每一个故事环节都通过感知、体验、实践、参与等方式,实现任务的目标。学生在每个任务教学的环节中,进行情感和策略的调整,以形成积极的学习态度,促进语言实际运用能力的提高。

(5)注重多元评价,促进学生发展。

本节课建立了能激励学生学习兴趣和自主能力发展的评价方式。教学中,关注过程评价,教师在课堂上从学习兴趣、学习习惯、学习效果等不同维度对学生即时评价,通过激励性的语言、眼神表情的交流、肢体语言的表达进行即时反馈,将欣赏、肯定与鼓励持续传达给学生,以保持学生的学习热情,同时,还采用了学生自我评价和分层设置作业的方式,培养和激发学生学习的积极性和自信心。

(三)设置任务驱动,外显核心价值行为

习近平总书记多次强调社会各界都要"讲好中国故事,传播好中国声音",引起了全社会的高度关注和积极响应。教育不仅要增加学生的知识能力,更要内化于行为。因此,教育要想达到理想效果,不只在于学生习得多少知识,更在于学生能主动探究和体验,在自我发现和感悟中成长。英语教师担负着增进跨文化理解的职责,更应落脚于课堂,引导学生探寻和感知社会主义核心价值观内涵,用英语讲好中国故事,用实际行动践行社会主义核心价值观。在小学英语教学过程中,教师应利用教育平台,丰富教学方法与手段,创新教学实践活动,为学生设计最真实的社会情景和实践任务,用任务驱动触发学生的情绪体验,在真实活动或事件中感悟其折射出的启示和正能量,培养合作精神和团结意识,让学生在活动任务中更加深刻地理解社会主义核心价值观的内涵,在任务完成中内化核心价

值观。

例如,有教师创编课文 The Palace Museum 作为课外阅读资料,选择了中华传统文化中最具代表性之一的故宫作为教学主题,通过学生感兴趣的颜色、动物和建筑三大内容着手,从 colors(颜色)到 natural rules(自然法则)、从 animals(动物)到 good qualities(美好品质)、从 buildings(建筑)到 craftsman's spirits(工匠精神)[1],以任务完成为活动主线,层层推进,品味文化内涵,旨在带领学生领略故宫之壮美、体会中华文化之博大、感受中华民族之宏伟,进而树立学生的文化自信心,培养学生争做堂堂正正的中国人的优秀品质。

故宫文化博大精深,内容丰富多彩、包罗万象,其丰厚的文化资源,对我们传承中华民族的优秀传统文化、建设中华民族共有精神家园和加强同世界各国的文化交流、扩大中华文明的国际影响力,都能够产生重要的作用。但如何针对小学生的年龄和个性特点进行教学成了一大难题,教师便创编设计了主人翁"小格格",以完成游览活动任务。同时,以探寻故宫之美作为主线索,结合学生的已有认知,从颜色、动物和建筑三大方面,以任务为导向,从巧引"小格格"到欣赏故宫之美、探寻故宫之美、赞叹故宫之美,不断引导学生由浅入深地领略中华优秀传统文化之美,清晰地将本课主题内容串联起来。让学生在不断观察、思考、探寻中,发现中华优秀传统文化之美,感知中华优秀传统文化的精神内核。这些博大精深的中华优秀传统文化既能"增强做中国人的骨气和底气",是我们最深厚的文化软实力之一,也是我们文化发展的母体,积淀着中华民族最深沉的精神追求,助力我们华夏儿女坚定中华文化自信。

语言的文化属性决定了语言教育本质上是一个陶冶性情、构建精神的文化育人过程。通过对中华优秀传统文化的了解,深植文化自信心,坚定民族自信。以文化人,培养学生的爱国主义精神。教师在任务设置过程中为学生们提供了清洁、权威的故宫相关网站,让孩子们自主探索美妙的故

---

[1] 王若语:《用英语讲好中国故事》,北京理工大学出版社,2021,第2页。

宫世界，浸润在中华优秀传统文化之中，还通过写明信片等方式，让学生运用所学向家人、朋友，乃至世界介绍故宫和中华民族其他的名胜古迹，不仅提升了学生的写作能力，还增强了用英语传播中华优秀传统文化的实践能力，让核心价值观内化于心，外显于行。

（四）拓展课外资源，深化核心价值思想

在党的十九大报告中，习近平同志提出"没有高度的文化自信，就没有中华民族的伟大复兴"。生生不息的中华文明滋生了独具特色的中华传统文化，它已积淀为中华民族的基因，植根于中国人的内心。《义务教育英语课程标准（2022年版）》提出，落实立德树人的根本任务，以德育为魂、能力为重、基础为先、创新为上，注重在发展学生英语语言运用能力的过程中，帮助他们学习、理解和鉴赏中外优秀文化，培育家国情怀，坚定文化自信。社会主义核心价值观则是中华优秀传统文化的延续与升华。因此，培育与践行社会主义核心价值观是立德树人的基本要求之一，也是小学英语学科落实立德树人根本任务的有效方法和重要路径。中华优秀传统文化如同一片深厚沃土，滋养着社会主义核心价值观在学生心中生根发芽、茁壮成长。在小学英语课堂教学中，教师可以充分挖掘课外资源，用中华优秀传统文化和地方优秀传统文化中所蕴含的思想观念、人文精神、道德规范等熏陶学生的心灵。教师可以搜集更多课外资源来帮助学生了解我国的节日习俗、传统故事、民间技艺、文物古迹等，加深学生对我国文化的理解和认同；或者选择有关中华优秀传统文化的英语绘本故事、组织开展传承与中华优秀传统文化相关的主题教育活动，引导学生感悟祖国的强大、社会的美好，做好中华优秀传统文化的传承者和传播者，深化社会主义核心价值观。

例如大足区英语教师以世界文化遗产大足石刻为题材，创编了 Talking Stones 教学内容，文本结合人教版六年级下册第一单元 How tall are you? 以及五年级上册第一单元 What's she like? 和第四单元 What can you do? 等内容,用拟人化的手法,赋予石刻以生命,石刻们为了能跟着书记去北京参加"两会",展开激烈角逐,分别从 appearance, ability, character 三个方面,由浅入深进行自我介绍,生动活泼的形式旨在引导学生学会欣赏石刻艺术美的能力[①]。学生通过观察能运用 I'm taller/smaller/bigger than all of you. I can..., I'm so..., 来描述石刻,既能欣赏石刻的精美造像艺术,也能体会到石刻中渗透的文化内涵。

Talking Stones 以课程标准基本理念为导向,以核心素养的四大方面为目标,以学生为主体,面向全体学生,实现英语课程中工具性和人文性的融合,彰显大足石刻博大精深的石刻文化和叹为观止的工匠艺术,激发学生的民族自豪感和增强其文化自信。强调大足的石刻会说话,说的就是石刻文化,是我们中国优秀的传统文化。大足石刻作为承载"三教"融合思想的艺术宝库,以其艺术性的表现和世俗化的理解,对中国传统文化的核心价值和深厚内涵做了全新的诠释。它所宣扬和倡导的惩恶扬善、告诫世人的道德要求,以及心主一切、百行孝为先的行为准则,与中华优秀传统文化的核心价值观异曲同工。学习过程中,教师巧妙融合当下热点新闻的"书记带着国宝去'两会'"这一思政元素,发起石刻之间的 PK,进而从 appearance, ability, character 三个方面,带领学生领略这一世界文化遗产蕴藏的东方艺术的包容之美,浓厚的世俗信仰,纯朴的生活气息,宛若一幅宏大的民间风俗画卷。在语篇解读过程中,引导学生借助语言支架,领略大足石刻精湛绝妙的雕刻艺术、博大精深的石刻文化,提炼出从善、孝顺等文化精神,激发其民族自豪感,涵养家国情怀,坚定文化自信。

[①] 王若语:《用英语讲好中国故事》,北京理工大学出版社,2021,第24页。

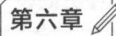

第四节

小学英语学科落实立德树人根本任务的实践路径

英语学科的育人价值是工具性与人文性的有机融合与统一,现行小学英语教材为我们提供了爱国主义教育、传统美德教育和行为习惯教育等多方面的内容,因此,小学英语教学一方面要加强语言技能的训练,另一方面也要注重情感的熏陶。在教学过程中,要深入挖掘教材中的德育因素,利用教材不失时机地进行思想教育。

一、钻研教材,挖掘教材中独特的育人优势

小学英语的教学内容广泛,包含大量德育素材,既具有时代特征,又具有思想性,它不仅是语言知识的载体,也是道德内容的载体,是塑造学生良好品德的媒介。在小学阶段各学科中,英语学科在渗透德育方面更占优势。首先,英语教学在目标的制定过程中要体现"情感态度与价值观"这一目标,这就要求教师在教学中除了要教授学生学科知识,还要进行德育渗透。其次,英语作为一门学科,既是一门语言,又是信息的载体,是一门兼有工具性和人文性的学科。语言是人类最主要的交际工具,是人们交流思想的媒介,也是人们表达思想情感、传播文化知识的重要工具。再次,小学英语教学经常采用游戏、对话、角色扮演等教学手段创设真实生活情境进行教学,育德在真实的情境中进行,效果比单纯的说教更有效。所以,无论从小学英语学科的教学目标,还是从小学英语教学所采用的教学方法,或

是从小学英语教材所提供的教学内容上,都为小学英语教学中渗透德育提供了得天独厚的优势。[①]

因此,教师要深入钻研教材,挖掘教材中的德育元素,将德育元素与语言知识的教学巧妙结合,潜移默化地在教学中进行德育渗透,发挥学科育人优势。

二、资源开发,发挥学科特有的育人价值

在英语教学中有效实施德育渗透,发挥学科特有的育人价值,既要深入钻研教材,也要开发课内外资源、与其他学科资源相融合,有目的、有计划、自觉地寓德育于英语课堂教学之中。

(一)以文化为载体,深化德育教育

2017年1月,中共中央办公厅、国务院办公厅印发《关于实施中华优秀传统文化传承发展工程的意见》要求,要把中国传统文化全方位融入教育的各个环节,积极构建课程体系。英语是交流的工具,也是文化的载体,承载着人类文化,包含着人文精神,具有特殊的感染力和思想性。因此,英语课程目标应包括文化目标,即文化意识、文化理解、跨文化交际意识和能力。英语学科可以结合单元话题的需要,适当融入中西方文化教育,帮助学生形成跨文化交流能力,同时可以拓展课程资源,用英语讲好中国人自己的故事,宣传中华优秀传统文化和地方文化,传承中国优秀文化品质和人文精神,让世界更好地了解中国和中国文化。2021年春季,重庆市优质课赛课活动以"用英语讲好中国故事"为主题,40多个区县英语教师代表,46个参赛选手,以生动的案例,或文物建筑,或传统故事,或民间技艺,或价值观念,或中国制造,或重庆风光参赛……无不折射出小学英语教学中蕴含的育人价值,他们在教学中融入中华优秀传统文化,在文化熏陶中宣传

[①] 钟春华:《小学英语教学中德育渗透研究》,硕士学位论文,上海师范大学,2018,第16页。

和弘扬中华传统美德,传承德育精神。

(二)以生活为背景,拓展德育教育

杜威说"教育即生活",教育学家赞可夫也说:"德育必须触及学生的情感领域,触及学生的情感需要,才能发挥有效的功能。"在教学过程中,要对学生进行德育教育,只有从生活实际出发,切实解决学生的实际问题,才能做到因势利导。所以,教师必须善于唤起和诱发学生在日常生活中道德现象的情感体验,联系实际生活进行德育教育。低年级学生应从讲文明、懂礼貌、关心同学、尊敬师长等方面入手;高年级学生则从一些动手动脑的方面来入手,如:遵守社会公德、规章制度、爱护动物、保护环境等方面。在课堂上,教师要做个有心人,时刻关注学生的动态,找准机会,适时、适度地进行德育教育,让学生在自然情景中受到情感的熏陶,从而内化为自己的道德意识。

三、优化目标,体现学科全面育人价值

教学目标是教学的出发点和归宿,是一节课的灵魂,是教师对学生达到的学习成果或最终行为的明确阐述,一切学习活动都要围绕目标展开。因此,教学目标的设定要科学合理,既要重视语言知识的传授,也要重视情感教育和文化意识的培养。目前小学英语教学共提出两个级别的目标要求:一级为小学三、四年级的教学目标要求,二级为小学五、六年级的教学目标要求。有条件的地区可以超过二级的要求,有困难的地区经省级教育行政部门批准后可以适当降低要求。目标制定不仅要体现全面的育人价值,也要遵循教育规律。

(一)全面制定教学目标

小学英语教学设计中,广大教师非常关注语言目标的制定,却常常忽略

情感态度、学习策略和文化意识方面的教学目标。因此，教师应创设一定的情境挖掘英语教学中的德育因素，寓情于景，寓情于教，让学生的知识技能得到锻炼，道德情感得到升华。

（二）制定明确的教学目标

明确的教学目标是整个课堂教学的"灵魂"，因此一定要注意目标制定的准确性、系统性和渐进性。教师在进行教学目标设计时，必须进行周密细致的思考，并做出具体、明确的陈述。教学目标明确后，学生的学习任务的目的性才能增强，学习效率才高。

（三）适度制定教学目标

一个单元所要达到的教学目标，要经过循序渐进的教学和学习才能实现。在制定教学目标时，我们应根据学生的年龄、心理特征，从学生的认知水平出发，制定适度的教学目标，不能过难，也不能太易，然后紧紧围绕重点教学目标安排教学过程和教学任务，才有利于目标达成，建立学习自信心。

四、教学实践，探索学科立德树人路径

要在小学英语教学中落实立德树人的根本任务，只局限于理念的更新，德育素材的收集，教学资源的整合和教学设计的创新是远远不够的，必须在教学过程中选择合适的德育渗透方法与途径实施，才会取得较好的育人效果，下面以重庆市2021年春季"用英语讲好中国故事"主题赛课案例加以说明。

（一）在口语交际中落实德育渗透

小学英语教材中包含了大量的口语交际的教学内容，所以在小学英语课堂教学中，教师经常会采用group work，pair work，discussion等活动形式给

学生提供操练、巩固语言知识的机会。在这样的教学活动中，由于最后的呈现结果都是小组交流的形式，学生会逐渐认识到同学间团结协作的重要性，从中培养自己的互相尊重、团结协作等优秀品质，无形中落实了德育教育。谢家湾小学 My chopsticks，my stories，创新设计了 try the tastes（尝百味）、learn the manners（识礼仪）、know the rules（明事理）和 feel the spirits（知精神）四个活动，孩子们从口语交际活动中认识了筷子的特点和饮食礼仪文化，体会了"一根筷子易折断，十根筷子抱成团"的团结合作精神，恰到好处，无缝衔接。北碚朝阳小学的 Kite flying，从风筝的 join，glue，paint，fly 四个步骤，折射出 Chinese skills（中国技艺）、Chinese wisdom（中国智慧）、Chinese spirits（中国精神和）Chinese dream（中国梦想），学生在交际活动中树立了爱国主义情怀。大足区的 Talking stones，让孩子们在辩论中认识了世界文化遗产大足石刻所蕴含的科学原理、文化内涵和历史意义，是中华民族价值观的见证，促进了学生正确价值观的形成。

（二）在阅读教学中落实德育渗透

阅读教学是小学英语教学的重要环节，是英语学习必不可少的练习手段，是小学生学习语言和感受语言的重要途径。阅读可以开阔眼界，感受正能量，阅读是学生学习知识和明白事理的有效渠道之一，这就是无形的德育。阅读教学不仅仅是理解其内容，更重要的是培养学生自主学习的能力，发展学生的学习策略。阅读内容蕴含着丰富的思想文化内涵，是实现英语课程目标的有效载体，更是德育渗透的重要依托。[①]学生在英语阅读过程中，体会语言之美妙的同时，还会培养学习策略，增强文化素养，学习人物品质，从而转化成自己的价值观，在潜移默化、耳濡目染中感受德育，促进正确道德观的形成。人和街小学的 China's bridges 让孩子们在阅读过程中认识了不同样式、不同材质、不同地方的桥梁，桥梁承载了历史的足迹，带着中国精神走在了世界前列，激励着孩子们从小立志为国读书的理想信念。

[①] 钟春华：《小学英语教学中德育渗透研究》，硕士学位论文，上海师范大学，2018，第42页。

(三)在趣味操练中落实德育渗透

根据小学英语教材的特点和学生的身心发展规律,小学英语课堂教学的活动方法多样,趣味性强。如:儿歌教学法、游戏教学法、对话表演法、情景创设法等,在这些活动中,学生不仅掌握了基本的语言知识和技能,同时还激发了学习兴趣,增强了情感体验,也让学生在真实的德育氛围中学会了与人沟通交流的礼仪,在角色扮演中培养了合作精神,感知了生活态度,无形中强化了道德价值观,促进了良好的道德品质的形成。璧山区文风小学的Amazing Chongqing,荣昌后西小学的The lion dance,万盛区中盛小学的Let's go to Chengdu等,将重庆非遗、舞狮表演、川剧变脸带进了课堂,孩子们在语言练习中感受中国文化的魅力,在真实情景中厚植家国情怀。

(四)在拓展训练中落实德育渗透

学生的真实体验是加深德育渗透最有效的方法,小学英语教学必须引导学生将德育知识融入自己的情感体验过程。因此,在英语教学中,教师要精心设计课堂教学活动,将课堂上的德育内容扩展到学生的生活空间,让学生在现实生活的特定情境中进行德育实践探索,使教育具有针对性,使情感体验达到最优化,让学生在日积月累、潜移默化的过程中渗透德育。比如中国剪纸的制作、国画线条的尝试等,既可以培养学生的语言实践能力,还可作为赠送亲朋好友的礼物,从而培养学生的动手能力和团结同学、尊敬老师、热爱劳动、珍惜自己和他人的劳动成果的美德,珍惜人与人之间真挚情感的美好情操。

五、科学评价,保障学科立德树人目标

新课程标准强调"教—学—评"一体化设计理念,强调以评促学、以评定教,将评价贯穿教与学的全过程。注重发挥学生的主观能动性,引导学生成为各类评价活动的设计者、参与者和合作者,自觉运用评价结果改进

第六章 小学英语学科落实立德树人根本任务的理论与实践

学习。主张主体多元、方式多样、素养导向的英语课程评价体系。[1]教学评价是课堂教学的重要组成部分,科学的评价体系是实现课程目标的重要保障。教学评价必须明确为什么检测、检测什么、怎么检测的问题,回应核心素养背景下教育根本任务,即培养什么人、怎样培养人和为谁培养人的问题。教学评价是对整个教学活动过程的评价,教学评价有助于学生不断体验英语学习的进步和成功,更加全面地认识自我、发现自我,保持并提高英语学习兴趣和学习自信心[2],对促进核心素养发展具有重要作用。

(一)评价方式体现立德树人理念

小学英语教学评价内容包括语言知识、语言技能和实际交际能力,以及学生在学习过程中所表现出来的情感态度、学习策略、文化意识、思维品质、学习能力、人生观、价值观等。评价方式可以是口头的、书面的。按照评价的对象可以分为自评、互评、家长评、老师评、师生互评;按照评价的时效性可以分为即时评价和延时评价;按照评价的结果可以分为诊断性评价、形成性评价和终结性评价。[3]

诊断性评价是指在教学活动开始前,为使教学计划更有效地实施而进行的评价,又被称为事前评价,诊断性评价便于学情分析。

形成性评价是一种新兴的评价方式,是指在教学过程中为改进和完善教学活动而进行的对学习过程及结果的评价。形成性评价有利于改进学生的学习,确定学习的步调,调整学习的内容,并为调整教学方式提供信息。如家庭作业、课堂测验、课堂表现等。形成性评价更加尊重育人目标,更加注重对细节的分析,让学生不断反思学习过程中出现的问题,并做出及时而正确的调整,利于学生端正学习态度,改进学习方法。

终结性评价是一种传统的评价手段,是指某一阶段的教学活动结束后,为判断教学的效果而进行的评价,也称作总结性评价或事后评价。终结性评

---

[1] 中华人民共和国教育部:《义务教育英语课程标准(2022年版)》,北京师范大学出版社,2022,第3页。
[2] 中华人民共和国教育部:《义务教育英语课程标准(2022年版)》,北京师范大学出版社,2022,第53页。
[3] 曹艳敬:《小学英语教学评价方式的应用研究》,硕士学位论文,天津师范大学,2016,第3页。

价可以评定学生的学业成绩,确定后续教学的起点,并向教学双方提供反馈信息。

终结性评价和形成性评价在评价过程中同等重要,在教学过程中应该是相互依存、相辅相成的。[①]

由此看出,教学评价正从一考定输赢的方式向全方位多方面评价体系发展,从而走向学生情感、态度、动机、感知、记忆、思维等的综合评价。评价过程关注了语言能力的培养,也重视学习态度、学习方式及价值观的正确引导,体现了立德树人的核心理念。

(二)评价功能体现立德树人策略

小学英语教学包括课堂评价、作业评价、单元评价和期末评价。教师要充分理解评价作用,明确评价应遵循的原则,基于评价目标选择评价内容和评价方式,将评价结果应用到进一步教学和提高学习成效上,落实"教—学—评"一体化。教学评价具备以下五种功能。

1.导向功能

导向功能是指教学评价能够引导评价对象向着立德树人目标前进的功能。也就是说,教学评价发挥着教学活动中的"指挥棒"功能,依据教学目标制定相应的评价内容和标准,可有效达成教学效果。

2.诊断功能

诊断功能是指教学评价认定、判断学生任务完成合格与否、优劣程度、水平高低等作用。它主要通过对学生德、智、体、美、劳等方面的全面评价和诊断,来鉴定学生的发展水平,以便合理制定下一步教学方案,进行因材施教。

3.反馈功能

反馈功能是指教学评价能够促进学生成为有理想、有本领、有担当的时

[①] 曹艳敬:《小学英语教学评价方式的应用研究》,硕士学位论文,天津师范大学,2016,第11页。

代新人,不断改进和完善自己的行为的功能,矫正不利于目标实现的教学行为,强化利于目标实现的教学行为,提高教学效率。

4. 促进功能

促进功能是指教学评价对学生的学习活动进行调节和控制的功效与作用。一方面教师要给学生一定指导;另一方面学生要根据教师的指导,了解自己的长处与短处,促进自我完善与积极发展。

5. 激励功能

激励功能是指教学评价应该成为激发学生动机的主要手段,当学生的努力得到认可时,易于激发学生的学习热情,增强他们的学习动机,强化正确的学习态度和方法。[①]

由此可见,教学评价的各项功能都是围绕学科教学目标和育人目标展开的,它的功能性体现了英语立德树人的方法和策略。

(三)评价工具体现立德树人措施

可依据形成性评价和终结性评价需要,选择合适的评价工具。可采用传统的作业批改、试卷检测(包括听力和笔试)、口语交际能力测查等终结性评价工具,也可以运用更为广泛的形成性评价工具,比如小红花、五角星、小贴纸、文具、书籍等,也可以运用智能测查工具,还可以将课堂测查延伸到课外的学习评价量表、个人学习档案建立、家长访谈等方式,对学生的学习和表现进行综合测查。教师要建立以评价学生发展为重点的目标体系,构建教学目标与评价目标有机结合的评价体系;发挥评价的诊断功能,实现课堂作业的教学功能与评价功能有机结合;实施问题驱动的教学活动,实现教学重点与评价重点有机结合;运用课堂测验、课堂观察、课堂交流等方式,实现教学方法与评价方法有机结合。[②]教师要充分利用课堂及

[①] 曹艳敬:《小学英语教学评价方式的应用研究》,硕士学位论文,天津师范大学,2016,第2页。
[②] 唐文杰:《小学英语教师评价素养的内容框架、影响因素及其提升策略》,《湖南第一师范大学学报》,2017年第5期。

有效的评价工具,践行教学与评价一体化理念,创新使用测查工具,激发学生学习兴趣,促进良好品格的形成,体现立德树人的措施。

综上所述,纵观小学英语学科发展史,小学英语学科教学是工具性与人文性的融合统一。小学英语学科核心素养的培养,核心价值观在学科教学中的体现,是小学英语学科立德树人的基本要求,小学英语学科在落实立德树人根本任务中具有独特的育人价值和学科优势。

附:教学课例

My chopsticks, my stories 教学设计[①]

表6-1　My chopsticks, my stories 教学设计表

教学目标	1.语言能力目标 学生能听懂教师成长过程中与筷子所发生的四个故事,综合运用听、说、读、看、写等语言技能,在教师的引导下表达筷子的作用、使用筷子的基本礼仪、了解筷子背后的故事,并能表达所蕴含的道理及精神 2.文化意识目标 (1)了解中国的八大菜系 (2)了解使用筷子的基本礼仪 (3)能通过体验使用不同长度的筷子,了解筷子合适的长度范围,明白"凡事皆有度"的道理 (4)能通过阅读折筷子的故事,了解"团结就是力量""一根筷子容易折,十根筷子坚如铁"的筷子精神 (5)能从四个故事中感受到筷子作为一个中国文化产品所蕴含的中国精神,并为自己作为中国人感到认同和自豪 3.思维品质目标 学生能发挥思维的系统性和独创性,整合已有信息,积极思考,创编诗歌 4.学习能力目标 (1)能通过小组合作、同伴讨论等学习方式进行自主深度学习 (2)能在阅读中通过勾画关键词和关键句找到问题的答案

[①] 王若语:《用英语讲好中国故事》,北京理工大学出版社,2021,第232页

续表

教学重难点	1.教学重点 学生通过听、说、读、看、写的方式能理解主人公与筷子的故事,并对能筷子的作用、使用筷子的基本礼仪等方面进行综合表达,了解筷子所蕴含的文化品格 2.教学难点 (1)能发挥思维的系统性和独创性,整合已有信息,积极思考,创编诗歌 (2)能从四个故事中感受到筷子作为一个中国文化产品所蕴含的中国精神,并为自己作为中国人感到认同和自豪		
教学过程			
教学步骤	教师活动	学生活动	设计意图及资源准备
Step1 Warm up& Lead in	1.Greet the students. 2. Play an asking game with students. 3. Lead in the stories.	1.Greet teacher. 2.Ask and answer. 3.Know the topic.	师生互致问候,拉近距离。通过游戏热身,激活旧知
Step2 Presentation	Story 1 1.Show the video. 2.Show some pictures of food. 3.Make a conclusion.	1.Watch and answer. 2.Enjoy pictures and talk. 3. Know the use of chopsticks:Try the tastes.	引出故事1,学生通过对食物的表达,感知筷子与中国饮食文化的关系。培养学生文化意识:Try the tastes 尝百味
	Story 2 1.Show the video. 2.Set a task. 3.Make a conclusion.	1.Watch the video and answer. 2.Learn the table manners. 3. Know the use of chopsticks:learn the manners.	引出故事2,学生通过对图片的理解,理清长幼关系,并通过两人合作学习,了解餐桌礼仪。培养学生文化意识:learn the manners 识礼仪
	Story 3 1.Show the video. 2.Set a task. 3.Make a conclusion.	1.Watch the video and answer. 2.Guess, measure and say. 3. Know the use of chopsticks:know the rules.	引出故事3,学生通过猜、测量并联系生活实际对筷子的长度进行认识和表达,明白凡事皆有度的道理。培养学生文化意识:know the rules 明事理

续表

Step2 Presentation	Story 4 1.Show the video. 2.Set a task. 3.Make a conclusion.	1.Watch the video and play a game. 2.Read the story. 3.Know the use of chopsticks; feel the spirits.	引出故事4,学生通过游戏,并阅读折筷子的故事,了解"团结就是力量""一根筷子容易折,十根筷子坚如铁"的筷子精神。培养学生文化意识:feel the spirits 传精神
Step 3 Practice	Set a task.	Make a poster.	学生通过小组合作学习,运用本节课核心句型,完成诗歌海报,并有感情地朗诵诗歌。培养学生的综合语言运用能力和小组合作能力
Step 4 Self-evaluation	Show the evaluation card.	Make a self-evaluation.	学生通过自我评价,明确学习效果
Step 5 Homework	Show the homework.	Choose the homework.	学生通过自评结果完成对应层级的家庭作业,巩固所学

课例作者:重庆谢家湾学校　李雨思

第七章

小学音乐学科落实立德树人根本任务的理论与实践

　　音乐是美育的重要组成部分,其核心在于弘扬真善美,塑造美好心灵。义务教育音乐课程以立德树人为根本任务,培育和践行社会主义核心价值观,通过在音乐中感知、体验与理解,提高学生感受美、欣赏美、表现美、创造美的能力,引导学生树立正确的历史观、民族观、国家观、文化观,从而坚定文化自信,达到以美育人的教育目标。本章主要介绍新中国成立以来小学音乐学科落实立德树人根本任务的历史演进、基本要求和实施路径。

第七章 小学音乐学科落实立德树人根本任务的理论与实践

第一节 小学音乐学科落实立德树人根本任务的历史演进

辩证唯物主义认为,一切事物都处在永不停息的运动之中,整个世界就是一个不断运动、变化和发展的物质世界。因此,对小学音乐学科落实立德树人这一根本任务,我们不仅仅要看当下,更要向前追溯,通过厘清它的历史脉络,从而更加清楚它的应然状态和实然状态,并找准差距,这样才能更精确地为学生"搭桥铺路",将立德树人根本任务更好地落实于音乐学科育人之中。

立德树人语境宏阔,寓意深远。《左传》载"太上有立德,其次有立功,其次有立言,虽久不废,此之谓不朽"。人生最高的境界是立德有德、实现道德理想;其次是有事业追求、建功立业;再次是有知识有思想、著书立说。这三者是人生不朽的表现,立德居于人生三不朽之首。立德是坚持德育为先,通过正面教育来引导人、感化人、激励人。树人是坚持以人为本,通过合适的教育来塑造人、改变人、发展人。

我国中小学课程从清朝末年至今,经历了百余年的发展过程。立德树人是对我国传统教育思想的传承与发展,是中国特色社会主义教育的本质体现,是新时代贯彻党的教育方针的要求。

音乐家贺绿汀说:"中小学音乐教育是关系到整个后代修养、思想境界和道德品质的大事。"本节讨论的小学音乐学科落实立德树人根本任务的历史演进,界定为新中国成立以来,即1949年以来的历史演进。这一历史阶段呈现"参考苏联—本土化实践—研究创生中国特色"的总体特点。

一、起步探索阶段——强调音乐学科思政特点

1950年8月制定的《小学音乐课程暂行标准(草案)》,是新中国成立后的第一个音乐课程标准,其中"以音乐陶冶身心,丰富生活,并乐为人民服务的兴趣和愿望""培养儿童活泼、愉快、热情、勇敢及五爱国民公德和保卫祖国、保卫世界和平的爱国主义思想和感情"[1]的德育内容被纳入小学音乐课程目标。要求音乐学科要"适当地配合各科教学,特别是国语教学,以及学校的中心活动和社会活动"[2]。在歌词上要"歌颂人民领袖、革命英雄……足可发扬爱国主义思想和国民公德""歌颂和平,反对帝国主义战争贩子,足可发扬国际主义思想"[3]的内容。

由此可见,当时的音乐学科是"适当配合各科教学",更多强调学生思想政治教育和革命教育,其自身的学科教育意义和价值还没有完全凸显。

二、发展提升阶段——凸显双基,更加注重集体价值

1956年9月颁发的《小学唱歌教学大纲(草案)》,以唱歌为主,唱歌的基础知识和基本技能是它的重中之重。大纲指出"小学唱歌课是全面发展教育中的完成美育的手段之一。因此,唱歌教学必须服从于全面发展教育的总方针,(以)培养社会主义社会全面发展的新人为目的"[4]。这与苏联专家凯洛夫的《教育学》所注重的基础知识与基本训练密不可分。

新中国成立初期,音乐课程标准或教学大纲主要是根据苏联教学大纲编译的,这个阶段的音乐学科育人更加注重学生道德品质,在歌曲的选择

---

[1] 课程教材研究所编《20世纪中国中小学课程标准·教学大纲汇编(音乐·美术·劳技卷)》,人民教育出版社,2001,第77页。

[2] 课程教材研究所编《20世纪中国中小学课程标准·教学大纲汇编(音乐·美术·劳技卷)》,人民教育出版社,2001,第81页。

[3] 课程教材研究所编《20世纪中国中小学课程标准·教学大纲汇编(音乐·美术·劳技卷)》,人民教育出版社,2001,第78页。

[4] 课程教材研究所编《20世纪中国中小学课程标准·教学大纲汇编(音乐·美术·劳技卷)》,人民教育出版社,2001,第83页。

上，歌颂党、歌颂新中国等方面的歌曲较多，总体上看非常重视音乐的集体价值。

三、改革推进阶段——开始将音乐学科特点与音乐学科育德结合

　　1979年《全日制十年制学校中小学音乐教学大纲（试行草案）》提到，"音乐教育是进行美育的重要手段之一，是培养学生德、智、体全面发展的不可缺少的组成部分"，"音乐在少年儿童的成长过程中占有重要的位置。通过音乐教学，启发学生革命理想，陶冶优良品格，培养高尚情操和丰富感情，使他们的身心得到健全的发展"。[1]之所以提出这样的要求，是因为当时"文化大革命"十年内乱，使党、国家和人民遭到严重挫折和损失。20世纪70年代世界范围内蓬勃兴起的新科技革命推动世界经济以更快的速度向前发展，我国经济实力、科技实力与发达国家的差距明显拉大，面临着巨大的国际竞争压力。1978年十一届三中全会召开，决定把全党的工作重点转移到社会主义现代化建设，明确指出新时期的历史任务是把中国建设成为社会主义现代化强国，揭开了改革开放的序幕。因此这一阶段的音乐教育，开始强调德智体全面发展，并且指出要培养为提高整个中华民族的科学文化水平、实现四个现代化服务的学生。

　　1982年《全日制五年制小学音乐教学大纲（试行草案）》，仍然强调音乐是进行美育的重要手段之一。到了1988年《九年制义务教育全日制小学音乐教学大纲（初审稿）》进一步指出音乐"对于促进学生德、智、体、美全面发展，培养有理想、有道德、有文化、有纪律的社会主义公民，提高全民族的素质和建设社会主义精神文明，有着重要作用"[2]。也是在这一年，在德、智、体教育的基础上增加了美育，倡导通过音乐教育培养学生审美情趣和丰富感情。

---

[1] 课程教材研究所编《20世纪中国中小学课程标准·教学大纲汇编（音乐·美术·劳技卷）》，人民教育出版社，2001，第106页。

[2] 课程教材研究所编《20世纪中国中小学课程标准·教学大纲汇编（音乐·美术·劳技卷）》，人民教育出版社，2001，第124页。

1992年《九年义务教育全日制小学音乐教学大纲(试用)》在教学目的中要求"突出音乐学科的特点,把爱祖国、爱人民、爱劳动、爱科学、爱社会主义的教育和活泼乐观情绪、集体主义精神的培养渗透到音乐教育之中"[①],明确指出唱歌教学是对学生进行思想品德教育,开始将学科特点与学科育德相结合。

可以看出,1982年、1992年的中小学音乐教学大纲基本上沿袭了1979年音乐教学大纲的思想。强调音乐教学中要充分体现爱国主义精神、集体主义精神等立德树人的思想。但由于比较宏观,给课程实施带来了困难。

四、完善健全阶段——掀起全面育人的改革新风

1999年,全国教育工作会议提出要全面推进素质教育,在《中共中央国务院关于深化教育改革全面推进素质教育的决定》中指出要"寓德育于各学科教学之中",拉开了新世纪学科德育建设的序幕。

2000年,教育部颁发《九年义务教育全日制小学音乐教学大纲》,表明要"突出音乐学科的特点,把爱国主义、集体主义精神的培养渗透到音乐教育之中"[②],提出了义务教育音乐学科育德的总目标和三个学段子目标,德育内容更加具体化。

2001年,教育部颁布了《基础教育课程改革纲要(试行)》,从此开启了21世纪初的课程改革运动。这次课改运动确立了培养"整体的人"的课程目标。于是,同年教育部颁布的《全日制义务教育音乐课程标准(实验稿)》便提出了"三维目标",从"知识与技能""过程与方法""情感态度与价值观"三个方面进行了构建,凸显了人本主义课程观的思想,突破了以往过于注重学科和社会的课程目标依据,在某种程度上将学科、社会、人统一结合,

---

① 课程教材研究所编《20世纪中国中小学课程标准·教学大纲汇编(音乐·美术·劳技卷)》,人民教育出版社,2001,第146页。
② 课程教材研究所编《20世纪中国中小学课程标准·教学大纲汇编(音乐·美术·劳技卷)》,人民教育出版社,2001,第167页。

彰显了对人之存在的追求。①人的主体性彰显出来,人的主动参与性被激发出来,学校的音乐教育呈现出生动、活泼、有朝气的景象。

2014年教育部印发《教育部关于全面深化课程改革落实立德树人根本任务的意见》,提出统筹各学科,特别是德育、语文、历史、体育、艺术等学科,充分发挥学科独特的育人功能。2016年以来,随着核心素养教育改革在基础教育阶段的展开,音乐教育哲学思想开始转向注重以人为本的育人理念之上。"核心素养"的提出,首先在教育思想层面引导音乐教育实践转向注重"立德树人""育人为本";其次在教学实践层面引导转向音乐学科所体现的"素养形成"课堂教学模式。这些都让我们看到音乐学科的价值和功能指向了"立德树人"的教育根本任务。

2017年9月,中共中央办公厅、国务院办公厅印发了《关于深化教育体制机制改革的意见》,提出健全立德树人系统化落实机制。2018年5月2日,习近平总书记在北京大学师生座谈会上的重要讲话中,对如何落实立德树人提出了具体要求。

2019年习近平总书记在全国教育大会上指出,要把立德树人融入思想道德教育、文化知识教育、社会实践教育各环节,贯穿基础教育、职业教育、高等教育各领域,学科体系、教学体系、教材体系、管理体系要围绕这个目标来设计,教师要围绕这个目标来教,学生要围绕这个目标来学。凡是不利于实现这个目标的做法都要坚决改过来。这段重要论述为构建德智体美劳全面培养的教育体系、形成更高水平的人才培养体系指明了方向。

进入新时代,音乐学科以树人为核心,以立德为根本,更多聚焦于学科育德,其紧迫性和重要性都得到更为深刻的认识,学科育人功能的地位明显提升。

鉴往知来,新中国成立以来,音乐学科德育内容的变化,彰显了音乐教育的哲学理念从"音乐"到"人"的位移,大体上凸显出由单一走向综合,由固化走向多样的趋势,其内涵发展趋于完善,体系建设日渐成熟。

---

① 朱玉江:《百年中国学校音乐课程目标变迁的人学视野》,《中国音乐》2017年第1期。

第二节

小学音乐学科落实立德树人根本任务的学科特点

一、音乐的情感性是立德树人的魂

音乐是情感的艺术,拥有直击人心的感性力量,它没有视觉造型、没有语言符号,是最纯粹最感性的教育,也是最集中最直接地实现立德树人目标的教育。因此音乐学科的教育教学工作要时刻紧密围绕情感特征来展开。

然而在生活中,常常存在重理性、轻感性的倾向,认为感性认识是低级的,只能提供认识的材料,只有理性认识才是高级的,才能把握事物本质。于是,在音乐课上,师生一同非常理性地去分析音乐、了解作品。这种重理性、轻感性的教学观念导致学生更多的是在音乐理论方面掌握点状知识。

马克思说过"人只有作为真正的、感性的人,才能在对象身上、并通过对象而在他人身上确证自己,从而'以全部感觉在对象世界中肯定自己'"[1]。因此,从一定程度上说,感性的厚度影响了立德树人的深度。音乐教育家周海宏也指出:"音乐的根本价值在于它提供给人们以其他人文科学,甚至一切其他艺术所无法替代的听觉感性体验,并进而获得极为丰富的、难以用语言符号和视觉体验来描述的心灵感受。这是音乐的根本价值与本质功能所在。"[2]立德树人属于道德范畴,自然也就属于人类特有的精

---

[1] 马克思:《1844年经济学-哲学手稿》,刘丕坤译,人民出版社,1979,第121页。
[2] 周海宏:《"音乐特殊性"及音乐艺术的本质与功能——〈由音乐审美经验感性论原理〉而发之一》,《中央音乐学院学报》1995年第1期。

第七章　小学音乐学科落实立德树人根本任务的理论与实践

神活动范畴,当然就离不开情感。因此可以说,情感是立德树人缺一不可的必备要素,音乐教育应该有效利用音乐中的情感因素,培育道德中的情感。

第一,丰富的音乐和音乐的丰富,为我们提供了道德情感的广袤土地。唐代诗人白居易的《琵琶行》中有多处是对琵琶女高超技艺的描写,"转轴拨弦三两声,未成曲调先有情"。听了如怨如诉的演奏后,"凄凄不似向前声,满座重闻皆掩泣。座中泣下谁最多? 江州司马青衫湿"。可见音乐的力量是多么震撼人心,可以影响到人的情绪和生理。雷默在其所著的《音乐教育的哲学》一书中认为"音乐教育一方面要使音乐成为学校教育中具备本体价值的学科,另一方面要强调音乐对学生在情感方面的效应"[1]。他也认为音乐中的情感不是指人类日常生活中所产生和发泄的一般实际情感,而是指更具有普遍意义、更具有概括性的情感。这就说明音乐作品绝不仅是作曲家某个人的内心情感表现,这会抹杀音乐丰富的特点,贬低音乐的教育地位。音乐是对特定历史时代、特定社会条件中的人的情感创造。因此,音乐教师要跳出就作品言作品的狭窄圈子,站在更为广阔的空间来审度。

第二,审美主体自身对音乐情感的体验,也为我们架起了收获道德情感的桥梁。通过心理活动的感性体验,再上升到理性层面的分析,自身感受是第一步,是导向和落实立德树人的根本渠道。人们能够在优美的音乐中舒缓心情、安定情绪,感受到身心愉悦;能够在明快的音乐中消除疲劳、焕发精神,集中注意力;在轻重、缓急、高低、强弱对比的音响运动中,以及特有的音响结构中,激发出我们与此感受相关的无尽美好的遐想。不断变化的美丽音色,又怎不诱发出积淀在内心相应的情感体验。在《田园》中感悟大自然的奇妙,在《空山鸟语》中体验动与静的融合,在这一个个作品的欣赏中,在审美主体与自然、与社会、与人性的对话中,实现情感的培育,完成

---

[1] 刘沛:《音乐教育哲学观点的历史演进——兼论多维度音乐课程价值及逻辑起点》,《中国音乐》2004年第4期。

人格的完善。除了欣赏,演唱、演奏等音乐实践活动也可以直接让人调整情绪。胎儿在母亲肚子里聆听音乐,与其说是聆听音乐教化,还不如说是倾听母亲因为音乐教化而带来的情绪和精神的安定。除了这些,音乐治疗也是一个有力的证明,通过具体的音乐活动来获得治疗的效果,也是取得了很多实证研究效果的。

第三,教师自己的音乐演绎,也是对音乐情感的再现和二度创作。这就要求音乐教师要用饱满的情感、流动的音响、高质量的音效来唤起学生的感知,实现以情感人、以情动人、以情化人。音乐教师是传递音乐的"使者",教师本身对学生深厚的爱,对音乐教学工作满腔的热情,都将成为激发学生健康而丰富情感的强大驱动力。教师良好的情绪、充沛的情感(例如富有感情地范唱、范奏等)对引导学生学会分析、理解和体验音乐作品,进而做到在音乐创造活动中充分表达与表现自己的感情都有非常重要的作用。

需要注意的是,音乐所要表达的东西往往也并非旋律本身,而是旋律背后所要传达的感情。听众在专注于音乐所表达的感情、意象的时候,也不能仅仅因个体的感性而关注于主观推断的"深层"意境。因此,在判断音乐的美感来源问题时,应着手音乐本身的旋律特点、节奏特点、音响效果等,才能更完整、准确地把握作者为其塑造的内在情感。

我们以一首河南民歌《编花篮》为例,这是湘版音乐教材五年级下册的一首民歌。歌曲以编花篮为题,借物抒情,有着豪放的风格和淳厚朴实的情感,流露出人们对美好生活的执着追求。

第七章 小学音乐学科落实立德树人根本任务的理论与实践

编 花 篮

河南民歌

1=G 2/4

（此处为简谱歌曲，歌词如下：）

编，编，编花篮，编好花篮上南山，南山开满红牡丹，我把牡丹摘一篮，送给我那小心肝，在她面前表表咱心一片（那么哪哈依呀咳）。咳哎）。

摘，摘，摘牡丹，摘它满满一大篮，牡丹开得多么破，姑娘见了好喜欢，接过花篮笑开颜，她的笑脸赛过那红牡丹（那么哪哈依呀）。

在设计教学流程的时候，从学生最感兴趣的儿歌导入，然后完整聆听，当学生了解了这是关于编花篮摘牡丹的歌曲后，他的兴趣点出现，就会有想要知道编花篮究竟怎么编的兴趣。于是紧接着律动体验、模仿，当出现衬词的时候，顺势模仿甩腔，找到河南民歌的地域特点，在聆听、体验中紧紧抓住学生的兴趣点，将育人点渗透下去。

学生不仅能切实感受到由旋律跳进塑造出的活泼俏皮形象，还能在教师讲解下了解编花篮的正确姿势，知道这是劳动人民的一项基本的、具有一定技术含量的技能，从而更深入、形象地了解劳动人民具体的生活、劳动情况，而不是仅仅停留在知道"民歌与劳动人民的生活紧密结合"的表面。

因此，情感性是第一步。根据课标要求，对于音乐的感受先是"感知"，而"感"在欣赏过程中是首要环节。先感而后知，只有"感"得充分，"感"得有情，才会"知"。从逻辑上讲，就是由情—生趣—生需—达意的过程。

二、音乐的社会性是立德树人的基

著名的美国纽约大学教授戴维·埃里奥特博士在他和玛丽莎·西尔弗曼撰写的《关注音乐实践——音乐教育哲学(第二版)》英文版原著中,有几个关键词出现的频率最高。最高频的是"社会"一词,出现了877次。他强调音乐是特定的历史与文化环境中人类的社会实践活动。另外,他还反复强调"人类的音乐活动不仅反映音乐活动者自身的主观意识,还体现出人际交往的深刻含义。音乐与人际交往的关系,恰恰也属于社会学的范畴"[①]。

音乐学科落实立德树人根本任务,须在社会关系中进行,结合音乐实践展开,关注的是社会生活领域。克服立德树人工作中的形式化、模式化问题,要将宏大的远景目标、理想信念与学生鲜活灵动的合理需要联结起来,认识到立德树人与学生需求之间的一致性,是课堂教学与学生发自内心意愿践行立德树人的基础。

一方面,当听者在音乐中捕捉到和现实生活,或者和某一具体事物、事件的音响特征相一致的音型时,就能通过联想类似场景,从而在社会行为中改变自我的行为方式。例如《南泥湾》等歌曲,就极大地鼓舞了当年边区的生产运动。

《小黄帽》是湘版音乐教材三年级下册的一首歌曲,歌曲活泼积极,通过说和唱,将过马路的交通规则,用孩子容易理解和接受的方式呈现出来。在教学中就可以进行角色扮演、情境营造,在学生的配合之中完成育人目标。

[①] 舒飞群:《音乐教育实践哲学笔谈录(二)——音乐教育实践哲学的音乐文化观和社会实践观》,《中国音乐》2018年第8期。

小黄帽

李 众 词
牛桂吉 曲

1=F 4/4

活泼、自豪地

(X X· X X· | X - X 0 ‖: X XXX XXX | 5· 5 1· 3 5· 32 |
（领）立正，稍息！

X XXX X XXX | 5· 5 3· 2 1 0) | 3 3 3 2 2 2 | 1 1 2 1 6 - |
　　　　　　　　　　1.2.（齐）放学 啰，放学 啰，大家 把队排。

2 2 2 1 1 1 | 6· 6 1 6 - | 3 3 3 3 2 2 2 |
（领）站齐啦，站齐啦,（齐）动作 就是快。（领）戴上 咱的 小黄 帽，

1 1 2 1 6 - | X X X X | 5· 3· 2 1 0 | (X X X X X X X X |
背上 小书 包。　一二 三四 走起　来！　　前看 后看 左瞧 右瞧

X X X X X X | X X X X X X X X | X X X X X X X) |
不在 路上 跑和 闹。红灯 停停 绿灯 行行,安全 第一 最重 要。

5 5 3 5 5 5 | 2 2 2 - | 5 5 3 5 5 5 | 2 2 2 - |
（领）阿姨 您骑车 要 慢点拐，　叔叔 您 开车 要 慢点开。)
（领）遇到（哪）老人（呀）我 来扶，　碰上（哪）娃娃（呀）我 让开。

6· 6 1 1 2 2 | 3· 3 2 2 1 1 6 | 1· 1 2 2 3 3 3 |
（齐）我 们都是 小黄 帽，过 了马路 说拜拜；我 们都是 小黄帽，

5· 5 5 5 4 4 5 | 6· 6 5· 6 3· 3 2· 2 | 1· 5 3· 21 - :‖
聪 明活泼 人人爱， 啦 啦啦 啦啦 啦啦 啦,活 泼真 可爱。

结束句
X X X - | X - 0 0 ‖
一 二 三　　四！

另一方面,人们通过"无言"的对话进行交流,感受人性的温暖。人的交往,从本质上讲是情感的共鸣,通过共同社会经验的链接,能够把独立的个体与他人连接。通过舞蹈,音乐与社会交往相关联;通过赞歌,音乐与信仰相关联;通过号子,音乐与劳动相关联;通过音程关系,音乐与数学相关联;通过进行曲,音乐与军队相关联,如此等等。正是由于音乐中植入了社会特征,音乐才会如此丰富。

例如,在欣赏人音版六年级上册《船工号子》这个作品时,通过情境体验、音乐创编,在音乐中模拟纤夫、船工劳动时喊号子的情境,生生合作创编号子节奏,不仅可以调动学生的热情,还能让学生在与他人的共同编创、排演中体会"号子"这一音乐体裁在劳动中独特的功能价值,以及深度体验与人合作的乐趣和重要性,协调个人价值与群体价值之间的关系。

由此可见,在音乐教育中,学生的个体学习是一种社会主体的行动,是一种在集体活动中与教师、与同学之间的互动,否则,音乐的教与学就不能得到最大限度的发生。

三、音乐的文化性是立德树人的根

音乐是不同地方不同时期的人们,基于各自不同的文化传统和用途创造的,其价值绝不仅是音乐本身。在形式丰富的音乐活动背后,它还具有无穷的文化意义,这正是"以乐育人"的文化价值所在。

音乐作为文化的重要组成部分,是一个民族一个国家鲜活的文化载体。管建华教授在《世纪之交:中国音乐教育与世界音乐教育》一书中提到"学习音乐是学习人类交流的一种基本形式,学习音乐是学习世界上各种民族"[①]。"教育的首要的任务,是传承人类的文化,非艺术的文理学科的传承是重要的,没有这个传承,人类的知识就会断线;音乐、艺术的传承也是同样重要的,没有这个传承,人类的音乐、艺术的历史知识和精神就会消

---

① 管建华:《世纪之交:中国音乐教育与世界音乐教育》,南京师范大学出版社,2002,第41页。

第七章　小学音乐学科落实立德树人根本任务的理论与实践

亡。"[1]由此可见，音乐的文化性不容忽视，是立德树人的根。小学音乐教学中应该且必须融入民族音乐文化内容，用学生喜闻乐见的方式渗透民族精神。

例如，花城版小学音乐五年级下册歌曲《我爱你，中国》，它的歌词美得像是一幅画卷，它的旋律宽广得就像我们960万平方千米的广阔土地，诱发人们对祖国的深深赤子之情。再如，人音版小学音乐三年级下册的民族管弦乐曲《红旗颂》，嘹亮的号角声吹奏出的国歌音调，瞬间就让人置身在鲜红的五星红旗之下。这些都是音乐中的文化符号所呈现出来的，具有较高辨识度的信号，通过音乐思维在文化的背景下感受音乐。

中国教育的"立德树人"，重视音乐的文化性，有利于伦理道德教育的实施，也有利于加深对特定历史的了解，扩大音乐教育的价值。

例如，湘版小学音乐五年级上册歌曲《游击队歌》，该曲旨在让学生通过音乐，了解历史、激发爱国情怀。"八一三"淞沪抗战爆发后，上海文化界成立演剧队，在抗日民族统一战线的旗帜下到中国各地宣传抗日救亡，贺绿汀怀着对侵略者的仇恨，参加了上海救亡演剧一队，接触了工人、农民、学生、战士，于是他的创作有了新的变化。当他听到指导员告诉他，部队没有炮，是通过俘获日军的炮而来的。贺绿汀脑中犹如电光石火一闪，"没有枪，没有炮，敌人给我们造！"在防空洞里听到敌机的扫射，"嗒嗒嗒"激烈的机关枪声，突然变成小鼓的节奏，一串串音乐旋律在脑海中浮现出来："我们都是神枪手，每一颗子弹消灭一个敌人。"所有的情绪融为跳荡的音符，他的激情在炕上的油灯下尽情释放。

这是一首具有进行曲风格的歌曲，全曲由小军鼓似的核心动机发展而来，描绘出游击队不怕前方一切艰难险阻，踏着铿锵的步伐英勇善战的形象。

---

[1] 刘沛：《音乐教育的实践与理论研究》，上海音乐出版社，2004，第106页。

游击队歌

贺绿汀 词曲

$1=\flat E$ $\frac{4}{4}$

（乐谱略）

我们都是神枪手，每一颗子弹消灭一个敌人，我们都是飞行军，哪怕那山高水又深。在密密的树林里，到处都安排同志们的宿营地，在高高的山冈上，有我们无数的好兄弟。

但是，因为年代久远，缺乏相关背景知识，当学生面对这样一首歌曲的时候，无法唤起内心的情感。于是开课时，教师播放了一段抗日战争时期八路军战士在高冈上、密林里开展游击战的视频。然后教师提问："这是在什么时期发生的事情？"从而引出游击战。接着学生开始围绕游击战的特点进行简短的讨论，并再次观看游击战视频，直接感受其战术的机动灵活和隐蔽性，以及队员的精神面貌。引趣的同时，还嫁接了学生相关的认知经验，为后面有感情、声音弹性轻巧地演唱，埋下了伏笔。紧接着，教师说："我们就是游击队的一员，谁来模仿一下游击队员的姿势？"在模仿过程中，进一步感受和强化游击战的机动灵活和隐蔽性。最后，合着音乐律动，做出各种游击战的动作。

和大多数音乐课比起来，这位教师没有一上来就介绍歌曲背景、作曲家，也没有直接解释游击战是什么。从音乐历史背景的文化性入手，引导学生与音乐同频共振，无疑是一个成功的案例。

再如，歌曲《走进歌乐山》，选自巴渝地方音乐读本《童心向红岩》第五单元"英雄赞歌"。这是一首由重庆本土音乐家王光池、张烈创作的儿童歌曲，歌词内容以重庆特有的革命文化红岩精神和沙坪坝区革命遗址歌乐山为素材,旋律流畅、节奏紧凑,用儿童的视角走进歌乐山,歌曲清新自然、欢快活泼,在音乐中渗透育德,实现育人。

走进歌乐山
——《歌乐山之夏》夏令营营歌

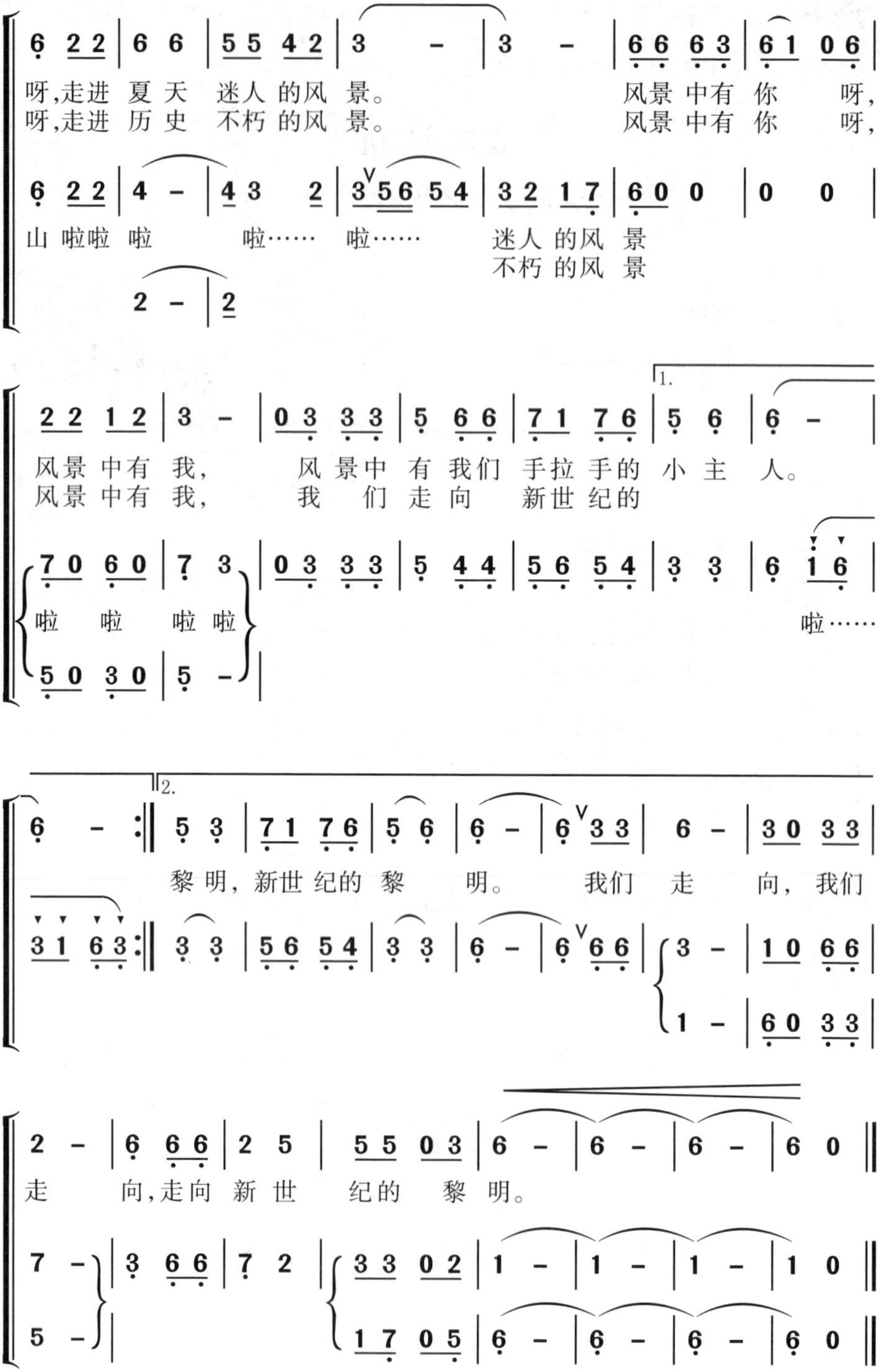
呀,走进 夏天 迷人 的风 景。 风景 中有 你 呀,
呀,走进 历史 不朽 的风 景。 风景 中有 你 呀,
山 啦啦 啦 啦…… 啦…… 迷人 的风 景
不朽 的风 景
1.
风景 中有 我, 风 景中 有 我们 手拉 手的 小 主 人。
风景 中有 我, 我 们 走 向 新世 纪的
啦 啦 啦 啦
啦……
2.
黎 明,新世 纪的 黎 明。 我们 走 向, 我们
走 向,走向 新 世 纪的 黎 明。

第七章 小学音乐学科落实立德树人根本任务的理论与实践

在设计这节课的时候,执教教师非常注重音乐文化的地方性,坚持"三线并进"的设计理念,即音乐教学主线+文化渗透底线+课堂活动明线,将歌曲所蕴含的文化底线始终贯穿,具体路径见图7-1。

文化渗透底线
了解红岩背景　走进红岩遗址
渗透红岩要素　共情红岩人物
感知红岩历史　深化红岩精神

立德树人

音乐教学主线
活动体验音乐　实践演唱歌曲
感知音乐要素　小组编创实践
提纯情感线条

课堂活动明线
找红梅(歌曲分句)
绽红梅(律动体验)
画山岭(画旋律线)
唱红梅(歌曲学唱)

图7-1 "三线并进"设计图

本课的设计对音乐与文化两者的关系,如何实现革命精神与音乐教学的深度综合等有较深的思考。在五年级的音乐教学中,以丰富多彩的教学内容和生动活泼的教学形式,激发学生的学习兴趣,拉近红岩精神与新时代少年儿童的心理距离。在教学中我们能明晰地看到,教师反复地强调红岩文化,背后呈现的是对融合音乐体验、感受音乐文化的教学主张,从音乐的视角看红岩精神。

第三节

小学音乐学科落实立德树人根本任务的基本要求

党的二十大明确提出:"全面贯彻党的教育方针,落实立德树人根本任务,培养德智体美劳全面发展的社会主义建设者和接班人,加快建设高质量教育体系,发展素质教育,促进教育公平。"小学音乐学科落实立德树人,要在学科认知的基础上,深入挖掘音乐作品及教学过程中关于德性的育人因素,与学科知识和技能自然融合,推行体现德育的音乐学科教育性教学,达到学科整体性育人的效果,使教师、学生在教学中获得最大发展,使学生能够形成有助于未来持续发展的核心素养。

需要指出的是,这是一个连续着力的过程,每一节课都在撬动学生音乐素养的培育和塑造,并不能单纯依靠某几节课就实现。教师应站在学生终身发展的角度思考音乐课堂教学的价值,不能简单地把教育等同于知识。因此,要落实立德树人,必须做到以下几点。

一、注重音乐道德性,融入社会主义核心价值观

社会主义核心价值观是社会主义核心价值体系的内核,体现社会主义核心价值体系的根本性质和基本特征,反映社会主义核心价值体系的丰富内涵和实践要求,是社会主义核心价值体系的高度凝练和集中表达。

在推进音乐学科立德树人教学时一定要与时代发展相适应,党的十八大提出"立德树人要主动践行社会主义核心价值观",受教育主体既要践行

公民个人层面的价值准则"爱国、敬业、诚信、友善",又要营造社会层面的价值取向"自由、平等、公正、法治"。

比较推崇的路径是利用音乐教学、音乐活动,如班级音乐会、学校艺术节等,巧妙地将社会主义核心价值观融入进来。有的学校直接在课堂上不厌其烦地教学生演唱《志成学子之歌》,在学校的班级合唱比赛中也把这首歌曲作为必唱曲目。这里我们探讨的并不是这首歌好不好,该不该学唱,而是应该思考如何更加精心地设计、巧妙地落实,以达到"润物细无声"的效果。一个共同的认知是,教材毋庸置疑是培养学生良好价值观的重要载体,那么我们就要用好教材、用活教材。

二、注重音乐非理性,培养学生良好的感性能力

音乐拥有直击人心的感性力量,没有视觉造型、没有语言符号,是最纯粹最感性的教育,也是最集中最直接的提升感性素质的教育。

中央音乐学院周海宏教授曾多次强调感性素质的重要性,他认为人有两大心智能力:一个是理性,一个是感性。理性的代表是科学,感性的代表是艺术。科学征服了世界,艺术美化了世界。科学与艺术,二者犹如鸟之两翼。重视理性,忽视感性意识发展的结果,会使孩子一生的幸福化作泡影。同时他也指出:一个人想要获得一生的幸福,不仅要拥有获得幸福的生活条件,还要拥有体验幸福感受的能力与素质。体验幸福,是需要素质的。他所说的素质,就是感性素质。

人类社会的发展,不仅需要物质文明的发展,更需要人的感性素质全面升级。所以音乐教师要大量"阅读"优秀的音乐作品,加强感性经验的积累,促进音乐理解力的提升。

三、注重音乐审美性，提升学生敏锐的审美能力

《义务教育艺术课程标准(2022年版)》指出"义务教育艺术课程包括音乐、美术、舞蹈、戏剧(含戏曲)、影视(含数字媒体艺术)，是对学生进行审美教育、情操教育、心灵教育，培养想象力和创新思维等的重要课程，具有审美性、情感性、实践性、创造性、人文性等特点"，"引领学生在健康向上的审美实践中感知、体验与理解艺术，逐步提高感受美、欣赏美、表现美、创造美的能力"。[1]

音乐审美育人中的"美"，是一种生命力的象征、一种文化的体现、一种修为的表达。在此，教师同样要结合课标对学生进行音乐审美方面的培养，以此来提升学生对音乐的认知，促进学生学习音乐的兴趣，引导学生感受音乐的魅力。

例如，人音版小学音乐五年级上册的欣赏作品《渔舟唱晚》，在初次聆听教师现场范奏这一教学环节时，教师适时融入音乐会聆听礼仪，无形渗透听赏音乐时所需的"礼仪美"；课中教师精巧设计，将这首中国经典音乐作品与古诗词进行关联，强调民族音乐与中华诗词文化的"意蕴美"；拓展部分，教师设计配乐解说的音乐实践活动，提供了不同乐器演奏的《渔舟唱晚》乐曲片段，学生小组合作结合生活情境、诗词意蕴选择音乐进行配乐解说，学生在活动中去感受音乐与生活关联的"创意美"。

同时，要培养出爱美之人，首先要有爱美之师。音乐教师作为"美"的传递者，也要注意提升自身的修养。对美的诠释，包括衣着、言谈、举止，以及示范，呈现的多媒体材料，都要透露出美的气息。

四、注重音乐人文性，增强学生深厚的人文素养

在上一节中，我们已经谈到音乐的学科特点，其中有一个就是文化性。那么在落实音乐学科立德树人的基本要求中，自然也要考虑这一点。前文

---

[1] 中华人民共和国教育部：《义务教育艺术课程标准(2022年版)》，北京师范大学出版社，2022，第9页。

已经较为详细地阐述了音乐中的文化性"是什么""有什么"的内容,这里重点谈谈"怎么做"的问题。

首先,要提升教师自身的文化修养,将音乐重新回归于文化背景下来备课,全面、整体地看待音乐。就像《国歌》中的三连音,将这一音乐现象放置战争背景中来聆听和思考,就会发现这种音型与子弹扫射的音型非常符合,就不会设计出类似于"同学们,你们看,这是三连音,将一拍均分为三个音符"这样干瘪讲解的教学了。再如,前文中提到的《游击队歌》也是如此,如果教师不了解游击战的背景,不清楚游击战的作战特点,那么也不可能设计出模拟游击战动作的环节,让学生感受由小鼓节奏所表现的"嗒嗒嗒"激烈的机关枪声。

其次,要重视音乐中的情境,让学生在情境中完成音乐学习。湘版小学音乐一年级下册音乐作品《鸭子拌嘴》是一首创作于1982年的民间打击乐合奏乐曲。作者取材民间打击乐素材,独具匠心地加以情节性的构思,充分地运用音色、力度及不同的演奏技法和配器等音乐要素的变化对比,描绘了田间地头的鸭子拌嘴的农家景象。随着社会发展和城市化进程的推进,现在大家很难再听到鸭子嘎嘎的叫声,甚至大部分学生根本没有见过鸭子在田间巡游的景象,乐曲中运用打击乐营造的各类情境,对于不了解的学生来说,是陌生的。因此,课堂上,教师就要努力构建一个大鸭与小鸭出游的情境,在极富变化的音乐中,激发学生兴趣,充分发挥音乐联想,去感受田间生态的自然与愉悦。

再次,突出音乐的体验。这个主要是靠学生完成,而非将教师的体验"过渡"给学生。下面,以人音版小学音乐三年级下册的欣赏课《荫中鸟》为例进行说明。

《荫中鸟》取材于河北民间音调,是笛子演奏家刘管乐于20世纪50年代创作的一首北方风格的梆笛独奏曲。乐曲运用笛子技巧中的历音、花舌音以及多指颤音等奏法,模仿各种鸟叫声,生动地展现了荫中百鸟竞相争鸣的艺术情境,惟妙惟肖,引人入胜。

小学三年级的学生好奇心强、善于模仿。由于年龄特点、生活范围和音乐认知的进一步提高,体验感受与探索音乐的能力增强,能认识简单的简谱,对音高、力度、速度、旋律等基本音乐要素,能进行较简单的听辨和创编。因此,教师巧妙吹奏小乐器鸟笛,引导学生在"听、学、创、演"等音乐活动中感受民族吹奏乐器笛子丰富的技法。

荫中鸟

B部分谱例

进行乐曲第二部分的学习时,教师首先让学生聆听音乐进行画面联想。有的学生说鸟儿从一只到后来越来越多,鸟儿在争吵,鸟儿在开会自由讨论,总之是自由热闹的一段音乐。进而让学生观看演奏家演奏,感受丰富的演奏技法,并理解主奏与伴奏之间的关系。随后教师介绍鸟笛,有不少学生开始自主探索鸟笛的吹奏方法,然后在教师的引导下控制气息,学习演奏长音与短音。紧接着小组合作创编鸟鸣。教师根据学生小组合作的成果提炼出2小节鸟鸣节奏,并提醒学生关注音乐的节拍强弱,设计与音乐情境匹配的音乐要素。最后在展示体验环节,大胆启用学生指挥进行展示,真正体现课堂中学生的主体作用。

这一环节的设计采用"自主互助"的学习方式,学生自主探究鸟笛、生生互助提高演奏方法、小组合作编创表现节奏。教学环节链条完整有效,有效地降低学习难点,从而在愉快的氛围中,学生自觉探究问题,感受音乐的美好。给学生留足了大量自主实践、自主思考的空间。这样的探究体验是真实的,是学生自己的,并非旁人灌输、过渡,或者暗示而来的。

第四节 小学音乐学科落实立德树人根本任务的实践路径

自新课改以来,音乐教育教学总体的趋势是令人欢欣的,但如果我们站在全面立德树人的高度来反思现存的一些问题,就会意识到目前的不足和片面,也会更加清晰上一章节讨论的四个要求的必要性。本节将继续讨论立德树人在小学音乐学科中的具体实践路径。

一、教材分析:从分析学科知识技能点—分析立德树人育人点

教材分析是备课的第一步,对整个教育教学有着至关重要的作用,好的分析好的设计,就成功了一半。关于教材研读,如今越来越得到该有的重视,这是一件值得高兴的事情。但同时也存在令人忧虑的一面,即教师对教材的研读显得有点儿狭窄,很多时候对教材的研读就仅仅局限在分析音乐作品上。最常见的就是教师把一个个作品进行分析、肢解,并围绕音乐

要素进行音乐活动设计。分析能力强的教师能够比较敏感地抓住作品中凸显出来的特别之处，还能做到对音乐要素进行轻重缓急区别对待。而更多的教师则是把一个分析模板套用到底，从一年级开始就是速度、力度、情绪、音色……到了高年级内容还是这些，做法还是相同。

其实不论是唱歌课还是欣赏课、综合课，抓音乐要素来理解音乐作品，并非不好，相反，课标里就有明确要求，"学习并掌握音乐基本要素（如力度、速度、音色、节奏、节拍、旋律、调式、和声等）、常见结构、体裁形式、风格流派和演唱、演奏、识谱、编创等基础知识"。这是对音乐基础知识形而上的概括。但这并不等同于研读教材就是为了要去挖掘出作品蕴含的音乐要素，就是为了看出作品包含的知识点和技能点。因为这会让人产生歧义：研读教材究竟是读懂作品，还是通过读懂作品来厘清育人方向和育人点？每个作品都有其自身的育人价值，那么究竟哪些是适合这个阶段、这节课的，这就需要在研读立德树人的基础上，进一步进行梳理，筛选出适合的育人点作为重点内容。

如聆听人教版小学音乐六年级上册的乐曲《卡门》时，通过对教材的分析，教师发现作曲家比才是因为作品首演遭遇失败而一病不起，那么这就是一个很好很自然的立德树人点：如果你是比才，你在面对逆境时如何调整自我？这也是一次生命教育的过程。

再如，教学人教版小学音乐三年级上册的歌曲《闪闪的红星》，教师可以组织学生先观看电影原版歌曲视频，唤起学生对这首家喻户晓的儿童歌曲的回忆，然后观看影评人对电影背景、歌曲背景的介绍，清楚地知道影片讲述的是20世纪30年代江西柳溪的山村里，几十户贫苦人家受尽了恶霸胡汉三的欺压、饥寒交迫。年仅8岁的潘冬子和小伙伴们天天盼着戴上红星、当红军、打土豪。后来，爸爸参军北上、妈妈入党为保护群众壮烈牺牲。潘冬子在红星的鼓舞下，与敌人斗智斗勇，成长为一名红军战士的故事。紧接着，再次聆听歌曲，教师拿出一颗大大的红星，提问"随着音乐最想做什么动作"，于是全班孩子非常自然地随着音乐踏着坚定有力的步伐，将歌曲第一乐段的进行曲风格体现得十分生动。教师顺势提出"这一乐段适合用什么样的声音来演唱?"在充分体验之后,所有学生都感受到了歌曲传达的坚定有力的情感,因此随着钢琴演唱,再次配合上步伐。这时教师再次举起红星,全班同学围成一圈边唱边踏步。为了进一步营造氛围,教师又提供了红缨枪和红军帽,学生佩戴上之后,更有小红军的精气神,演唱也更加有代入感。

由此可见,针对孩子们很熟悉的旋律,执教教师并没有按照常规音乐唱歌课的学习方式进行,而是充分利用音乐的完整性和弥漫性,设计了一遍又一遍的音乐活动,通过"忆红星"—"唱红星"—"演红星"—"悟红星"四个环节,让学生在活动中感受歌曲情感、了解歌曲背景、加深对歌曲的理解,激发学生想用歌声表达爱党爱国的情感。同时再将音乐学科的要求贯穿其中,引导学生唱准、唱好、唱美,将红色经典唱得入心、入脑、入骨,用歌声传颂那些可歌可泣的历程。

本课的另一亮点是学生演创。在歌曲的第二乐段,情绪变得抒情,短短的四个乐句,旋律由低到高,教师引导学生聆听音乐,分四个小组分别设计自己的动作。经过小组合作,最终呈现了四个不同的动作:第一句(第一组)坐着表演,拿着红星在小腹前方从左至右缓慢移动;第二句(第二组)坐着表演,拿着红星在胸口前方从左至右缓慢移动;第三句(第三组)坐着表演,将红星举过头顶从左至右缓慢移动;第四句(第四组)起立表演,高举红星挥舞。简单的四个动作,却呈现出了音区的变化、情绪的叠加。

音乐体验活动,让我们看到了学生获得知识技能、课程育德的过程,还用自己的方式进行创造性表演并展示,完成了本课的教学内容,实现了学科立德树人的教学目标。

二、目标确定:从单一目标制定—整体化、系列化、单元化制定

确定目标是非常困难的,在一定程度上可以说是教学设计中最具有挑

战性的。音乐学科是义务教育阶段学生众多学习科目中的一门必修科目，和其他学科共同实现立德树人的根本要求，因此在制定目标时要有大目标观，要站在学生终身发展的立场上，站在学科内整合、跨学科融合的视域下制定，这就很自然地要求教学目标整体化、系列化、单元化。

1. 教学目标整体化

音乐由于自身的特殊性，同一个作品，可能会出现在不同的学段中，那么每一个学段的目标制定必然就是不同的。然而当前多数课堂教学还经常出现这样的情况，小学阶段学了这个音乐作品、学了这项音乐技能，到了初中还得从头再来。等初中学了，到了高中，又要再次重复前面的内容。怎么才能避免这样的情况出现呢？这就需要教学目标整体化建构。

如果仔细审读目前多数教案，就会发现教学目标的重点更多关注的是点状的音乐知识和音乐技巧，这让教学设计变得零零散散。要完成指向终极目标的每一个子目标的制定，我们必须提出这样的问题："这部分内容能使我们具备哪些重要的音乐能力？"而不只是问："哪些音乐知识和能力可能是重要目标？"因此教学目标整体化，就是从最终要达到的目标进行逆向设计，再对不同的学段做出相适应的规划。总体表现性目标作为指标发挥作用，决定了不同的年段应该强调哪些内容，忽略哪些内容，这就可以有效避免上述尴尬局面的出现。

2. 教学目标系列化

长期以来，教师习惯于让学生根据问题进行回答，或补充完善。等到不同的学生补充完，就认为是完成了教学。正是由于这样的"点状学习"培养出来的"点状思维"，让学生无法构建系统的体系。在研究和实践的过程中，我们发现教学目标系列化在一定程度上能够有效弥补这一短板。

以民族民间音乐为例，它是我国传统文化的重要组成部分。因此，新课程标准实施以来，各版本教材中民族音乐的占比逐年上升，以湘版小学音乐五年级下册为例，除选用内容外，全册有音乐作品40首，其中民族民间音乐占比接近60%，因此完全可以把民族民间音乐做成一个系列来进行目标设计。这也是"弘扬民族音乐,理解音乐文化多样性"的要求。(见表7-1)

表7-1 湘版小学音乐五年级下册作品分类统计表

类别	数量	占比
汉族民歌	7首	17.5%
少数民族民歌	6首	15%
外国民歌	4首	10%
民族器乐作品	6首	15%
合计	23首	57.5%

由此可见，整个教材内容的选择，将我国各民族优秀的传统音乐作为重要的教学内容。在音乐教育中弘扬民族音乐，首先，因为它是每个人学习音乐的"根"和"本"，没有对"根"和"本"的了解与掌握，就像无源之水、无根之木。其次，本民族音乐是本民族自有的音乐语言，更容易为学生所理解，引起情感共鸣，激发学生终身学习的兴趣。最后，从国家意志说，它也是振奋民族精神、维护国家文化安全、维护国家文化核心利益的需要。

回到上一点提出的问题，"这部分内容能使我们具备哪些重要的音乐能力？"这就是目标系列化制定的出发点，也是归宿点。那么对民族民间音乐来说，感受不同民族的音乐风格，体会不同风格形成的原因，感悟音乐与历史、地理、人文之间的紧密关系，都属于这个系列要具备的音乐学习能力。

3.教学目标单元化

这是在前两步完成的基础上进行的。通过对上述表格的进一步梳理，我们发现在不同类型的民族民间音乐中，汉族民歌数量最多，有《编花篮》《湖北小调》《溜溜山歌》《卖扁食》《太阳出来喜洋洋》《清江河》《对鲜花》7首。(见表7-2)

表7-2　七首汉族民歌分析表

序号	体裁	要求	地域	育人点	原单元及页数
1.《编花篮》	小调	唱	河南	甩腔、倚音、方言	1.1 P6
2.《湖北小调》	管弦乐	听	湖北	取材、情调、结构	1.2 P7
3.《溜溜山歌》	山歌	歌表演	安徽	演唱形式 表演设计	1.3 P8
4.《卖扁食》	小调	读谱唱歌	河北	读谱唱歌	7.5 P37
5.《太阳出来喜洋洋》	山歌	竖笛吹奏	四川（重庆）	竖笛吹奏	7.6 P37
6.《清江河》	小调	读谱唱歌	湖北	读谱唱歌	1.4 P9
7.《对鲜花》	小调	竖笛吹奏	北京	读谱演奏	3.4 P17

（说明：表格中"原单元及页数"一列，包含两个信息，一是第几单元第几首作品，二是该作品所在页数。如1.1指的是第一单元第一首作品，P6指的是在教材中第6页。）

民歌，往往都是口口相传、容易上口的，而越是容易上口的曲目，就越是容易"一唱而过"，声情不能并茂。因此，学生对中国民歌的兴趣和体验程度，一直都不理想。并且目前所使用的湘版教材，涉及有关民歌的内容，也是比较分散的。就五年级下册而言，就分散到了第一课、第三课、第七课、第八课，而这些民歌当中，还可再分为汉族民歌、少数民族民歌和外国民歌，因此从这个角度上来看，这样的组合方式也不利于学生系统地学习。而音乐教师的责任，恰恰在于把学生本来不喜欢的，通过音乐教学变成他喜欢的；把学生本来体验不深刻的，通过教学变成他能够体验深刻的，这就迫使我们不得不调整单元内容、调整育人方式。

以主题单元为单位，将教材进行重新整合，通过音乐作品的主题、体裁、题材、地域等进行分类,再次重组,形成一套新的逻辑联系,有计划地进行学期目标的达成,能够让学生从这种内在联系中,更加系统更加有对比性地学习和归纳,并形成一种新的学习思维方式。当然,这种单元重组整合,并不是批判我们所使用的教材就存在什么问题,而是在教材自然单元的基础上通过这种重整的模式,整理出一套适合自己学生学情或者适合某一个立德树人点的逻辑学习方式。

在单元统整上,一般3—5个课时比较合适,过多会影响一学期的整体进度,也容易让学生产生厌倦;过少则不能形成相对完整的系统。本册汉族民歌数量较多,在组合方式上,可按照两种思路:一是以大量的体验感受为主,偏重感性的积累;二是以单个作品的深入体验为主,附带欣赏其他内容。因此呈现出四种组合方式供选择。但不管以什么样的思路组合,统领概念或主题的还是民歌体裁、民歌韵味。(见表7-3)

表7-3 民歌主题单元统整表

单元名称	内容组合	统领概念或主题或要素	课时
民歌主题教学	组合一 4+5,3+6,1,2+7 组合二 4+5,3,1+6,2+7 组合三 1,3,4,2+5 组合四 1,3,4,6+7	1.体裁 2.地方韵味	4

根据《义务教育音乐课程标准(2022年版)》对音乐风格与流派的要求,1—2年级"聆听不同国家、地区、民族的儿歌、童谣及小型器乐曲或乐曲片段,初步感受其不同的风格"。3—6年级"聆听中国民族民间音乐,知道一些有代表性的地区和民族的民歌、民间歌舞、民间器乐曲和戏曲、曲艺音乐等,了解其不同的风格"。由此可以看出从1—2年级"初步感受",到3—6年级"了解其不同的风格",这是两种不同的思维层次。基于此,本单元的主要目标就有以下三个方面。

1.感受体验不同体裁的中国民歌(山歌、小调)。

2.表现出民歌的地方韵味。

3.初步了解山歌、小调两种体裁形式。

具体目标见表7-4。

表7-4 "汉族民歌"单元教学设计表(教案)

【单元内容】 组合:湘版小学音乐五年级下册第一课和第七课《编花篮》《湖北小调》《溜溜山歌》《卖扁食》《太阳出来喜洋洋》《清江河》《对鲜花》。 统领:汉族民歌主题。
【单元目标】 1.感受、体验不同体裁的中国民歌(山歌、小调) (1)感受方言与曲调之间的对应关系。 (2)理解劳动场景与民歌体裁之间的对应关系(《编花篮》《溜溜山歌》《卖扁食》《太阳出来喜洋洋》《清江河》)。 (3)感受民歌情调,感知音乐结构(湖北小调:轻松爽朗的情调)。 2.表现出民歌的地方韵味 (1)唱好歌曲《编花篮》中的前倚音和下滑音,唱出甩腔的韵味。 (2)掌握一领众和、唱念相接的演唱形式,唱好《溜溜山歌》。 (3)自信有表情地演唱歌曲,唱好小调歌曲丰富多变的节奏和婉转曲折的旋律。 (4)了解衬词的作用,并用合适的情绪唱好歌曲中的衬词。 (5)设计和歌曲内容相符的肢体动作进行创编表演。 3.初步了解山歌、小调两种体裁形式 能听辨出山歌、小调。
【核心任务】 中国民歌源远流长,是中国传统文化的重要组成部分,民歌因地域、环境、方言、生活等差异形成了多姿多彩的风格,汉族民歌在中国民歌中占有非常重要的地位。 本单元根据民歌体裁和地域的一般分类,安排了河南、安徽、河北、四川四省具有代表性的汉族民歌,以演唱、歌表演、练一练等形式让学生参与体验,并了解这些区域汉族民歌的风格特征与相关文化,感受、体验地方音乐的韵味及内在情感,因此需要完成以下任务: 1.聆听音乐。听赏《编花篮》《湖北小调》和《溜溜山歌》,感受山歌、小调的音乐特点。 2.表现音乐。在演唱、表演、吹奏、读谱视唱中,表现出山歌、小调的韵味。

续表

> 【课时安排】四课时
> 第一课时：唱歌教学《编花篮》、练一练《卖扁食》。
> 第二课时：欣赏《湖北小调》。
> 第三课时：歌表演《溜溜山歌》、读谱唱歌《清江河》。
> 第四课时：竖笛演奏《太阳出来喜洋洋》、竖笛吹奏《对鲜花》。

这里只是提供了一种思维方式和组合形式，不代表只有这一种方式。广大读者和音乐教育者，可以结合实际情况进行教学目标的设计与制定。

三、活动组织：从以作品为中心的被动审美—生成性的音乐活动

长期以来的音乐教学，往往过多地重视音乐作品，形成了以"作品为中心"的教学模式，这也成为很长一段时间以来的一种教学"习惯"。这种观点看重的是音乐本身的构成形态，包括音乐结构和各种音乐要素，当然也包括具体的音乐作品。在这样的理念指导下的音乐教学活动，关注的是对音乐的力度、速度、节拍、节奏、旋律、音色、织体等客观存在的音乐现象，学生带着问题对这些对象进行感受和思考。时至今日的音乐活动中，仍然留有这样的痕迹。但是，当审美对象一旦成为孤立的客观存在，便会脱离鲜活的社会生活，学生的音乐活动就容易成为被动聆听，冷漠观赏。

纯粹的艺术作品根本是不存在的。放眼世界各地，我们看到更多的是音乐活动发生在生活和生产之中。这与巴洛克时期由于音乐厅的建设而形成的规规矩矩地在室内欣赏音乐的习惯有所不同。面对形态丰富的山歌、小调和劳动号子，还有各种节日场面和仪式活动，我们根本无法依照西方某个时期的传统欣赏模式来展开音乐活动。据此，"作品中心论"的审美观点对许多音乐和音乐教育活动来说不是以一概全的。

近年经常提到的一个词"具身"，是心理学一个新兴研究领域，这对于音乐教学也有一定的启发。"具身"简单来讲，就是身心合一，可以理解为在投身某活动中时，人的身、心、物及环境无分别地、自然而然地融为一体，以

致力于该活动的操持。此处主要指生理体验与心理状态之间的强烈的联系，生理体验可以"激活"心理状态。反之亦然。举个简单的例子，人在开心的时候会微笑，而微笑也会增强开心的程度。

曾有这样一个故事，一个六年级的女学生，有较为严重的心理疾病，甚至在伤害父母的身体以后还能漠视。某次，她无意间了解到歌曲《天亮了》的创作背景：一对乘缆车的夫妇，在坠地之际用双手托举起了孩子，孩子得到了重生的机会，却永远地失去了父母。当她知道了这个故事，听到悲壮的旋律和看到韩红饱含深情地演唱画面时，不禁潸然泪下。对一些人而言，这是一首好听的歌曲，但对她而言，却让她的心灵受到强烈的震撼，打开了她的心结，治愈了她心灵的创伤。

因此，音乐从某种意义上来说，是一段"内心的旅程"，是人格完善的过程。音乐活动既要身体参与，也要心灵参与。最关键的就是要构建身心参与的情境，并且这个情境要与学生的实际生活紧密相关，才有可能开启这段旅程。

例如国歌，是每个学生必学必会的歌曲。其中的三连音，教师们在课堂上几乎都会涉及，但是大部分的教师选择的是口头表述的方式，或者以数学图形来辅助讲解。学生也只能是被动接受，可是当三连音迁移到另外一首歌曲，一首陌生的歌曲，学生可能又要重新认识一遍。

有这样一位教师，他先用学生喜欢玩的开枪游戏导入，当一个个小枪手神气地做起动作，嘴里还模拟着开枪的声音时，他立马在黑板上板书下来。一会儿，黑板上便有了学习过的最基本的几种节奏型。枪声在每个角落响起，教室一下子就活跃了起来。但是，这位教师什么也没说，直接走到钢琴边，在低音区弹起了三连音的节奏，慢慢地，孩子们逐渐加入教师的节奏中，直到所有的枪声都变成了这个节奏。紧接着，教师播放了相应的战争场面，战士们冒着枪林弹雨奋勇前进，在跨越了时空的情境中，学生很容易也很自然地就进入了战火年代，不仅轻松读准了三连音的节奏，还能准确地敲击出来，更体验了这个节奏型与密集炮火声之间的联系。

第七章　小学音乐学科落实立德树人根本任务的理论与实践

下面以歌曲《顽皮的杜鹃》为例,阐释具身式的音乐教学。这首歌曲选自人音版小学音乐三年级下册第三课《我们的朋友》。本课以"我们的朋友"为主题,安排了三首以"鸟"为音乐题材的乐曲,歌曲《顽皮的杜鹃》就是其中一首。歌曲为四四拍,大调式,采用了较多的小跳音程,生动地刻画了孩童在大自然中与杜鹃嬉戏玩耍的场景,充满童趣。作曲家还巧妙地应用了"5 3"两个音模仿杜鹃鸟的叫声,并在每一乐句中出现了两次,使得歌曲主题鲜明,富有童趣。与此同时,作曲家将杜鹃鸟咕咕的叫声用加顿音记号的方式演唱(奏),更好地体现了杜鹃鸟顽皮可爱的音乐形象,使得音乐更加生动有趣。

$1=F \quad \frac{4}{4}$

| 5̇ 5̇ | 1 3 5 3 | 1 3 5̇ 5̇ | 1 3 5 3 | 1 5 3 |
| 当 我 | 走 在 草 地 | 上 咕 咕 听 见 | 杜 鹃 在 歌 | 唱 咕 咕 |

开课伊始,教师拿着一束鲜花走进教室,把花拿到学生跟前问"漂亮吗?闻一闻香吗?"教师示范并引导学生由慢吸慢呼过渡到慢吸快呼,练习短促呼气。接着将咕咕加上音高,做模仿杜鹃叫声的旋律练习,为后面歌曲的演唱和演奏做铺垫。然后播放歌曲伴奏,教师带领学生飞舞着找杜鹃,在听到5 3的地方停下来做杜鹃欢唱的动作。为了加深学生的印象,教师又拿出了陶笛,并说:"这是一只有魔法的陶笛,只要一吹奏,杜鹃就会出现。"在教师的吹奏声中,学生们再一次熟悉了歌曲,在"找杜鹃"的情景中聆听、演唱、律动、演奏,调动身体感官浸润式地享受音乐。

人们常说"音乐中包含着情感,充满着想象"。其实,这情感的源头在听众的心中,这想象的翅膀长在欣赏者身上。不是音乐在激动,而是音乐使得我们激动;不是音乐在幻想,而是我们在幻想。[1]让学生具身式地走进音乐,创造音乐,学生获得的就不仅仅是音乐的技能和知识,还是生命的建构。

---

[1] 宇文俨琼:《教学,不仅仅是一种讲述——在生活和活动中体验音乐学习》,《中国音乐教育》2005年第1期。

当然,我们并不是完全否认"作品中心论"的合理之处,但是我们更需站在"人学"的思想下,运用包容的思维方式来设计和组织音乐活动。强调"具身",旨在激励学生对音乐学习的全身心投入;强调"生成",旨在保证学生音乐学习的自主实践和创造活动,使音乐的、艺术的、育人的创造性真谛不至于受到歪曲。[①]

一堂好的音乐课,一定会注重培养学生的探究意识,满足其对音乐的好奇心;一定会注重培养学生的自我意识,满足其音乐的表现欲;一定会注重培养学生的享受意识,满足其音乐的成就感。当活动满足了这三个意识,那么就是从以作品为中心的被动审美转变成具身生成性的音乐活动了。

四、资源开发:从大量关注课堂多媒体资源—多方资源协同发力

音乐学科立德树人的实践依赖于大量鲜活的生动的资源,因此要跳出音乐看音乐,跳出教育看教育。

(一)课内课外双向驱动

抓好课堂主阵地的同时,积极依托课内课外、校内校外各项活动,仰望专家思维的顶层设计、脚踏名师行为的课堂落地。一方面是要用好身边的德育资源。例如,近年各地进行了"学党史"系列活动,今后党史学习还将持续常态化,我们就要立足本土资源,把本土音乐和一些研学基地文化诸如红岩文化等资源活学活用,用好身边的材料。另一方面也要积极参与社会实践活动,和时事政治热点相结合,和优秀传统文化相结合,和生活中具体的事例相结合,把抽象的理论与鲜活的生活相结合,从身边的小事找到发力点。

---

① 舒飞群:《音乐教育实践哲学笔谈录(六)——音乐教育实践哲学的整体音乐学习观》,《中国音乐》2018年第12期。

（二）教师学生并线发展

就是教师学生双适应、双发展。以往多是单发展，即教师要适应学生的发展，落实立德树人根本任务，除了教师适应学生以外，也需要学生主动适应教师。前者是一对多，后者是一对一。实现路径的探索，就是组织建设，就是教师与学生的并线发展。

（三）网络云端课堂打造

信息时代要积极探索网络课堂教学的新方法和新途径，不断优化网络课程的结构和资源，拓展师生的学习空间，提升教师的信息化教学水平，制定网络课堂的考核机制。2020年以来的新冠肺炎疫情，极大地催生了校、区、市乃至全国的云课堂建设，教材体系也呈现走向教学体系和实践体系的特点。从建设音乐资源的检索机制，到创建音乐教育资源库，再到对资源库的管理运用，通过这三个方面对网络云端课堂进行打造。与此同时，我们也要建立足够支撑的网络配备环境，并设置一些虚拟的实践专区，把音乐中蕴含的育人点情景式地展现出来，增强立德树人的现场感和具身感，让学生参与体验。总之，要进一步完善与音乐课程相关的软硬件系统所需要的网络教学环境。

（四）研训学用一体化

研，就是研究；训，就是培训；学，就是学习；用，就是运用。如果只是单一关注某一方面，则不利于立德树人在音乐学科中的实际落地效果。策划主题教研，可以以分主题、分学段、分课型等方式为切入点，利用日常教研活动来开发资源。可以作为专门的课题项目组织人员进行研究，开展专项的培训，提升对此认识的准确程度。学，是最常见的，就是学生的学习和教师的学习，包括课内课外。虽然之前提到了培训，主要也是教师参与的活动，这里的学更多的是一种主观能动性的举动。用，在当今社会，除了在课堂上用好,还要通过网络传播的力量,利用大众媒体渠道进行传播,如微信公众号、抖音、微博等途径,向广大学生推送积极向上、正能量的音/视频、图片以及文字资料等,充分利用好各种网络途径获取和推送音乐学科立德树人的信息,扩大辐射影响范围。

五、评价反馈:从怎么评——评什么

教学评价不仅仅是一种手段,还是一种方向,是对教与学的引导。音乐学科由于其自身的非语义性、非具象性特点,评价一直是一道难题。目前的评价,除了仍然关注学科知识技能,还兼顾了学生的学习兴趣和学习态度,但是对学科育人仍缺乏系统性和完整性的规划与思考。

随着改革的不断深入,特别是进入新时代,落实立德树人的根本任务,实现为党育人、为国育才的教育目标再次成为每一个教育人的使命,全体音乐人更是责无旁贷。在这样的背景下"立何德树何人"如一缕春风拂过,给音乐学科的评价研究也注入了全新的活力。

以往的评价,可能比较关注"怎么评",也就是评价的形式、方式、时间节点等问题。现在更多的人开始倒回来关注"评什么",究竟哪些内容才是我们要观察、要测评的对象?

(一)建立音乐学科学业质量标准,实现以学科核心素养为导向的评价体系

考什么、评什么,就教什么,这是教师最现实也是最无奈的选择。只有建立以学科核心素养为导向的评价体系,才能真正在课堂主阵地上准确、主动地把握育人方向。

目前音乐学科的核心素养还缺乏在各个学段、各个模块完成的具体表现说明,因此,当务之急是建立明确的学业质量标准,让师生都明确在完成某个阶段的学习后,应该具备的核心素养,以及在这些素养上应该达到的

具体水平的明确界定和描述,这是学科核心素养与学科具体内容的结合。美国教育家布鲁姆曾说"有效的教学始于准确地知道需要达到的目标"。他所说的"目标"既是教学目标,也是考评目标。建立统一的学业质量标准,改变各区域各学校标准不一的情况,让师生在教学中从容地按照核心素养的培养所需,循序渐进地教学。

实践中,可探索由教育行政主管部门、学校、专家和教师共同参与的以核心素养为主轴,以学业质量标准为纽带,设计不同的阶段任务,综合其他形式的评价,构建相对完整的评价体系。

(二)整合过程性评价与终结性评价,实现动静结合的评价模式

1.动态发展的过程性评价

过程性评价包括很多,主要是指在课堂教学中对学生的评价。学生聆听音乐后所谈的感受,合着音乐进行体态、动作、图画、符号、语言、演唱演奏等实践活动,都贯穿着教师的过程性评价,是一个动态的过程。

常用的过程性评价为表现性评价方式。是指通过观察学生在实际完成任务时的表现来评价学生已经取得的发展成就。这种评价方式弥补了纸笔测试中"岸上考游泳"的不足。而表现性评价最重要的就在于对表现任务的设计。表现性任务是与表现性评价紧密联系的一个重要概念,是指在表现性评价过程中,评价者要求学生完成的具体任务。因此,设计出适当的表现性任务是保证表现性评价的信度和效度的基本前提。[1]

另一种可以尝试的过程性评价是成长记录评价。将学生的相关作品、有关学习材料收集起来,通过分析,展现学生在此过程中的优势与不足,可以反映出学生为完成表现性任务所付出的努力,还可以激发学生的自我反思,帮助其取得更好的成绩。

成长记录的基本内容是学生作品,但不是随意搜集的作品。这里所说

---

[1] 余文森:《核心素养导向的课堂教学》,上海教育出版社,2017,第95页。

的作品并不是指学生创作的音乐作品,而是如对相关乐理知识的掌握、对名曲名家的记录、对聆听体验的记录、对歌词旋律的创编,或者是演唱演奏的视频二维码,通过扫码就能够观察到。总之,是结合上文说的"体态、动作、图画、符号、语言、演唱演奏等实践活动"。

2. 相对静态的终结性评价

终结性评价主要是指期末测评,包括每年的全国以及省市级音乐素质测评;也可以指一个主题一个模块学完之后的评价,这个尤其适合大单元主题教学和高中的模块教学,相对而言是静态的。因此,需要强化过程性评价的反馈与纠正功能,与终结性评价相整合,让评价服务于教学,而不是"绑架"教学。

最常见的终结性评价,就是试题测试。因为答案唯一、标准统一、可以大规模实施,因而这也是当前主要采取的一种评价方式。采用这样的评价方式,最关键的在于试题的命制。试题的命制主要包括立意、情境、设问三方面。立意是考试的目的,情境是实现立意的材料和介质,设问是试题的呈现形式。

所谓"千古文章意为高",立意,是试题的灵魂。既然要努力实现以学科核心素养为导向的评价体系,那么就要改变以往强调音乐知识和技能的孤立习得,改变一题一知识点碎片化、固定化的单一对应关系。要运用好音乐主题,需要学生运用结构化知识,解决较为综合复杂的问题。从强调对音乐知识的记忆、理解、复制,到强调对知识的建构、感悟。所以在命题时,要充分认识到核心素养发展是一个连续着力的过程,对命题应有整体规划。

情境,是音乐课堂教学必不可少的,同样的也应该纳入现代化的试题命制中。学生很多时候在低年级学过的音乐知识,到了高年级换了一首曲子后,又不知道该如何切入,就是缺少了迁移运用这个环节。而二者之间的桥梁,就是情境。通过情境的创设,打通"知识"与"现实"之间的关系,让所学为我所用。值得注意的是，情境并不是凭空想象出来的，它应该是来自真实生活，结合作品特点，关注学生学情三方面的综合。通过这几年的高考试题的变化，就可以看出情境是考查学生对信息处理的能力，是对所学知识活用的能力。

设问，是评价的载体，人的能力通过解决问题得以体现。结合高考命题的设问来看，音乐学科的命题也应该有以下三个特点：灵活，靠死记硬背是解决不了的；反映音乐学科本质，涉及对学科思想、学科思维方式以及学科文化的领悟；开放，允许学生个性化的回答。

除此之外，评价还要注意改进结果评价，探索增值评价，健全综合评价，强化过程评价。不管是哪种评价，其出发点和落脚点都在于"立德树人"。

下面以一份观察评价表为例，提供一些参考。

表7-5 北碚区中小学"音乐欣赏教学育人点的课堂落实"课堂教学评价表

观课人：　　　　观课时间：　　　　观课地点：

学科	音乐	课题		授课人	
教学过程					
活动	一级指标	二级指标		三级指标	
活动1	教师行为	A.明目标 C.讲知识 E.提问题 G.给材料 I.推步骤 K.导方法 M.评学生 N.其他＿＿＿。	B.定主题 D.创情景 F.作示范 H.筹活动 J.答疑问 L.做总结	A.教师的活动有效地推进了学生的活动 B.教师的活动充分地利用了学生活动的成果（与学生的活动有互动性） C.教师对教材的处理更有利于学生学习知识、开展活动 D.教师的活动更有利于教学内容以更合宜的方式呈现给学生 E.教师的活动与预设的教学目标相符	

续表

活动1	学生行为	A.听讲　B.视唱 C.视听　D.思考 E.交流　F.研讨 G.展示　H.答问 I.实践　J.评价 K.其他_____。	A.学生的活动时间得到保证 B.大部分学生都参与活动 C.学生的活动充分、专注度高、投入度强 D.学生的活动有序开展 E.学生活动与学习内容紧密相关
	育人融合点	A.认知育人 B.德性育人 C.审美育人 D.健康育人 E.劳动育人	认知育人：A1.学科知识　A2.音乐要素 　　　　　A3.体裁形式　A4.风格流派 德性育人：B1.家国情怀　B2.文化传承 　　　　　B3.公民素养 审美育人：C1.情感体验美 C2.结构形式美 　　　　　C3.音色音响美 健康育人：D1.身体健康　D2.心理健康 劳动育人：E1.劳动意识　E2.音乐实践 其他：_____
	育人策略	A.传统听讲　B.创意吸引　C.生动形象　D.体验感悟　E.实践参与　F.相机生成　G.潜移默化　H.其他_____。	
活动2	教师行为		
	学生行为		
	育人融合点		
	育人策略		
活动3	教师行为		
	学生行为		
	育人融合点		
	育人策略		
活动4	教师行为		
	学生行为		
	育人融合点		
	育人策略		

续表

育人效果总体评价	等级评价： A.优 B.良 C.中 D.一般 E.差	A.育人目标达成度(多育融通) B.学科知识视点(知识点)准确,关键词明晰 C.育人点恰切,与知识点相关度高,育人表达丰富 D.育人方式科学合理,切合知识视点结构,切合学生经验,充分调动了学生主体性 E.学生有人文情怀,或情感体验,或核心价值观的情感升华;有健康活动、实践活动的拓展延伸任务

注：此评价表由北碚区教师进修学院提供。

这份评价表非常注重教学的过程化评价，并且将育人摆在了首要位置，以学生和教师为双主体，以学生行为、教师行为为观察路径，结合音乐学科的核心素养，有点有据地罗列观测结果，客观操作性强。

综上所述，从小学音乐学科落实立德树人根本任务的历史演进、学科特点、基本要求、实践路径来看，这不仅是时代的要求，更是学科特性的体现，是以音乐为载体对人的整体培育的回归。也许有的人曾经有过这样的观点，认为立德树人和音乐学科沾边不大，但在经历了几十年的连续探索与不断改革之后，立德树人在小学音乐教育教学中的地位和价值已经日益凸显，希望广大音乐教师不忘音乐初心，牢记教育使命，让立德树人这一根本任务的思想根植于音乐教育当中，并得以不断完善。

附：教学课例

小学音乐立德树人教学课例
——以湖南文艺出版社小学音乐六年级上册第四课《打麦号子》为例

教材分析

1.单元分析

本单元一共有三首音乐，分别是《栗子大丰收》《丰收锣鼓》和《打麦号子》。这三首乐曲都与"劳动"和"丰收"有关,表现了丰收时的热闹场景和喜悦之情。《栗子大丰收》旋律欢快喜悦、富有朝气,勾画了一幅栗子丰收的景象;民族管弦乐《丰收锣鼓》节奏鲜明、曲调欢快、情绪高亢热闹,使人仿佛置身于欢腾热烈的画面中;《打麦号子》是一首贴近人民生产劳动的歌,其号子一领众合的演唱形式在歌曲中表现得淋漓尽致。

2.作品背景

劳动号子产生于劳动过程中,直接为生产劳动服务,真实地反映劳动状况和劳动者的精神面貌。在协作性较强的劳动中,起到鼓舞劳动情绪、振奋精神的作用。

《打麦号子》属于劳动号子中的农事号子,通常是在打麦、舂米等劳动强度不大的活动中歌唱。因此,农事号子的节奏往往比较轻快、规整;音调铿锵有力,旋律线条多为上扬;演唱形式多为一领众和;结构一般比较短小,总体带有粗犷、豪放的特点。

3.作品分析

歌曲为AB对比二段式结构,徵调式,混合节拍。

A段典型节奏型ХХХХ贯穿1—8小节。均分的八分音符用一领一合的演唱形式表现出来,节奏平稳、铿锵有力、热情饱满。

A段谱例片段

| ХХ ХХ | ХХ ХХ | ХХ ХХ | ХХ ХХ |

(领)打起 号子,(齐)哼哪,哼哪,(领)来干 活咯,(齐)哼哪,哼哪,

| ХХ ХХ | ХХ ХХ | ХХ ХХ | ХХ ХХ |

(领)一人 领来,(齐)哼哪,哼哪,(领)众人 和呀,(齐)哼哪 哼哪,

B段四个乐句,使用同一乐汇,以领唱旋律为动机发展而来。附点节奏的加入使得旋律更富有推动性。同音反复的旋律,让人联想到众人拽着劲拧成一股绳,同心协力的劳动场景。

B段谱例片段

$\underline{2\cdot}\ \underline{2}\ \underline{2}\ \underline{2}\ |\ \underline{1\ 2}\ \underline{2\ \frown{1}\ 6}\ |\ 2\ \ 2\frown{6}\ |\ \underline{1\ 2}\ \underline{2\ \frown{1}\ 6}\ |$

（领）唱 得 干 劲 更 加 足 啊,（齐）喂　喂,　　好 姐 姐 呀,

结尾处,节拍变为四三拍子,改变了之前一板一眼规则的劳动形象,增添了歌曲的灵动感。

结尾谱例片段

$\underline{2\cdot}\ \underline{2}\ \underline{2}\ \underline{2}\ |\ \underline{\frown{1\ 2}\ 6}\ \underline{5\ 5}\ |\ \underline{5\ 6}\ \underline{2}\ |\ \frac{3}{4}\ \underline{1\ 2\ 1\ 6}\ 5\ \ 5\ \ 0\ |$

（领）移 　高 山 来 开 大 河 啊,（齐）嗬 嗬 咳,　　海 棠 花 儿 哟　 哟。

学情分析

六年级学生的生活范围和认知领域进一步发展,体验、感受与探索音乐的能力都明显增强,对民歌有着比较浓厚的兴趣,尤其是模仿歌曲中的衬词。但是对劳动号子的产生环境和运用音乐要素分析歌曲所表达的情绪,还存在理解上的不足。

教学目标

1.能用热情饱满的声音演唱《打麦号子》,感受劳动人民丰收的喜悦和乐观豁达的精神

2.在音乐活动中了解劳动号子一领众和的音乐特点,感受音乐元素在歌曲情绪中的作用

3.了解传统农事——连枷打麦,在体验打麦活动中,感受干劲十足的劳动场面。促进学生对劳动的热爱之情,培养团结协作精神

教学重难点

1.体验一领众合的演唱形式,感受劳动号子热火朝天的氛围

2.歌曲前后十六节奏、下滑音、附点节奏、四三变拍子的准确演唱

教学方法

示范法、对比聆听法、律动教学法。

教学过程

活动一：一呼一应情绪高，号子声声鼓士气

1. 号子示范

师：请观看老师表演，你想到了什么情景？

师表演：嘿 咗 ｜嘿咗 嘿咗｜（边念号子边做劳动动作）

生答。

2. 师生配合劳作

3. 熟悉号子朗诵部分

师：我们用这样的方式加上歌词试试。

出示号子乐段，师领生和。（跺脚+手势）

| X X X X | X X X X | X X X X | X X X X |

（领）打起 号 子,（齐）哼哪，哼哪,（领）来干 活 咯,（齐）哼哪，哼哪，

| X X X X | X X X X | X X X X | X X X X |

（领）一人 领来,（齐）哼哪，哼哪,（领）众人 和呀,（齐）哼哪 哼哪，

师：为了让我们的劳动更有力量，你觉得身体的哪些部位应该用劲？

生：拳头、腰部。

师：握着拳头感受一下来自腰腹的力量，音调上扬。

师生再次配合。

4. 合乐，师领生和

师：刚才我们这种合作方式你能给它起个名字吗？

出示一领众和。(黑板贴标签)

师:一领众和也是劳动号子最大的特点。

师:这样合作喊口号干活能起到什么作用呢?

生:交流(鼓舞劳动士气,干劲更足,统一劳动节奏)。

师:有没有同学愿意来代替教师刚才领的角色,其他同学和。

5.生领生和(用握拳动作+重拍跺脚)

【评析】在一领众和的体验活动中,感受传统劳动形式团结协作的精神力量、坚毅勤劳的劳动品质。同时,通过感受拳头、腰部力量,为号子的呼喊和发声练习做铺垫。

活动二:传统连枷有魅力,合作打麦添乐趣

1.初次聆听,设想劳动场景

师:你们猜一猜我们刚才喊的是从事什么劳动的号子。

生答。

师:让我们走进歌曲中去找答案。(聆听歌曲《打麦号子》)

2.介绍打麦工具

师:现代科学技术比较发达,麦子、稻子脱粒都是机械化操作。有没有同学知道传统的打麦工具?

生答。

师:勤劳智慧的劳动人民发明了一种辅助工具——连枷,这上面有个轴甩起来时可以灵活转动,然后拍打下去。(欣赏打小麦图片、了解打麦子工具)

师:我们再通过一段短视频来深入了解一下。

3.欣赏打麦视频一

【评析】初步感知歌曲,认识传统劳动工具连枷,了解传统打麦方式,培养学生对劳动人民充满智慧的敬佩之情,激发学生对传统劳动文化的兴趣。

4. 模仿打麦动作

师：你们模仿一下打麦子的动作？（前后腿错开站、双手扶杆立起来，弯腰向下拍打）

师：你们认为是往后甩的时候更用劲，还是向前拍打的时候更用劲？

引导学生感受重拍、统一领和的动作节奏。（一领一和，动作艺术化）

师：现在让我们跟着音乐的节奏一起来体验。（随乐律动）

5. 三拍子体验

师：这一趟打下来有什么感受？累吗？

生：累。

师：累的时候想做什么呢？

生：休息。

师：那我们结合谱例再来听一听，音乐中哪些地方像是表示休息。

生看谱听音乐，引出结束小节的变换节拍——三拍子。

师：请大家设计表示休息的动作，合着音乐动一动。

生随乐在变换节拍处自由律动。

6. 分组完整体验

师：在集体打麦过程中他们是对站着，有节奏地交替合作打麦。

两组对站随乐打麦律动（生生合作），再次完整感受歌曲。

【评析】在体验活动中感知歌曲韵律，感受热火朝天的劳动氛围。学习传统的打麦动作，体验合作打麦的乐趣，培养学生团结协作、热爱劳动的品质。

活动三：笑歌声里干劲足，一领众和乐翻天

师：劳动虽然很辛苦，但劳动人民乐观豁达，也在歌唱中表达丰收的喜悦和劳动的快乐。现在让我们一起去学一学带旋律的歌唱部分。

第七章 小学音乐学科落实立德树人根本任务的理论与实践

1.跟琴轻声模唱旋律(注意换气)

[乐谱]

2.关注歌曲的旋律特点

小组讨论:变化重复,音调相似。

师小结:用材简洁,只用了 5 6 1 2 四个音,反映了劳动号子简单、直接的特点。

3.视唱旋律

4.师领生合填歌词

师:男男女女在一起干活唱歌,可以解闷调节情绪。你觉得哪些地方可以做情绪上的变化呢?

生:唱到"姐姐,妹妹"的时候可以不用那么有力,可以活泼一点儿。

师:那我们试试,在两个地方唱得俏皮一点儿。

生唱。

师:请大家再思考,演唱时除了力度稍弱一点儿,还可以做怎样的变化?

教师示范带下滑音和不带下滑音,学生选择。

[乐谱]
(齐)喂 喂, 好姐姐呀,

师小结:下滑音的运用增添了歌曲的生动性、趣味性。

5.歌曲处理

$$\underline{2.\ \underline{3}}\ \underline{2}\ \underline{2}\ |\ \underline{1\ 2}\ \underline{2\overset{\frown}{1}6}\ |$$

（领）唱 得 干劲 更加 足 啊,

同音反复的音准,感受乐句起拍、附点节奏的推动作用(引导学生加拳头唱)。

6.再次演唱

7.乐句对比

师:刚刚同学们说了感觉这首歌曲的旋律有很多重复,那有没有同学发现,有哪些地方是相似的呢?

$$\dot{2}\ \dot{2}\ \underline{\dot{2}\ \dot{2}}\ \dot{2}\ |\ \underline{1\ 2}\ \underline{2\overset{\frown}{1}6}\ |\ \dot{2}\ \ \underline{2\overset{\frown}{6}}\ |\ \underline{1\ 2}\ \underline{2\overset{\frown}{1}6}\ |$$

我 把 格 号 子 交 与 你 呀,（齐）喂 喂, 好 妹 妹 呀,

$$\dot{2}\ \dot{2}\ \underline{\dot{2}\ \dot{2}}\ \dot{2}\ |\ \underline{1\overset{\frown}{2}6}\ 5\ 5\ |\ 5\ 6\ \dot{2}\ |\ \tfrac{3}{4}\underline{1\ 2}\underline{1\ 6}\underline{5\ 50}|$$

接 过 你 号 子 我 来 喊 啊,（齐）嗨 嗨 咳, 海棠 花儿 哟哟。

生:3,4乐句和1,2乐句旋律基本相同,但有小差别。

师:我们可以怎么来记忆这两个不同呢?

生:就像我稳稳地把号子交给你,你热情快速地接过号子。

8.再次完整表现

师:现在我们把全曲连着演唱一次,有没有同学愿意来担任领的角色?

9.农事号子

师:这首民歌来自江苏,它是劳动人民干农活时喊的号子,属于农事号子。

【评析】在学习歌曲韵律和体会歌词意境中,感受劳动人民积极热情、乐观豁达的精神,引导学生对生活、学习保持乐观积极的心态。

活动四：本土音乐应传承，非遗文化增自信

师：我们重庆也有自己的劳动号子，由于地处两江交汇。我们有川渝川江号子，并且于2006年被列为国家非物质文化遗产名录。现在让我们一起来领略它的风采。(欣赏川渝《川江号子》视频)

师：这首川江号子的演唱形式也是一领众和，和今天学的打麦号子有什么不同？

生：更有力量、粗犷。

师：为什么会有这样的不同呢？

生：一个是打麦，一个是拉船，并且拉船很累。

师：拉船是一个劳动强度很高的活动，需要很多的力量。那由此可以说明，号子与什么相关呢？

生：与劳动强度、劳动场景有关。

师：是的，不仅号子如此，所有的民歌，都与劳动、与生活息息相关。愿同学们能在以后的生活中去发现、感受号子的壮美，民歌的秀美。

【评析】了解音乐与地域环境、人民性格、民族文化息息相关，拓宽音乐文化视野，增强文化自信、民族自信。

板书设计

打麦号子
一领众和

课例点评

音乐课是培养学生情感素质的重要课程，也是直接落实立德树人的重要载体。如何通过聆听音乐、感受音乐、表现音乐来达到这个目标，需要长期的学习和实践。本节课从实际生活出发导入，运用学生的已知经验，体验劳动号子一领众和的形式，凸显了音乐联系生活、具有实践性特征。在听、唱、动、说、赏等音乐活动中,面向全体学生,关注个性展示。学生活动参与积极性强,营造了和谐民主的课堂学习氛围。

1. 题材有趣,形式生动

对于劳动号子,学生是很感兴趣的,如何将这一表现形式与学生已有的生活经验相结合,执教教师做了大量的铺垫。首先,在开课时的示范,让学生瞬间直观地感受到号子有力量、节奏感强的特点。在接下来的师生一领一和中,学生的积极性超乎寻常的热情,一呼一应的合作体验感染着他们,他们精神十足、热情饱满,从他们的眼神里能感受到音乐学习的快乐。这时的课堂没有师生之分,只有一股团结向上的力量凝聚着大家,把热火朝天的劳动场面体现得淋漓尽致,德性育人的浸润在此深入人心。

2. 联系生活,弘扬传统

教师引用图文、视频等方式让学生直观地了解、认识传统打麦工具——连枷。增强了学生对劳动人民充满智慧的敬佩之情。而拓展欣赏非遗文化《川江号子》视频,让学生了解了民族音乐与地域文化之间的联系,激发了学生对民族音乐文化的兴趣与崇敬,也是"弘扬传统音乐文化、增强民族文化自信"的体现。

3. 目标明确,化繁为简

歌曲的歌唱部分也是一领众和,领唱是唱词的主要陈述部分,旋律上扬、有呼唤号召的特点。齐唱部分音乐较固定、变化少,带着一丝俏皮韵味。全曲使用了变化重复作曲的手法。在视唱旋律的过程中教师引导学生了解歌曲的旋律特点,找到音调相似的规律,提高课堂学习效率。

4. 重难点突破,教法灵活

歌唱中的下滑音、变换节拍、十六分节奏,都是学生掌握的难点。教师结合歌词情景,把知识技能转化成学生比较容易理解和接受的形象思维,在情景体验中解决歌曲学习的重难点,关注了学生的认知规律和身心特点。

比如:教师通过示范有无下滑音的两种演唱方式,引导学生感知音乐记号对增添歌曲生动趣味性的作用。这种直观形象的教学方式,学生掌握起来比较容易。又比如:在处理结束句变化三拍子的过程中,教师引导学生将歌词内容联系生活经验:为什么这里要增加时值?带来什么样的感受?引导学生想象在劳动过程中,相对静止的长音暗示劳动动作有何变化?这时有的学生会说:"就像劳动者在休息,在看风景,或者擦擦汗。"于是教师顺势引导:"你能设计休息,或者看风景、擦汗的动作吗?"很容易就解决了变化三拍子,丰富了歌曲演唱的生动性。

作为一名年轻的音乐教师,本课也存在一些不足。第一,在合作打麦活动体验中,要求指向不够清晰,导致学生合作稍显混乱。第二,教师语言还可以更加简练,评价可以更加丰富聚焦。第三,歌唱部分音高主要围绕d^2波动,而六年级有的学生正处于变声初期,鉴于这种情况应该提醒学生调整音区低八度演唱。

不管怎么说,本课将音乐与劳动紧密结合,把对学生相对陌生的劳动号子融入丰富的音乐体验活动中,加深了学生对号子的感受和理解。同时,在体验过程中,执教教师始终关注学生的反馈,并适时调整教学策略,课堂生成处理得恰到好处,营造了足够宽松的学习环境,学生敢于表现,乐意积极参与,这正是立德树人在音乐学科中的具体体现。

课例作者:重庆市北碚区两江名居第一小学　罗武燕
点评:重庆市北碚区教师进修学院　税雪

第八章

小学体育与健康学科落实立德树人根本任务的理论与实践

学校体育是实现立德树人根本任务、提升学生综合素质的基础性工程，是加快推进教育现代化、建设教育强国和体育强国的重要工作，对弘扬社会主义核心价值观，弘扬爱国主义、集体主义、社会主义精神和培养学生奋发向上、顽强拼搏的意志品质，实现以体育智、以体育心、以体育人具有独特功能。

体育与健康学科作为我国义务教育阶段课程的重要组成部分，不仅承担着增强学生体能、掌握健康知识、提升学生运动技能的任务，还承担着陶冶学生思想情操，磨炼学生的耐力与意志力，培养学生崇高的道德观、人生观与价值观的重担。教育家苏霍姆林斯基说："请你记住，你不仅是自己学科的教员，还是学生的教育者，生活的导师和道德的引路人。"教师的主导性作用对学生起着无形的示范与深刻影响。"立德树人"作为体育与健康学科教育的基本教育任务，要求广大一线体育教师在教学中应注重实施"德育"教学，树立大德育观，增强育人教学效果。[①]

[①] 陈小梅：《体育教学中如何落实立德树人的实践探究》，《考试周刊》2019年第61期。

第八章 小学体育与健康学科落实立德树人根本任务的理论与实践

第一节 小学体育与健康学科落实立德树人根本任务的历史演进

立德树人,就是坚持育人为本,德育为先。正如《左传》中所指出的,"太上有立德,其次有立功,其次有立言,虽久不废,此之谓不朽"。立德是立功和立言的基础,立德离不开德育。育人先育德,德育是学校教育的首要任务。在中国共产党的教育方针中,教育是全面发展的教育,即教育促进受教育者德智体美劳全面发展。随着经济的发展和现代教育的快速推进,品德教育也成为中国教育的重中之重,被放在了学校教育的首要位置。因此,立德树人不仅是中国共产党的优良传统,还是重要的教育理念,也是坚持和发展中国特色社会主义的重要精神力量。

在综合教育理念下,体育与健康学科作为学校教育中的一门具有强大实践性的学科,对立德树人思想的渗透显得尤为重要。建国以来我国中小学体育与健康课程标准(教学大纲)中的德育目标经过数次修改完善,由比较单一的政治目标到现在多元的"情感态度价值观"目标,反映了我国体育与健康学科教学的发展方向。体育与健康学科落实立德树人根本任务的探索分为五个阶段。

一、第一阶段(1949—1953)自我探索与尝试阶段

1949年10月1日,中华人民共和国成立后,国家非常重视学生的健康问题,并多次为学校体育教育作重要指示。1950年6月毛泽东主席提出了

"健康第一,学习第二"的方针,并对学生的学习、社会活动过重,健康状况作重要批示。8月教育部颁发了《小学体育课程暂行标准(草案)》,明确了在体育教学中"培养儿童国民公德和活泼、敏捷、勇敢、遵守纪律,团结、友爱等的品质,以加强爱国主义思想和集体主义精神"[①]。这无不体现以人为本,立德树人的思想,为以后的中国体育教育的发展奠定了坚实的基础。

二、第二阶段(1953—1957)模仿和学习阶段

1956年,我国根据苏联的体育教学模式,制定了《小学体育教学大纲(草案)》。这是新中国成立以来,中国历史上第一部真正规范的有重大实质性意义的小学体育教学大纲,在这部大纲中,把德育作为新中国体育教育中的重要组成部分。这部大纲在我国的问世,使我国学校体育在立德树人、以人为本的思想上又进了一步。

1956年《小学体育教学大纲(草案)》中写道:"小学体育教育的目的是促进少年儿童成为全面发展的新人,为将来参加建设社会主义社会和保卫祖国做好准备。"[②]培养学生将来成为全面发展的社会主义社会的建设者和保卫者。这部教学大纲中的教育方向与指导方向,奠定了新中国体育教育的主体发展导向,但是,在当时的社会背景下,所展现出来的体育教育有着高度的政治化倾向。

1953—1957年这一阶段,中国的学校体育几乎是完全模仿苏联模式,在当时社会背景的影响下,体育教育中的"立德树人"也就黯然失色,完全是一场政治性的学习与体验,把人的发展建立在了国家的需求之上,对人的期望也就更大。

---

① 课程教材研究所编《20世纪中国中小学课程标准·教学大纲汇编(体育卷)》,人民教育出版社,2001,第32页。
② 课程教材研究所编《20世纪中国中小学课程标准·教学大纲汇编(体育卷)》,人民教育出版社,2001,第37页。

三、第三阶段(1957—1992)开始发展阶段

20世纪60年代,国家处于非常困难的时期,体育教育更是乱象丛生,完全体现不出重要思想与任务。1978年《全日制十年制学校小学体育教学大纲》中把"结合体育教学特点,教育学生热爱党、热爱社会主义祖国,不断地提高他们为革命锻炼身体的自觉性,养成锻炼身体的习惯。培养他们服从组织,遵守纪律,热爱集体,生动活泼,勇敢顽强,艰苦奋斗的革命精神"[①]作为重要教学目标。这部教学大纲是"文化大革命"结束后制定的首部体育教学大纲,纠正了"文化大革命"时期体育教育混乱的现象,体现出浓重的时代色彩,是体育教育落实立德树人的形成时期。这部教学大纲总体来说仍然比较笼统,另外由于受政治环境的影响,也难免留下时代烙印,体现出较浓重的时代色彩。

1987年1月,国家教育委员会颁发了新修订的《全日制小学体育教学大纲》,大纲指出"教育学生热爱共产党、热爱社会主义祖国,培养学生对体育的兴趣,养成锻炼身体的习惯和主动性,提高学生关心自身健康的社会责任感。促进学生个性发展,培养学生组织纪律性和生动活泼、勇敢顽强、富于创造的精神;陶冶美的情操和培养文明行为"[②]。这也完全体现了体育教育中"立德树人"的发展方向。20世纪80年代后期,体育课程的主导思想一改过去空洞、笼统、拔高、脱离实际的现象,体现了实事求是、切合实际的原则,为体育教育中"立德树人"提供了可操作性的依据。1987年小学体育教学大纲明显地体现出新思想,与之前相比,开始注重人的发展,尤其开始重视发展学生的个性。

---

① 课程教材研究所编《20世纪中国中小学课程标准·教学大纲汇编(体育卷)》,人民教育出版社,2001,第91页。

② 课程教材研究所编《20世纪中国中小学课程标准·教学大纲汇编(体育卷)》,人民教育出版社,2001,第115-116页。

四、第四阶段(1992—2000)改进提高阶段

(一)小学体育与健康教学中立德树人的体现

1992年的《九年义务教育体育与健康教育教学大纲(初审稿供实验用)》在教学目标中提出:进行思想品德教育,教育学生热爱中国共产党,热爱社会主义祖国。提高学生积极锻炼身体的社会责任感;使学生养成热爱集体、遵守纪律、尊重他人、团结友爱、互相帮助的群体意识和良好的作风;发展学生个性,培养勇敢、顽强、朝气蓬勃和进取向上的精神;陶冶美的情操。[1]

(二)在立德树人方面作出了修改

在德育目标中除了培养学生"树立现代体育意识,把健康与生存、学习、生活和自身的发展联系起来,提高体育的兴趣和体育比赛的欣赏能力"外,第一次提出了"发展学生的创造性",把创新精神的培养纳入体育课程的德育目标中,这也说明在体育课程中,德育内容也在逐渐丰富,德育内容不仅仅局限于原来的思想政治要求,而且也开始逐步重视科学观点、社会责任感等的培养。

(三)学校体育与健康教学大纲中的德

2000年,《九年义务教育全日制小学体育与健康教学大纲(试用修订版)》在教学目的中规定:"体育与健康课的教学以育人为宗旨,与德育、智育和美育相配合,促进少年儿童身心的全面发展。为培养社会主义建设者和接班人做好准备。""进行思想品德教育,培养健康的心理素质。"[2]这部修订的教学大纲已经为最新一轮的体育课程改革做了准备,开始关注学生的终身学习和个人发展,并且在不同学习阶段增加了新内容。

---

[1] 课程教材研究所编《20世纪中国中小学课程标准·教学大纲汇编》,人民教育出版社,2001,第289页。
[2] 课程教材研究所编《20世纪中国中小学课程标准·教学大纲汇编》,人民教育出版社,2001,第353页。

在这一时期,仍然强调向学生进行爱国主义、社会主义和集体主义的教育。此外,充实了许多新的内容,比如,培养学生对游戏和体育活动的兴趣,培养学生的主体意识和积极主动、活泼愉快、团结协作、遵守纪律、勇敢顽强以及不怕挫折等健康的心理素质。这为体育课程的德育目标内涵的扩展提供了课程标准上的依据,也为中小学体育教师开展德育教学提供了开阔的思路,同时也体现了根据学生的年龄特点和知识内容的要求,循序渐进地设定德育目标的原则。

五、第五阶段(2001—2021)升华阶段

2001年颁布的《义务教育体育与健康课程标准》中体育与健康课程5个目标中有4个涉及德育目标:1.培养运动的兴趣和爱好,形成坚持锻炼的习惯;2.具有良好的心理品质,表现出人际交往的能力与合作精神;3.提高对个人健康和群体健康的责任感,形成健康的生活方式;4.发扬体育精神,形成积极进取、乐观开朗的生活态度。[1]

2011年颁布的《义务教育体育与健康课程标准》中小学课程基本理念为:1.坚持"健康第一"的指导思想,促进学生健康成长。2.激发学生的运动兴趣,培养学生体育锻炼的意识和习惯。3.以学生发展为中心,帮助学生学会体育与健康学习。4.关注地区差异和个体差异,保证每一位学生受益。[2]

2022年新修订的《义务教育体育与健康课程标准》课程理念为:1.坚持"健康第一";2.落实"教会、勤练、常赛";3.加强课程内容整体设计;4.注重教学方式改革;5.重视综合性学习评价;6.关注学生个体差异。[3]

与以往相比,这次体育课程所涵盖的内容更加广泛,比以往更充实、丰富和全面。这次课程改革倡导"健康第一"的课程理念,深化"立德树人"的基本要求。突出强调了体育教学中以学生为中心,主体转变为学生。

---

[1] 中华人民共和国教育部:《义务教育体育与健康课程标准(2001年版)》,北京师范大学出版社,2001,第6页。
[2] 中华人民共和国教育部:《义务教育体育与健康课程标准(2011年版)》,北京师范大学出版社,2011,第3-4页。
[3] 中华人民共和国教育部:《义务教育体育与健康课程标准(2022年版)》,北京师范大学出版社,2022,第2-4页。

建国以来我国历次体育教学大纲、体育与健康课程标准的德育目标的变迁,折射出教学大纲、课程标准修订时的政治经济社会背景,记载了体育与健康课程改革曲折的发展历程。体育教学大纲、体育与健康课程标准的德育目标也从纯"政治"、难操作的"过高"目标逐步转化为注重学生个人发展、可操作性强的目标。

体育教学大纲、体育与健康课程标准中的德育目标由20世纪50年代的"纯政治目标"到20世纪70年代突出社会价值取向,且在教学大纲中把立德树人目标进行了"分解",按照学段分出不同层次;20世纪90年代和2000年的教学大纲中增加了个性发展和创造性的内容,并把"心理健康和社会适应"也列入德育目标之中;21世纪的体育与健康课程标准中将德育目标进一步丰富,并将其视为体育与健康课程的"终极目标",突出了立德树人在体育与健康课程中的地位,丰富了体育教育中的德育内容,使立德树人目标上升到一个新的高度。

二、不同时期小学体育与健康学科落实立德树人的课程要求

习近平关于教育的重要论述中指出,要全面落实立德树人根本任务,坚持培育和践行社会主义核心价值观,培养德智体美劳全面发展的社会主义建设者和接班人。"立德树人"是新时代发展素质教育的主要教学理念。新中国成立以来,体育与德育一直相辅相成,"立德树人"已深深地渗透到体育与健康学科的实际教育教学过程中,特别是小学体育与健康教学更加突出德育的重要性。

(一)建国初期的自我探索与尝试时期

1949年12月教育部召开的第一次全国教育工作会议决定:对旧教育采取"坚决改造,逐步实现的方针"。1950年,毛泽东主席针对学生营养不足、学习、社会活动过重,健康状况不良的实际,强调各校要"注意健康第一,学

习第二。营养不良,宜酌增经费"。同年教育部颁发了《小学体育课程暂行标准(草案)》。该标准指出体育教学的目标是培养儿童健康知能、健美体格、以打好为人民、为国家的建设战斗而服务的体力基础;培养儿童游戏、舞蹈、体操等运动兴趣和习惯,以发展身心,并充实康乐生活。培养儿童国民公德和活泼、敏捷、勇敢,遵守纪律,团结、友爱等的品质,以加强爱国主义思想和集体主义精神。[1]

(二)第一个五年计划时期

1953年中共中央政治局召开会议,专门讨论了第一个五年计划期间的教育工作。根据中央精神,1956年,教育部颁发了《小学体育教学大纲(草案)》。本套体育教学大纲规定小学体育教育的目的是"促进少年儿童成为全面发展的新人,为将来参加建设社会主义和保卫国家做好准备"。其基本任务:"促使儿童正在成长的身体获得正常的发育,锻炼他们的体格,增进他们的健康;教给儿童教学大纲中所规定的基本体操和游戏的技能……"[2]

为了确保大纲中体育目的的贯彻,明确提出了小学体育教育的五项基本任务,其中第三项任务就是在体育活动中应该培养少年儿童新的道德品质。大纲将当时生活中的一些劳动和礼仪等动作融入教材中,如:徒手操中的"仿招呼远处走来的人""仿晒衣服""仿劈柴"等,通过学练让孩子在增强体质的同时获得一些日常生活中所必需的技能,养成勤劳友爱的习惯。

(三)全面发展和摸索时期

1961年教育部根据国际形势及国民经济的发展,颁布了《小学体育教材》。虽然名为体育教材,但其内容和结构实为一套新的体育教学大纲。《小学体育教材》突出强调了体育是学校教育的一个重要方面,其目的是"增强学生的体质,向学生进行共产主义教育,使他们更好地学习、参加生

---

[1] 课程教材研究所编《20世纪中国中小学课程标准·教学大纲汇编(体育卷)》,人民教育出版社,2001,第32页。
[2] 课程教材研究所编《20世纪中国中小学课程标准·教学大纲汇编(体育卷)》,人民教育出版社,2001,第37页。

产劳动和准备保卫祖国"。为达到这个目的,提出了"增进健康"、"身体基本活动能力和身体素质的全面发展"、掌握"最基本的体育知识和锻炼身体的技能"、进行"共产主义道德品质"教育等体育课程教学的四项基本任务。①

1978年制订颁布《全日制十年制学校小学体育教学大纲(试行草案)》。指出小学体育的目的:体育是学校教育的重要组成部分,是全面地贯彻党的"教育必须为无产阶级政治服务,必须同生产劳动相结合","使受教育者在德育、智育、体育几方面都得到发展,成为有社会主义觉悟的有文化的劳动者"的教育方针的一个重要方面。小学体育教学的基本任务:(一)根据少年儿童的年龄特点,有计划有组织地锻炼学生的身体,促进他们的生长发育在身体机能的发展,培养身体正确姿势,全面地发展身体素质和人体基本活动能力,提高对自然环境的适应能力,以收到增强体质的实效。(二)使学生学习一些浅易的体育基础知识、基本技能和简单的技术,初步懂得用科学的方法锻炼身体。(三)结合体育教学特点,教育学生热爱党、热爱社会主义祖国,不断地提高他们为革命锻炼身体的自觉性,逐渐养成锻炼身体的习惯。培养他们服从组织,遵守纪律,热爱集体,生动活泼,勇敢顽强,艰苦奋斗的革命精神。②并在如何贯彻大纲中,提出了两条关于立德树人的要求:一是体育教学与生产劳动相结合,在体育教学中教会学生劳动,并树立正确的劳动观念;二是自力更生,艰苦奋斗,勤俭办体育。

1987年国家教委颁发新修订的《全日制小学体育教学大纲》,提出"教育要面向现代化,面向世界,面向未来。体育是学校教育的重要组成部分,学校教育工作,必须把学生的体育摆到应有的位置,予以重视"。提出"增进学生健康,增强体质,促进学生在德育、智育、体育、美育等诸方面都得到生动活泼的发展,为提高全民族的素质奠定基础"。③在体育教学基本任务里提出了向学生进行思想品德教育,教育学生热爱共产党、热爱社会主义

---

① 课程教材研究所编《20世纪中国中小学课程标准·教学大纲汇编(体育卷)》,人民教育出版社,第75页。
② 课程教材研究所编《20世纪中国中小学课程标准·教学大纲汇编(体育卷)》,人民教育出版社,2001,第91页。
③ 课程教材研究所编《20世纪中国中小学课程标准·教学大纲汇编(体育卷)》,人民教育出版社,2001,第115页。

祖国,培养学生对体育的兴趣,养成锻炼身体的习惯和主动性,提高学生关心自身健康的社会责任感;促进学生个性发展,培养学生组织纪律性和生动活泼、勇敢顽强、富于创造的精神;陶冶美的情操和培养文明行为。另外,大纲还特别强调了学生要把"关心自身健康作为社会责任",注意培养学生的体育习惯和个性发展,陶冶美的情操。

1985年4月,《中华人民共和国义务教育法》规定"国家实行九年义务教育"。1986年9月,全国中小学教材审定委员会成立。1988年11月《九年制义务教育全日制小学体育教学大纲(初审稿)》经全国中小学教材审定委员会初审通过,并由国家教委颁发在全国进行实验。

(四)九年义务教育的改进提高时期

1992年颁布《九年义务教育全日制小学体育教学大纲(试用)》。大纲提出体育是全面贯彻教育方针,实施素质教育的重要组成部分。健康是每个人生存、文明生活、高效率学习与工作的前提。体育与健康课的功能是综合性的,是其他课程不可替代的,它对促进青少年身体的正常生长发育和健康成长,提高生活质量,调剂学习和生活节奏,增添学习和生活乐趣有重要意义,并为终身体育奠定基础。大纲要求在体育课程中要进行思想品德教育,培养健康的心理素质,进行爱国主义、社会主义、集体主义教育,培养良好的社会公德;树立现代体育意识,把健康与生存、学习、生活和自身的发展联系起来,提高体育的兴趣和体育比赛的欣赏能力,养成积极自觉参加体育锻炼的习惯;发展学生的个性和创造性,培养学生的主体意识和活泼愉快、积极向上、勇于探求以及克服困难的精神;在体育活动中树立顽强拼搏的精神和团结合作的意识,能正确对待个人和集体的成功与失败,具有组织纪律性和良好的人际关系以及胜不骄、败不馁、锲而不舍的意志和作风。

1999年全国第三次教育工作会议的召开与《中共中央 国务院关于深化教育改革全面推进素质教育的决定》的颁布,极大地推进了学校教育的改革和发展，中央在该决定中明确提出：学校教育要树立健康第一的指导思想，切实加强体育工作。为了适应时代的发展和落实中央的决定，教育部于2000年12月颁布了新制定的九年义务教育全日制小学、初级中学和普通高级中学体育与健康教学大纲，并在2001年9月1日起在全国中小学校正式实施。

2000年《九年义务教育全日制中小学体育与健康教学大纲（试用修订版）》的目标任务：体育与健康课的教学以育人为宗旨，与德育、智育和美育相配合，促进少年儿童身心的全面发展。为培养社会主义建设者和接班人做好准备。①全面锻炼身体，增进学生身心健康，提高学生身心素质和心理承受能力。掌握三基，对学生进行体育价值观和思想品德教育。

2000年《九年义务教育全日制中小学体育与健康教学大纲（试用修订版）》的内容分为必选、限选和任选三部分。必选内容为体育、保健基本基础知识、田径、体操、武术、发展身体素质练习，限选内容为韵律操、舞蹈、篮球、排球、足球、游泳。任选内容为民传项目、现代科学的健身方法、新兴体育项目、必修内容的提高与拓宽。

（五）体育与健康课程引领的新时期

2001年教育部颁布了《体育与健康课程标准》，这也意味着我国中小学体育课程改革进入了崭新的阶段，我国中小学体育课程将由此发生史无前例的巨大变化。《体育与健康课程标准》指出：体育与健康课程是一门以身体练习为主要手段、以增进中小学生健康为主要目的的必修课程，是学校课程体系的重要组成部分，是实施素质教育和培养德智体美全面发展人才不可缺少的重要途径。它是对原有的体育课程进行深化改革，突出健康目标的一门课程。在论述体育与健康课程的价值时强调：体育与健康课程对提高学生的体质和健康水平，促进学生全面和谐发展，培养社会主义现代化建设需要的高素质劳动者，具有极为重要的作用。

---

① 课程教材研究所编《20世纪中国中小学课程标准·教学大纲汇编（体育卷）》，人民教育出版社，2001，第353页。

第八章　小学体育与健康学科落实立德树人根本任务的理论与实践

《体育与健康课程标准》也进一步阐述了课程立德树人方面的价值，指出学生通过体育课程的学习，在增强体能，促进身体健康的同时，养成健康的行为习惯和生活方式。逐渐提高心理健康水平，在和谐、平等、友爱的运动环境中感受到集体的温暖和情感的愉悦；在经历挫折和克服困难的过程中，提高抗挫折能力和情绪调节能力，培养坚强的意志品质；在不断体验进步或成功的过程中，增强自尊心和自信心，培养创新精神和创新能力，形成积极向上、乐观开朗的生活态度。增强社会适应能力，引导学生理解个人健康与群体健康的密切关系，建立起对自我、群体和社会的责任感；形成现代社会所必需的合作与竞争意识，学会尊重和关心他人，培养良好的体育道德和集体主义、社会主义、爱国主义精神，学会获取现代社会中体育与健康知识的方法。

《体育与健康课程标准》根据健康三维观和体育本身的特点，将不同性质的学习内容划分为运动参与、运动技能、身体健康、心理健康和社会适应五个学习领域。在实施时，要全面关注五个学习领域的目标，特别要加强对心理健康和社会适应这两个新的学习领域的研究，以促进课程目标的实施。心理健康和社会适应两个学习领域，要求学生在掌握有关知识、技能的同时，强调学生应在运动实践中体验心理感受并形成良好的行为习惯，这使情感、意志方面的学习目标由隐性变为显性，由原则性的要求变为可以观测的行为表征。这既便于学生学习时自我认识和体验，也便于教师对学生的观察和评价。教师可以通过对学生情感、态度和行为习惯表现的观察，判断教学活动的成功与失败，从而有效地保证体育与健康课程目标的实现。

2011年教育部颁布了《义务教育体育与健康课程标准（2011年版）》。其遵照"健康第一"的指导思想，强调实践性特征，突出学生的学习主体地位，努力构建较为完整的课程目标体系和发展性的评价方式，重视教学内容的基础性、选择性及教学方法的有效性和多样性，注重激发学生的运动兴趣，引导学生掌握体育与健康基础知识、基本技能和方法，增强学生的体能，培养学生坚强的意志品质、合作精神和交往能力等，为学生终身参加体育锻炼奠定基础,促进学生健康、全面发展。

《义务教育体育与健康课程标准(2011年版)》将课程分为运动参与、运动技能、身体健康、心理健康与社会适应四个学习方面,其中心理健康与社会适应是课程学习的重要内容,也是课程功能和价值的重要体现。课程十分重视培养学生的自信心、坚强的意志品质、良好的体育道德、合作精神与公平竞争的意识,帮助学生掌握调节情绪和与人交往的方法。小学阶段要注意培养学生自尊、自信、不怕困难、坦然面对挫折等优秀品质,引导学生在体育活动中学会交往。设立心理健康与社会适应的目标要从四方面入手:一是培养坚强的意志品质;二是学会调控情绪的方法;三是形成合作意识与能力;四是具有良好的体育道德。新课标虽然将课程分为运动参与、运动技能、身体健康、心理健康与社会适应四个学习方面,但也同时阐明这四个方面是一个有机联系的整体,在体育教学中不能人为地把它们割裂开来。体育课要利用身体练习、体能练习、运动技能的练习等手段进行教学,但在实现课程目标时,是实现这四个学习方面的目标。

课程改革又走过了十年,2022年教育部颁布了《义务教育体育与健康课程标准(2022年版)》。新课标强调素养导向下的培养目标,将体育课程核心素养确定为三个维度,即运动能力、健康行为和体育品德,充分发挥体育的育人功能,强调以体育与健康学习为主,渗透德育教育,同时融合部分健康行为与生活方式、生长发育与青春期保健、心理健康与社会适应、疾病预防、安全应急与避险等方面的知识和技能,拿出10%的内容进行跨学科融合。整合并体现课程目标、课程内容、学业质量等多种价值。新课标的设计思路中,为了确保学习目标的达成和学习评价的可操作性,体育与健康课程提出了具体的、可观测的学习目标。特别注意将健康行为和体育品德两个方面的学习目标设置成易观测的行为表征,帮助教师更准确地对学生进行观察、指导和评价,促使学生形成良好的体育态度、情绪管理和健康行为。[1]

---

[1] 中华人民共和国教育部:《义务教育体育与健康课程标准(2022年版)》,北京师范大学出版社,2022,第1-2页。

第二节

小学体育与健康学科落实立德树人根本任务的学科特点

体育与健康学科是以身体练习为主要手段,以体育与健康知识、技能和方法为主要学习内容,以发展学生核心素养和增进学生身心健康为主要目的的一门课程,具有基础性、健身性、实践性和综合性等特点。体育与健康教育能促进学生积极参与体育运动、养成健康生活方式、健全人格品质。在落实立德树人方面具有以下特点。

一、体育与健康学科是落实"立德树人"的基础工程

体育与健康学科坚持健康第一的教育理念,重视育体与育心、体育与健康教育相融合,充分体现健身育人的本质特征。它是帮助学生在成长过程中享受乐趣、增强体质、健全人格、锤炼意志的核心推力,也是在教学中坚定学生理想信念、厚植爱国主义情怀、加强品德修养、培养奋斗精神、提升综合素质的重要路径。

将"强体育魂"视为小学体育与健康学科的起点,是因为它是整个小学体育与健康学科建设的基石和导向,在体育学习过程中,以运动项目学习为载体,发展运动能力,渗透健康行为和体育品德素养,实现"强体"与"育魂"的同向而行,在体育学习中将体育品德素养潜移默化地内化在个人整体素养之中。"强体"与"育魂",是将"强"社会主义接班人之"体"和"育"马克思主义之"魂"融入各级各类体育与健康学科教学之中,就是要持续培育

学生在体育学习过程中练就不畏困难、勤于锻炼、勇于探索、突破自我的体育精神,将其融入体育与健康学科内容、体系和方式的改造进程中,将体育与健康学科打造成有血有肉有魂的新型育人阵地。

随着"立德树人"教育要求在学校体育领域不断深入推行,体育与健康学科的"强体"价值和"育魂"功能更加深入地被开发出来,二者同向而行,以体育与健康学科为载体和主渠道,对学生强健体魄的塑造与正确价值观的导向起积极推动作用,为体育与健康学科创造了有利条件。运用"强体"和"育魂"的同向关系辨认体育学科起点时,需要与学科的具体内容及性质联系起来。例如武术教学中的"武德"教育,既要让学生理解习武对身心健康的积极促进作用,也要让学生明确习武的最终目的是更好地参与国家建设和社会服务。体育与健康学科正是在"强体"与"育魂"同向而行的过程中不断被辨识清晰,同时也不断有新的元素融入,使小学体育与健康学科的基础特点更加凸显。[①]

二、体育与健康学科注重"德体兼修"的实践性特点

实践是将道德认识转化为道德行为的中介和桥梁。"立德树人"的根本任务最终需要通过落实到学科教学实践中才可以实现,体育与健康学科历来重视品德教育,将"体育品德"列为学生必备的学科三大核心素养之一,倡导在体育与健康教学中促使学生磨炼意志、砥砺品格、陶冶情操和形成健康完善的人格。"立德树人"是新时代教育改革和人才培养的总方向和总要求,它同时承载了体育与健康学科核心素养在优化育人环节方面的价值导向和目标追求。体育与健康学科核心素养培育过程中的"立德"与"树人"是一个完整的统一体。[②] "立德"是体育学科育人的主体导向,也是"体

[①] 赵富学、焦家阳、赵鹏:《"立德树人"视域下体育课程思政建设的学理要义与践行向度研究》,《北京体育大学学报》2021年第3期。

[②] 赵富学、焦家阳、赵鹏:《"立德树人"视域下体育课程思政建设的学理要义与践行向度研究》,《北京体育大学学报》2021年第3期。

第八章 小学体育与健康学科落实立德树人根本任务的理论与实践

育品德"素养培育设计与制定的核心依据。"树人"需要按照体育的学科特点来组织和实施体育教学活动。"德体兼修"则有力地阐明了体育与健康学科核心素养培育进程中的"立德"导向和"育人"特征之间的内在联系,也映射出了体育与健康学科的核心,即在体育与健康学科建设过程中保持品德教育和身体锻炼及健康增进之间的高度统一性。[①]

"德体兼修"作为小学体育与健康学科建设的核心,将学生道德修养的培育与身体教育统一在学校体育与健康学科的实施过程中,体育与健康学科中蕴含着丰富的思想政治教育资源,学生对体育与健康知识的学习与掌握、运动技能的练习与提升、意志品质的锤炼与培养、人格情操的塑造与修习、社会能力的培育与增进等都是开展小学体育与健康学科建设的优质资源,这些资源构成了学校体育与健康学科建设的框架,同时也彰显了体育与健康学科中课程思政的强大精神力量和有力的道德支撑,形成了体育与健康学科建设中"自修"兼顾"他修"的框架。[②]"德体兼修"既要有"自修"的内容,也要有"他修"的指导,体育与健康学科和道德与法治学科中的思政素材有机融合,为学生在运动中提升体育健康行为与体育精神提供了可能。

从小学体育与健康学科的本质来看,促进学生个体发展的功能是其不变的内在诉求。学生在体育与健康学科学习中的"道德自修",需要通过自觉地参与体育与健康知识、技能的学习,主动投入体育竞赛、课后锻炼、社团实践等活动中去,通过丰富的体育实践活动不断提升自己对道德修养与身体挑战之间的认识。在刻苦的体育学习和身体训练中磨炼自己的意志,在严明的体育规则和竞赛标准中学会约束自己的言行举止,形成团结互助、协作共进的精神风貌和道德品质。"道德他修"则需要通过体育教师、教练、同学的帮助和指导,使学生在体育与健康学科这种高度开放互动的大

---

① 赵富学、焦家阳、赵鹏:《"立德树人"视域下体育课程思政建设的学理要义与践行向度研究》,《北京体育大学学报》2021年第3期。
② 郑香妞:《体育思想政治教育功能的实现路径》,《现代商贸工业》2016年第13期。

环境中学习,能够借助"他力"形成独立、正确和完善的道德品性与个体人格,进而树立良好的社会规范意识和道德准则,养成符合时代要求和社会倡导的良好道德行为。通过小学体育与健康学科建设过程中的"修德"兼顾"修体",可使"立德树人"的育人理念更加深入地融进小学体育与健康学科建设的框架中,进而指导体育与健康学科更加能动地承担培养学生社会责任感和核心素养的使命与任务。

三、体育与健康学科以"行德致学"增长知识见识

"立德树人"的根本任务最终需要形成合力,推进学生道德认识与道德行为之间的"知行统一"。体育与健康学科是学校教育领域跨学段最长、教学内容最丰富、教育指向最明确的课程之一,这一特征也凸显了体育与健康学科的纵深和周期,同时也为长周期和循环性地促进学生道德认识朝向道德行为的转化提供了优质的实践环境。"行德致学"正是体育与健康学科在这种实践环境的积极影响下产生的独特德育模式。通过体育与健康学科的学习,培养学生正确的道德认识并且使其内化形成正确的体育学习行为,既是小学体育与健康学科开展道德建设的枢纽,又为推动师生主动参与到渗透道德实践理念的小学体育与健康学科提供了支撑。

"行德"与"致学"互通,促使小学体育与健康学科形成协同一致的道德践行环境和氛围,使优良的品德养成理念和影响在体育与健康学科与教学活动中无处不有,真正体现出体育与健康学科对学生道德实践所具有的润物无声的影响和作用,让学生在体育学习环境中逐步学会和实现对自我道德素养及道德习惯的自觉、自省和自悟,同时也为体育与健康学科建设符合新时代育人要求的方向提供坚实的逻辑支撑。一是体育与健康学科教育有助于学生养成健康文明生活的意识和行为方式,形成积极向上的生活理念与态度,这是"立德树人"指向培育全面发展的社会主义建设者和接班人不可或缺的内容。二是学生在体育与健康学科的学习过程中处理好道

德素养生成与体育知识技能修习之间的关系,需要教师的教育引导来正源固本。大量的体育运动知识和技能均建立在裁判评判、标准约束、规则监督的基础上,进而生成了公正、平等和自由的社会价值观念与道德规范。教师适时、适式地教育引导,使学生在体育与健康学科学习中形成的道德认知更好地践行至团队协作、集体创造等社会生活实践之中,进而更加自觉地遵守各类社会秩序,形成符合社会规范且健康文明的积极生活方式。三是运用体育与健康学科自身具备的开放性的德育环境优势,使学生坚定认识世界、回报社会的理想信念之道,形成符合国家和社会需要的积极向上与团结协作的国民品格,进而在社会生活中自觉端正动机取向、优化思维判断、抑制不良冲动,使自己的道德认知、道德意识、道德行为有机统一在体育与健康学科践行"立德树人"根本任务的总体进程中,为小学体育与健康学科注入源源不断的认识能量和实践动力。

四、体育与健康学科以"奋斗精技"培养体育精神

人无德不立,育人的根本在于立德。"立德"先要"奋斗",学校体育肩负着为社会主义建设培养身心健康、全面发展的接班人和建设者的重任,体育与健康学科作为学校体育的重要载体,是学校体育培养学生"奋斗"的中心环节。

"奋斗精技"作为小学体育与健康学科建设的主线,是让学生通过体育与健康学科学习运动与健康技术技能,潜移默化地培育学生善于拼搏和顽强进取的奋斗精神,养成积极健康的生活态度和良好的生活方式,帮助其养成公平、公正的竞争意识和规则理念,积极传播和发扬国家倡导的核心价值观念及社会弘扬的主题能量,使学生在运动技能的学练过程中,明确个人与他人、个人与群体、个人与社会乃至个人与自然之间存在的道德准则和行为底线,进而形成永不言败、追求卓越的道德品质和行为观念。"奋斗精技"同时彰显了运用体育与健康学科的平台开展思想政治教育的优

势,"奋斗"与"精技"之间的互融,是建立在学生道德认知和技能提升基础之上的,学生在精练、精研、精磨运动与健康技能的同时,教师可以借助体育与健康学科教学的特有形式,使学生认识到良好的自控性和自制力、顽强的拼搏精神与果敢态度完全可以协同技能精进而习练和养成。"精技"过程中建立的人与人之间的良好合作关系,同时也是培养学生昂扬奋斗精神的优质载体。

"奋斗"使体育与健康学科蕴含的思政教育特质源源不断地渗透到学生道德品质的养成过程中,锤炼坚强的意志品格,培养奋勇争先的进取精神,历练不怕失败的心理素质,才能始终以乐观主义的人生态度面对一切困难和挫折,突出体育与健康学科中的道德认识与技能增进之间的密切逻辑联系。[①]学生在增进运动与健康技能的同时,伴随着能够对技能精进过程中出现的各类困难、困惑等状况的积极应对,形成勇于直面困难、勇敢面对挑战、坚韧不拔的拼搏意识和奋斗精神,进而养成不断进取、昂扬拼搏的生活态度和理念,保持积极向上且勇于改造自我的永续能量和持久动力。

五、体育与健康学科以"德育共同体"增强综合素养

在小学体育与健康学科建设中坚持"立德树人"的理念,需要将规范德育过程和提升学生运动能力两种形式共重并举,不断优化体育学科的德育结构和要素,为国家和社会培养道德素质优良、身体素质优秀、健康素质优质、综合素质优化、核心素质优异的综合素养出类拔萃的栋梁之材。"道德"与"素质"实现共获作为构筑小学体育与健康学科建设的基本要求,同时也建立在项目众多的各类体育与健康学科内容之中。小学体育与健康学科中有许多项目均带有一定的难度和挑战,尤其是与课程标准相关的教学项目内容,经过一定的教学优化和处理程序,通过合理的教学和学生长期的学练结合,都可以改造为促进学生在潜移默化中养成不畏艰难、勇于挑战

---

① 贾志强:《以立德树人为指向的学生品德培养探究与实践》,《辽宁教育》2020年第14期。

的优良意志品质的教学程序,进而帮助学生养成在面对激烈的社会竞争时能够时刻立于不败之地、在面对困难和失败时能够从容处置与应对的优秀意志品质。

"道德"与"素质"共获,彰显的是小学体育与健康学科健体和育人两种张力的契合程度,是要让学生生成"我要锻炼,锻炼可以塑造一个积极非凡的自我"的体育情怀和追求。例如通过参加体育比赛,不仅可以提升学生对体育知识和技能的运用能力,而且可以借机培养学生相互尊重、共同合作、公平竞争的良好道德品质等综合素养。通过体育学习,可以夯实学生终身参与体育锻炼的意向,使教师和学生携手共建正确的社会价值观和道德观,形成小学体育与健康学科的"德育共同体",进而实现不同体育与健康学科教学内容和学生道德素养培育之间的正向共进和共获,提升综合素养。

六、体育与健康学科厚植爱国主义情怀

爱国主义是中华民族的光荣传统,是推动中国社会前进的巨大力量,是中华民族共同的精神支柱,是社会主义精神文明建设主旋律的重要组成部分,也是培养四有新人的基础。在教学实践中,教师认真研究、不断摸索适合小学生爱国主义教育的方法,积累经验,不断把爱国主义教育在体育与健康学科教学中具体化,让爱国主义充分融入体育学科中,从而取得良好的教学成果。

习近平总书记在《要有高度的文化自信》中强调:"祖国是人民最坚实的依靠,英雄是民族最闪亮的坐标。""我们要高扬爱国主义旋律。""对中华民族的英雄,要心存崇敬。"为民族的解放、国家的富强而奋斗献身的人是民族英雄;为祖国的体育事业,为中华民族挺起腰杆儿而奋力拼搏的体育健儿,同样是我们心中的民族英雄,以他们为榜样是爱国主义教育的鲜活教材。

爱国主义教育是一个系统工程,青少年爱国主义情感的形成,爱国主义信念的确立,爱国主义行为的养成,是一个通过教育逐步形成的过程。爱国主义教育的指导思想和基本原则要在各级各类学校一以贯之,而爱国主义教育的内容和方法则应针对学生不同年龄阶段的身心特点和理解能力的不同,由浅入深,由低到高,由近及远,由感性到理性,逐步提高,螺旋式上升,体现出小学生爱国主义教育的层次性。小学体育与健康学科体育教材有连续性,也有层次性,体育教师一般也都是随年级任教,这就为教师探索同一教学内容、不同层次进行爱国主义教育提供了条件。①

综上所述,在落实"立德树人"根本任务的过程中,正确解读小学体育与健康学科,坚持学生中心、产出导向、持续改进的实践向度,不断提升学生的体育与健康学科学习体验和学习效果,是保障小学体育与健康学科建设质量的基础条件。在这期间,学校体育领域各方对小学体育与健康学科面临的问题应及时予以回应。体育教师和体育教育研究者更要依据"立德树人"的教育要求,不断修炼和提升自己的专业知识和能力,打造"专业化"与"落地化"相互协同和支持的体育与健康学科教研体系,解决学生在体育学习过程中面临的思想困惑、道德失准、价值失范等方面的思想问题。在坚持制度立德、制度育德、制度督德的同时,也要进一步促进体育与健康学科思政建设的教学化、常规化和生活化,使体育与健康学科思政建设与学生的日常体育学习生活紧密地联系起来,与体育教师的教学生活结合起来,从生活化的常态中收集体育与健康学科思政建设所需要的信息和素材,彰显体育与健康学科教学在学校课程思政建设中的温度与情怀。体育与健康学科思政建设作为学校体育领域的一项重要任务,其内涵解读及推行实践同时也需要更多的专业人员加入进来,共同探讨体育与健康学科思政的设计、促进向度及推展模式,使体育与健康学科在"立德树人"的指引下,为全员全程全方位育人大格局的构建贡献更丰富的体育与健康学科智慧与力量。

---

① 闫秀忠:《浅谈如何在体育教学中融入爱国主义教育》,《黑河教育》2020年第9期。

第三节 小学体育与健康学科落实立德树人根本任务的基本要求

运动能力、健康行为以及体育品德三部分构成体育与健康学科的核心素养,体育与健康教育除了体育知识和技能的教学,还涵盖主要运动项目及过程方法的讲解,更不能抛开对学生情感态度与价值观的培养。第一,运动能力是体能、运动技能、战术能力以及心理能力在运动项目中的具体体现,是基本运动和专项运动等体育活动的重要基础。第二,健康行为全面反映了学生的身心发展情况,只有促进他们提高自身的健康意识,才能在锻炼、饮食、作息等方面养成良好的行为习惯,从而改善健康状况并保持心理健康,以积极向上的心态适应外界环境的变化。第三,体育品德指的是体育精神、体育道德以及体育品格三方面的有机结合,既体现了一个人的精神风貌,又凸显其价值追求。长远来讲,体育品德的形成对维护社会规范有极强的促进作用。

一、充分挖掘资源,有机渗透德育

(一)依托教材,渗透德育

正所谓教材是知识的重要载体,是教学活动顺利开展的基础。作为一名体育教师,认真研读和剖析教材并深度挖掘德育资源是开展体育课程教学的重要任务之一。以团体项目篮球运动为例,在教学过程中,当学生理解并掌握行进间运球的有关技术后,教师可以通过直线、环形或蛇形等各种形式的运球接力赛来强化学生的合作意识和集体荣誉感,让他们深刻认识到个人与团队之间的关系。在特殊天气影响的情况下,如下雨、高温暴晒等恶劣条件下,体育教师可以在室内进行体育知识的讲解,利用多媒体播放一些与体育相关的具有教育意义的影视作品,在满足小学生视觉、听觉等感官体验需求的同时,让他们明白永不言弃、顽强拼搏等精神的真正含义。再如,篮球教学时运用录像设备把完整动作进行演示,然后再进行动作分解,详细介绍技术要领。可通过录像设备对学生所学动作进行录像和编辑,在下一次课对学生进行有针对性的分类反馈。[①]

体育教学中的教学内容比较多,每一个教师的能力毕竟有限,不可能什么动作都能做得准确、优美。通过多媒体设备,可以播放标准的示范动作(其中包括慢动作),这样不仅能使学生一开始就建立一个正确的表象,而且有助于提高学生的学习兴趣,起到鼓舞的效果。在传统教学中,教师把学生相对合理地安排在一些位置上,使大部分学生的视觉度比较合适,但不能保证每一个学生都能清楚、直观地观察教师的示范动作,而通过播放设备,就可以使每个学生清楚地看到,从而形成正确、优美的动作表象。而且还可以更好地调动学生的情绪,并产生积极活动的趋势,甚至能提高人的生理机能,使其精神振奋地投入活动之中。[②]

篮球是一项技术性和对抗性很强的运动,技术动作复杂、多变,许多技术动作都是在瞬间完成的,这些复杂的技术动作给教学带来很大的难度。教学中尽管教师进行了反复讲解和示范,但由于学生的站位、角度不同,很难使学生对技术动作的难点、要点进行全方位观察。而通过多媒体技术可以将篮球各种复杂的传球和投篮时手臂各个部位的发力动作,用慢镜头或"定格"的方式生动、形象地展示出来,能够使学生建立完整、清晰、具体的表象并储存在大脑中,这对学生更好地掌握运动技能将起到非常大的作用。[③]

[①] 李士宇:《如何利用多媒体进行篮球教学》,《广东教育(职教版)》2013年第3期。
[②] 李士宇:《如何利用多媒体进行篮球教学》,《广东教育(职教版)》2013年第3期。
[③] 彭辉:《对学校篮球课运用多媒体教学的探索》,《河南机电高等专科学校学报》2010年第4期。

(二)以身作则,言传身教

体育教师可以通过自己的言谈举止来树立榜样以规范学生的行为,让他们养成良好的习惯。在课堂中,我们常常要求学生上课穿外套不敞怀,要爱护体育器材等,但教师若在课堂上披着外套,看到操场上有器材而无视时,学生会受到潜移默化的影响。教师从自身做起,给学生树立一个良好的形象,教导学生养成良好的习惯,教师收到的效果将会事半功倍。

(三)民主友好,平等对话

教师是亦师亦友的角色,新时代的小学生敢于挑战权威,更希望能与教师平等对话。这就要求教师以一种平等、民主、友好的方式与学生相处,让他们敞开心扉并真情流露,以此来提升德育教育的有效性。如在日常训练中,当学生出现错误动作或动作不规范的情况时,教师先不要急于指责学生能力欠缺或态度有问题,而是可通过适当的鼓励让他们增强自信心,从教师讲解和学生听讲两方面来与学生一起分析为什么动作会出现偏差,是因为教师在动作分解时没有表述清楚,还是因为学生情绪紧张以致动作先后顺序有误等等。

二、创设运动场境,培养浓厚兴趣

在小学体育兴趣化的背景下,小学体育教学过程中,教师根据本堂课的教学内容来精心设计一些贴近小学生日常生活并符合他们身心发展特点的趣味游戏,营造轻松愉悦的学习氛围和环境,有利于调动学生学习各种运动技能的积极性与主动性。该环节中,还应当加强思想品德教育,以便强化学生的心理素质。例如,在快速跑教学中,将比较枯燥的技术动作简单分解为手摆臂、脚抬高、蹬地起跑三个动作,然后让每个小组的学生在听到"绿灯行"的口令后开始由手摆臂规范的动作分解运行,当听到"红灯停"的口令后,学生需要停止动作。如果出现"闯红灯",即听到口令后没有停止跑步动作的情况时,该学生所在小组将扣掉一分。最后统计分数,以扣分最少的组获胜。为了整个小组赢得比赛,学生将更加专注于教师的口令,以免违反游戏规则。①教学推进过程中尽管有些学生已经非常疲惫,但为了团队荣誉,他们选择继续坚持,进而提高了意志力。学生在游戏过程中将进一步强化跑步动作,不知不觉提高了运动能力。

小学阶段儿童的生理、心理特点是兴奋占优势,自制力差,注意力不易集中,单调的练习容易产生疲劳,通过创设多样的游戏情境提高学生的学习兴趣十分必要。实践证明,教师若能巧妙地根据教学内容和场地条件、器材准备,并利用儿歌、音乐伴奏等创造一种情景交融,具有强烈感染力的学习境界,往往会收到更好的教学效果。②例如,将《立定跳远》设计成"青蛙过河"的场景,开始让小青蛙们利用短绳做游戏(自由发挥),然后让学生用跳绳设计、创造出各种图形的荷叶,接着学着小青蛙的样子在荷叶上来回跳动。这样,通过"青蛙过河"的教学情境,将所教的技术动作渗透在里面,既使学生体验了学习的乐趣,同时也完成了学习目标。③

例如,在《技巧——滚翻与游戏》教学设计中(表8-1、表8-2),学生年龄在六七岁左右,活泼好动,对事物充满好奇且善于模仿,喜欢直观形象思维,对游戏、竞赛特别感兴趣,有较强的表现欲望,但注意力不太稳定;另外,在行为习惯上他们存在很大的可塑性,许多好习惯都尚未养成。本课采用情景教学法,利用不同动物的活动姿态,活动各个关节,引导学生模仿不同动物的滚动,激发学生的运动兴趣,培养学生的自主学习能力,让学生在游戏中学会各种方式的滚动,为前滚翻动作的练习打下坚实的基础;同时,通过与小动物的交流,引导他们爱护动物、保护环境的意识。

---

① 冯理、徐许:《聚焦核心素养 落实立德树人——关于小学体育教学的思考》,《精品》2020年第2期。
② 刘勇:《小学体育课堂创设情境游戏法对激发学生运动兴趣的浅谈》,《科技创新导报》2012年第19期。
③ 魏建国:《浅谈如何提高小学体育课堂教学效率》,《沙棘(教育纵横)》2010年第9期。

(一)准备活动教学内容分析

运用《快乐之旅》游戏,调动学生气氛,同时引导学生在不同场景中做出相应的动作,充分活动身体的同时促进学科结构化知识的发展。

(二)运动技能教学内容分析

首先,采用《我的动物小伙伴》游戏,让学生模仿动物的滚动动作;其次,通过游戏《我爱滚动》,进行分组强化训练;最后,通过《滚动大比拼》游戏,发展学生在比赛中的积极主动性,进一步提高学生的滚动能力。

(三)拓展练习教学内容分析

拓展练习通过《动物盛会》游戏,以动物入场式和才艺展示两个环节的形式进行练习,通过补偿的方式结合上、下肢练习,充分发展学生全身体能。

表8-1 "滚翻与游戏"单元教学计划(共3课时)

水平:一	年级:二年级	任课教师:	指导教师:
单元学习目标			

水平:一	年级:二年级	任课教师:	指导教师:
单元学习目标	1.了解滚翻的基本知识和实用意义,掌握滚翻动作,并能在实际生活中灵活运用,柔韧性、协调性和灵敏性等体能得到发展 2.营造良好的课堂气氛,在体育活动中与同伴建立和谐的人际关系,乐于与人交流 3.懂得欣赏同伴,在学练中表现出合作创新精神		
课次	教学内容	组织教法学法与措施	重、难点
1	滚动与游戏	1.课堂常规 2.情景导入,游戏中做准备活动,学习本课内容,并进行体能练习 3.放松小结,贯穿生态环保教育	教学重点:前后滚动团身紧、左右滚动身体直 教学难点:前后滚动圆滑、左右滚动连贯自然

续表

2	1.复习团身滚动 2.学习前滚翻	1.以《不倒翁》游戏复习团身滚动 2.自主体验,用低头看天的方式,寻找前滚翻动作技术 3.讲解示范前滚翻动作及保护与帮助的方法 4.分组练习,对于未能完成动作的同学,指导小组同伴帮助完成或降低难度的练习 5.闯关游戏拓展	重点:团身紧、滚动圆、方向正 难点:滚动圆滑,动作连贯
3	1.复习前滚翻 2.学习连续前滚翻	1.组织学生复习前滚翻 2.组织持球前滚翻 3.讲解示范连续前滚翻动作及保护与帮助的方法 4.分组练习,巡回指导 5.游戏前翻滚后接球 6.体能大比拼	重点:团身紧、滚动圆 难点:两个前滚翻之间衔接连贯

表8-2 滚动与游戏活动课时计划

姓名单位		水平	一	学生人数	男:20
		年级	二年级		女:20
学习目标		1.知道并能说出滚动动作的名称、动作要点,学会保护与帮助的方法;90%的学生能初步掌握滚动的练习方法并运用到游戏中,其余同伴也能在老师及同伴的帮助下完成相应动作,力量、协调、灵敏等身体素质,以及空间感、方位感、自我保护的能力得到进一步发展 2.积极参与各种滚动游戏,并能在活动中控制自己的情绪,具有一定的安全意识。通过学习学会关爱动物,形成生态环保意识 3.遵守游戏规则,学练中积极大方地展示动作,并主动帮助不能完成滚动的同伴,表现出积极进取、勇敢顽强的体育精神及尊重对手的体育道德和自尊自信、正确的胜负观等体育品格

续表

主要教学内容	1.游戏:《快乐旅途》 2.游戏:《寻找小动物》 3.游戏:《我爱滚动》(前后滚动、左右滚动) 4.游戏:《滚动大比拼》 5.游戏:《动物盛会》(兔子跳、小鸡单脚跳、胯下击掌跳、小青蛙手脚并用跳、猴子高抬腿跑、大象爬、螃蟹正反方向爬) 6.放松活动(拉伸放松)				
重难点	教学重点:前后滚动团身紧、左右滚动身体直 教学难点:前后滚动圆滑、左右滚动连贯自然				
安全保障	引导学生注意发现危险、避免危险,游戏过程随时观察同伴位置		场地器材	40m×20m 海绵地垫41	
课的结构	教学内容	教师教学与学生学练	组织队形	时间	强度
开始部分(2′)	一、课堂常规课 1.整队集合 2.报告人数 3.师生问好 4.宣布本课内容	教师: 1.宣布课的内容及要求 2.师生问好 3.安排见习生 4.安全教育:检查服装,妥善放置钥匙、零钱等 学生: 1.整队"快、静、齐" 2.向老师问好 3.认真听讲,明白本课的任务及要求	要求:快、静、齐 X X X X X X X X X X X X X X X X X X X X X X X X X X X X X X X X X X X X X	1′	80—100次/分

续表

准备部分(8′)	1.游戏:《快乐旅途》 (1)找颜色:跑动中根据教师提示找到不同颜色,并做出与教师相同的动作 (2)情景模拟 方法:在通往动物园过程中,设置情景如,遇到小溪跨越,遇到山坡爬行,遇到动物学动作 2.游戏:《寻找小动物》 在跑动过程中,根据教师提示找到不同颜色屋子里住着的小动物,比一比谁找的多	教师: 1.创设动物园游玩的情境,沿途遇到的各种情况做出相应动作(跨越、爬行、蹲立前行、抬头看路……) 2.组织学生游戏,并引领活动动作 3.口哨口令指挥,教师声音洪亮,表达清晰 学生: 1.认真听教师讲解要求与方法 2.积极参与活动 3.重视活动中的安全	要求:学生按照要求在场地内进行活动	5′	110—140次/分
基本部分(26′)	1.游戏:《我爱滚动》 (1)游戏《我爱滚动》找到动物朋友,然后学习它的滚动动作。 (2)按小组分配任务,模仿不同动物滚动 (3)各小组轮换练习 (4)展示,评价	教师: 1.引导学生模仿动物滚动,示范讲解保护与帮助 2.组织学、练 3.巡视指导 4.展示评价 学生: 1.仔细观察同学与教师的示范动作,认真听要求 2.与同学合作探究,突破重难点 3.注意安全	要求: 1.注意安全 2.根据相关要求进行活动 3.保护好动物小伙伴	9′	110—130次/分

续表

基本部分(26′)	2.游戏:《滚动大比拼》 方法:学生将手中的垫子连成一个赛场,然后根据老师提示,比赛看谁的滚动动作更像、更美	教师: 1.讲解游戏方法与规则 2.组织游戏 学生: 1.积极参与游戏 2.严格遵守游戏规则 3.注意安全	要求: 按规则进行游戏,注意安全	5′
	3.游戏:《动物盛会》 方法:以动物入场式和才艺展示两个环节锻炼上下肢力量以及平衡、协调能力(兔子跳,小鸡单脚跳,胯下击掌跳,小青蛙手脚并用跳,猴子高抬腿跑,大象爬,螃蟹正反方向爬)	教师: 1.语言激趣 2.引领学生游戏 学生: 1.认真听教师的讲解 2.积极参与游戏 3.挑战自我,坚持完成	要求:动作到位。在教师的引导下,学生在游戏中进行素质练习	8′	120—140次/分
结束部分(4′)	1.放松活动 2.小结评价 3.器材归还 4.师生再见	教师: 1.组织学生散点放松 2.教师引导学生在轻松的氛围中放松 学生: 1.尽量放松 2.散点集合,注意间距 3.清点并归还器材	每个学生找到一块垫子坐下放松 要求:快、静、齐 集合队形:散点站于教师前方	2′	90—110次/分
预计负荷	平均心率	140—150次/分		
	群体运动密度	75%左右		
课后反思	本课严格按照中国健康体育课程模式设计,借助孩子喜爱动物的天性,采用情景教学法,让学生在游玩中学会各种方式的滚动,享受运动的乐趣。利用不同动物的活动姿态,活动各个关节,引导学生模仿不同动物的滚动,充分激发学生的自主学习能力,用不同的游戏,激发学生的运动兴趣。通过小组合作练习,培养了学生的合作意识,同时,培养了学生热爱动物,保护动物的情感,使学生建立起"爱"的意识,唤起学生纯真、善良的天性;把爱融入生活中去,从爱动物,爱花草树木到爱护我们生存的环境			

三、安全贯穿始终，养成良好习惯

小学体育课程包含多种运动项目，在开展项目的过程中会出现不同的安全隐患。因此，教师在重视体育知识的有效教学的过程中，还要引导学生安全行为的规范形成。如在开展足球教学活动时，教师需要认识到该项目的危险性。为了避免学生在运动过程中发生扭伤、摔伤、碰伤等突发安全事件，体育教师应该组织班级学生在正式讲课之前进行热身活动，重点介绍大腿后部、大腿内侧、小腿以及背部等肌肉的拉伸，并规范学生的行为动作。①然后利用训练放松时间主要就足球训练后的注意事项进行讲解，拓宽学生的知识面，以积累更多的体育健康知识。

四、鼓励团队合作，塑造体育品德

大多数运动可以通过团队训练来完成，该环节有助于教师就道德教育中涉及的协作能力、集体主义精神、换位思考等内容进行有效展开，帮助学生塑造体育品德。例如，在《团队运球接龙》这一体育游戏中，将学生分为多个小组，然后再将每组成员均分，并站在相隔一定距离的对立面，哪组学生能够在最短时间完成运球，那么该组学生将获得胜利。这个游戏讲求的是同心协力、团结一致。如果有学生存在交接球时间过长、严重犯规等现象，此时教师不能严厉批评学生，而应引导其他学生分析思考：如果你的队员出现这样的问题并将影响最终成绩，你该怎么做？如果这个问题出现在你的身上，你希望队员埋怨责怪你，还是更希望他们过来安慰你，然后一起找出失利原因？②通过这样有指导性的提问，学生能够学会换位思考、将心比心，意识到个人在集体中的重要性。

---

① 冯理、徐许：《聚焦核心素养 落实立德树人——关于小学体育教学的思考》，《精品》2020年第2期。
② 冯理、徐许：《聚焦核心素养 落实立德树人——关于小学体育教学的思考》，《精品》2020年第2期。

五、精准实施干预,科学助力落实

大多数学生爱体育,乐体育,但仍然有一些学生让人担忧和牵挂,这就是我们的"小胖墩"群体。重庆市北碚区两江小学在学校体质健康监测中发现、体重超标、运动能力较弱的学生真不少,再通过游戏、访谈、测试等调研发现:这部分学生喜欢吃,不喜欢动;喜欢舒服的生活状态,不愿意承担压力;更不愿意承担责任和克服困难。学校提出"让胖墩瘦下来,让胖墩动起来,让胖墩乐起来"的可行性计划,通过多次磨合,共同研讨制定了两江小学"健康运动,融体计划"方案,随后发布全校健康倡议,甄别遴选,发放《融体计划告家长书》,组织召开家长交流会等,顺利启动了"健康运动,融体计划"。

同时,和家长保持密切联系,关注学生饮食健康。每天中午学校集中午餐,对这部分学生的饮食进行干预,不允许挑食、适量摄入高脂肪食物,多吃蔬菜蛋白质,做到均衡营养。家校合作,通过微信群和家长分享学生在校的点滴进步,提醒家长在家监督学生的饮食情况和完成家庭体育作业。每个星期的运动测试和量化数据分析显示,所有参与"健康运动,融体计划"的学生,体能数据都呈增长趋势,特别是在跳绳和跑步上面尤为突出。大部分学生的体重呈下降趋势,减脂效果突出。

体育锻炼是培养和发展学生建立自信的重要手段,在锻炼中不断克服困难,挑战自我,增强自信,展现自我。当然,更加重要的是要让学生养成终身体育的习惯,相信通过"健康运动,融体计划",学生会在这里重拾信心,养成终身锻炼的习惯,学会一项适合自己的运动项目,持之以恒,健康地学习和生活。而学校也将坚持"健康运动,融体计划",不断总结和完善方案,持之以恒地为学生提供快乐体育的平台,关注每一个学生的身心健康。

综上所述,学校应站在坚持落实立德树人根本任务、推进素质教育以及全面育人的高度上,充分认识学校体育课程改革的重要作用,进一步提高工作站位。学校还要聚焦"教会、勤练、常赛",建立以课改为纽带,推动形成涵盖体育课、阳光体育活动、体育社团等多方面内容的有机联动机制,形成校内校外、课内课外一体化的学校体育新格局。同时,体育课改专业性强、涉及面广、工作难度大,教育行政部门和学校要切实加强领导,进一步完善体育课程改革的保障机制,营造良好的课改氛围。

第四节 小学体育与健康学科落实立德树人根本任务的实践路径

一、分析教材的育人价值

学科核心素养是学科育人价值的集中体现,是学生通过学科学习而逐步形成的正确价值观念、必备品格与关键能力,体育与健康学科核心素养主要包括运动能力、健康行为和体育品德,在分析教材时首先要分析蕴含在教材中的运动能力、健康行为和体育品德。

(一)运动能力是实现学科育人价值的载体

运动能力是体能、技战术能力和心理能力等在身体活动中的综合表现,是人类身体活动的基础。运动能力分为基本运动能力和专项运动能力。运动能力的具体表现形式为体能状况、运动认知与技战术运用、体育展示与比赛。[1]体育与健康学科的育人价值是学生在练习技能、体能、体育展示与比赛中实现的,所以在分析教材时要将教材中的技能、体能、展示和比赛

---

[1] 余立峰:《优先优化体能教学视域下的运动能力培养》,《体育教学》2019年第2期。

分析透彻。

下面以对人教版《武术:少年拳第一套》教材的分析为例。

(1)《武术:少年拳第一套》由八个动作组成,其中除有两个下肢动作的上肢动作比较难学习而外,其他四个动作都能够通过直观看图学习,有两种手型、九种手法、六种步型、三种步法、二种腿法、三种身法技能、组合动作及其术语名称,根据学生的现有能力,可以在重点辅导的前提下,直接进行独立学习或小组合作学习。

(2)功架质量与有节奏又圆滑连接是本套动作的难点,但也是培养正确的身体姿势、发展体能和提高学习能力的最佳内容。

(3)动作多,涉及的名词术语容量较大,要结合动作学习过程让学生学习、掌握。

(4)武术内容有自学、合作学练、展示及综合评价等学习内容,在学习过程中可以实现健康行为和体育品德目标。

(二)健康行为是实现学科育人价值的保证

健康行为是增进身心健康和积极适应外部环境的综合表现,是提高健康意识、改善健康状况并逐渐形成健康文明生活方式的关键。[1]健康行为的具体表现形式为体育锻炼意识与习惯、健康知识掌握与运用、情绪调控、环境适应。[2]在分析教材时,要重点分析教材中情绪调控和环境适应的要素。

下面以对《单杠:挂膝摆动上成分腿骑撑》教材的分析为例。

(1)悬垂摆动至支撑类动作的困难相对较大,注意安全、预防危险仍然是教学的主要注意点,因此不能在动作学习进度上求快,要把达成学生的帮助保护技能、合作交往能力、发展良好心理素质等多元目标作为学习的主要内容。

---

[1] 尹志华:《论运动能力、健康行为和体育品德三个方面学科核心素养的关系》,《体育教学》2019年第1期。
[2] 季浏:《我国普通高中体育与健康课程标准(2017年版)解读》,《体育科学》2018年第2期。

（2）单杠的高低要交叉使用，以低为主；分腿骑撑应是基本功和基础动作，摆、压、撑、顶、跨是动作程序和要领。

（3）人多杠少可四人编为一组，在动作学习过程中提高学习互助合作学习、独立学习的能力，学习相互评价。

（4）在面对胆怯、痛苦、困难、失败和勇敢、成功的学习过程中发展良好的心理品质和意志品质。

（5）关爱生命，提高自我保护和帮助他人的安全意识和能力，增强责任感。

（三）体育品德是实现学科育人价值的关键

体育品德是指在体育运动中应当遵循的行为规范以及形成的价值追求和精神风貌，对维护社会规范、树立良好的社会风尚具有积极作用，体育品德包括体育精神、体育道德和体育品格。[①]在分析教材时要对教材中蕴含的体育精神、体育道德、体育品格充分挖掘，实现育人价值的最大化。

下面以对《小篮球：板凳篮球游戏比赛》教材的分析为例。

（1）在板凳篮球游戏比赛中设计不同学生不同得分的方法，让每一位学生在游戏和比赛中体现价值，积极进取，给能力不同的团队设置不同的学习目标和任务，让不同团队在游戏和比赛中实现自我超越的可能。

（2）板凳篮球游戏比赛活动有固有的比赛规则和相应的礼仪，在上场时，双方队员握手问好，向观众致谢等内容，可以培养学生在比赛中的文明礼仪、尊重对手、尊重裁判的道德品质，参与游戏的过程中要遵守游戏比赛的规则，按照规则参与游戏，使比赛能公平公正地完成，在比赛中有违犯规则的行为要主动接受规则的处罚，做到诚信自律。

（3）板凳篮球游戏比赛是团队项目，在比赛中同伴间要团结互助、相互配合、协同完成比赛任务；比赛有胜负、有输赢，学生要正确对待，表现出胜不骄、败不馁的优良品格。

---

① 季浏：《我国普通高中体育与健康课程标准（2017年版）解读》，《体育科学》2018年第2期。

（四）挖掘教材的育人特性

体育学科有丰富的课程内容，每个课程内容都具有独特的育人特性，在分析教材时要根据各个不同的课程内容，充分挖掘课程的育人特性，实现课程育人的最大化，各个课程分别有以下育人特性。

1. 健康教育

体育与健康知识包括体育运动知识和保健健康知识，在分析体育运动知识时，要提炼学生更理性、更自觉地锻炼身体，更科学、更合理地从事运动实践的价值，为学生养成终身锻炼意识和习惯夯实理论基础。在分析保健健康知识时，要对健康的重要性和健康所需要的环境进行充分分析，分析基础的健康保健手段与方法，学生自觉地养成爱护环境、保持健康的习惯，形成健康意识和行为。

2. 田径类运动

包括走、跑、跳、投、钻、攀、爬等内容。该类教材蕴含的育人要素与学生克服障碍、进行竞争的心理要求有内在联系。需要注意的是水平一的走、跑、跳、投等项目是以基本运动技能的方式呈现，在分析这些教材时要从移动性动作技能、非移动性动作技能和操控性动作技能分析田径教材，分析教材时要从文化、竞技、运动、心理体验以及发展体能作用等多方面进行。①

3. 体操类运动

包括技巧与器械体操和艺术性体操两大类。分析体操教材时要分析体操运动文化的概貌，体操运动对人体的锻炼价值，体操对身体锻炼、娱乐、竞赛的作用，体操中运用保护与帮助的手法以及安全地从事体操运动的方法，体操对发展人的灵活性、协调性、力量、平衡等身体素质的作用，体操对人克服各种外界物体的心理欲求的关系。因此，在分析体操教学内容时要

---

① 王伶俐：《水平四田径教学内容的理解》，《新课程学习（学术教育）》2011年第4期。

从竞技、心理、生理、交往等视角去全面分析。

4. 球类运动

包括同场对抗项目和隔网对抗项目。如足球、篮球、排球、乒乓球、羽毛球、橄榄球、网球等。分析球类运动时要从球类运动本身的起源开始，分析球类运动的文化、竞争性、趣味性、对抗性，分析球类比赛中的裁判方法和规则，分析比赛中出现的同伴间的相互合作、胜负关系产生的体育品德行为，分析球类教学内容中的技战术，以及技术的实战性、技术与战术之间的联系性等。

5. 水上或冰雪类运动

包括水上项目中的蛙泳、仰泳、自由泳、蝶泳等，冰雪类运动中的速度滑冰、花样滑冰、冰球滑冰和滑雪等内容。分析水上或冰雪类项目的产生与生活环境的关系，以及在生产生活中的实际运用价值，还要分析水上或冰雪类运动对学生在健康行为和体育品德养成的要素，分析各个项目动作进阶层次，分析各个项目的安全教育的要素。

6. 中华传统类体育项目

包括武术及除武术外的其他民族民间传统体育。分析中华传统类体育项目的传统文化内容，分析各个中华传统类体育项目与学校、学生的实际进行校本教材化的处理，对各个项目进行进阶式的动作分析和排列，分析各个项目对学生体育品德养成的育人要素，如文化自信、团队精神、社会责任感、正确的人生观等方面在各个项目中的渗透。

7. 新兴体育类运动项目

包括生存探险类项目和时尚运动类项目，如攀岩、花样跳绳等。分析新兴项目的产生背景及在世界各国的开展情况，分析各个项目的动作内容，将内容结合学校、学生的实际进行重新进阶组合，充分挖掘内容对学生在学习过程中实现勇敢顽强、积极进取、超越自我、遵守规则等方面的要素。

二、体育与健康学科目标定位

体育与健康学科是研究体育教育与健康教育理论与方法，提高运动能力、增进健康的综合性学科。是现今我国国家课程中重要的一门学科，是实现青少年儿童运动学习、健康管理及健康生活方式养成的最主要的方式，如何通过体育与健康课程的学习达成"以体育人"的目标，最终实现"立德树人"的根本任务，根据不同年龄段学生的身心特点，以课程核心素养为导向，定位有层次、关联、全面、具体的课程目标尤为重要。

（一）目标制定的素养导向

新一轮的课改提出，课程核心素养是课程育人价值的集中体现，是学生通过体育与健康课程的学习而逐步形成正确价值观、必备品格与关键能力（主要包括运动能力、健康行为和体育品德）。制定目标的时候一定要注重素养的导向，不仅仅关注运动能力目标，还应该以运动能力的培养为载体，通过运动能力目标的达成实现学生健康行为、体育品德的目标，最终实现以体育人。

下面以华东师范大学版二年级《手运球与游戏》一课中的目标定位为例。

（1）知道手运球的动作要领，掌握手运球的技术动作，发展左右手协调和操控物体的能力，提高灵敏性、协调性和速度等体能。

（2）积极地参与游戏，学会游戏方法并向课后延伸，养成良好的锻炼习惯，能找到安全的活动空间，在游戏中体会与人合作和对抗的感受，保持良好的心态，与同伴形成良好的人际交往关系。

（3）通过参与游戏，建立规则意识，在规定范围内进行游戏，不故意推搡、冲撞同伴，能在游戏中努力拼搏，挑战自我，尊重对手，形成正确的胜负观。

本课制定的目标就是指向课程核心素养，不仅包含了运动能力中动作技能的学习、体能的发展，同时通过发展运动能力的游戏情境，促使学生养成坚持锻炼的习惯和合作交往的人际交往能力等健康行为，运动能力学习的情境，衍生出游戏的规则、组织及个人拼搏努力和尊重对手等体育品德的养成。

（二）目标制定的层级与关联

体育与健康课程在实施的过程中应该体现结构化，主张大单元教学，在大单元教学中建立和关联有层次的目标体系，在整个单元学习中最大效能地实现教学的质量，所以在目标制定的时候应注重目标的层级和关联。例如，小学阶段乒乓球项目的各学段目标定位（表8-3）。

表8-3　小学阶段乒乓球项目的各学段目标定位表

水平段	目标
一	运动能力：认识乒乓球并能分辨直、横拍，知道并能做出握拍的两种方法，能够挑战各种托、拍、颠、击球游戏，最终具备手握拍控制乒乓球的能力，并在各种比赛中运用，灵敏性、反应等体能及手操控器械的能力得到发展 健康行为：活动中能积极与同伴交流，过程中建立安全使用器械及安全运动的意识，并能养成课外锻炼的好习惯 体育品德：积极参与游戏和比赛，敢于挑战并注重协作配合，建立友好相处、团结他人的人际交往关系
二	运动能力：知道乒乓球是我国的国球并了解乒乓球台的形状和特征，以及打乒乓球过程中的注意事项、安全须知，能够基本学会平击发球、推挡、正手攻球等动作技术，运用这些技术开展一对一的比赛并积极展示，学生应变、观察、灵敏、判断等能力得到发展 健康行为：在游戏和比赛中，能控制自己的情绪，胜不骄、败不馁，积极主动与同伴交流合作 体育品德：积极参与游戏和比赛，遵守规则，挑战自我，比赛中敢于运用技术动作，知道比赛发球的轮换并能判断自己比赛中的得失分，正确看待输赢，与对手和同伴建立良好的关系

续表

水平段	目标
三	运动能力:了解我国乒乓球在各大赛事中的辉煌成绩,能说出乒乓球的一些动作术语和名称,基本学会带旋转的发球、搓球技术,掌握简单的乒乓球规则,在小组循环赛中,知道循环赛的对位及胜负,积极主动参与学习,不断思考,反复练习,提高自我技战术水平和技术运用能力,灵敏性、协调性及上肢力量等体能得到发展 健康行为:通过游戏和比赛,养成锻炼的好习惯,能与同伴在学校或校外开展乒乓球比赛,并能注意安全 体育品德:欣赏同伴或对手技术,比赛中团结、合作,敢于展现自我的技战术水平和体育素养,敢于挑战对手,不怕失败,具有正确的胜负观

从表8-3可以看到,在目标制定的时候是根据学生的身心特点,制定有层次、有关联的整体目标,水平不同所要求的运动技能掌握、运动认知及体能要求是不同的。健康行为、体育品德的目标也是存在差异的,但是几个水平段目标间又是层级递进、螺旋上升的,对乒乓球项目的学习不仅要具备乒乓球的技术水平,同时在课外以乒乓球项目为练习手段、组织同伴一起开展比赛,能通过乒乓球项目达成自我挑战、诚信有度、控制情绪、文明礼仪等健康行为和体育品德的整体目标定位。

(三)目标制定的具体与易操作

在课程实施的过程中,若要更好地实现以体育人的总目标,那就要在每一节课或单元的教学中制定具体且易操作的目标,只有目标制定得具体、易操作才能在课堂实施中有指向、有抓手、有重点、有实效。目标制定具体指的是运动能力的数据量评或动作技能描述,健康行为在游戏或活动情境的行为表现,体育品德的形象特征等。易操作主要是指制定的目标要贴合实际,符合学生身心特点,学生能够达到的,不是空而泛,大而虚的目标。

下面以人教版二年级《投掷与游戏》一课的目标制定为例。

(1)学生能够说出单手肩上正面投掷的名称和方法,能够正确地判断投掷的第一落点。全部学生能够做出单手肩上正面投掷动作,做到两脚前后站立，单手肩上高高举起，由后向前快速投出动作；60%的学生能做到动作连贯，挥臂有力，投出一定远度，其余同学能在教师的指导下完成动作。力量、灵敏性、协调性等体能得到发展。

（2）通过游戏，养成良好的投掷常规，捡球时不发生碰撞、不争抢，树立提前观察周围同伴的位置再捡球的安全意识；有序地取收器材。

（3）在游戏中能认真自主练习，并相互评价同伴，具有团队意识。

从本课的目标制定可以看出，课程核心素养三个维度的目标都是非常具体的，运动能力中运动认知具体到球的第一落点，动作技能具体到两脚前后站立，单手肩上高举等，60%做到连贯更是具体到数据；健康行为目标也是如此，捡球时注意观察周围环境（旁边同学的状态）再出发捡球，体育品德目标也不是空而泛的，小组合作的意识，体现在为小组的成绩做出自己的努力，在小组长的带领下进行小组自主学练，这些小的目标一一实现，为学生养成团队意识、爱国情怀做积累。可见，实现以体育人、立德树人的总目标，是要在具体的课堂教学目标中制定具体、易操作的目标，这样在实施的过程中才能得以由点到面逐步螺旋地培养学生在本学科中的德行。

（四）目标制定的易观测与可评价

目标制定的易观测与可评价是实现目标的重要因素，它与目标制定的具体、易操作有关联但又不尽相同，目标制定的具体、易操作但不一定易观测与可评价，这里的易观测和可评价既是指向上课教师、看课教师，更多应该指向上课的学生。在许多的体育运动项目中都是身体感知类的，用语言描述都非常抽象，因而需要我们制定便于师生观测和评价的目标，在实施教学的过程中有了这些目标更便于或更容易实现教学目标。

下面以人教版三年级《篮球行进间运球与游戏》一课的目标制定为例。

（1）学生能在运球开火车游戏中用左右手沿着轨道（篮球场地线）做出不同速度、不同方向的运球并做到球不掉，随着信号变换做出不同的急停急起的运球动作，速度、灵敏性及协调性等体能得到发展。

(2)学生能在开火车游戏中遵守火车运行的规则(沿轨道行进、随信号灯做不同动作),随着火车到达不同的地点感受祖国大好河山。

(3)能根据小火车车厢整体行进的特点,控制自己的速度和与前面同学的距离,遵守规则,小组合作感受不同速度火车的行进方式,表现出合作意识。

这节课给学生和教师制定了易观测、可评价的目标,开火车的情境游戏给学生一个很好观测的参照,火车沿轨道的特性及各节车厢同距离整体行进的特点,也给学生和教师一个很好的评测点,学生是否遵守游戏规则,教师只需对学生运的球是否落在篮球场的场地线上进行观测,而小组是否有集体合作的意识,只需对个人组成的小组构成的火车是否整体行进进行观测和评价。

三、体育与健康活动的实施

(一)体育与健康活动的分类与设计

课外体育活动是学校体育重要的组成部分,它可以分为校内的活动和校外的活动,紧抓学校课外体育活动质量是巩固与再提高课程实施整体质量的关键,同时也是学科融合与家校联动产生最大效能的重要途径。体育与健康校内的活动包括每天的体育大课间活动以及每学期进行的全校运动会,校外的活动包括体育家庭作业以及各学校的特色活动。在设计体育与健康活动的过程中应该先具体分析学校的学情和场地特征及学校的文化特色,结合课程实施的总目标,把握以体育人的总目标和立德树人的根本任务,设计贴近学生身心特点,符合场地设施和学校文化特色的体育与健康活动。例如,重庆市人和街小学的体育与健康活动框架,如图8-1,根据不同的时间、地点、场景,设计不同种类、环境的综合实践活动,以求活动育人功能的最大化。

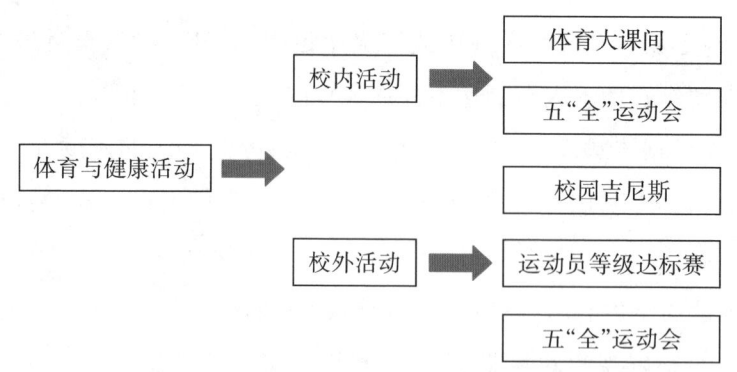

```
                    ┌─→ 体育大课间
         ┌─ 校内活动 ─┼─→ 五"全"运动会
体育与健康活动 ─┤         └─→ 校园吉尼斯
         └─ 校外活动 ─┬─→ 运动员等级达标赛
                    └─→ 五"全"运动会
```

图8-1　重庆市人和街小学的体育与健康活动框架

(二)体育与健康活动的实施与操作

清楚了立德树人根本任务下体育与健康在学校体育中的分类与设计，接下来的关键就在于实施与操作。在实施与操作的过程中如何深入以活动为载体，渗透德育，以体育活动达成育人的目的，是新时代背景下学校体育学科课程育人的始终，如何就活动目标，引领活动内容，根据活动内容，结合学校实际情况有特色、有层次地推进活动实施，最终实现活动目标，有以下几大原则。原则一：人人参与的原则，以学校受教育者和教育者为总人数，人人参与体育与健康活动，这里应该包含学校领导、教师、后勤人员、学生、家长、社区。原则二：综合实践活动原则。体育与健康活动是以体育与健康学科为主导，牵引其他学科知识与能力，以实现在活动中培养学生综合实践能力提升为目的。原则三：综合联动机制。活动中人人参与联动机制，发挥参与者的最大效能，在活动中各尽其责，合理分工，从不同角度实现以活动育人的目的。例如：重庆市人和街小学人人参与的五"全"运动会目标(图8-2)。它所包含的五"全"分别是：全员参与——行政家长、老师、学生人人参与比赛或裁判。全部内容——将学校课程实施计划的内容全部设置在比赛中。全科整合——通过设计班旗、班歌、会徽、音乐、舞蹈、新闻报道、网络直播等，实现与其他学科课程的全息整合。全程育人——全过程、全方位地对班级组织、行为习惯、有礼观赛、团队意识等内容进行评价,实现全程育人。全面验收——对学生在各学科课程,重点是体育与健康课程中,核心素养发展的全面数据化验收。同时,五"全"运动会还对各教师、各学科、各家庭、各部门等资源的配置与合理运用进行了验收。五"全"运动会从目标到实践都是以学生立德为主要目标,力求通过运动会综合实践活动,在过程中培养学生的综合素养、班级集体主义及团队协作精神。

> **五"全"运动会目标**
>
> 本届运动会以"人和为运动,和谐育人"的办学理念为宗旨,以"全员参与、全部内容、全科整合、全程育人、全面验收"的五"全"为目标,坚持以"运动会是全体学生参与的运动盛会,是检阅体育教学成效、展示学生体能的平台;是特长生展示、提高的舞台"为指导思想,结合"课中学、课外练、训中提、赛中验"的"四位一体"体育工作模式,举办校运动。
>
> 通过运动会,充分发挥学校场地优势和学生的实际,让学生在参与运动会的过程中享受运动的乐趣,领悟"品德高尚、睿智灵动、强体健魄、尚美唯心"的人和教育学生文化,打造团结、健康、向上的班级团队,展示学生集体的凝聚力与实践能力,展现学科间整合育人、教师间协同合作的水平,建设一切为学生发展的教师共同体。

图 8-2 重庆市人和街小学人人参与的五"全"运动会目标

(三)体育与健康活动的反馈与评价

体育与健康活动的反馈与评价是对活动的整体验收,是促使体育与健康活动深入、高质量再发展的关键,也为下一步活动的开展提供有力的计划依据。在活动中设计或使用好反馈与评价会对整个活动效果产生更好的影响,在活动中针对活动育德,以体育人,采用了多元的评价方式。例如,重庆市人和街小学的校园吉尼斯的展示、学校运动会的精神文明评比、运动员等级达标的信息化、数据化分析等评价与反馈方式,促进活动更高质量(图 8-3)。

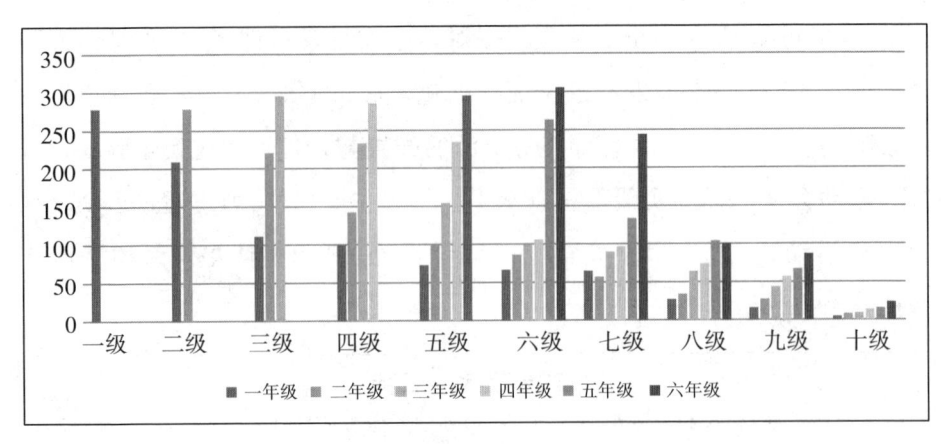

图8-3　人和街小学线上打卡挑战赛学生运动技能等级达标情况分布图

图8-3清晰地记录与分析了各年级在线上打卡赛中的情况,是直接体现学生养成健康行为的具体表现,可以想想背后的美好画面,一个学生在操场努力的练习或是与同伴友好的比拼以及与家长的合作,为学生养成终身体育锻炼的良好习惯打下坚实基础。

(四)体育与健康活动的示例与分析

体育与健康活动的开展需要根据学校的特色及学校的具体情况进行设计与实施,例如重庆市人和街小学的大课间活动设计方案(表8-4)。

表8-4　重庆市人和街小学大课间活动设计方案

课名:四位一体以体育育人模式下美育大课间活动		
维度	项目	自评或互评
教学(活动)目标设计	学科知识或技能目标——求真 1.能说出运动项目的名称以及特点 2.能掌握三个及以上运动项目的动作与方法 3.能清楚课间操的路线、形式、层次	

续表

维度	项目	自评或互评
教学(活动)目标设计	品德价值取向目标——求善 1.能主动掌握健身的方法并自觉锻炼 2.有喜爱的运动项目,并积极主动地参与活动 3.促进师生间、学生间的和谐关系,提高学生的合作、竞争意识和交往能力	
	审美与人文素质目标——求美 1.丰富校园文化生活,营造积极向上的学风 2.促进学生健康成长,并形成健康意识和终身体育观,确保"健康第一" 3.优化课间操的时间、空间、形式、内容和结构,使学生乐于参加,主动掌握健身的方法并自觉锻炼	
教学(活动)内容设计	学科知识点或技能点(即视点)及关键词： 技能点： 一、二年级(室外篮球场) 1.跑操;2.跳绳(双脚并跳);3.武术(自编);4.放松 三、四年级(大操场) 1.跑操;2.跳绳(交替跑跳、交叉);3.武术(武术操、五步拳);4.放松 五、六年级(跳远场地旁、篮球馆) 1.跑操;2.跳绳(双摇);3.武术(少年拳);4.放松 关键词:队形变化、形式变化、身体姿态变化、力度变化、结构变化	
	相关知识点(学科内相关):田径、体操、队列、武术 相关知识点(多学科相关):音乐节奏(音乐)	
	审美点:和谐、创新、文明 美感词(描述对视点的审美感受的短语或词汇): 安稳、和谐、整齐、有序、变化、融合、公正、统一、规范、力度、节奏、到位、课堂延伸、结构	
	典型材料(说明知识视点的) 体操中的队列队形、跳绳、田径中的跑步、传统的武术 延伸材料(强化知识视点和关键词,说明相关知识的) 课中学的延伸、课外练的巩固提升	

续表

维度	项目	自评或互评
教学(活动)过程设计	导入:实例与问题 伴随跑操音乐"二路纵队变四路纵队"跑步入场 视点揭示(典型材料),伴随审美视点揭示: 跑操(评价三要素:动作、节奏、队形)整齐划一、形式变化(二变四,四变二)入场 视点关键词讲解,伴随美感描述: 伴随音乐节奏整齐划一、"二变四"入场进行跑操,感受融合之美、节奏之美、变化之美、整齐划一之美 视点、关键词强化,伴随美感强化 (技能示范与训练): 跑操评价三要素:动作、节奏、队形 跳绳双脚并跳、交替跑跳、交叉绳跳、双摇跳 武术自编(拳、掌、勾、爪等,弓步、马步等)、武术操、五步拳、少年拳等 相关知识,伴随美感描述 回归知识视点,美感描述 板书:	
检测反馈设计	问题: 布置作业(课内或课外,以教学目标和内容为据): 1.课内学习内容,布置到课外积极练习与强化 2.布置时有相应的要求和目标 3.线上多媒体打卡验收和课前统计以及检测	

此方案的设计理念和实施路径,能看到在活动中注重德育思想,既通过活动达成育人目标,又根据体育与健康活动的特点,开发育人资源,让学生在活动的过程和情境中,去感受和体验,通过过程的感知提高学生发现问题、解决问题的能力,同时在全校的集体活动中体验团队活动的集体意识和团结协作的重要性,为实现立德树人提供参与、感受、获得的基础。

四、体育与健康课程资源

（一）优秀体育运动员资源的开发与利用

体育从不缺乏励志、感人的故事，在体育与健康课程的学习中，根据项目特点和内容，相应地选择不同名人故事，引用不同优秀体育运动员的故事进入课堂教学，通过优秀体育运动员优秀的品质，向学生渗透坚持不懈、敢于挑战、努力拼搏的优秀品质，帮助学生在运动中享受乐趣、增强体质、健全人格、锤炼意志，促进运动能力、健康行为、体育品德的课程核心素养的达成。

项目划分：对中国人来说，一提到中国女排，人们就会想到她们强大的团队凝聚力、在逆境中克服困难的坚韧。所以在排球学习中或者团队练习中，教师向学生介绍中国女排的发展历史、夺冠历史，介绍女排名将的奋斗过程，会提高学生对排球学习的兴趣，使之感受和浸润中国女排的精神。在学习篮球时，组织观看或向学生介绍中国男篮的发展历史或者经典比赛场景，能让学生感受篮球比赛的魅力，体会团队配合的强大；通过介绍篮球运动员（如：姚明、易建联等），学习他们不断挑战、积极拼搏的精神。观看北京冬奥短道速滑团队武大靖、任子威、范可新等优秀选手不畏世界强手，冷静作战，发挥团队技战术配合，取得了十分可喜的佳绩，拿下了中国冬奥军团的第一个冠军的视频，激发了国人学习对冰雪运动学习的兴趣，为国家荣誉而战斗的家国情怀。

体育最让人着迷的就是运动员在赛场上尽情挥洒的激情，每每看到难以企及的运动成绩，人们都会为之折服。在学习量化评价的动作技能时，向学生介绍耳熟能详的名人，在世界大赛中取得的骄人成绩，以此为目标不懈努力，如：苏炳添在60米、100米的世界大赛中跑出的好成绩，岑小林创下一分钟跳绳380个世界纪录等；在技评项目和对抗运动项目学习时，通过观看和介绍优秀运动员竞赛的比赛视频，感受动作技能的难度、展现的美及团队配合带来的精彩，让学生以此为榜样，学习、模仿和参与，如：观看李宁、李小鹏、杨威、程菲等体操名将完成的动作,林丹、张继科、郭艾伦等不同项目运动员在比赛场上的精彩表现。通过对不同项目运动员进行全方位的介绍,激发学生对动作技能的学习兴趣,并在平时和课堂中付诸实践,以优秀运动员为示范,学习优秀运动员的精神品质。

国家级乃至世界级优秀运动员具有很强的引领性,但终究离我们太远,通过打造校园、年级、班级体育优秀生,让学生看得见、摸得着。例如,重庆市人和街小学在校园宣传在学校的运动会或各级赛事中取得优异成绩的学生,让全校师生知晓,促进全体学生加强身体锻炼,提高运动成绩;在班级对坚持锻炼、进步幅度大等具有优秀行为和品德的同学进行宣传,让其他学生向身边的同学学习。

(二)社会资源的开发与利用

社会资源是要集中社会各界的力量进行办学,对学校教育的不足进行弥补,是教育不可或缺的一部分。体教融合是促进学生全面发展的重要举措,国家体育总局和教育部联合印发了《关于深化体教融合 促进青少年健康发展意见的通知》,为学校体育的发展指明了方向,体育部门和教育部门各具优势,体教融合是将优势进行互补。在足球训练和教学中,专业的运动员有着非常强的运动能力和丰富的比赛经验,但缺乏教育理念和教学经验;体育教师有教学的优势,但缺乏专业的技战术能力,可以通过体教融合,优势互补,促进教学质量的提高。

国家课程里没有围棋、高尔夫等体育项目,仅凭学校的力量很难开展,通过与社会俱乐部、协会等力量合作,以引进师资的方式,开展围棋、高尔夫等项目的学习,不但可以解决师资问题,还可以开阔学生视野,全面发展,多多受益。

(三)家庭资源的开发与利用

家庭教育是教育的重要组成部分,对学生的发展起基础性的作用,在学校学习的知识必须通过家庭进行强化和巩固。体育以身体练习为主要手段,通过课堂的学习、课后的练习,才能掌握所学动作技能,以培养学生终身体育意识为主要目标,通过有效的家校沟通,培养学生的锻炼习惯,促进锻炼习惯的养成。

第一步,建立畅通的家校交流渠道。通过家长会、体育交流群等建立沟通渠道,家长会是较为正式的家校沟通平台,通过家长会的交流,传递学校的教育理念、学期的计划安排,以及需要家长配合的地方;同时,通过家长会的交流,建立家长对学科和学科教师的信任,从而更加关注学科。家长会是集中交流的形式,而体育交流群是常态交流,通过建群可以随时发布学校体育相关要求,可对学生学习内容、学习要求、考试标准等进行分享交流,同时起到相互促进的作用。

第二步,建立合理的家校锻炼内容。教师布置的体育作业一定要遵循可操作性强、符合学生身心特点、符合场地器材的开展、结合课堂教学内容等要求,这样布置的作业实效性才强。如:按周进行作业布置,主要内容为本周课堂教学所学习的内容,并结合需要发展的体能进行练习,考虑到场地器材易开展的情况进行内容布置。

第三步,建立合理的家校评价机制。通过班级体育交流群进行视频或填表打卡的方式,按时间可分为两类,一类是上学期间,另一类是假期。上学期间的打卡以每周三次或四次(根据学生年段、学习阶段等实际情况),打卡情况进入期末成绩评定,以成绩打卡的形式对成绩走势进行分析。放假期间的打卡,按放假时间进行合理规划,如:30天的寒假(包含春节),规定打卡次数为20次,打卡20次以上,期末评定每次加一分,打卡20次以内,期末评定相应每次扣一分,同时假期结束对打卡情况进行反馈。

(四)学科资源的开发与利用

1.学科融合是中国教育发展的新型模式

(1)与德育的融合。对教师来说,人人都是德育工作者,无论哪个学科、在哪个课堂都如此,体育与健康学科与德育的融合一直都存在。体育与健康课程具有综合性,强调充分发挥体育的育人功能,渗透德育教育,所以体育与健康学科与德育的融合无处不在。如:篮球、足球等综合性较强的运动,在团队比赛对抗中,要遵守规则、服从裁判、尊重对手、友谊第一比赛第二的精神,都是对育人的重要体现。

(2)与劳动学科的融合。习近平总书记在全国教育大会上强调要培养德、智、体、美、劳全面发展的社会主义建设者和接班人,人们常说劳动最光荣,而传统的劳动与体力分不开,所以在体育与健康课程学习过程中,要通过情景的设置,以体力发展为手段,培养学生劳动的能力和劳动的意识。如:在小学低段教学中,模仿劳动中的动作进行体育锻炼。

(3)与美术学科的融合。美术学科与体育学科的融合很多时候是对动作的表达,如:运动人物的描绘、身体形态的绘画等。

(4)与音乐学科的融合。音乐学科中的节奏、舞蹈等跟体育中的韵律、艺术性体操、跳绳等项目有很大的关联,在日常的教学中利用音乐进行队列队形的练习,如:在音乐节奏下进行踏步、跑步等。利用音乐对动作技能进行发展,如:为了提高跳绳节奏的稳定性利用音乐的节奏进行控制,为了提高身体的协调性利用不同音乐的节奏进行练习等。

(5)与科学学科的融合。身体的运动及身体操控器械的练习与物理知识紧密连接,如投掷类教材中出手的角度,通过不同的角度投出的球会产生不同的距离;在跳远时,通过不同的助跑距离获得不同的起跳速度,从而产生不同的跳远距离等。在学习过程中与科学知识相融合,进行科学知识的渗透。

2.课程活动资源的开发与利用

体育活动是一项具有综合性发展的资源,对学生的全面发展具有重要意义。学校体育主要有课堂教学、课外练习、运动训练和比赛,除了常规的课堂教学,还应充分开发学校的课程活动。例如,重庆市人和街小学举办各级各类比赛,以此来达到每天锻炼一小时的要求,以活动为契机,达到以活动促练、以练促活动的循环发展。

(1)开展年级、班级比赛。中共中央办公厅和国务院办公厅印发的《关于全面加强和改进新时代学校体育工作的意见》中提出了"教会、勤练、常赛"的思想,是体育与健康课程开展的抓手,也是新时代学校体育工作的要求和重点。以教学为基础,开展班级、年级的活动或比赛将是很好的途径。通过已学知识,班级中通过课堂教学开展个人对抗、团体比拼;年级中通过开展篮球、足球等综合性比赛,实现学生能力的全面发展。

(2)开展运动员等级达标赛。根据学情、学校特色,分项目、定等级,以集中和分散的方式,面向全体学生开展运动员等级达标赛,让学生看得见、够得着,提高学生练习的积极性和成功感。

(3)开展校园吉尼斯挑战赛。关注学生的个体差异,培养学生的创造性思维,每个学生可自主创设与体育运动相关的项目,通过认证和挑战,开展校园吉尼斯挑战赛。

(4)抓住学校活动开展的机会。充分利用学校的各种活动,开展学科融合和平台搭建,为学生提供展示和提升的机会,让学生在活动中得到全面发展。如:在艺术节、英语节、科技节、朝会、年级德育活动等活动中,让有特长的学生进行展示、表演。

(五)体育与健康评价实施

体育与健康课程的评价与实施,是对目标检测的重要手段,通过对运动能力、健康行为、体育品德三方面的课程核心素养目标进行评价,反馈目标达成情况,从而促进更好的学和更好的教。采用不同的评价方法、多元的评价手段,全面地进行评价和反馈,更好地针对每一位学生,让每位学生受益。

1.评价目标的实施

(1)评价知识与技能。

问答法:由教师或同伴间相互提问回答,并对回答的结果作评判。

辨答法:由教师做正/误动作示范,让学生辨认、判答。

应用法:可在同伴互评时,由教师对评价者的判断与术语使用情况作评判。

过关法:A关,能做到三个要点。B关,能做到两个要点。C关,能做到一个要点。

念动法:在练习行进间运球的过程中,边做动作,边说出动作的要领,由教师对其表现作评判。

(2)评价体能。

定时计量法:数30秒拍球的次数。可由自己和同伴同时数数,以同伴为准(教会学生用"钩手指头加1—10数数"或"1,2—10;2,2—10;3,2—10……"的方法对同伴拍球进行正确的计数)。

定时计量法:可四人为一小组,两人测试传接球,两人计数,测试一次后轮换计量。

评与定时计量同步法:对学生技能的终结评价可以同体能定时计数测量同步进行,能保证充足的时间和对象的准确。

定距计时测量法:由教师计时,告诉学生成绩,学生把成绩登记在小黑板上,下课后教师再把小黑板上的成绩登记在计分册上。

(3)评价健康行为和体育品德。

过程记载法:对学生在上课过程中有关健康行为和体育品德的行为表现进行记载。如迟到、早退、不穿运动服装、同学之间发生纠纷等。

小群体组内自评、互评法：在小组内开展自评和互评活动，对行为表现中的内容，由同伴进行评价，教师需把行为表现中的内容细化、量化为可评价、可操作的评价内容，如：有几次听到哨声没有停球等（表8-5）。

表8-5　　　小学　年级　期小组学习评价表

年级　班　　　　　第　学习组　　　　　组长：											
学号	姓名	学生学习态度、合作与交往、情意表现的评价内容(15分)										教师综合评价
^	^	按时集合上课，不迟到、早退，能做到快速、整齐、安静地集合(3分)		不穿凉鞋、皮鞋、裙子、大衣上课，不带玩具等上课(3分)		主动参加学习，刻苦锻炼，遵守课堂常规，积极收还器材(3分)		在学习锻炼中与同学友好相处，课堂上不讲话，不影响他人，尊重和关心同伴(3分)		认真参加组织管理工作，当好小组长或小裁判。每节课都带绳(3分)		^
^	^	自评	互评	自评	互评	自评	互评	自评	互评	自评	互评	^

注：以上评价内容中，违反一次，扣0.5分。

2. 评价内容及权重（表8-6）

（1）评体育健康知识、技能和体能的权重随着年级的增高而逐渐提高，其分配是：水平一占60%，水平二占70%，水平三占80%。

（2）评价学生的健康行为与体育品德，在三个学习水平中所占权重随着年级的增加有所减少,水平一占35%,水平二占25%,水平三占15%。

(3)学生在家参与锻炼在三个水平中的权重为5%。

表8-6 评价内容及权重表

内容		运动能力		健康行为与体育品德	家校共育
		知识与技能	体能		
水平	水平一	20%	40%	35%	5%
	水平二	20%	50%	25%	5%
	水平三	20%	60%	15%	5%

3.评价主体的多元

(1)学生自评本期体能、知识与技能的学习情况。学生拿出自己的体育与健康学习成绩记录表(每一次体育测试后都将成绩记录在该表上),同时教师也公布平时的考核成绩(进行核对),让学生在相应的项目中填写自己的成绩,根据自己的成绩对照评价标准,查出获得的等级及分数。三个学习水平的学生采取的方式均一样,但水平一的评价要由教师进行一一核对,水平二和三的评价要由同伴进行核对。

(2)学生自评、互评和师评相结合。通过自己评、小组评和教师评的方式对学生本学期的学习态度、意志与行为进行评价,评价时教师提供学生平时在学习体育与健康过程中的迟到、早退、旷课、体育服装、上课违纪、同伴合作交往等的记录情况,学生先自评,再在小组内开展互评,最后师评。水平一和水平二的评价要有具体评价标准,学生由标准查出所得分数,最后得分主要参考教师评价,水平三的评价得分主要参考自评和互评分数。

(3)家长对孩子的评价。首先是家长对孩子每天在家锻炼的情况进行评价,按照孩子在家锻炼的次数对照评价标准进行评价,给出孩子的得分;然后根据孩子在本学期的学校学习情况,发现孩子在本学期学习的进步情况、差距,有针对性地给予鼓励和希望性的语言描述评价。

(4)教师对学生进行综合评定。前面所有内容都评价结束后,教师核查学生的成绩填写是否真实,并结合学生的成绩对学生进行综合评价评定等级,根据学生的成绩给出评语。水平一学生的分数由体育教师计算,水平二和三学生的分数由学生自己计算,教师核查计算的准确性。

4.评价方法的多元

(1)定性评价与定量评价相结合。对知识、技能与体能、学生态度与参与、情意与合作、家庭锻炼的评价是学生在体育与健康课程中的学习表现情况的记录,根据评价标准查出所获得的分数和等级,所以在这些方面主要采用定量的评价。学生的学习情感是学生根据自己在体育与健康课程中的学习感受进行评价,学生对教师的评价、家长对学生的评语都是采用语言的描述进行,也就是定性评价。

(2)形成性评价与终结性评价相结合。对学生态度与参与、情意与合作的评价依据来自平时上课过程中的观察与记录,记录学生在一节课中的迟到、早退、旷课,体育服装,在学习锻炼中与同学相处,课堂上讲话,不影响他人,尊重和关心同伴等情况,最后根据学生的表现进行终结性评价。水平一到水平三的评价内容有所不同,但评价的方法一样。

(3)相对评价与绝对评价相结合。在对学生进行体育技能和体能评价时,将学生开学测试的成绩记载为初始成绩,将期末再次进行测试的成绩记载为期末成绩,对两个成绩之间的进步进行评价,鼓励学生只有通过自己的努力才能获得成功。在对学生进行态度与参与、情意与合作方面评价时,也将学生每个月的表现进行分类,后一个月的表现比前一个月的表现好,也对学生进行相对评价。

5.期末评价采用个性化评价(表8-7)

表8-7 重庆市人和街小学一年级上期《体育与健康》学业成绩评价表

(水平一 一、二年级用)

班级：			学号：	姓名：	第　组
评价内容	学习情感			学习测试成绩	评价标准
	非常喜欢	喜欢	不喜欢		
知识与技能、体能(60分)	1.队列队形	☺	☺	☺	我能正确做出队列队形中的动作(　)，并能呼口令，指挥同伴(　)，我得到的等级是:(　)等	能呼口令，指挥同伴，能正确做出动作 A.有2次错误 B.有3—5次错误 C.6次以上错误
	2.攀爬小乐园	☺	☺	☺	我能独立攀爬扶梯(　)、人工攀岩(　)、假山(　)。我得到的等级是:(　)等	A.能独立完成三项 B.能独立完成二项 C.能独立完成一项
	3.跳远与游戏	☺	☺	☺	我能担任立定跳远的小裁判(　)，我的立定跳远的成绩(　)厘米，等级是:(　)等	A.男1.35米以上，女1.25米以上 B.男1.25米以上，女1.20米以上 C.男1.10米以上，女1.05米以上
	4.迎面接力跑	☺	☺	☺	我能在接到接力棒后正确的位置跑出(　)，能正确地把接力棒交同伴(　)，等级是:(　)	正确交接棒、交接棒后跑的路线正确 A.没有错误 B.有一次错误
	5.掷沙包	☺	☺	☺	我投掷沙包的远度是:(　)米，我的等级是:(　)等	A.男9.5米以上，女8.5米以上 B.男8米以上，女7米以上 C.男6.5米以上，女5.5米以上

续表

知识与技能、体能(60分)	6.小篮球	☺ ☺ ☺		我在30秒拍球中的成绩是:( )个,我的等级是:( )等	A.75次以上 B.60—74次 C.50—59次	
	7.室内操	☺ ☺ ☺		我能呼出每一节操的动作名称( ),能正确、熟练地完成每一节操( ),得到的等级:( )等	能呼口令,呼每一节操名称,能正确地完成本套操 A.有3次以下错误 B.4—9次错误 C.10次以上	
	8.纵劈叉	☺ ☺ ☺		我的纵劈叉成绩是:( )厘米,我得到的等级是:( )等	A.男10厘米以下,女0厘米 B.男10—15厘米,女5—10厘米 C.男15厘米以上,女10厘米以上	
	9.跳短绳	☺ ☺ ☺		我能连续跳( )个不绊绳,我得到的等级是:( )等	A.连续跳8次 B.连续跳5次 C.连续跳3次	
	10.游泳	☺ ☺ ☺		问卷抽查:我能在深水区游进,并能换气( ),我能用板在水中游进( ),我能用游泳圈在水中游进( )		
	在知识与技能、体能学习中我得到的A等有( )个,综合等级是:( )。			标准:A.有6个A以上 B.5—3个A C.2个A以下		

	评价内容	自己评	小组评	教师评价	综合评价
学习态度(15分)	按时集合上课,不迟到、早退,能做到快速、整齐、安静地集合	☆ ☆ ☆	☆ ☆ ☆		
	不穿凉鞋、皮鞋、裙子、大衣上课,不带玩具等上课	☆ ☆ ☆	☆ ☆ ☆		

续表

情意表现 (10分)	主动参加学习，刻苦锻炼，遵守课堂常规，积极收还器材	☆	☆	☆	☆	☆	☆	
合作交往 (10分)	在学习锻炼中与同学友好相处，课堂上不讲话，不影响他人，尊重和关心同伴	☆	☆	☆	☆	☆	☆	
	认真参加组织管理工作；当好小组长或小裁判	☆	☆	☆	☆	☆	☆	
家庭锻炼 (5分)	每周锻炼5次及以上，且每次锻炼时间在30分钟以上的得5分；每周锻炼4次，且每次锻炼时间在30分钟以上的得4分；每周锻炼3次及以上，且每次锻炼时间在30分钟以上的得3分；每周两次及以下，或者锻炼时间不足30分钟以上者，得2分							家长评：

期末体育成绩综合评价等级:(　　)等(知识、技能与体能占60分，态度占20分、情意与合作交往各占10分，其中技能A等得60分，B等得55分，C等得50分，D等得45分；态度A等得20分，B等得15分，C等得12分，D等得10分；情意与合作交往A等得10分，B等得8分，C等得6分，D等得4分。累计总分为90分以上为A等，75—89分为B等，60—74分为C等，59分及以下为D等。)

学生对老师说：

老师对学生说：
通过本学期的学习，你在(　　　　)方面表现很优秀，在(　　　　)方面还需要改进提高，建议你在假期进行(　　　　)的练习，希望你每天坚持自己写锻炼日记(可以画图，写清楚练习时间、次数)，在开学时交体育老师检查，全班评比表彰！年级展示！

爱你的体育老师：

家长心语：

家长签名：

附教学课例：

小学体育与健康立德树人教学课例
——以《折返跑与游戏》教学为例

教学内容

本课选自人教版《体育与健康》(3—4年级 全一册)中发展快速跑的练习和游戏内容。

教学过程

活动一：以课堂常规为抓手，践行立德树人

培养学生知道遵守规则的重要性

体育课教学的特点是以身体练习为主要手段，教学过程一般在室外进行。室外空间大，干扰多，不安全因素多，学生活泼好动，教学难度相对更大。课堂上的接力比赛经常会有同学发生碰撞，教师适时地停下活动，询问学生为何会发生碰撞。有的学生说跑得太快，有的说返回的同学还没到达，后面同学就出发，引起了碰撞。通过与学生的小访谈，明确了问题的关键在于后面的学生没有遵守和前面同学交接棒后再出发的游戏规则。众所周知，体育活动大部分都是通过各种形式的游戏和比赛来开展的，遵守规则就显得极为重要。"善"的教授是一种唤醒而不是直接给予，通过这件事及时对学生进行生命教育，唤起学生懂得遵守规则的重要性，就像汽车在马路上行驶，不遵守交通规则就会有事故发生，是对他人生命的不尊重。又如行人不走斑马线、闯红灯，是对自己生命的不珍惜。在折返跑这节课的体验性导入阶段，通过"谁是最灵活的人"游戏进行行进间准备活动时，整个过程不发生碰撞或身体接触为最灵活的人，这样学生就能玩得很顺利开心。

【评析】道德不是教出来的,而是作为主体的学生在与环境的相互作用中自我建构而成。循序渐进地在体育教学中进行德育渗透,引导学生逐步树立正确的人生观、价值观、世界观,使学生不仅喜爱体育活动,更会在体育活动中感受体育精神。

活动二:以团队合作为抓手,践行立德树人
培养学生团结合作的集体意识

有些小学生依赖性较强,个人意识强烈,他们的成长又处于社会快速转型阶段,或多或少地受到社会不良风气的冲击,明显存在着过于注重个人利益,缺乏团队合作意识。因此切合学生的实际,让学生全方位、全身心地投入,培养学生课堂教学中合作项目的团队意识是事半功倍的。首先,通过阳光体育大课间"趣味"活动的信息宣传,让学生感受到浓浓的氛围;其次,以学生的亲身实践来体验,创设"集体力量最强大"活动,为学生提供寻找成功、体验快乐、提高自信的机会,及时地渗透团队意识,使学生懂得团结就是力量,从而逐步培养学生的集体观念。通过学校即将开展阳光体育大课间"趣味"活动这一背景,从学生的兴趣着手,利用《长江 黄河》这一简单游戏,有的放矢地在课堂教学中进行普及、推广。学生自由组合成固定的二人合作练习,由单人到组合,由两人到四人,再到更多人,由走到跑,由生到熟,由普及到挑选再到精练。在这个过程中,不仅锻炼了学生的身体素质,也让学生通过交流、探讨、跟进、统一,深刻认识到在活动中只要有一位同学步调不一致,就会导致整个团队的失败,认识到配合教师地引导,团队合作的重要性。学生在体育活动的体验、情感共鸣中,受到潜移默化的影响,水到渠成地实现教学的德育教育目标。

活动三:借助比赛,体会如何将自己的志向付诸于行动
培养学生顽强的意志品质

培养学生吃苦耐劳、勇敢、果断、顽强、坚韧不拔等意志品质,是体育德育渗透的主要内容。在折返跑这节课中,通过《你投掷我奔跑》和《你传递

我运输》等游戏与教材内容相结合,培养学生优良的意志品质和助人为乐、互相爱护、互相关心等高尚的道德行为。通过学生互相合作,互相帮助,共同完成比赛,培养学生团队协作能力。通过智力和体力的双重考验,培养学生顽强的意志品质。学生在团队比赛和游戏中,忽略了活动的辛苦,自然而然地掌握了折返跑的重难点知识,激发了在困难面前勇往直前的探索求知欲。

【评析】对四年级的学生而言,学习折返跑技术是枯燥的,做到吃苦耐劳和顽强是有难度的,所以教师设计了几个学生喜欢的游戏练习,以怎么做彩带运得快,帮助学生找寻蹬地转身快的原因。让学生不仅要思考方法,更要有行动力。本环节中,学生通过不停的练习和比赛,获得了探究过程中的意志品质等多种情感体验。

课例点评

体育课的情感体验、价值观的塑造是通过团队合作的集体意识体验去感受。情感目标不能仅靠嘴巴说,还要通过心灵的感受和体验获得。情感过程是情境体验过程,是交往、互动过程。本节课着眼于学生的情感态度价值观发展,通过一系列的游戏比赛和身体练习,让学生的情感体验丰富起来,对价值观的塑造在潜移默化中完成。

1. 根据身心特点,深挖教材德育因素

道德不是教出来的,而是作为主体的学生在与环境的相互作用中自我建构而成。体育教学活动中的德育,是整个学校教育中不可分割的一部分,应根据学生的年龄心理特点,挖掘适合学生认知水平和接受能力的德育因素,循序渐进地在体育教学中进行德育渗透,引导学生逐步树立正确的人生观、价值观、世界观,使同学们不仅喜爱体育活动,更在体育活动中树立拼搏的决心和信心,勇往直前。

2.在体育团队比赛中进行情感体验,价值观形成

情感态度价值观目标的体验性特征决定了其目标的达成需要学生自身的情感体验。在情境中,教师依据游戏比赛,对学生进行遵守规则、积极进取、顽强拼搏等品德教育渗透,通过一个个游戏比赛,引发学生真切的情感体验,在潜移默化中受榜样影响,产生心灵的震撼。

课例作者:重庆市人民小学　胡长青
点评:重庆城市职业管理学院　易礼舟

第九章

小学美术学科落实立德树人根本任务的理论与实践

　　党的十九大报告指出:"建设教育强国是教育复兴的基础工程,要全面贯彻党的方针,落实立德树人根本任务。"教育的目的是育人,美育在立德树人方面有着天然的优势,能够提升学生的审美意识,提高发现美、创造美的能力。美术史本身就是一部立德树人史。因此,我们回顾了小学美术学科落实立德树人根本任务的历史演变,总结了落实立德树人根本任务的学科特点,提出了落实立德树人根本任务的基本要求,提供了美术学科落实立德树人根本任务的方法和途径。理论的梳理和实践的总结,有利于小学美术学科持续为国家教育赋能,给美育送养,提升美术教师的素养,推动立德树人根本任务的落地。

第九章 小学美术学科落实立德树人根本任务的理论与实践

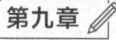

第一节 小学美术学科落实立德树人根本任务的历史演进

一、借鉴阶段(1949—1956)

1951年,全国第一次中等教育会议召开,把青年一代智育、德育、体育、美育各方面获得全面发展确立为教育目标,国家教育政策中第一次出现了美育。1952年,教育部颁布《中学暂行规程(草案)》和《小学暂行规程(草案)》,指出中小学生要实施"四育"教育方针,全面发展智育、德育、体育、美育等。中学美育的主要目标是"陶冶学生的审美观念,并启发其艺术的创造能力",小学美育的主要目标是"使儿童具有爱美的观念和欣赏艺术的初步能力"。[1]中小学的教育方针中出现了美育,使美术地位得到加强,学校从此开始重视美术教育。

在这个阶段,美术课叫图画课,苏联的先进经验给了我们很多借鉴,我国颁布了第一套完整的中小学图画教学大纲,是以绘画为主要内容的美术体系,美术教育中蕴含的立德树人价值观念在这个阶段尚未得到认同和重视。

二、新启阶段("双基"时期)(1957—1999)

1978年,邓小平在全国教育工作会上发言,指出教育要"培养德智体美全面发展的社会主义'四有'新人",使美育重回国家视野。此时课程发展

---
[1] 李榷:《学校美育的回溯及改革构想》,《教育评论》1990年第3期。

进入"双基"时期,确立了美术教育在人的全面发展教育中具有的重要地位和作用。

1978年1月18日,教育部颁发《全日制中小学教学计划(试行草案)》,草案规定全日制中小学的学制为十年,并将图画课改为美术课,课时沿用1966年的设置,小学一、二年级美术课为每周2课时,三、四、五年级美术课为每周1课时,初中一年级美术课为每周1课时。[1]

1981年,人民美术出版社出版了《全日制中小学美术试用课本》,这是我国第一套美术统编教材。这套课本是1979年10月,由教育部组织上海市教育局中小学美术教材编写组进行编写的。[2]

1982年,中共中央转发《深入持久地开展"五讲四美"活动,争取社会主义精神文明建设的新胜利》,"五讲四美三热爱"为美育的恢复创造了有利条件。

1986年4月,《小学美术课本》和《农村版小学美术课本》在人民教育出版社出版,自此打破了一套教材一统天下的局面。[3]

1986年12月28日,国家艺术教育委员会成立。其主要任务是:在学校艺术教育的方针、政策、发展规划、教学改革等重大历史问题上,向国家教育行政部门提供相关问题的咨询;协助国家教委指导、督促、检查各级各类学校艺术教育的实施,推动学校美育的发展。[4]

1989年11月,国家教委制订并颁布了《1989—2000年全国学校艺术教育总体规划》,这是我国第一部关于学校艺术教育的重要纲领性文件。内容主要包括:到20世纪末,我国学校艺术教育发展的目标及主要任务;学校艺术教育行政管理和教学业务管理的主要任务,以及管理干部的规格与培训;各级各类学校艺术教学的基本要求及课程设置、课外与校外艺术教育

---

[1] 石鸥、雷熙:《新中国美术教科书60年之演进》,《湖南师范大学教育科学学报》2011年第3期。
[2] 石鸥、雷熙:《新中国美术教科书60年之演进》,《湖南师范大学教育科学学报》2011年第3期。
[3] 石鸥、雷熙:《新中国美术教科书60年之演进》,《湖南师范大学教育科学学报》2011年第3期。
[4] 张慧泉:《中国大陆基础美术教育发展概况与展望(1978-2002年)》,硕士学位论文,上海师范大学,2003,第10页。

活动、教学大纲和教材建设、考核等方面的规定;师资队伍建设的主要任务,师资的规格与配备,以及培养、培训、稳定师资的措施;教学设备、器材配备的基本要求与配备措施;科学研究的基本要求及其管理等。

在1990年召开的国家教委工作会议中,第一次提出了"新时期"要培养"德智体美劳"全面发展的社会主义建设者和接班人。

截止到1991年,全国各地共编写中小学美术教材44套,其中包含中学美术教材19套,小学美术教材25套。

1993年,中共中央、国务院印发《中国教育改革和发展纲要》,纲要第7条指出,中小学要由"应试教育"转向全面提高国民素质的轨道,提高学生思想道德文化技能。纲要以法规的形式将美术教育确立为素质教育的重要组成部分。美术教育成为审美教育的重要途径,是培养新时代创新人才的重要内容。纲要第35条指出,美育对于培养学生健康的审美观念和审美能力,陶冶高尚的道德情操,培养全面发展的人才,具有重要作用。要提高认识,发挥美育在教育教学中的作用。根据各级各类学校的不同情况,开展形式多样的美育活动。

1999年2月24日,教育部颁布了《关于学习、宣传和全面贯彻〈面向21世纪教育振兴行动计划〉的通知》。通知第一部分第四条指出:体育和美育是素质教育的重要组成部分,要加强体育和美育工作,使学生有健强体魄。美育不仅能培养学生的高尚情操,还能激发学生的学习活力,促进智力的开发,培养学生的创新能力。

1999年出台了《中共中央 国务院关于深化教育改革全面推进素质教育的决定》,美育重回国家教育方针,并被视为全面实施素质教育的重要组成部分。这个决定确立了美术教育在人的全面发展中具有的重要地位和作用,在应试教育向素质教育转轨的过程中,美术教育成为素质教育的重要组成部分,为美术教育的发展奠定了基础。

三、发展阶段("三维目标"时期)(2000—2019)

2000年《全日制义务教育美术课程标准(实验稿)》颁布,课程发展进入"三维目标"时期。

2002年5月15日,教育部印发了《全国学校艺术教育发展规划(2001年—2010年)》,内容包括:指导思想、发展目标、主要任务、管理保障等。规划重申:切实加强学校美育工作,是当前全面推进素质教育,促进学生全面发展和健康成长的一项迫切任务。学校艺术教育是学校实施美育的主要途径和内容。

2002年初,教育部中小学教材审定委员会审查通过了上海书画出版社、湖南美术出版社、人民美术出版社出版的第一批新课标教材。从此美术教育不再是一套教材一统天下,出现了一本课标多本教材的全新气象,教材的研究得到了新的发展。

2002年9月,教育部中小学教材审定委员会审查通过了与《全日制义务教育美术课程标准(实验稿)》相配套的三套新教材,全国各实验地区的小学和初中部分年级开始使用,至此共计11套美术教材获得通过。[①]

从此,我国的美术教育出现了"一纲多本"教材和"一标多本"教材并行的局面,最终"一标多本"教材将替代所有的"大纲"教材。

2002年7月25日,教育部发布了《学校艺术教育工作规程》。规程由总则、学校艺术课程、课外校外艺术活动、学校艺术的保障、奖励与处罚、附则等组成。总则第三条指出"艺术教育是学校实施美育的重要途径和内容,是素质教育的有机组成部分。学校艺术教育工作包括:艺术类课程教学,课外、校外艺术教育活动,校园文化艺术环境建设"。

2013年,十八届三中全会通过《中共中央关于全面深化改革若干重大问题的决定》,美育的具体问题首次写进重大改革事项中,这是新中国成立以来党中央的一次重大决定,在我国美育政策史上具有里程碑意义。

[①] 石鸥、雷熙:《新中国美术教科书60年之演进》,《湖南师范大学教育科学学报》2011年第3期。

2014年,教育部印发了《关于推进学校艺术教育发展的若干意见》,在意见中进一步阐明了"艺术教育对立德树人具有独特而重要的作用,是学校实施美育的最主要的途径和内容"。

2015年,国务院办公厅发布了《关于全面加强和改进学校美育工作的意见》,首次为学校美育独立发展立法,学校美育工作进入改革元年。2016年,《中国学生发展核心素养》公布,基础教育进入"核心素养"时期。2017年,《关于实施中华优秀传统文化传承发展工程的意见》,提出把"文化自信"渗透到"思想道德教育、文化知识教育、艺术体育教育、社会实践教育各个环节"。

2018年,习近平总书记在全国教育大会上强调"坚持中国特色社会主义教育发展道路""培养德智体美劳全面发展的社会主义建设者和接班人",五育全面发展首次在党和国家最高层面提出。

2019年,中共中央、国务院印发了《中国教育现代化2035》和《加快推进教育现代化实施方案(2018—2022年)》,明确将"全面加强和改进学校美育"作为"全面落实立德树人根本任务"和"增强综合素质"的重要途径和内容,为国家培养具有人文精神、创新能力、审美品位和美术素养的现代公民。

四、奋进阶段("学科核心素养"时期)(2020—至今)

2000年课程改革以前的这段时期是"双基"时代,即中国课程非常关注"基础知识"和"基本技能"。2000—2015年,这一时期被称为"三维"时期,即关注知识与技能、过程与方法、情感态度与价值观三个维度。21世纪初进行了课程改革,美术教育由关注学科转变为关注学科与关注人。教学观念也由双基教学转变为三维目标教学,再到"基于核心素养的美术教学"。美术学科提出了图像识读、美术表现、审美判断、创意实践、文化理解五大学科核心素养,这些核心素养不是只针对美术专业人才而设定,还面向全体学生。素养的形成既有阶段性特征,也有主体差异,学生在接受相应学段的教育过程中,逐步形成适应个人终身发展和社会发展所需要的必备品格和关键能力,即建立在人性、情感、道德与责任基础上的能力。

教育部《高中美术课程标准(2017年版)》修订组组长尹少淳先生将美术学科核心素养用"五环"做了图示,直观地表达了五大核心素养之间的关系。下面两环是"图像识读"和"美术表现",二者是美术学科的本体,也是基本素养;上面三环是"创意实践""审美判断""文化理解",这三者与其他学科所共有,也是衍生素养。[①]

2022年4月,教育部印发义务教育课程方案和艺术课程标准(2022年版),新课标于2022年秋季学期开始正式施行。《义务教育艺术课程标准(2022年版)》将艺术课程分为美术、音乐、舞蹈、戏剧、影视五类,在指导思想部分明确指出:"以习近平新时代中国特色社会主义思想为指导,全面贯彻党的教育方针,遵循教育教学规律,落实立德树人根本任务,发展素质教育。"[①]新课标的出台标志着国家、教育部越来越重视学生素质教育的提升,学生迎来了艺术教育的春天。

[①] 尹少淳:《从核心素养到美术学科核心素养——中国基础教育美术课程的大变轨》,《美术观察》2017年第4期。

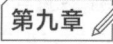

第二节

小学美术学科落实立德树人根本任务的学科特点

一、美术史本身就是一部立德树人史

美术史是研究美术的历史发展及其规律的科学。简单地说就是研究美术的历史。它不仅和历史学有密切联系，同时还涉及古迹和文物的考察与鉴定、美术家、美术作品、美术理论、美术思潮和美术流派等各方面。它与一般文化史、民族学、民俗学有交叉关系，可以清晰反映出历史上美术文化的发展对人类文明所带来的影响。郑建业总结了五点美术史的教育价值：第一，提升学生的艺术修养。第二，树立学生正确的审美观。第三，增强学生的创新思维能力。第四，学生学习中融入对生活的理解。第五，进行学生的励志教育。[1]潘杰则直接指出美术德育教育的价值即四个功能：第一，思想教化功能。学生在鉴别艺术作品时，通过比较和分析，不断认识真善美。因为欣赏美术作品会引发学生内心的共鸣，产生喜欢或讨厌的感受，在这个过程中不断提高自己的思想认识，陶冶道德情感。第二，情感感化功能。通过了解大师的成功事迹以及创作经历，可以激励学生不断学习、吃苦耐劳、积极向上，磨砺坚强的意志，养成健康向上的思想观念。第三，精神净化功能。美术作品鉴赏能让学生养成很多好的行为习惯，比如可以自觉做到不乱扔杂物、保护自然环境以及珍惜劳动成果等，提高精神境界，使思想和感情得以净化。第四，观念深化功能。在鉴赏美术作品时，通过

---

[1] 郑建业：《美术史在美术教学中的作用》，《山东纺织经济》2014年第2期。

不断甄别作品可以使学生进一步认识主题思想,启蒙学生从不知到知,抛弃模糊或错误的观念,用正确的观念全面地去对待事物。[①]从中可见,美术史本身就是一部立德树人史。

二、美术的审美能力培养综合的思维品质

知识经济时代对人类素质提出了"综合性"的要求,而美术审美能全方位培养学生的思维品质。顾晓明总结了审美对综合思维品质五个方面的培养:第一,观察力。借助于视觉、味觉、听觉、嗅觉等获得的认识,德谟克利特称之为"暧昧"的认识,审美能培养学生进行多元化观察,而观察力的培养是思维力发展的基础之一。第二,注意力。俄国著名教育家乌申斯基说:"注意是心灵的天窗。"只有打开注意力这扇窗,智慧的阳光才能洒满心田。审美过程中的看、听、想需要学生全神贯注地投入其中。第三,创造力。钱学森在《关于思维科学》一文中,把直觉、想象和灵感列入思维科学。美术作品的特点在于展现想象与灵感,审美不但能从作品中吸收想象与灵感,还能在此基础上激发新的创造力。第四,记忆力。培根说:一切知识不过是记忆,记忆是指人的大脑对经历过的事物进行储存和再现的能力。审美就是将最直观的形式呈现的知识储存到大脑中。第五,想象力。审美能力的培养能让每个学生对美有自己的理解,能面对具象或抽象的事物进行思维发散和再创作。[②]

三、艺术家成长的故事具有立德树人的榜样作用

通常意义上来说,艺术家本身也是立德树人教育的典范。可以从艺术家自身具备的优秀品格、艺术家求学或创作过程中的事迹、赏析艺术家所创作的代表性作品三个方面对学生进行教育。

---

① 潘杰:《浅谈美术鉴赏的德育功能》,《学习方法报(教研版)》2012年第315期。
② 顾晓明:《审美教育与思维能力的培养》,《教学月刊》2010年第1482期。

(一)艺术家自身具备的优秀品格

艺术家自身所具备或培养出的优秀品格可以为学生起到引领和示范作用,例如:毕加索在得知纳粹德国无故轰炸西班牙北部格尔尼卡长达三个小时之久后,他义愤填膺,以此事为题材创作油画《格尔尼卡》,表达自己对纳粹暴行的抗议和对无辜死者的哀悼。这种珍爱和平、尊重生命的优秀品格值得每个学生学习,能帮助学生形成良好的道德品格。

(二)艺术家求学或创作过程中的事迹

艺术家求学或创作过程中的事迹不胜枚举,例如:徐悲鸿忍着胃病多次出国求学,他不畏穷困游遍英法等国,画了上千幅作品才成就了今天的事业。梵高的一生很短,而且充满了不幸与痛苦,他在苦闷中学画,在流浪中成名。艺术家的这些成长经历能感染学生养成不惧艰难险阻、脚踏实地奋斗的优秀品格。

(三)赏析艺术家所创作的代表性作品

不同的作品带来不同的感受,好的美术作品能唤醒学生的内心,激发他们吃苦耐劳、爱党爱国的情操,磨砺坚强的品质。美术教育可以借助艺术家所创作出的典型艺术形象感染学生,用作品良好的思想内容激励学生。如,从《收割》中瞧见勤劳,在《刘胡兰》中看到勇敢,由《艰苦岁月》中体会乐观。

第三节

小学美术学科落实立德树人根本任务的基本要求

一、提高思想水平、文化素养和道德修养

（一）感受美术美，陶冶情操，形成美术思维

美术具有很强的育人功能，美术教育利用美术学科的独特性在教学过程中将立德树人有效渗透到各个环节。

1.审美感知能力的培养

在日常生活中，人们对美的认知以及创造美的活动都与美感有密切的联系，同时也和实践过程中的思想和情感有很大的关系。美术学科注重对学生美感的培养，有追求美的思想意识才能更好地感受美术世界。[1]一是培养学生在生活中对美的感知。学生的成长离不开日常生活，家和学校是他们成长的主要场所，为了让学生直观感受美术的魅力，引导学生发现身边的美，可以运用图片欣赏，也可以让他们感知或体验生活中的各种色彩和形状，通过不同的方式培养学生对美的认知，产生对美的情感。二是培养学生对家乡和社会的情感。鼓励学生积极探寻家乡和社会的美，从而使学生产生对家乡和社会的热爱。三是培养学生的爱国之情。通过参观纪念馆、鉴赏艺术浮雕、欣赏抗战漫画等美术作品，学生会产生对国家、民族的热爱之情，进一步提升审美意识和能力。

---

[1] 李玲：《论小学美术教育的育人功能》，《美术教育研究》2017年第22期。

2.良好品德行为的养成

学生的美好德行需要良好的品德教育来养成。美术学科中渗透了品德教育和劳动教育,如突出尊重生命和团结友善的教育理念,能帮助学生养成良好的品德和行为。

3.健康审美心理的塑造

审美是人的内心世界与外部世界相互作用的结果,审美的过程离不开人的心理活动,在这个过程中人们所呈现出的一种特殊心理状态就是审美心理。要健全学生在感知、意识、情感、意志等方面的艺术心灵,使学生能够明辨真、善、美,不断健全心理素质,形成健康向上的心理。

(二)了解美术文化历史,培养独立审美能力

丰子恺(现代著名美术家、文学家、教育家)一生致力于美术、文学、书法等艺术创作,同时在儿童美术教育方面也有深入研究,他指出儿童美术教育的目的主要有:回归真心,培养艺术心;扩充儿童的同情心;培养儿童的审美能力。儿童美术教育的原则是美术教育与儿童生活相结合;尊重儿童个性发展,因势利导;体验过程比终极作品更重要。在写生中感知自然是儿童美术教育的重要途径;在比较中触类旁通;在叙事中直面自我。[1]

中国著名的美术家、美术教育家林风眠,在创作方面取得了巨大的成就,同时也提出了很多在当时比较先进、科学的美术教育思想,其中包含了社会艺术化、因材施教、人才全面发展等多种理念。他认为美术是改造社会的利器,并通过开展社会活动、建立学校、深入理论研究等一系列措施,来实现美术教育对民众审美和道德水平的提高,并最终促成社会的变革和进步。他也很重视绘画对人格的塑造,注重促进人的全面发展,坚持学艺先做人的理念,对学生健全人格的培养十分看重,力求通过绘画帮助学生形成健全的人格和崇高的品质,并且做到言传身教,率先垂范。由此可见,

---

[1] 张宇:《丰子恺的儿童美术教育观研究》,硕士学位论文,辽宁师范大学,2019年,第Ⅲ-Ⅳ页。

林风眠在美术教育中重视美术的社会化作用,尊重历史发展,在提高学生审美水平的同时,也提高其道德水平,从而促进人格的塑造,培养独立的审美能力。

(三)弘扬中华优秀传统文化,发挥美术育人功能

1.要正确处理国内与国外、传统与现代的关系

在使用美术教材时,我们应着重考虑中国优秀的传统民间美术,弘扬优秀的民族文化,将中国的特色美术传递给学生,同时根据学生的接受能力介绍国外的经典美术作品,让学生对现代艺术有所了解,尊重世界多元文化。这样可以开阔学生的眼界和思路,养成好的审美习惯。教师要善于运用美术书、教学参考书、美术杂志、美术幻灯片和光盘等资源开展美术课程,同时利用身边的自然景观以及传说、戏剧、节庆、纪念日、重大历史事件、文体活动、民族与民间艺术等社会文化资源进行美术教学,让学生爱上民族艺术,爱上中国优秀的传统文化。

2.拓展课外美术教学资源

教师应积极开展多种形式的美术教育活动,带领学生参观美术馆,组织学生去图书馆和博物馆进行实地考察,了解更多的美术知识。参加艺术工作坊的活动,动手制作作品,在活动中提升学生的美术能力。这些活动可以加强家长、社区和学校之间的联系,提高学生的审美意识与能力。

3.良好品德行为的养成

1912年1月,蔡元培先生任中华民国临时政府的首任教育总长,他的文章《对于新教育之意见》先后在《民立报》和《教育杂志》发表。蔡元培在文章中提出了军国民教育、实利主义教育、公民道德教育、世界观教育和美育五部分组成的教育观,五者相互关联,以公民道德教育为中坚,军国民教育和实利主义教育为基石,世界观教育与美育为延展。蔡元培提到的公民道

德教育即德行育人,世界观教育即健康育人,美育即审美育人。[1]从美术教育的本质出发,对美术的育人价值提出了具体要求。培养良好的品德是美术育人的重要内容,有助于学生养成美好的德行。在美术教育中,引导学生尊重生命、热爱生命、敬畏生命,不仅要爱护自己还要爱护他人、爱护动物和植物,感悟自然界中的生命之美。学生只有懂得生命的不易,珍爱生活,才能形成健康的信仰。

二、培养劳动意识、实践合作能力和创新精神

习近平总书记在全国教育大会中强调:"要在学生中弘扬劳动精神,教育引导学生崇尚劳动、尊重劳动,懂得劳动最光荣、劳动最崇高、劳动最伟大、劳动最美丽的道理,长大后能够辛勤劳动、诚实劳动、创造性劳动。"可见劳动意识的重要性。学生在美术课上以劳动为载体进行创作,在绘画、设计和手工等作品制作的过程中提高审美水平,培养劳动意识。

美术是理论与实践相结合的课程,提倡学生在实践中合作学习,充分发挥个人在集体中的作用,促使同学之间互帮互助,增进友谊。培养学生的创新精神是美术教育的关键之一。美术教学不仅仅是教给学生简单的基础知识、技能和技法,也是让学生运用这些美术基本语言和方法,去创作更多的新艺术作品。学生在不断参与各类实践和展示活动中提高实践合作能力和创新能力。

(一)激发好奇心,增强独立思考能力和动手能力

《义务教育艺术课程标准(2022年版)》在课程基本理念部分指出,兴趣是学习美术的基本动力之一。[2]学生对学习内容感兴趣才能激发好奇心,好奇心可以促使学生独立思考,从而提升认识问题和解决问题的能力。教

---

[1] 蔡元培:《对于新教育之意见》,《福建教育》2016年第21期。
[2] 中华人民共和国教育部:《义务教育艺术课程标准(2022年版)》,北京师范大学出版社,2022,第2页。

师可以根据自身优势抓住美术课堂的独特魅力,基于不同学段学生的学情,选择合适的教学形式,组织各种生动有趣的教学活动,激发学生的学习兴趣和动手欲望,让学生保持学习热情,深度卷入课堂。

美术课中,设置情境可以快速激发学生学习美术的动力和热情,帮助学生理解艺术的内涵,阐明美术学科在实际生活中的意义。教师可以通过图片欣赏、视频激趣、游戏体验、故事联想等适合美术课的教学方法设置教学情境,激发学生对美术学习的兴趣,营造适合学生思考的教学氛围。同时,在美术教学活动设计中要做到适度留白,这样才能给学生更多的独立思考空间,培养他们的独立思考意识。

教师在美术课堂中要不断了解学生的动手能力,利用校内和校外资源创设条件、搭建平台,提供更多提升学生动手能力的机会。比如,学生可以通过美术国家课程和校内美术选修课程学习基本的剪、贴、画、卷、捏、折等基本技法;在延时服务阶段参加陶艺、剪纸、扎染、综合材料等专门的美术兴趣课或美术社团活动,锻炼自己的动手能力;积极参与校内外的美术作品展和艺术节,在各类美术展示活动中提升动手能力;鼓励学生不断创作作品,积极参加国家、市、区级美术绘画和手工作品比赛,在各级各类美术比赛中检验动手能力;通过课中学、课外练、训中提、赛中验四维一体的美术课程模式,全面提升学生的美术动手能力。

(二)做好教学活动设计,实践合作能力聚焦教学中

孔子云:"独学而无友,则孤陋而寡闻。"《义务教育艺术课程标准(2022年版)》在美术教学实施建议部分鼓励教师引导学生进行自主、合作、探究学习,帮助他们学会学习。[1]在小学美术课程学习中,合作学习可以弥补个人美术学习的不足,使同学之间取长补短,一起完成美术学习任务,让学生之间建立积极互助、共同进步的关系。合作学习能够提高美术课堂的教学质量,提高小学生的美术创作水平,培养他们的团队意识和合作精神,有利

---

[1] 中华人民共和国教育部:《义务教育艺术课程标准(2022年版)》,北京师范大学出版社,2022,第56页。

于他们在原有能力的基础上得到发展。

为了培养小学生在美术学习中的合作精神，提升他们在美术实践中的合作能力，我们在教学设计时就应该聚焦合作能力。教师明确了这个教学目的，在设置教学目标时就能有的放矢，准确把握教学方向，灵活使用美术教材，围绕教学重难点设计出适合小学美术教学的合作学习活动，能在美术课堂中做到有意识地引导学生在美术课中合作学习，培养他们的合作学习能力。

在设计、选择和实施美术合作学习活动时应遵循由易到难、层层递进原则、方法多样性原则、教学目标相关性原则。比如，可以根据教学目标设计一些适合同桌、前后桌、六人或八人小组一起讨论、练习、创作的美术学习活动，从简单到复杂地选择美术学习任务，由不同人数的小组合作完成学习，解决各类问题。在不同的美术小组内采取合理分工、科学搭配，每位成员认领一个适合自己的职务，担任主持人、资料员、记录员、卫生员等角色，鼓励人人参与集体学习并做好自己的本职工作，鼓励学生自主学习，在美术小组活动中发光发热。这样就可以为学生在美术课中创造一个开放、和谐的美术合作学习环境，使每一个学生感受到合作学习的乐趣，增强团队意识，进而提高学生的沟通、自学、合作能力。

（三）选好美术主题，培养美术语言中的创新精神

人具有按照自己的意愿创造、改造一些东西的主动意识，培养学生审美与创造美的能力是美术学科的主要目的所在。在小学美术教育中教师可以运用包括各种网络平台在内的多种手段和途径，尽可能地让学生了解更多的美术知识，欣赏世界著名的艺术创作，鼓励学生发挥自己的想象，积极动手参与，不断提升审美情趣，在各种美术活动中不断发现美、欣赏美、感受美，提升创造美的能力。

例如美术语言一般是由点、线、面、线条、形状、色彩、肌理等因素构成，这些基本构成因素按照一定的美术原理巧妙组合，可以创造出千变万化的

视觉形象,表现多种多样的世间万物,表达丰富多彩的内心世界。在美术教学中我们应该从学生的角度出发,通过欣赏、临摹、评价等美术活动,利用各种工具和材料让学生了解和掌握一定的美术语言。引导学生能够运用美术语言进行简单的美术创作,并能够对各种类型的美术作品进行分析和评价。

美术语言的表现方法不是一成不变的,只有掌握了基本方法,敢于大胆尝试,才能发现更多全新的表现方式。教师要有目的地选择合适的美术主题,通过多种训练和实物写生引导学生对美术语言创新使用,提高学生美术语言表现方法的创新能力,在创作的过程中不断提炼创新方法,养成创新思维方式,让学生更加大胆自由地表达内心感受,展现自己的个性魅力。

三、提升综合能力,成为全面发展的人

(一)了解美术文化历史,锻炼和培养自信心

美术是人类文明几千年发展的璀璨结晶,是人类意识形态物质化和具体化的载体。我们通过欣赏不同时代的美术作品,就能领略到其所处时期的社会文化。通过美术的学习,还可以进一步了解美术背后所代表的不同文化、不同时代所孕育的不同思潮。

美术课所包含的美术历史文化主要体现在以下几个方面:第一,中外众多著名艺术家的艺术作品;第二,工艺与设计作品;第三,传统民间美术。美术课程通过多个维度的学习,能使学生更全面地了解美术背后的历史文化,从多个角度审视中外文化的差异。通过美术历史文化方面的学习,不仅能增强学生的文化自信,还能培养全面发展的人。

美术教学中的中外名家作品,蕴藏了艺术家深邃而优秀的思想和精神,而这些思想和精神能对学生的成长起到正面的引导作用。例如,中国传统文人往往精通文学、绘画、书法。中国传统艺术中的诗、书、画、印就是传统文人精神思想的呈现形式。通过在课程中融入中国美术史的内容,能帮助

学生更直观地感受到中国传统文化中的仁、义、礼、信等优秀品格,进而培养学生在文化上的自豪感。同时,通过学习也能让学生自己做比较,发现中国传统艺术文化和西方艺术文化在思想上的差异,做到取长补短。

在教学中,除了围绕名家的艺术作品学习,还可以通过欣赏工艺和设计作品来了解历史文化,了解美术对人民生活的影响和生活方式的改变起着不可替代的重要作用。美术领域中设计发展的历史,也是人类对自然的改造史。美术课程中融入关于工艺和设计的历史,可以让学生更加了解我们祖先的聪明才智,培养学生的文化自信,也可以让学生更加关注生活、联系生活,进而思考我们所处的时代和社会存在的问题,并探索解决这些问题的有效途径。

在传统民间艺术的学习过程中,要注意引导学生关注自己国家的民族文化。民间美术是我国民族文化的具体表现,民族文化是一个国家的根系和精髓。通过美术课上对民间美术的学习,能帮助学生更深层次地了解我们民族的"根"。只有立足于中华优秀传统文化,才能更好地弘扬和发展我们的文化,培养民族自信心,养成民族共同体意识。

美术是人类历史文化的结晶。通过课堂教学,引导学生去认识和发现不同的美术作品,了解其背后的历史文化知识,才能更好地传承和发展我们的文化,培养出有文化自信的下一代。

(二)跨学科跨领域开发立德树人资源

美术学科作为实施美育的一种有效途径,对学生审美素养的培养具有重要作用。目前美术学科教学在实施美育过程中存在一些问题:一是只局限于美术学科,目标过于狭窄,美育与各学科之间的联系意识淡薄,缺乏统筹整合的协同推进机制;二是美术学科教学较少与科技类课程、文史类课程、德育等融合在一起,无法形成一种整体性的美的学习,美的教育比较缺失。因此,我们尝试在美术教学中加强科技、人文、德育等内容的渗透,建立跨学科美育课程体系,构建一种大美育教育观。

首先，美术教育可以和人文社会科学学科相融合。美术作为艺术门类里的一个大类，与文学等其他艺术形式一样，都是人类文化的载体。此外，美术还可以体现人类社会某一时段生活、习俗、文化等所特有的时代特点。将美术与人文学科相融合，可以使学生更好地理解美术作品，也能从其他角度去审视人文学科的内容。例如从美术角度欣赏达·芬奇的作品，可以结合历史课程中文艺复兴的部分进行学习。通过这种学习方式，可以帮助学生更好地理解达·芬奇的作品，也能更直观地感受文艺复兴的思潮。在学习中国山水画时，山水画布局的"三远法"可以与语文学科中的古诗词进行融合，学生将已经理解到的一些思潮进行迁移学习，能更好地理解山水画中的意境以及画家用画表现"心中的自然"这一思想。通过将美术课和人文社会科学跨学科融合学习，从多角度引导和培养学生的审美素养，可以很好地实现立德树人这个育人目标。

其次，美术学科与自然学科融合。自然学科的知识能指导人类改造自然，创造更好的生活。而美术学科教学也需要运用自然学科的知识，例如绘画的透视学、光影变化等与物理学的光学现象相关，通过跨学科学习既能让学生高效掌握美术知识技能，又能培养学生的科学素养。美术的设计领域是对自然的改造，能让自然更好地服务于人类生活。环境设计要求在合适的地方种植合适的植物，这与生物学相关联。工业设计也与美术有紧密联系，例如设计一把椅子，就需要运用人体工程学等物理学、工程学的相关知识。形状空间排布所要求的美感，需要考虑数量关系，涉及数学学科知识，通过跨学科学习，使学生直观地感受到数学学科的美。通过美术与多学科进行融合，不仅能培养学生的审美意识，还能培养学生的科学素养与创新能力，实现立德树人的目的。

第四节

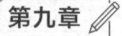

小学美术学科落实立德树人根本任务的实践路径

美术教育是美育的重要组成部分,其根本任务是立德树人。在《义务教育艺术课程标准(2022年版)》中,对艺术课程目标有明确的表述,希望学生在艺术世界里能够求真、崇善、尚美。[1]在美术学科的"欣赏·评述""造型·表现""设计·应用""综合·探索"四类艺术实践中,都存在真、善、美这样立德的内涵,教师应该善于挖掘。要想在课堂中落实立德树人根本任务,首先我们要从思想上重视,只有这样立德才可以发挥重要作用。教师在课前应该认真研读教材,提前做好设计,发掘其中育人的内容,渗透到教学任务和课堂实践中,并根据学情随时调整教学,及时反思不断实践。

一、小学美术学科在四类艺术实践及跨学科中落实立德树人根本任务的方法

小学美术课程根据学习内容的不同划分为四类艺术实践,分别是"欣赏·评述""造型·表现""设计·应用""综合·探索"。这四类艺术实践紧密相连,又各有侧重,对落实学生核心素养有至关重要的作用。如,学生通过欣赏中华优秀传统文化和国内外优秀美术作品,感知生活和艺术之美,创作或设计作品来改善环境,传承创新非遗艺术,在过程中提升审美、净化心灵,实现立德树人。

---

[1] 中华人民共和国教育部:《义务教育艺术课程标准(2022年版)》,北京师范大学出版社,2022,第1页。

(一)在美术学科四类艺术实践中落实立德树人根本任务

1. 在欣赏·评述艺术实践中挖掘立德树人的育人功能

学生在欣赏·评述艺术实践侧重欣赏生活中的自然美、人文美、艺术美,通过分析中外美术作品、民间美术作品的造型元素,运用各种形式欣赏不同门类的美术作品,提升自己的审美能力。学生在欣赏·评述各类优秀美术作品的过程中,不断分辨真善美、假恶丑,形成健康的人格。

比如在《彩墨脸谱》一课中,运用中国画的技法表现脸谱,体会脸谱承载的"非善即恶""表里如一"的传统文化思想和情感。通过"我为脸谱代言"的网络直播方式展示成果,表达自己的体会。这种新颖的形式能激发学生对传统艺术的热爱,使之为传统文化感到自豪,让学生主动承担起传承传统文化的使命。

2. 在造型·表现艺术实践中挖掘立德树人的育人功能

学生在造型·表现艺术实践侧重使用各种工具和媒材,运用基本的造型原理和形式原理创作各类平面、立体或动态的美术作品,通过视觉形象表达自己的见闻和感受。学生在创作的过程中体会美术创作的艰辛,感受作者吃苦耐劳的精神,懂得尊重他人的艺术成果,养成良好的品质。

比如在《画画你我他》一课中,教师以画家吴冠中为例,讲述了他在自画像中使用的符号,是他对中国画发展方向的探索,也是他艺术理想的体现。画家的经历、人生态度,对学生是一种激励,教会学生正确认识自己,引导学生思考自身的理想,也是美术课堂中美术表现领域立德树人的体现。

3. 在设计·应用艺术实践中挖掘立德树人的育人功能

在设计·应用艺术实践中,学生通过观察发现身边不合理的事物,运用设计方法和原理,提出设计思路和方案,设计出优秀的作品改善、美化生活。在设计的过程中做到学以致用,坚持美观性和实用性相结合的原则,养成勤于观察、善于思考、精于制作的好习惯,不断提升创新能力。

比如在《一模不一样》一课中,注重贯穿德育,引导学生体会设计者的中心思想和设计意图。学生设计特异构成作品,并将图案应用到布包、衣服等日常生活物品中,美化生活。通过新颖的T台秀展示设计成果,最后拓展特异构成在其他领域的应用,提升在思想上的审美判断能力,引导学生树立榜样,活得和别人一模不一样。

4.在综合·探索艺术实践中挖掘立德树人的育人功能

在综合·探索艺术实践中,学生可以将美术其他三个艺术实践的知识以及其他学科的知识综合运用来解决问题。在这个过程中教师引导学生小组合作,寻找地域特色,发现身边生活和传统文化与美术的关系,不断探究美术与社会及科学的关系,增强分工合作能力,提高综合运用和知识迁移的能力。通过学生的探索和研讨,在综合实践活动中不断提升自己的分析、理解、创作能力,激发对家乡、祖国的热爱,练就适合未来社会发展的必备技能。

例如在《设计参观券》一课中,教师播放大足石刻部分景区VR,并借助图文资料了解大足石刻分布区域。利用现代信息技术手段,借助图文、视频让学生直观感知大足石刻题材内容丰富、雕刻技艺精湛、石刻造像精美的特点,增进对大足石刻的认识和了解,激发热爱家乡的情感,增强民族自信、文化自信。

(二)在跨学科中落实立德树人根本任务

美术无处不在,与其他学科联系密切,美术学科在学科融合方面有着自己天然的优势。学生在跨学科的学习中不断自主探究,发现身边和社会中存在的问题,综合运用学科知识提出解决方案并设计、制作相应作品解决问题。在这个过程中学生学会主动学习,养成探究意识,提升解决问题的能力。

教师可以选择"美术与自然""美术与文化""美术与科技"等教学主题，引导学生在日常生活中发现身边存在的问题，综合运用不同学科的知识，提出解决生活中问题的思路和方法，并进行交流和展示。也可以结合生活中常见的或具有地域特色的中华优秀传统文化内容，绘制民俗文化作品、设计文创产品、策划传播方案，并进行推广。在学习中注重引导学生懂得使用美术与其他学科相融合的方法解决实际问题。[①]

二、以立德树人为导向，加强美术学科的评价检测

（一）健全评价体系，落实立德树人

美术评价涉及学生的学习态度、过程表现、学业成就等多方面，贯穿美术学习的全过程。要落实立德树人的根本任务首先要建立评价标准，找准立德树人在美术学科的评价内容，确定评价主体，利用恰当的评价手段完成评价，以此来健全立德树人在美术学科的评价体系。这样的评价体系可以帮助学生建立美术学习的信心，同时还可以帮助学生发现自己美术学习的不足之处，使学生提高美术学习的能力，促进立德树人根本目标的达成。

（二）采用多种评价方式，促进立德树人目标的达成

美术学习的评价主要由课堂评价、作业评价和期末评价三部分组成。美术教学评价要注意在不同的教学环节采用不同的评价方式，并注重德育的贯穿，以促进立德树人的落实。在评价时要注意采用多主体评价的方法，可采用学生自评、学生互评、教师点评等方式，同时也要将家长评价纳入进来，以鼓励学生不断学习。在评价的过程中鼓励学生先看别人的优点再提建议，注意德行的养成。教师在课堂评价时除了评价技能技法还要注意对学生的学习态度和行为习惯进行评价，促使学生养成良好的品行。作业评价既要注重结果也要注重过程，除了纸质作品，还要注意学生的口头

[①] 中华人民共和国教育部：《义务教育艺术课程标准（2022年版）》，北京师范大学出版社，2022，第58页。

阐述，在作业设计时要兼顾理论和实践，使学生得到多方位的提升。在期末评价中可以采用展示、考试、档案袋等质性评价方法，全面地考查和记录学生在美术技能、德行等方面的成长，通过评价促进美术学科落实立德树人。

（三）以立德树人为目标，落实美术学科的学业质量

美术学科在四类艺术实践进行立德树人方面的评价时，应注意剖析每个艺术实践的要素，了解该艺术实践所属的艺术门类、需要用的美术语言及其历史价值，这样才能更好地挖掘各艺术实践中的德育评价要点，关注到学生的观点表达。在以立德树人为目的的评价中要考虑学生的学业水平，注意分层分级进行评价，以达到因材施教，人人发展。

表9-1　小学美术四年级欣赏·评述艺术实践评价示范表

学习领域	剖析要素	水平1	水平2	水平3
欣赏·评述	艺术门类	了解一些中外著名艺术家的绘画、雕塑艺术作品 了解一些中国民间美术作品，如剪纸、皮影、年画等	欣赏中外著名艺术家的绘画、雕塑、摄影、设计作品，能够感受到中外经典美术作品中的文化内涵 欣赏中国民间美术作品，如剪纸、皮影、年画、泥塑等 了解部分中国传统建筑艺术 理解中外作品的人文精神	欣赏中外著名艺术家的绘画、雕塑、摄影、设计、媒体艺术作品，感受中外经典美术作品的魅力 欣赏中国民间美术作品，如剪纸、皮影、年画、泥塑、刺绣、蜡染等 了解并欣赏我国不同地区和民族的建筑的文化内涵
	美术语言	了解线条、形状、色彩等视觉元素，评述中外美术作品	了解线条、形状、色彩、空间、材质等视觉元素，以及运用感悟式美术鉴赏的方法，评述中外美术作品中的艺术语言	了解线条、形状、色彩、空间、材质等视觉元素，掌握1—2种鉴赏方式。比较中外美术作品的语言并运用于自己的作品中

续表

学习领域	剖析要素	水平1	水平2	水平3
欣赏·评述	历史价值	有保护和传承的意识	能够感受到中国民间美术的魅力,有继承和发扬的举动	能够感受中国民间美术的魅力,感悟继承与发扬文化遗产是我们应尽的责任。培养主人翁意识。感受我国不同民族的聪明才智与审美意识。体会世界美术的多样性和差异性,能够养成尊重、包容和理解的态度
	观点表达	能够积极参加美术欣赏活动,有意图表达对美术鉴赏内容的感受	能用恰当的词语、短句等表达自己对美术作品的感受和认识	能用恰当的词语、短句等表达自己对美术作品的感受和认识。能够与同学交流分享自己的体会

注:"水平3"为最高,依次递减。

附:教学课例

设计·应用在立德树人根本任务中的运用
——以《一模不一样》的教学为例

教材分析

《一模不一样》是湘版美术四年级上册第十二课。本课设置的两个活动分别涉及不同的艺术实践,呈并列关系。学习活动一是探究特异构成的组成要素和变化规律,侧重整个画面的节奏感和形式美感,属于"设计·应用"艺术实践;学习活动二是画生活中有特异现象的场景,也是描绘集体场景中的一个变式,属于"造型·表现"艺术实践。

本课时选择学习活动一,通过欣赏图片让学生感受生活中重复与特异现象的区别,如:整齐排列的花草、队伍、企鹅的重复与万绿丛中一点红、鹤立鸡群、披着羊皮的狼的特异,给人不同的感受。培养学生的图像识读能力,同时提供学生探寻变异方法的途径。引导学生发现特异构成的组成要素和特点,体验在有规律性的基本形中变异个别基本形,以产生视觉冲击力,从而激发学生进行美术表现的兴趣,从中体会创意实践的乐趣。

学情分析

四年级的学生对生活中的重复和特异现象已有初步的感知,但对特异构成这个名词比较陌生,同时缺乏理论的分析与归纳。本课通过大量丰富的图片欣赏,在教师的引导与启发下,让学生初步认识重复和特异构成的形式与美感,进而体会美术与生活的密切联系。

设计依据

本课以"落实学生的美术核心素养"为指导思想,以学生为主体、教师为主导,根据美术课程标准中"设计·应用"艺术实践的教学要求来设计。将平面设计中的"特异构成"这个生涩难懂的概念,通过欣赏生活中的特异现象图片,从学生的已有知识和经验出发,引导学生发现特异构成的规律和特点,总结设计知识并应用。

本着"人人都是德育工作者"的思想,在本节美术课教学设计中除了专业知识,还时刻贯穿德育,注重立德树人在美术课堂中的应用,对学生在思想上有很多引导,使学生懂得在生活中合理恰当地使用"特异",能够活得和别人一模不一样。

教学目标

(1)通过图像识读,了解特异构成的组成要素,学习变异方法,尝试运用剪贴、绘画、印章、镂空刷底等自己喜欢的制作方法,创作一个特异构成的作品。

（2）在图片欣赏、分析、思考、交流、创意实践的活动中，通过自主探究和合作学习，理解特异构成的定义和设计特异构成的具体方法。

（3）感受设计与绘画造型活动的区别，养成善于观察、敏于发现、严于计划、善于借鉴、精于制作的行为习惯。初步体会设计者的意图，体验创意实践活动的乐趣，在思想上引导学生做一模不一样的人。

教学重难点

教学重点：通过图像识读，掌握特异构成的特点及变化规律。

教学难点：根据学到的知识，运用不同媒材与工具，设计创作出新颖的特异构成作品。

教学过程

1.设置情境，激发兴趣

师：欢迎大家来到潘潘设计工坊，想要成为一名设计师可不是一件容易的事，先来考考大家的眼力。

(1)出示图片，玩《找不同》小游戏。

师：这两张图片哪里不同？

生1：金箍棒中间的颜色不同、腰带有一个有白边、眼睛的颜色不同。

生2：裙子的花纹不同、靴子有一张图上多了白色部分……

(2)教师再出示两张相同图片。

师：再来看看这两张图片。

生：好像是一样的，没有什么不同。

师：能不能用一个四字词来描述？

生：一模一样。

（师板书：一模　一样）

【设计意图】通过《找不同》的小游戏激发学生学习兴趣，培养图像识读能力,提高注意力和好奇心。

2.互动新授,特异感知

(1)欣赏一组生活中的规律图片,让学生感受规律现象,说说感受。

师:一起来欣赏一组图片,说说你有什么感受。

生1:我感觉很整齐,他们是一样的。

生2:我觉得强迫症患者应该很喜欢这组图片,会让人感觉很舒服。

生3:很有规律,感觉场景很壮观,缺少变化。

生4:画面很统一……

教师及时给予评价并小结:生活中有很多这种有规律的现象,给人和谐、稳定、有秩序的美感,有的人可能会觉得有些单调。但是,一转身,也许你会发现一些有趣的事情。

(2)欣赏一组特异图片,让学生感受生活中的特异现象,说说感受。

师:对比前面的图片,你又有什么新的感受?

生1:里面都有一个和别人不一样的。

生2:在整齐的画面里有一个有了变化。

生1:我一下子被披着羊皮的狼吸引了,它特别醒目。

生2:鹤立鸡群那张图,我一下就看到了那只鹤,画面变得不一样了。

教师及时给予评价并小结:的确,在规律的基础上,一点儿小的变化,突破了规律的单调感,变化的部分成为画面的亮点,给人视觉冲击。

【设计意图】通过欣赏生活中的规律现象和特异现象,引导学生体会这两种现象带给人的不同感受,提升学生图像识读和审美判断的素养。

3.分析探究,总结归纳

(1)小组讨论:它们是改变了什么使自己变得和别人不一样的?

(小组汇报,教师及时给予评价并板书:大小、颜色、方向、动作、种类、形状、形态……)

【设计意图】通过图像识读,学生自主探究,归纳出特异构成的变异方法,培养学生善于观察、敏于发现的行为习惯。

图 9-1

(2) 了解特异构成。

师:其实刚才大家看到的这些特异现象,它在设计学科中有个名字叫特异构成。

(师板书:特异构成)

师:一起来欣赏一下这几张特异构成,他们分别用了刚刚大家找到的哪些变异方法?

生:大小、颜色、动作、形态。

【设计意图】在学生了解了特异现象,探寻到变异方法之后,提出特异构成这个设计名词,使学生在理论上有所提升。通过小练习,巩固学生发现的知识。

(3) 寻找特异构成的组成要素。

课件出示特异构成图片,请学生观察小组讨论分析,尝试总结特异构成由哪些要素构成。

(小组汇报,师生一起总结并板书:基本形——重复的图形　特异形——变异的图形　骨式图——放置图形的格式)

【设计意图】通过对特异构成作品的观察与分析,引导学生归纳出特异构成的组成要素,培养学生善于观察、敏于发现的行为习惯。

(4) 带着前面学习的知识欣赏特异构成作品,并体会设计者的思想与情感。

第九章 小学美术学科落实立德树人根本任务的理论与实践

(5)播放第一组特异构成作品,全班一起欣赏。

师:最后这张图片,大家都在整齐地往一个方向走,另一个人却反向了,你们觉得什么时候可以这样,什么时候不可以呢?

生:老师要求整齐排队的时候不能反向。

生:排队上车也不可以走反,平时走路不能逆行。

生:如果突然发现走错路了或者有危险的紧急情况了是可以马上转身离开的。

师:孩子们真是又懂规矩又机智,接下来我们要欣赏的这组特异构成的排列方式很有趣,仔细观察,学习一下。

(6)播放第二组特异构成作品,全班一起欣赏。

师:咦,最后这张图片它是用了哪种变异方法?

生:大小。

师:那作者为什么没有改变大象的颜色、方向,为什么选择改变大小呢,作者想表达什么?

生:可能大象是他的家人和朋友,会保护小象。

师:这是大象爸爸妈妈对孩子的一种什么呀?

生:爱。

师:这就是作者想表达的感情啊!

【设计意图】通过欣赏特异构成作品了解设计者的思想,并引导学生如何在生活中正确地运用特异,提高学生在思想上的审美判断能力。

(7)小组讨论归纳设计步骤。

师:既然大家都了解了设计师的想法,那现在大家都是小小设计师了,如果让你来设计一个特异构成的作品,你们首先会考虑什么呢?

小组汇报,教师及时评价,师生一起总结设计步骤:

第一步:设计基本形—设计特异形—在骨式图中完成特异练习。

第二步:设计骨式图—设计基本型—设计特异形。

(8)探寻制作方法。

根据特异构成的规律和特点,基本形在画面中占了绝大多数,它们又是一模一样的,小组讨论一起寻找制作方法。

小组汇报,全班总结:多次折叠剪、印章法、模板法、镂空刷底……

【设计意图】通过观察分析师生共同探讨,归纳出特异构成设计步骤及制作方法,培养学生严于计划、善于借鉴、精于制作的行为习惯。

4.创意实践,大胆设计

(1)设计要求。

师:校园图案创意大赛马上就要开始了,我们来看看他们的要求:

用画、剪贴、印章、镂空刷底等自己喜欢的方式在老师给出的骨式图中完成一张特异构成的作品。

(2)学生创作。

(3)教师巡视指导,并为学困生提供相应的帮助。

【设计意图】通过创作练习,进一步加强学生对特异构成的理解,让其掌握设计方法,进行创意实践。

5.展示交流

展示方式:把作品贴在T恤衫、帆布包上,学生T台秀。

【设计意图】通过走秀,展示作品,分享喜悦,体会设计应用的乐趣。

图9-2

第九章 小学美术学科落实立德树人根本任务的理论与实践

图9-3

6.拓展延伸

(1)播放视频,欣赏特异构成在各个领域当中的运用。

师:今天,我们把特异构成运用到了衣服和布包上,其实它在其他领域中也有广泛应用,一起来看一下。

(2)延伸到思想和情感的审美判断,落实立德树人。

欣赏学生在校内的日常照片,并进行德育引导。

师:特异构成无处不在,在我们的校园生活中也时常发生着,当上课铃响起,大家还在慌乱时,我希望你是那个迅速坐端正的孩子;当老师提问,大家都在犹豫时,我希望你是那个勇敢举起手的孩子;当走廊上有垃圾,大家都无视走过时,我希望你是那个主动捡起的孩子;当有同学摔倒时,我希望你是那个伸出援手的孩子;老师希望你能成为好的特异形,树立榜样,活的和别人一模不一样!

【设计意图】通过拓展,延伸到对学生的思想熏陶和审美判断。让孩子在美术课中不仅获得美术知识,还能从中体会做人的道理。

【板书设计】

一模不一样

组成要素	特异构成	变异方法
基本形 特异形 骨式图	特异构成	方向 颜色 形状

课例点评

《一模不一样》一课情境设置紧扣教学内容，将生涩难懂的知识融入学生的生活中，从已有的生活经验中找寻设计原理和方法，激发学生的学习动力和热情。学生作为小小设计师从设计的角度思考和解决问题，在情境中完成知识探索。执教教师本着"人人都是德育工作者"的思想，全课贯穿德育，对学生在思想上有很多引导，提高了学生对真善美的判断能力，从而在美术课堂中落实立德树人的根本任务。

课例作者：重庆市渝中区人和街小学　潘喜霞

点评：重庆市渝中区教师进修学院　杨其邻

重庆市渝中区人和街小学　王珮

第十章

小学书法学科落实立德树人根本任务的理论与实践

　　书法艺术教育重在教育,书法艺术的本质是一种媒介或手段,意在使受教育者得到审美享受,提高其审美境界,陶冶其性情,净化其心灵。它对提高学生素质、促进学生身心健康有着直接功能,对学生意志的磨炼、情操的陶冶、良好习惯的形成、文化自信的提升、想象力和创造力的开发都会产生潜移默化的作用,它是"立德树人"的最佳落脚点之一。本章主要介绍小学书法学科落实立德树人的历史演进、学科特点、基本要求和实践路径。

第十章 小学书法学科落实立德树人根本任务的理论与实践

第一节 小学书法学科落实立德树人根本任务的历史演进

2011年以前书法教育主要体现在写字教育中,书法没有作为一个学科开课,写字教育主要在语文教学中开展,没有上升到书法教育层面。但国家领导人、各级教育行政部门、各学校都很重视通过写字教育立德树人。1984年,教育部下发了《关于加强小学生写字训练的通知》,通知说,"陈云同志曾经指出:小学要重视毛笔字的训练,要把大字课作为小学的基础课,严格要求。在今后很长时间里,汉字仍会是我们主要书写文字,因此,让孩子们从小把字写好很重要"[1]。教育部曾多次发文,强调在语文、美术等学科教学中要加强写字教育,增强对祖国语言文字的热爱和文化的理解,培养学生良好的习惯,培养审美能力,陶冶情操,养成认真细心的学习态度和良好的意志品格,对促进学生德、智、体、美各方面全面发展,进一步学习与未来的工作,都有十分重要的作用。我们结合2013年教育部关于印发《中小学书法教育指导纲要》,将小学书法学科落实立德树人根本任务的探索分为两个阶段。

一、第一阶段:2011年以前书法学科教育及课程育德任务

1984年,教育部印发《关于加强小学生写字训练的通知》,要求从小学一年级开始就要不断教育学生认识把字写好的意义,逐步培养他们的写字

---

[1] 李一、刘宗超:《新中国书法60年 1949–2009》,河北美术出版社,2009,第423页。

技能和养成良好的书写习惯,把字写得正确、端正。这对学生在德、智、体、美各方面全面发展,进一步学习与未来的工作,都有十分重要的作用。

1998年,教育部印发《九年义务教育全日制小学写字教学指导纲要(试用)》,明确搞好写字教学,对学生的学习和今后的工作都有重要作用。指明小学写字教学的目的:使学生会写铅笔字和钢笔字,学习写毛笔字,培养学生正确书写汉字的能力;巩固识字教学的成果,培养学生热爱祖国语言文字的情感,陶冶情操,培养审美能力,养成认真细心的学习态度和良好的意志品格。

2001年,教育部印发《全日制义务教育语文课程标准(实验稿)》(2001年开始实验,2005年全国实行),对我国中小学生应达到的汉字书写能力、应用能力和口语表达能力作了明确规定。

2001年,教育部印发《基础教育课程改革纲要(试行)》,特别指出:"在义务教育阶段的语文、美术课中要加强写字教学",再次强调了写字教学的重要性。

2002年,《教育部关于在中小学加强写字教学的若干意见》特别指出,要充分认识写字教学的目的和意义:规范、端正、整洁地书写汉字是有效进行书面交流的基本保证,是学生学习语文和其他课程,形成终身学习能力的基础;热爱祖国文字,养成良好的写字习惯,具备熟练的写字技能,并有初步的书法欣赏能力是现代中国公民应有的基本素养,也是基础教育课程的目标之一。明确写字教学的要求:在写字过程中,坚持正确的写字姿势,书写认真仔细,规范整洁,会促进学生良好品格和意志力的发展;通过写字教学,使学生初知书法、欣赏书法,培养传承祖国文化的责任感。

2002年,教育部《学校艺术教育工作规程》指出:通过艺术教育,使学生了解我国优秀的民族艺术文化传统和外国的优秀艺术成果,提高文化艺术素养,增强爱国主义精神;培养感受美、表现美、鉴赏美、创造美的能力,树立正确的审美观念,抵制不良文化的影响;陶冶情操,发展个性,启迪智慧,激发创新意识和创造能力,促进学生全面发展。

第十章　小学书法学科落实立德树人根本任务的理论与实践

2010年,《国家中长期教育改革和发展规划纲要(2010—2020年)》明确坚持全面发展,全面加强和改进德育、智育、体育、美育。坚持文化知识学习与思想品德修养的统一、理论学习与社会实践的统一、全面发展与个性发展的统一;加强美育,培养学生良好的审美情趣和人文素养;促进德育、智育、体育、美育有机融合,提高学生综合素质,使学生成为德智体美全面发展的社会主义建设者和接班人。

2011年,教育部印发《义务教育语文课程标准(2011年版)》,在总体目标中要求学生"能正确工整地书写汉字,并有一定的速度""每个学段都要指导学生写好汉字"。要求学生写字姿势正确,指导学生掌握基本的书写技能,养成良好的书写习惯,提高书写质量。

二、第二阶段:2011年至今书法学科教育及课程育德任务

2011年,教育部印发了《教育部关于中小学开展书法教育的意见》,明确要求小学3—6年级语文课程中每周安排1课时的书法课,义务教育阶段美术、艺术等课程要结合学科特点开展书法教育,普通高中在语文等相应课程中设置与书法有关的选修课。书法作为一门学科正式进入中小学课堂。强调通过书法教育对中小学生进行书写基本技能的培养和书法艺术欣赏,是传承中华民族优秀文化,培养爱国情怀的重要途径;是提高学生汉字书写能力,培养审美情趣,陶冶情操,提高文化修养,促进全面发展的重要举措。书法学科作为优秀传统文化课程之一,是中国学生从小学到大学的固本、铸魂、打底色的工程,在立德树人中的作用更加重要。

2013年,教育部印发《中小学书法教育指导纲要》,对书法教育的目标内容、教学和评价等提出了具体要求。《纲要》指出,中小学书法教育面向全体学生,注重基本书写技能的培养,主要内容是语文课程中的识字和写字教学,基本目标是提高汉字书写能力,让每一个学生写好汉字。进一步激发中小学生学习汉字的热情,弘扬和传承中华优秀传统文化。《纲要》进一

步强调书法学科在立德树人中的作用。

2014年,教育部印发《教育部关于全面深化课程改革落实立德树人根本任务的意见》,强调全面落实以学生为本的教育理念,将教育教学的行为统一到育人目标上来,在发挥各学科独特育人功能的基础上,充分发挥学科间综合育人功能,开展跨学科主题教育教学活动,将相关学科的教育内容有机整合。

2015年,《国务院办公厅关于全面加强和改进学校美育工作的意见》出台,意见要求全面贯彻党的教育方针,以立德树人为根本任务,落实文艺工作座谈会精神,按照《国家中长期教育改革和发展规划纲要(2010—2020年)》要求,把培育和践行社会主义核心价值观融入学校美育全过程,根植中华优秀传统文化深厚土壤,汲取人类文明优秀成果,引领学生树立正确的审美观念、陶冶高尚的道德情操、培育深厚的民族情感、激发想象力和创新意识、拥有开阔的眼光和宽广的胸怀,培养造就德智体美全面发展的社会主义建设者和接班人。

2017年,时任教育部长陈宝生在"两会"部长通道接受记者提问时说,要在课程建设和课程标准修订中强化中华优秀传统文化内容,在中小学德育、语文、历史、艺术、体育等课程标准修订中,增加书法、国画、戏曲、中医等中华优秀传统文化内容的比重。书法等中华优秀传统文化内容教育是固本工程、铸魂工程、是中国人打底色的工程。

2017年,中共中央办公厅、国务院办公厅印发《关于实施中华优秀传统文化传承发展工程的意见》,指出围绕立德树人根本任务,遵循学生认知规律和教育教学规律,按照一体化、分学段、有序推进的原则,把中华优秀传统文化全方位融入思想道德教育、文化知识教育、艺术体育教育、社会实践教育各环节,贯穿于启蒙教育、基础教育、职业教育、高等教育、继续教育各领域。丰富拓展校园文化,推进戏曲、书法、高雅艺术、传统体育等进校园,实施中华经典诵读工程,开设中华文化公开课,抓好传统文化教育成果展示活动。

2020年,中共中央办公厅、国务院办公厅印发了《关于全面加强和改进新时代学校美育工作的意见》,要求把美育纳入各级各类学校人才培养全过程,贯穿学校教育各学段,培养德智体美劳全面发展的社会主义建设者和接班人;指出学校要不断完善课程设置,学校美育课程以艺术课程为主体,主要包括音乐、美术、书法、舞蹈、戏剧、戏曲、影视等课程;义务教育阶段要丰富艺术课程内容,在开好音乐、美术、书法课程的基础上,逐步开设舞蹈、戏剧、影视等艺术课程;在全面深化教育改革中推进评价改革,把中小学生学习音乐、美术、书法等艺术类课程以及参与学校组织的艺术实践活动情况纳入学业要求,探索将艺术类科目纳入初、高中学业水平考试范围。

第二节 小学书法学科落实立德树人根本任务的学科特点

汉字和以汉字为载体的中国书法是中华民族的文化瑰宝,是人类文明的宝贵财富。书法教育对培养学生的书写能力、审美能力和文化品质具有重要作用。书法在落实立德树人方面具有以下特点。

一、人文性

书法课是一门具有人文性质的课程,肩负着培养学生的艺术素养和提高学生的人文素养的双重任务,是学校进行美育的重要途径,在实施素质教育过程中具有不可替代的作用。因此,书法教学要发挥书法学科的人文特性,挖掘书法教育中的人文内涵,提高学生的人文素养,让学生在书法学习中,学会欣赏和尊重不同时代和文化的书法作品,引导学生热爱祖国,理解汉字文化,形成人文素养。

二、审美性

文字是记录语言的符号,汉字除了源于图画象形这一特征外,汉字与汉语言的结合,也使得汉字形体在发展中显现出独特的一面。[1]每件书法作品都有其内在的规定性,有自己的审美价值属性。书法课程通过优秀作品的展示,对作品的内容与形式、表现手法及艺术特点进行分析,帮助学生理解其中蕴含的审美形态和艺术语言,在具体的欣赏活动中通过熏陶与感染,提高学生对美的感受能力、艺术判断能力和审美情趣,让学生在认识美、感受美、表现美、鉴赏美、创造美的过程中,陶冶性情,发展个性,启迪智慧,养成健康的人格,实现以书育人、以美润心。

三、实践性

书法是一门实践性很强的课程,它的教与学必须在大量的书写实践中进行,为了使学生掌握硬笔和毛笔的书法技能,教师要将讲授、示范指导结合起来,学生要将读帖与临写结合起来,书法教育的目标和内容也只有通过大量的书写实践才能达成,教与学的过程自始至终都具有突出的实践性。学生在书法学习中,能够充分体验到学习的过程性、独立性、参与性、合作性及创造性,自身的观察能力、分析能力、思辨能力、书写表现能力和创新意识等实践能力得到培养,在实践中培养良好的习惯,塑造优良品格,让学生的自身学习能力和社会实践能力得到提升。

---

[1] 王镛:《中国书法简史》,高等教育出版社,2004,第3页。

四、创造性

书法艺术是讲究创造的，书法课程重视对学生个性与创造性的培养，通过综合学习和探究学习，引导学生在具体情境中探究与发现作品的章法、墨法、笔法和结体，找到不同知识之间的关联，发展综合实践能力，创造性地解决问题，让学生在发现与感悟、交流与合作、探究与表现书法艺术特征中，不断得到创新精神的鼓励，创新意识的培养，创造能力的提升，有利于新时代社会所需求的创新型人才的培养。

第三节 小学书法学科落实立德树人根本任务的基本要求

教育的根本任务是立德树人，书法蕴藏着丰富的德育内涵，书法学科应落实立德树人根本任务，提高学生人品修养，陶冶学生思想情操，提升学生书法核心素养。

一、书法学科育人价值与要求

书法蕴含中华文化独一无二的理念、智慧、气度、神韵，饱含了中国人民和中华民族内心深处的自信和自豪，是人类文明的宝贵财富。习近平总书记曾在看望北京市海淀区民族小学的少年儿童时说："中国字是中国文化传承的标志。殷墟甲骨文距离现在3000多年，3000多年来，汉字结构没有变,这种传承是真正的中华基因。"书法教育对培养学生的书写能力、良好品格、审美能力、文化品质、增强文化自信,促进学生全面发展具有重要作用。

(一)提高书写能力,培养良好品格

书法教育对提高中小学生的汉字书写水平,开发智力,发展思维有很强的促进作用,是提高文化修养,陶冶情操,发展个性,启迪智慧,促进中小学生全面发展的重要举措。在书法教育过程中,要坚持正确的写字姿势,书写认真仔细,规范整洁,培养学生良好的品格和坚强的意志。

(二)树立审美观念,培养审美能力

书法教育对树立学生正确的审美观念,培养学生的审美能力,抵制不良文化的影响都非常重要。学生通过学习书法感受美、表现美、鉴赏美、创造美,促进全面发展。

(三)继承优秀文化,坚定四个自信

中小学书法教育是传承和发扬中华优秀传统文化的一个很好的切入口,是实施中华优秀传统文化传承发展工程的重要内容之一。唐代著名学者、书法家、书法理论家张怀瑾说"书法是不朽之盛事",曾任中国书协主席的沈鹏先生曾说"书法是中国现代先进文化的重要组成部分",现代著名哲学家、艺术家熊秉明先生说"书法是中华民族传统文化核心之核心"。通过书法教育对中小学生进行书写基本技能的培养和书法艺术欣赏,有利于继承和弘扬中华民族优秀传统文化,宣传和发展现代先进文化,坚守中华文化立场、传承中华文化基因,汲取中国智慧、弘扬中国精神、传播中国价值,不断增强中华优秀传统文化的生命力和影响力,对提高学生文化艺术素养,坚定四个自信具有重要作用。

二、分析纲要或标准

2013年,教育部颁发的《中小学书法教育指导纲要》(以下简称《纲要》),是中小学书法教育的纲领性文件。书法教育既要重视培养学生汉字书写的实用能力,还要渗透美感教育,发展学生的审美能力。书法是传承中华民族优秀文化,培养爱国情怀的重要途径;是提高学生汉字书写能力,培养审美情趣,陶冶情操,提高文化修养,促进全面发展的重要举措。

(一)《纲要》导语分析

第一句:"汉字和以汉字为载体的中国书法是中华民族的文化瑰宝,是人类文明的宝贵财富。"明确了"汉字、中国书法"在中华文化及人类文明的价值和地位。第二句:"书法教育对培养学生的书写能力、审美能力和文化品质具有重要作用。"明确了书法教育对学生成长的作用和意义。以三个关键词"书写能力""审美能力""文化品质",明确了书法教育的育人目标。第三句:"为推进中小学书法教育,传承中华民族优秀文化,特制定本纲要。"这句话特别指出推进中小学书法教育,旨在传承中华民族优秀文化。这里"传承"一词明确定性在中小学阶段的书法教育是传承中华民族优秀文化。

(二)《纲要》基本理念

理念总述:"中小学书法教育以语文课程中识字和写字教学为基本内容,以提高汉字书写能力为基本目标,以书写实践为基本途径,适度融入书法审美和书法文化教育。"这部分表述明确了书法教育的基本内容、基本目标、基本途径、书法审美和文化教育。基本内容、基本目标、基本途径都是基本要求,是书法教育要做好的底线。适度融入书法审美和书法文化教育的理念重在以文化人,培养中小学生的书法审美素养和传统文化素养,要把握好主次,做到适度。《纲要》"基本理念"四个条目明确了中小学书法教育四个维度的实施策略。

1. 面向全体,让每一个学生写好汉字

识字写字,是学生系统接受文化教育的开端,是终身学习的基础。中小学书法教育要让每一个学生达到规范书写汉字的基本要求。这一条的对象是面向全体学生写好汉字,不是把每个学生都培养成为书法家。确定了中小学书法教育的目标是学生系统接受文化教育的开端,是终身学习的基础,重在为中小学生的一生成长打基础,要求是让每一个学生达到规范书写汉字的基本要求。

2. 硬笔与毛笔兼修,实用与审美相辅

中小学书法教育包括硬笔书写和毛笔书写教学,当前主要的书写工具是硬笔,而传统书法的书写工具是毛笔,硬笔与毛笔兼修,既关注实用书写需要,也兼顾传统书法的传承,硬笔书写教学要贯穿中小学书法教育的全过程。实用与审美相辅体现两种目标指向,既有区别也不可完全分开,两者相辅兼顾更有利于面向全体学生的基础目标。当前以硬笔实用书写为主,毛笔书法逐渐转向纯艺术,但实用并不一定只是硬笔,审美也不仅仅只是毛笔书法,硬笔书法源于毛笔书法,在现代社会生活中硬笔书法艺术和毛笔书法艺术是共存的。

3. 遵循书写规范,关注个性体验

中小学书法教育要让学生掌握汉字书写的基本规范和基本要求,还要关注学生在书法练习和书法欣赏中的体验、感悟和个性化表现。遵循书写规范是基本要求,是面向全体的,既包括规范汉字的书写,也涉及历代名碑帖各种不同字体的书写规范;不同孩子的家庭环境、成长经历以及天然禀赋都有差异,对艺术的感受体验也不可能相同,要关注学生的个性体验,发展个体的兴趣喜好,帮助有兴趣的学生发展书法特长。

4.加强技能训练，提高文化素养

任何艺术形式都以其技能为基础，书法艺术也不例外。中小学书法教育要加强基本书写技能的训练，不断提高书写水平。中国书法与中国文化是同步发展的，无论是在物质层面还是在精神层面都有深厚的联系，在注重书法技能训练的同时，在教学活动中适当进行书法文化教育，帮助学生了解汉字和书法的丰富内涵及文化价值，提高自身的文化素养。

（三）《纲要》目标与内容贯穿整个中小学书法教育体系

《纲要》明确将书法教育纳入中小学教学体系，硬笔从小学1—2年级起、毛笔从小学3—4年级起，分别提出各学段育人目标与内容，为书法学科育人具体实施指明了方向。《纲要》中实施建议与要求包括"教学建议与要求、评价建议、教学用书编写建议"三大部分。

（1）教学建议与要求对课程安排、教学时间、教学内容、设计教学活动、落实教学目标等作了明确要求，便于教学实施；强调要培养学生的书法基本功、重视养成良好的书写习惯和态度、遵循书法学习循序渐进的规律、强化书写实践；倡导多样化的教学方式方法、重视课内外结合、发挥教师的示范作用；明确硬笔教学应使用规范汉字，毛笔临帖要以经典碑帖为范本。

（2）评价建议对评价的目的、重点、方式与方法都进行了明确的要求，小学低、中、高年级及中学都有不同的关注要求，特别关注书写态度、良好书写习惯的养成、书写练习的坚持、书写水平的持续提高。

（3）教学用书编写建议要求以书写练习为主体，编入精要的书写技法指导的内容，适当融入书法审美和书法文化的内容，要体现书法教育的基础性、实践性、阶段性和规范性，容量适当，难易适度，注意激发学生的学习兴趣，提高学习效率。明确各年段的教材内容及教师用书的要求。

三、下"六个"功夫,做好新时代青年人才的培养工作

习近平总书记在2018年9月全国教育大会上强调的"六个下功夫",即培养人要在坚定理想信念上下功夫,要在厚植爱国主义情怀上下功夫,要在加强品德修养上下功夫,要在增长知识见识上下功夫,要在培养奋斗精神上下功夫,要在增强综合素质上下功夫。书法教师必须结合书法学科的特点,研读《书法练习指导》教材和《书法教学指导》教师用书,认真学习、深刻领会、准确把握"六个下功夫",在做好教育教学工作中全面落实立德树人根本任务。

(一)夯实文化自信,坚定理想信念

我们要积极推动和普及书法教育、提高学生人文素养,教导学生写好字,提升汉字书写水平、提高书法艺术创作水平,增强学生文化自信。可举办"坚定理想信念"的主题书法竞赛、展览活动。组织学生到博物馆、革命纪念馆的专题展中观摩历代先贤名作,伟人、革命家等的墨迹,高扬社会主义核心价值观的旗帜,把社会主义核心价值观生动活泼、活灵活现地体现在课堂教学之中,融入书法学习和创作之中,书写生动的作品,告诉人们什么是应该肯定和赞扬的,什么是必须反对和否定的。要教育学生树立共产主义远大理想和中国特色社会主义共同理想,增强"四个意识",结合课堂教学内容增强学生的中国特色社会主义道路自信、理论自信、制度自信、文化自信。要倡导全球华人都从自己做起,从现在做起,写好中国字,做好中国人,弘扬中华优秀传统文化,不断增强文化自信,立志肩负起民族复兴的时代重任。

(二)厚植爱国情怀、增强爱国精神

习近平总书记指出,爱国主义精神深深植根于中华民族心中,是中华民族的精神基因,维系着华夏大地上各个民族的团结统一,激励着一代又一

代中华儿女为祖国发展繁荣而不懈奋斗。在当今世界深刻复杂变化、民族复兴进入关键时期的背景下,书法教育更需要高扬爱国主义旗帜,以爱国主义精神凝聚民心、增强信心。

1.书法教师在教学工作中要着力讲好爱国故事

在书法教学时,教师可以声情并茂地介绍中国历史上顶天立地、英勇顽强、爱民护民的英雄人物、著名政治家、知名学者,如《颜真卿为国殉难》《将相和》《共产主义的先驱李大钊》……学习他们勇于抗争外辱,勤于为民请命、解困,在讲故事的同时展示他们的书法墨迹、碑刻,以及历代书家以与他们相关的诗文、名言写成的书法作品,引导学生欣赏精美书法作品中蕴含的爱国主义精神。

2.以爱国主义为主题内容书写书法作品

在教育教学和书法活动中要鼓励学生努力书写和传播当代中国价值观念,体现中华文化精神,集思想性、艺术性、观赏性有机统一的优秀作品,增强做中国人的骨气和底气。

3.激励学生参加爱国主义活动

让学生在各项活动中明白热爱祖国,就要不忘初心、牢记使命;热爱祖国,就要热爱书法、热爱传统文化,做到文化自信;热爱祖国,就要努力学习,自强不息,树立和坚持正确的历史观、民族观、国家观、文化观!

4.加强品德修养,扣好人生扣子

我国历代书法传承发展过程中非常注重品德修养,书法家的品格高,德行好,书法作品自然受人喜爱,后人争相临习;反之,哪怕字写得再好,也会受到人们的批评甚至唾弃。新时代教育工作必须加强学生的品德修养,扣好人生第一粒扣子,使学生心中有阳光,眼里有远方,脚下有力量,树立正确的价值观、人生观、世界观,形成良好的思想品德。

(1)书法教育正心正身。

历代书法大家在这方面都非常重视书法的正心正身功能。如汉代扬雄《法言》中说:"言,心声也;书,心画也。声画形,君子小人见矣。声画者,君子小人所以动情乎!"[1]《唐史记》:"穆宗见翰林学士柳公权书,独爱之。问曰:'卿书何能如是之善?'对曰:'用笔在心,心正则笔正。'"[2]宋苏东坡《论书》:"人貌有好丑,而君子小人之态,不可掩也;言有辩讷,而君子小人之气,不可欺也。书有工拙,而君子小人之心,不可乱也。"[3]明项穆《书法雅言》论云:"况学术经纶,皆由心起。其心不正,所动悉邪。宣圣作《春秋》,子舆距杨、墨,惧道将日衰也,其言岂得已哉。柳公权曰:心正则笔正。余则曰:人正则书正。取舍诸篇,不无商、韩之刻;心相等论,实同孔、孟之思。六经非心学乎?传经非六书乎?正书法,所以正人心也;正人心,所以闲圣道也。子舆距杨、墨于昔,予则放苏、米于今。垂之千秋,识者复起,必有知正书之功,不愧为圣人之徒矣。"[4]清刘熙戴在《艺概》有多段正心立人之言:"心不若人而欲书之过人,其勤而无所也宜矣。""写字者,写志也。""书,如也。如其学,如其才,如其志,总之曰如其人而已。"[5]因此,我们在书法教学中要教育学生学好书法,必须端正心态,言行一致,切不可有一点儿的歪斜、随便的念头,也不可随便乱写任何一个笔画。

重庆市沙坪坝区红糟房小学秉承"养正积慧"的办学理念,实施"正慧教育",以"堂堂正正做人 慧心慧智做事"为校训,推进"正墨"书法精品课程建设与实施探索,推动学校特色文化建设,构建并完善以"正慧"为核心价值的课程体系,实现培养具有优良道德修养、坚实身体素质、传统文化根基、开拓创新精神的红小学子的育人目标,是书法教育正心正身的很好典范。

---

[1] 杜占明主编《中国古训辞典》,北京燕山出版社,1992,第302-303页。
[2] 张居正编纂,周殿富点校《历代帝鉴图说》,北京时代华文书局,2013,第146页。
[3] 苏轼:《论书》,载《历代书法论文选》,上海书画出版社,2014,第314页。
[4] 项穆:《书法雅言》,载《历代书论文选》,上海书画出版社,2014,第513页。
[5] 陶明君编著《中国书论辞典》,湖南美术出版社,2001,第87页。

(2)书法课堂立字立人。

书法教学注重培养学生的书法基本功。临摹是书法学习的基本方式,通过读帖、摹帖、临写、比对、调整等临摹过程,在练习中不断修正不足,从而将字逐渐练习得更美;要重视培养良好的书写习惯和态度。在书法教学过程中,尤其是学习的初始阶段,教师要对学生的书写态度、书写姿势、执笔要领加强指导;要对使用的书写用具和保持书写环境整洁进行指导,严格要求;要教育学生对先贤经典碑帖的学习有敬畏之心,不可有丝毫马虎懈怠。培养"严谨认真,提笔就是练字"的好习惯。要教育学生不急不躁,专心致志习字,既要一笔一画写好字,也要一言一行做好人。教师要经常以名家刻苦练字的故事教育学生,学生在书法练习过程中,不知不觉地养成沉着冷静、坚持习字的好习惯,逐渐克服心浮气躁的毛病,不断提高自己的道德素养,塑造自己美好的心灵。学生在一笔一画的书写练习中,获得了韧劲与耐力,形成了勤动手脑、细致观察、精力专注、不怕困难、锲而不舍、坚韧不拔的良好品质。重庆市大渡口区新工小学申报的《"书法+"立德树人策略的研究》课题,以"'书法+'多学科整合"的方式,就"习字、习性、立字、立人"育人策略展开研究,初步形成了"书法+"立德树人的育人策略,具有明显的育人效果。

(3)书法欣赏向善向上。

历代优秀书法作品都传递真善美,对美好品德的追求,贯穿了中华文明发展的历史长河。书法教学时要结合"书法园地"等内容指导学生欣赏一些最具代表性的书法作品,从字体演变、字体笔画、结构、章法以及内涵等方面欣赏书法作品,能与他人交流欣赏的心得体会,初步感受书法之美。在引导中小学生欣赏优秀书法作品时,要传递向上向善的价值观,引导人们增强道德判断力和道德荣誉感,向往和追求讲道德、遵道德、守道德的生活。教育和引导学生培育和践行社会主义核心价值观,踏踏实实修好品德,成为有大爱大德大情怀的人。

(三)增长文化见识,提升文化修养

教师要在学校课堂教学的基础上,引导学生通过多种途径增长见识,提升文化修养。

1.课堂教学用好教材

在课堂教学中特别要用好教材中的"看看想想""书法园地"等内容,提高书法专业素养,增长书法文化知识,拓展见识。

2.拓展课外活动

在课外学习活动中增长见识,提升文化修养。书法教育工作者还要引导学生在生活中学书法、用书法,积极开展书法教育实践活动,通过社团活动、兴趣小组、专题讲座、比赛展览、艺术节、文化节等多种形式,创设书法学习环境和氛围。

(1)多读书,加强字外功夫。

书法教育不能只局限于书法学科知识的学习,除临帖习字外,还要下字外功夫,多读书,读语文、历史、美术、艺术等相关学科的书。沈尹默先生说:"书学所关,不仅在临写、玩味二事,更重要的是读书、阅世。"清代沈道宽《八法筌蹄》中说:"多读书,则落笔自然秀韵;多临古人佳翰,则体格神味自然古雅。而立品又居其要,伯英高逸,故萧疏闲淡。右军清通,故洒落风流。"讲的就是这个道理。

(2)拓展书法学习空间。

鼓励学生到少年宫、美术馆、博物馆、名胜古迹等参观学习,增长见识,丰富学识,认识中国书法的丰富内涵和文化价值,提升文化修养。

(四)习练持之以恒,培养奋斗精神

书法教育引导学生认识到古今许多书家的优秀书法作品中,都倾注着他们的思想感情、学识、修养以及性格气质,也是他们执着追求、勤奋刻苦和顽强拼搏精神的体现。我们要教育和引导学生在学习书法的同时树立高远志向,在反复的练习中严格要求自己,努力奋斗,不贪图安逸、不惧怕困难,锲而不舍,不断追求进步,自强不息,历练敢于担当、不懈奋斗的精神,具有勇于奋斗的精神状态、乐观向上的人生态度,做到自强不息、刚健有为。

(五)学科跨界整合,增强综合素质

书法学科是基础教育中学生深入学习中华优秀传统文化并进行延展学习的重要通道,与现行的多门学科有共通之处,应该加以整合,从整体上增强学生的综合素质。书法与语文学科密不可分,书写的内容是经典的诗文,与文学艺术紧密相连;书法与美术学科息息相关,自古书画同源。书法既是一门独立的学科,也与语文、思想品德、美术等学科紧密融合,要充分参考语文、美术、历史等学科相同年级的教学大纲和内容,将与书法相关的文化知识与相邻学科进行连接与整合,一方面提升学生综合运用多个学科知识的能力,另一方面实用与审美相辅,有助于提升学生的学习效率,提高学生综合素质,促进学生全面发展。重庆市涪陵区开展的"书法教育教学活动对提升小学生综合素养作用的策略研究",充分利用校本教程,试行"长短课",注重书法教育与语文、美术、音乐、思想品德等学科教学的互相渗透。目前已经取得了一定的成效,学生书法水平得到进一步提高,学生的综合素养得到进一步加强。

四、体现书法核心素养,遵循学科育人方式

发展核心素养以培养"全面发展的人"为核心,分为文化基础、自主发展、社会参与三个方面,综合表现为人文底蕴、科学精神、学会学习、健康生活、责任担当、实践创新六大素养。

（一）在书法审美鉴赏与书写实践中提升学生人文底蕴

书法蕴含了人文教育的诸多关键因素，体现出书法教育涵养学生人文底蕴的深厚基础。

1.增长人文积淀

汉字作为中华文化的载体，它的形体演变反映着社会发展的轨迹，也展示着中华民族看待世间万物的思维方式。书法教育是对汉字知识与文化进行更为综合和深入的学习，不仅能够为学生提供汉字音、形、义源流的知识，而且能够帮助学生深入理解汉字中所蕴含的中华民族对世界的认识方法和实践方法。通过书法学习，学生对中华民族和中华优秀传统文化认同的广度与深度将不断提高，人文积淀也必将不断增加。

2.培育人文情怀

书法教育以汉字知识与文化、书法知识与技能等作为基本教学内容，通过对历代经典书法作品的赏析、临摹，以及独立的书写实践培育人文情怀。

3.提高审美情趣

书法教育以审美活动与书写实践活动为核心，在展现汉字美感与张力的同时，也传递和表达着书法家个人的情感、思想。在经典书作赏析中，学生能够深入理解书法创作的原理，也能受到书法家的精神品性的熏陶，提高审美情趣。如重庆市大学城第二小学校开展的"基于优秀传统文化的小学书法教育课程建设实践研究"，各项课程开发出比较完善的课程资源，并在全校范围内全面实施书法教育课程，实现书法艺术、与其相关的艺术形式和制作工艺、汉字文化、经典文学相互融合，共同作用，促进学生对中华优秀传统文化更大范围地继承和弘扬，实现"善、雅、博、健"书香少年的全面发展。

(二)在书法书写实践中培养严谨的科学精神

书法作为一门艺术,有严谨的技术为基础。临摹是书法学习的基本方式,临摹过程包括读帖、摹帖、临写、比对、调整等阶段,需"眼、脑、手"的紧密配合,通过读帖与书写、比较与鉴别、体验与感悟,体会起笔、行笔、收笔的运笔感觉,感受书写中的力度、速度变化,逐步提升书写效率和品质,在长期反复的训练过程中,形成一种观察与分析、应用的能力,通过找寻、分析、归纳、概括书写的规律、方法与原则,养成严谨认真的科学精神。

(三)在书法课堂教学中帮助学生学会学习

书法学习是一个长期的过程,要循序渐进地帮助学生学会学习。

1.注重培养学生的书法基本功

临摹是书法学习的基本方式,临摹过程包括读帖、摹帖、临写、比对、调整等阶段。在临写的初始阶段,要充分发挥习字格在读帖和临写过程中的重要作用,引导学生观察范字的笔画、部件位置和比例关系。在临摹的过程中,养成读帖的习惯,形成"意在笔先"的意识。学生用毛笔临摹楷书经典碑帖,力求准确。部分书写水平较高的学生可尝试较准确的背临。

2.重视养成良好的书写习惯和态度

在书法教学过程中,尤其是学习的初始阶段,教师要对学生的书写态度、书写姿势、书写用具的使用和保持书写环境整洁进行指导,严格要求。

3.遵循书法学习循序渐进的规律

小学生初学书写首先学用铅笔,随着年龄增长,逐步学习使用钢笔和毛笔。书法教学要以书写笔画为起点,一般应从结构简单的字到结构复杂的字,从单字练习到篇章练习,从观察例字、描红、仿影、临帖到独立书写。教师要科学、合理、系统地安排教学进程,使学生逐步掌握基本技法,不断提高书写能力。

4.强化书写实践

教师要通过课堂练习、书写作业和各学科书面作业等多种方式保证学生的书写实践活动,努力把练字与应用有机结合起来,避免加重学生课业负担。

5.在书法教育教学活动中要注重评价

要将结果评价与过程性评价相结合,将学生学习书法的动机、进行书写体验的感受和书写效果结合,采取多主体评价的方式,将教师评价变为师生互评、学生之间评价、家长学生评价,以终身学习为前提,以学生素养提升为出发点,注重过程性评价,弱化书写水平高低和分数的概念,以欣赏、交流的角度进行评价,让学生感受到暖意与鼓励,在评价的过程中形成情感交流,体现人文关怀。

(四)以书法陶冶情操引导中小学生健康生活

书法教育通过引导学生开展科学规范的书写实践,陶冶情操,对学生人格发展和自我管理产生积极影响,对学生健康生活具有重要意义。20世纪70年代,心理学家在一系列实践和科学研究中发现,书法练习对青少年儿童的多元智力、身心健康及良好的性格养成等方面具有明显的激活效应。也有研究表明,书法学习对青少年学生的人格发展有积极作用,通过学习书法,学生在情绪上相对平静、温和,更加顺从,自我控制能力较强,而且对他们的认知性情绪调节策略有促进作用。书法课程中的实践练习,有利于学生身心健康的发展、人格的健全和积极健康生活习惯的养成。

(五)在书法创作与欣赏中增强学生的责任担当

《纲要》中甄选的书法家及其作品,承载着中华优秀传统文化的基因以及民族审美旨趣,蕴含着每一位中华儿女的国家民族认同,是对学生进行潜移默化品德教育的最佳内容。如北师大版《书法练习指导》五年级上册教材"书法园地"颜真卿《祭侄文稿》的欣赏,学生先了解颜真卿写给殉于安史之乱的侄子颜季明祭文草稿的历史背景,感知书法家背后的个人情感的极度悲痛和忠贞的家国情怀。这样通过了解书家,鉴赏书法作品,创作书法作品,有助于学生增强对中华优秀传统文化的认知,提升国家认同感、增强文化自信,激发学生对国家、对民族的自豪感,教育学生树立远大理想,培养和提升学生通过学习担当文化传承与复兴的责任意识。

(六)在书写与文化浸润中实践创新

在教学中,通过鼓励学生书写自己喜欢的内容,完成有仪式感的作品,引导学生通过创作作品进行自我表达。从生活中出发,体验实用书写,在文化中浸润,感受文人生活与审美。这个过程既是学习的过程,也是学以致用、实践创新的过程。

第四节 小学书法学科落实立德树人根本任务的实践路径

立德树人是发展中国特色社会主义教育事业的核心所在,是培养德智体美全面发展的社会主义建设者和接班人的本质要求。通过书法学习,学生深入了解并研习中国传统汉字造型方法,帮助学生提高书写能力,感受中国汉字艺术的独特魅力,增强对中国传统文化的认同与理解,树立民族自信心与自豪感。对于落实立德树人的根本任务,具体来说,可以通过以下具体路径来进行书法学科渗透德育目标的教学工作。

一、深度分析教材,挖掘课程内容的立德树人育人功能

书法教材是书法课程内容的重要载体,包括教科书和教师用书,教材是引导学生认知发展和人格构建的一种范例,对落实书法学科立德树人根本任务至关重要,书法教材的编写充分体现了习近平新时代中国特色社会主义思想,全面融入社会主义核心价值观,具有特别重要的育人作用。下面以人民美术出版社编写的《书法练习指导》教材为例进行分析。这套教材依照《义务教育书法课程标准(2011年版)》,以及高中语文、美术、艺术等相关课程标准要求,严格贯彻中小学书法教育的基本理念,以提高汉字书写能力为基本目标,结合育人工作实际,融入书法审美和书法文化教育。

(一)分析教材体系结构

小学1—2年级学习用铅笔书写。根据书法课书写内容,逐步讲解汉字基本笔画、常用偏旁部首的写法要领和基本的笔顺规则,书写力求规范、端正、整洁,初步感受汉字的形体美。

小学3—6年级学习用毛笔书写平正、匀称、美观的正楷字。从学习毛笔的执笔要领和正确的书写姿势入手,了解笔、墨、纸、砚等常用书写用具的常识,并学会正确使用与护理。同时,学习用毛笔临摹唐代欧阳询《九成宫醴泉铭》,安排集字练习与经典碑帖欣赏内容,使学生获得初步的感性认识。

(二)分析栏目设置

以小学《书法练习指导》为例,3—6年级《书法练习指导》教材根据学生学习的认知规律,每课的书写技法学习设置《我来观察》《我来分析》《我来临摹》等栏目,从点画、偏旁部首、结构三个层次,依次对范字进行解析,将观察、分析、理解等过程贯穿教材始终,突出学生学习书法的主动性、科学性、系统性,使他们养成先动脑再动手的良好书写习惯,在每册教材中的书写应用环节,强调从学习到应用的转化,逐步培养学生的书法应用意识。

此外，在经典书法赏析内容中，提供欧阳询、颜真卿、柳公权、赵孟頫等书法家的经典楷书作品以及典范碑帖，通过欣赏经典碑帖，初识篆、隶、草、楷、行五种字体，了解字体的大致演变过程，初步感受不同字体的美。从3年级开始，教材还设置《读碑赏贴》和《书法园地》两部分内容，《读碑赏贴》欣赏古代经典碑帖，《书法园地》介绍古代书法名家和代表作品及书法文化知识，让学生认识中国书法的丰富内涵和文化价值，提升文化修养。①

二、夯实教学教研，落实书法学科立德树人的目标

（一）以"实践育人"为核心，推进书法学科，落实立德树人的实施

学科教学不能把学生禁锢于课堂之中。从育德的角度讲，课堂教学仅仅是停留在道德认知层面，学生只有把获得的知识运用于实际生活，在处理实际问题的过程中深刻体会学科知识的教育性，才能实现由道德理性到道德情感与道德行为的提升，最终达成学科育德目标。因此，书法学科育德要走出课堂，走进现实生活，让学生经历生活实践，解决实际问题。

书法教师要关注社会、生活中的热点现象，依据学生所经历的真实生活汲取的生活经验组织学科项目，开展丰富多彩的学科主题活动。书法学科把学校、社会、家庭育人相结合，把书法课堂教学与综合实践密切相联系，把书法教育与社会实践、公益活动、研学旅行等相融合，围绕实践育人的内容、特点，拓宽实践育人的途径和方法，开展相关活动，如：组织学生到西安碑林进行研学旅行，组织学生到书法美术馆、博物馆参加书法展、拓印碑帖……通过走出校园，了解社会，感受生活中的优秀传统文化，使学科教学深深扎根于现实生活，拓宽书法教学的空间。学生在解决与书法知识关联的实践性问题时，不仅提升了书法思维能力、实践能力、创新能力，也深化了道德认知，内化了道德规范，践行了道德行为，形成积极向上的信念、情感和意志，获得了最自然、最有力的德性品质。

---

① 杨广馨、欧京海：《书法教学指导》（三年级·上册），人民美术出版社，2015，第1页。

(二)以"课程育人"为重点,引领书法学科,落实立德树人的开展

课堂教学是聚焦核心素养,落实立德树人的主阵地,加强课堂教学研究,关注学科核心素养和立德树人目标在课堂教学中的落实,学科教师设计教学时,要充分思考学科育人的价值,认真研读教材,厘清教学内容的知识逻辑体系及学科本质,明确核心知识、思想方法、关键能力以及情感态度和价值观等方面的教学要求,结合学生的认知水平、生活经验及道德发展水平,确定完整的教学目标。要认真思考并努力优化教学方法、教学活动和课后实践等,特别是如何在培养学生学科核心素养的同时,采取何种间接的、潜移默化的方式把学科内容中的育德因素科学合理地利用起来。

(三)以"教研育人"为根本,促进书法学科立德树人的发展

教研活动是学科教学的一大特色,是研究解决课程教学改革实践中的实际问题,为广大一线教师提供专业服务与指导的基础性工作,是促进教师专业发展的重要途径。

学科育德的宗旨是教育者在不违背教材原有文本内容和知识结构的基础上,采取适当的方法,使整个育德过程在教学中"无痕"呈现,让学生在学习过程中自然而然地接受道德熏陶。但由于部分学科教师的育德理念及育德能力还亟待提高,仅凭学科教师个人的能力很难有效发挥学科育德的价值。而传统学科教研大多关注学科知识的传授及学生学科素养的培养,虽有"情感态度价值观"教学目标,但往往浅尝辄止。为了避免学科育德实践中出现上文提及的几种非"常"样态,应把学科育德纳入日常学科教研活动中,并作为学科教研的重要议题。学校教研组长,特别是书法学科骨干教师要引领全组教师提升学科育德观念,共同研究教材和学生,深入分析教学内容的学科本质,充分挖掘教学内容中的育德资源,确定适当的育德目标,研讨采取何种有效方式,把学科内容中的育德因素转化为行之有效的育德资源。教研组长还要带领同组教师及时分析学科育德过程中出现

的新情况、新问题,并研讨解决方案。把育德纳入学科日常教研活动,有助于提醒学科教师牢记"育德"之意,思考育德之路,提高育德之效。

三、注重资源开发,实现立德树人与知识教学的融合

书法学科立德树人目标的落实是建立在书法课程资源有限开发的基础上的。如何有效开发与使用学科资源,真正实现立德树人与知识教学的融合,是实现长效学科育人的关键所在。在实践中,我们立足于书法教材内容分析,依据学生发展核心体系,因地制宜、积极进行书法课程资源的实践和研究,努力帮助教师探索书法课程资源开发利用的途径和策略,帮助学生树立正确的世界观、人生观、价值观,以更好地落实书法学科立德树人的根本任务。

(一)整合书法教材,挖掘课程资源

书法教材是书法课程的主要载体和书法教学的主要依据,它虽然不是唯一的课程资源,但依然是最核心的课程资源之一。因此,这就需要教师按照书法学科核心素养教学的要求,在深入研究教材的基础之上重新整合教材,使教材成为有效的课程资源。

1.理顺教材内在的逻辑关系

依据《纲要》的精神和要求,3—6年级《书法练习指导》包括基本笔画、独体字与合体字的结构规律、集字创作、文化与审美等内容。教材注重循序渐进地安排教学内容,设计教学活动,落实教学目标,力求通过书写实践、艺术审美、文化熏陶、品格塑造等全面提升学生的综合素养,体现了书法教育的基础性、实践性、阶段性和规范性。

2.解析教材内容的文化内涵,培养学生的审美能力

《纲要》强调:书法教育既要重视培养学生汉字书写的实际能力,还要

渗透美感教育，发展学生的审美能力。提高学生的审美能力和文化品位，也是教材的重要内容。中国书法史上的经典碑帖，是中国书法的标本。书法经典之所以能够经久不衰，主要原因是古人知晓如何从尊奉先贤的文化传统中确立楷模，进而使之具有超越时空的永恒艺术魅力。要在整合教材中将经典碑帖进行分类，着力对学生进行书法审美教育，逐步培养他们鉴别、欣赏优秀书法作品的能力。

(二)利用多种途径，拓展课程资源

书法学科的课程资源非常丰富，主要可以通过传统途径(展览馆、博物馆、报纸杂志等)和现代途径(网络多媒体技术、音像史料等)两大途径获取。因此，这就需要教师按照书法学科核心素养教学的要求，结合学校和学生的实情，因地制宜地开发利用书法课程资源。

1.利用传统途径搜集书法作品，培养学生的书法鉴赏能力

书法因独特的留存方式和表现形式，形成了遍布各地的书法资源，如：书法书籍、博物馆的书法藏品、美术馆的作品展览、各地碑林石刻、风景胜地的楹联题词、街巷的题匾和器物家具的款识等，这些都是书法学科丰富的教育资源。

2.利用现代途径丰富书法知识，提高学生的书法审美能力

现代网络多媒体技术的发展不仅为书法学习提供了现代化的学习手段，而且为书法学习提供了更加广阔、便捷和丰富的书法课程资源，为提高学生的书法审美能力提供了有力支撑。

(三)把握动态生成，丰富课程资源

有效教学是建立在师生有效互动基础上的，会动态生成有效的课堂资源。因此，这就需要教师按照书法学科核心素养教学的要求，利用这些有效的课堂资源来丰富书法课程资源。例如培养学生家国情怀素养，教学设

计分为两个环节。

1. 了解经典碑帖，健全学生人格

培养学生健全的人格，关键是引导学生树立积极进取的人生观和价值观。例如欣赏课《祭侄文稿》，引导学生不仅要从章法、墨法、笔法、结构了解作品的形式美感，更要了解颜真卿的情感，以及他的光辉人格和高尚情怀。以书法作品的内容，引导学生了解书法作品背后的人物和事件，树立正确的育人观念，从而生成丰富的课程资源，更好地达成课程目标。

2. 创设问题情境，理解家国情怀

家国情怀不仅包含内在的民族情怀，还包含广博的人类情怀。而学生对家国情怀的理解多局限于对中华民族的爱国情感。这就要求教师根据教学内容及时创设问题新情境，生成新的课程资源，从而引导学生全面理解家国情怀的深刻内涵。

四、加强组织保障，确保书法学科立德树人任务的落实

深化课程改革、落实立德树人根本任务具有重大意义。立德树人是发展中国特色社会主义教育事业的核心所在，是培养德智体美劳全面发展的社会主义建设者和接班人的本质要求。在活动开展方面，从体系建构、机制保障、制度建设、活动实施等方面入手，全面深化课程改革，确保立德树人根本任务的落实。

（一）构建管理体系

市教科院、区教研部门、基层学校共同构成"学科立德树人"三级管理体系。市教科院根据上级部门和区域一线教师的需求，以育人目标为导向，以立德树人为根本，以内涵发展为核心，开展相关书法活动。区教研部门和学校结合当地的实际情况，制定相关的活动实施方案，明确书法学科育人的具

体任务和活动措施。市教科院对各地开展工作的情况进行指导,加强对课程实施状况的督导,将其纳入学校督导评估范畴,推动工作顺利开展。

(二)加强条件保障

各级教育行政部门和各级各类学校要在各级政府的统筹领导下,加强对学科落实立德树人任务的保障。要把教师关注学科核心素养和立德树人目标在学科的落实作为各级教师培训的重点。要根据职责任务,在经费、人员以及信息技术手段等方面为学科育人提供必要的保障。

(三)健全激励机制

采取有力措施,充分激发广大教育工作者投身书法学科立德树人任务的积极性和创造性。各地定期开展优秀教学成果评选和教学名师评选,总结推广书法学科育人的典型经验和优秀成果。

五、加强评价导向,将立德树人目标纳入质量评价体系

2020年10月,中共中央、国务院印发了《深化新时代教育评价改革总体方案》,这是指导深化新时代教育评价改革的纲领性文件。这份文件为新时代我国基础教育评价改革指明了方向,也给书法教育评价改革提出了明确目标,提供了遵循依据。书法评价以育人目标为导向,以立德树人为根本,让学生在书法艺术的实践中充分理解、领悟其中丰富的文化内涵;在达成"规范、端正、整洁"书写的基础上积极倡导学生艺术个性的形成与张扬;在注重书法实用价值和艺术价值的同时,使学生初步具备书写、欣赏书法的能力,培养他们对祖国语言文字的热爱和继承、弘扬祖国文化的责任感。

(一)明确评价原则

第一,突出方向性。评价体系要全面贯彻党的教育方针,落实立德树人

的根本任务,遵循正确的价值取向,引导好书法教学。

第二,坚持科学性。评价体系的研制过程要严谨规范,应坚持理论研究和实践分析相结合,让评价体系既有坚实的理论支撑,又经过实践的检验,从而确保评价体系的科学性。

第三,反映时代性。飞速发展的当代社会对书法教学提出了新的要求。要构建理念先进、面向未来的书法学科评价体系,更好地服务于新时代的书法教育教学。

第四,体现互动性。评价要突出学生的主体地位,通过交流互动,实现学生自评、学生互评、家长评价和教师评价相结合,实现评价主体的多元化。

(二)明确评价方式

评价方式多样化,通过作业、作品、学习态度、书写习惯等进行评价,包括教师评、学生自评、学生互评。定性与定量相结合,既用生动形象、适合学生接受的语言评价学生,又用A,B,C等级或具体的分数对学生进行评价。着眼于学生的发展,承认差异,帮助学生认识自我,了解学生发展中的需要。评价体现以立德树人为根本的思想,过程性评价与结果性评价相结合,尊重和体现学生个体发展,以促进实现自身价值为最终目标。

(三)明确评价内容及权重

在小学书法课堂评价设计中,可从兴趣与态度、表达与交流、思维与审美、知识与技能、应用与迁移五个维度出发,设计单元评价指标及评价方式,对学生的表现进行全方位评价,更好地引导和促进学生个性化的成长。(见表10-1)

表 10-1　单元评价指标及评价方式表

评价方法	评价维度	评价指标	评价方式			
			自评	互评	家长评	师评
表现性评价	兴趣与态度	积极主动 兴趣浓厚				
	表达与交流	描绘表现 评价分析 合作探究				
	思维与审美	审美情趣 批判创新 文化理解				
终结性评价（纸笔测试）	知识与技能	基本笔画 偏旁部首 间架结构				
	应用与迁移	整体感知 归纳比较 迁移应用				

附：教学课例

小学书法立德树人教学课例

——以"国"为轴，让书法教学回归立德树人初心

以《全包围"国"字教学设计》的教学为例

教学内容

人美版《书法练习指导》六年级下册第 6 课。

教材分析

全包围是人美版《书法练习指导》六年级下册第 6 课的内容，以欧阳询

《九成宫醴泉铭碑》为范本。在课堂教学中,教师本着"一课一字,一字讲透"的原则,对教学内容进行精选整合,利用信息技术提供多媒体化的教学资源,对教学内容进行结构重塑。教学内容选择了学习全包围字中之"国"字教学,由教师引领和学生自主探究相结合,将其学透学深,创造性地活用教材。

《中小学书法教育指导纲要》指出小学高年级学段的学习目标和内容是:比较熟练地掌握毛笔的运笔方法,体会提按、力度、节奏等变化。体会书写特点,提高书写能力。有初步的书法应用意识,在学习和生活中运用自己的书写技能。为此,要根据学校、教师、学生实际,设计有效教学,关注学生实际获得,切实提高课堂教学的实效性。在本课之前,学生对基本偏旁书写有基础,对合体字的高低相谐、左右对称、布白均匀等结构特点有一定的认识和把握。本课按照"五环导学"模式进行设计。第一环节"国"之源,了解国字框及"国"的字源文化和演变过程,渗透书法文化。第二环节"国"之学,学生通过学习单和制作摹字卡自主体验式学习,从字形、结构、笔画三个方面分析书写要点,培养先观察后思考的能力,养成自主探究学习的习惯。第三环节"国"之练,教师借助微课,利用"点线辅助法"和数字坐标引导分析"国"字的结构特点,在讨论交流中让学生明确"国"字平行等距、左低右高、布白均匀的结构规律,懂得寓意国家井然有序、和谐美好。使用"观察法""比较法"让学生自己总结得失,突破重难点,进一步帮助学生深化理解基本笔画在欧体楷书中的形态特征和变化特点,有效提高学生的观察能力和书写能力。第四环节"国"之创,教师在红色五角星上示范"国"字,引导学生创作"国"字作品,学以致用,表达自己的中国心,积蓄爱国情感。第五环节"国"之展,学生把写好的"国"字作品粘贴到祖国的版图中,建立良好的艺术表现欲望,表达浓浓的爱国之情,将立德树人落到实处。

学情分析

通过三年多的书法学习,六年级的学生已经知道了毛笔的执笔要领和正确的书写姿势,学会了楷书基本笔画及独体字的写法,比较熟练地掌握了起笔、行笔、收笔的基本方法。基本掌握了临摹的基本技能,能利用米字格把握字的笔画和间架结构,也初步领略到欧体书法在笔画、结构上的艺术之美,具有一定的书写基础和审美能力。但是在结字方面的知识还涉及较少。因此,当带领学生们感受欧体书法的结字特点和意韵之美时,要让学生慢慢感悟。在本课中,本着一课一字、一字讲透的原则,由教师引导学生自主探究,深入分析全包围"国"字的结构特点及蕴含的情感价值观,让学生有更多的课堂实际收获。

教学目标

1.技能目标:学习国字框的写法,理解"国"字的结构特点,会写"国"字,掌握全包围结构字的结构规律

2.认知目标:通过自主探究、合作交流等方式,观察、分析国字框的形态、"国"字结构、创作作品,培养学生的观察、分析、比较和运用能力

3.情感目标

(1)审美目标。通过学习全包围"国"字的写法,使学生体会书法的运笔之美;通过欣赏古代碑帖,了解"国"字在篆、隶、楷、行、草五种书体中的形态变化与特征,提高学生对书法艺术的审美情趣和鉴赏能力。

(2)德育目标。"书如其人",学书的同时也学做人。通过创作"国"字作品,体会国家的井然有序与和谐美好,表达文化自信与爱国情怀。

教学重难点

1.教学重点:掌握全包围结构中"国"字左低右高、布白均匀、平行等距的结构特征

2.教学难点:掌握全包围结构字中包围与被包围部分之间的笔画布白和位置关系,并能创作作品

教学过程

(一)教学流程

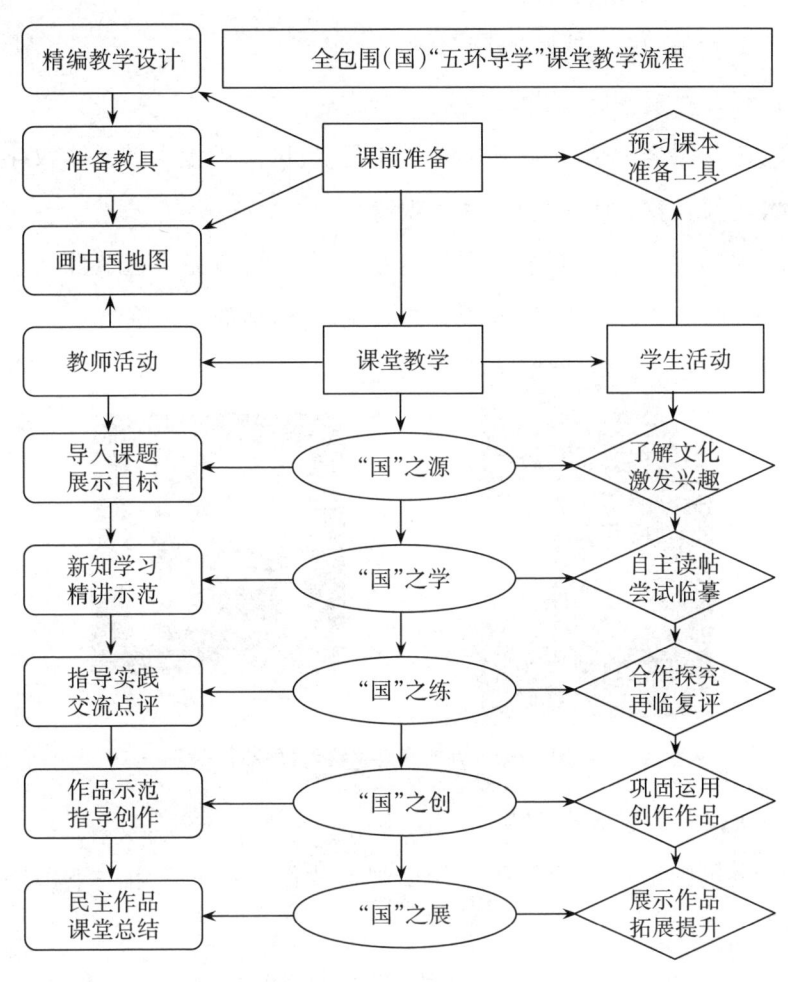

图 10-1 "五环导学"教学流程图

(二)教学过程

1."国"之图:课前准备,激趣质疑

师:同学们好,还记得我吗？记忆力真好！聪明的孩子们,上课会倾听,眼睛会观察,心里呀,还有想法!今天老师要跟大家分享一幅图。

(老师画,学生猜)

师:老师画的是什么图?(学生猜图)中国地图和我们今天的书法课有什么联系呢?答案稍后揭晓。

2."国"之源:导入课题,展示目标

(1)观看视频,引出课题。

师:这节课老师要给大家介绍一件国宝,国宝中蕴含着一个汉字的秘密,请看视频。(教师播放视频,学生观看)

师:视频中蕴含着哪个字呢?国字是什么结构呢?这节课我们就以"国"字为例,来学习欧阳询《九成宫醴泉铭碑》里面的全包围结构。

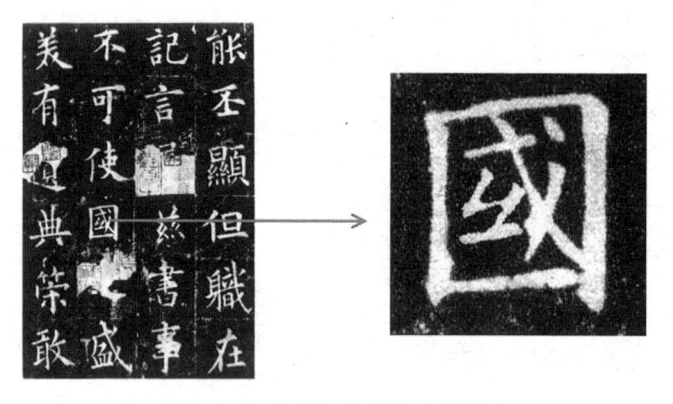

图10-2　九成宫醴泉铭碑(局部)

(2)认识国字框结构的特点。

师:全包围结构字的偏旁是什么呢?我们一起来了解一下国字框的特点。

师:在《说文解字》中有这样一段描述:囗,回也,象回帀之形也。帀,周也,意思是囗字字形像一个环绕一周的封闭图形。囗字的字形发展由圆到方,但都还保持一周的特点。它还有一个读音,读作"国",字义也同"国"。所以,囗字框也叫国字框。

(3)了解"国"字的演变。

师：我国的汉字有着悠久的历史，从产生到现在经历了漫长的演变过程。请看"国"字的演变。

图10-3 "国"字的演变图

3."国"之学：新知学习，精讲示范

（1）自主读帖。

师：孙过庭说"察之者尚精，拟之者贵似"，学习书法，首先要认真读帖，才能临得精准。请同学们拿出学习单围绕三个问题自主读帖，学习"国"字。

（教师板书：结构 笔画 占格）

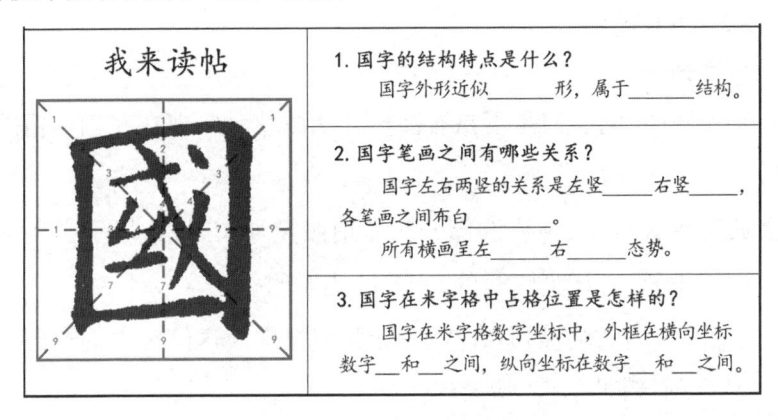

图10-4 "国"字学习单

（2）围绕结构、笔画、占格三方面，小组讨论交流。

师小结："国"字是全包围结构，外轮廓呈长方形。左竖轻，右竖重，布白均匀，平行等距。"国"字在米字格数字坐标中，外框横向在2和8之间，纵向在1和9之间。

4."国"之练:指导实践,交流点评

(1)双钩描摹。

师:我们通过读帖,初步了解了"国"字的结构特点。古人云:纸上得来终觉浅,绝知此事要躬行。接下来,我们就用双钩法来练习写"国"字。请看要求:

a.先用双钩法描出空心字,制作摹字卡。

b.在米字格中试写一个"国"字。

c.借助摹字卡比对试写的"国"字。

学生开始双钩和试写(播放背景音乐),现场投屏直播,展示学生书写情况,及时纠正坐姿。

抽生展示作业,师生点评。请同学们借助学习单和摹字卡,找找自己的"国"字还有哪些不足,并把不足的地方用红笔做好标记。

(2)观看微课。

师:通过摹字卡比对,我们发现了自己的不足。为此,老师制作了微课来帮助大家,请看微课。

(3)精准临摹。

师:看完微课,同学们是不是有豁然开朗的感觉?现在我们再精准临写"国"字。

(播放背景音乐,教师挑选部分作品拍照投屏大屏幕,展示学生精彩瞬间,有坐姿端正的,有认真临写的,有专心比对的。)

师:全班每一个孩子都那么认真,让我们把掌声送给努力的自己!

5."国"之创:精准示范,指导创作

(1)教师范写。

师:请看示范,老师将最漂亮的"国"字写在红色五星上,表达老师的中国心。写好后,老师将这颗中国心贴在祖国的心脏——首都北京(贴在黑板上的中国地图上)。

(2)学生创作。

师：同学们，是不是也想表达自己对祖国的爱呢？大家一起来创作吧！请看创作要求：

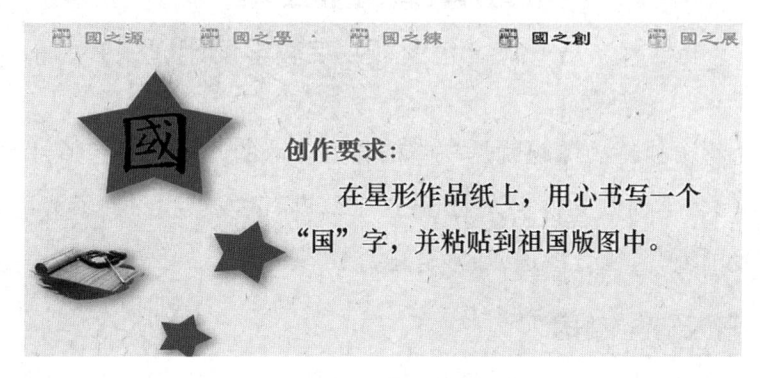

图10-5　创作要求

师：现在，你们知道老师画这幅中国地图的用意了吧！

（学生提笔，开始创作。）

6."国"之展：展评作品，课堂总结

师：请同学们将写在红五星上最漂亮的"国"字贴到我们祖国的版图上。

师：同学们的"国"字真漂亮，薄薄的作品纸上渗透着同学们厚厚的爱国情怀。看到这一片中国红，有什么想对祖国说的吗？

师：看到这一片中国红，老师也不禁想起华为副董事长孟晚舟回国当晚说到的，有五星红旗的地方，就有信念的灯塔。如果说信念有颜色，那一定是中"国"红！同学们是祖国未来的建设者，老师希望大家努力学好科学文化知识和技能，为实现中华民族伟大复兴的中国梦而不懈奋斗！

板书设计

第6课　全包围　国

结构　笔画　占格

> 课例点评

巧妙育德，点亮课堂
——评全包围"国"字教学设计

一个新颖独特的课题就是一堂精彩书法课的开端。李老师"以'国'为轴，让书法教学回归立德树人初心"这个课题，激发了我深入了解这堂课的兴趣。爱国教育，德育渗透，巧妙育德，点亮课堂。

一、导入暗含"爱国"

上课铃声响后，老师用粉笔在黑板上画了一幅中国海陆边线图，然后引入本节课题"全包围"，暗含了本节课的育德切入点——"爱国"。

二、练习积蓄"爱国"

教学时，老师紧扣教学目标，组织学生做导学单，出示全包围"囗"字演变的微视频，让学生对《全包围》"囗"字演变与结构有较深的认识。然后，以"国"字为例着重练习"全包围"，突出并落实这个教学重难点。

首先，教师组织学生用透明字模双钩"国"字并描红练习。教师深入学生中，提示学生握笔与坐姿，还在学生座位上为其示范书写。其次，教师出示"国"字书写的结构要领微视频，要求学生书空，并组织学生临写，书写后，教师熟练运用信息技术，将部分学生练习的"国"字展示在屏幕上让学生分享、对比与互评。再次，教师为学生出示自己书写"国"字的微视频并要求学生精准临写。最后，教师为学生现场书写"国"字，边写边解说书写要领，同时，要求学生在红五星的小作品纸上精准临写"国"字。

三、张贴激发"爱国"

教师将自己书写的"国"字张贴在地图首都北京处，然后，组织学生将自己书写的红五星"国"字张贴在黑板上的中国地图内，组成了一幅红红的中国大地图。

四、齐诵抒发"爱国"

面对红色中国大地图,同学们的热情被激发了,教师要求学生对祖国说说自己的心里话。接着,巧妙运用大家熟知的华为副董事长孟晚舟回国时在机场发表感言的时事。屏幕上出示孟晚舟的感言"有五星红旗的地方,就有信念的灯塔。如果信念有颜色,那一定是中国红"。然后,教师组织学生一起深情地齐诵。教师借用孟晚舟的感言,和学生一起深情地彻底地抒发了自己的浓浓的爱国感情。学生的爱国情感在此达到高潮,课堂也就此结束。

本节课目标清晰、重点突出、层次分明、方法多样、亮点频出。课堂各环节流畅自然,当学生在生成知识技能之时,爱国教育悄然走近学生,渗入心灵,达到了润物细无声的育人效果。

课例作者:重庆市武隆区实验小学　李昌凤
点评:重庆市武隆区教师进修学校　李强

第十一章

小学科学学科落实立德树人根本任务的理论与实践

　　教育要培养什么样的人已成为各个国家和地区关注的重大问题。我国在新时代立德树人背景下,提出了学生发展核心素养的育人框架。科学学科作为基础教育的基础课程,在落实立德树人根本任务,发展学生核心素养的教育过程中,有其立足于学科本质的特殊贡献。

第十一章 小学科学学科落实立德树人根本任务的理论与实践

第一节 小学科学学科落实立德树人根本任务的历史演进

对立德树人和学科育人目标的关注,是课程标准修订工作的重点。育人目标的本质是教育的价值取向[1],作为育人目标的核心素养是价值选择的结果[2]。科学教育的价值观直接影响科学教育的目标定位、课程内容以及教学方式的选择等,对科学教育价值的梳理有助于正确把握科学教育改革的方向,理解当前我国义务教育阶段科学学科育人目标。

一、科学教育价值的演进

科学教育的发展与科学技术的发展息息相关,科学教育目标的演进反映了不同时期人们对科学教育价值的认识。自古至今,人们对科学教育价值的认识也在发生着变化。

(一)工业革命以前的科学教育:从生存到理性

原始社会,人们依靠狩猎、采集、刀耕火种等方式维持生活,生产技术在日常劳作中凭言传身教代代相传,科学教育并未从生产生活中分化出来。最早的学校距今约有5000年,随着人类社会从游牧形态向农业形态过渡,剩余产品的出现使得教育从生产生活中分离出来,自然知识也随着文

---

[1] 杨志成:《核心素养的本质追问与实践探析》,《教育研究》2017年第7期。
[2] 胡定荣:《学生发展核心素养的发展观及其教学变革》,《课程·教材·教法》2017年第10期。

字的出现而得到有力的传承。最初的学校很少,这个时期的自然科学,被称为"有用学科",是下等人用以谋生的手段,或是上等人借以接近神的工具[①]。

古希腊时期重视人的理性,认为教育的最终目的在于发展人的理性。苏格拉底、柏拉图和亚里士多德都传授自然知识,柏拉图从国家整体和稳定出发,强调人类的理性,亚里士多德从人的个体和发展出发,强调个人的理性[②]。

欧洲中世纪在教会控制之下的学校,课程体系是为宗教服务,科学课程也成为神学课程。中世纪后期,欧洲生产力有了较大发展,城市兴起,市民学校逐渐兴起,主要传授实用知识和职业技能。与此同时,我国隋唐时期在政治、经济、文化方面都达到了空前的繁荣,宋代科学技术也取得了巨大的成就,主张但凡可以为国家所用的知识都应列入学校教学内容。

文艺复兴时期,人们冲破教会的禁锢,追求个性解放,探索自然,科学知识以分科的形式成为学校教育中的学科课程。青年学习科学的目的是解决生活中遇到的问题,经世致用,同时,科学教育也开始展示出人文精神的价值。

总之,工业革命之前,随着科学进步、生产力水平的发展,科学教育的目的从"为了生存"发展到"为了理性"。西方自古对理性尤为重视,虽然在中世纪"信仰先于理性,为了理性必先信仰",科学成为"神学的婢女",但在文艺复兴中科学与人文联手完成了"人性"对"神性"的反抗,西方的理性发展到了科学理性的新阶段。[③]此间,中国的文化中更崇尚传统的宗法人伦,强调天人合一、人伦秩序和伦理道德,科学教育仍以知识传承和经世致用为目的。这一时期的科学教育,完成了从生存到理性的蜕变。

---

① 樊琪:《科学学习心理学:科学课程的教与学》,中国轻工业出版社,2002,第36页。
② 刘德华:《科学教育的人文价值》,四川教育出版社,2003,第80页。
③ 刘德华:《科学教育的人文价值》,四川教育出版社,2003,第83页。

（二）科学教育的发展时期：实用价值

十八世纪，蒸汽机出现，工业革命爆发，科学技术开始迅速转化为直接的生产力，科学的重要性大大提高。在崇尚科学的时代，科学教育得到了前所未有的重视。

19世纪下半叶，在斯宾塞和赫胥黎等人的推动下，科学教育逐渐成为各国学校教育的主要内容。斯宾塞提出"什么知识最有价值？一致的答案就是科学"。他认为科学知识比其他形式的知识具有更大价值，表现在四个方面：第一，它培养了一种优秀的记忆类型；第二，它在培养判断力方面具有优势；第三，它用理性来滋养道德纪律；第四，它对发展宗教文化必不可少。斯宾塞重视科学知识的生活实用价值，他的实用观点不仅体现在物质上，也体现在精神上。他认为科学本身具有人文诗意，科学教育可以培养学生独立思考的习惯，培养良好的个性品质，主张教育要"为人的完满生活做准备"，科学教育无疑比传统的古典教育更能回归生活，科学知识因此获得了合法的地位。赫胥黎从科学家的视角进一步推动了科学教育的发展。他批评古典人文教育让学生死记硬背、迷信书本而不愿相信自己亲眼所见的东西，批判古典教育极少考虑个人的生活需要，通过对比凸现了科学教育的求真意义。他认为科学教育远不止为了满足每日的需要，还直接影响人生观的形成。在他看来，科学教育不仅有功利价值，同时也具有文化价值。1893年美国教育协会（National Education Association）十人委员会为美国中学课程设置的报告中，建议开设古典学科、英语、拉丁语和自然科学、现代语，自此人们才开始接受科学为学校教育中一门正式的学科。[1]当时科学课主要是为了让学生得到心智技能的训练，获得一些事实性的知识。为人的未来生活做准备这一教育价值取向，决定了当时的科学教育是以知识的传递为主，过分偏重物质生活的价值。与此同时，中国的清王朝正承受着西方先进科技的震荡。鸦片战争后，洋务派发起了以学习西方科

---

[1] 靳玉乐、肖磊：《美国科学课程改革百年回眸》，《西南大学学报（社会科学版）》2013年第6期。

学技术引进机器制作为中心内容的洋务运动。西方科学主要被理解为"器"和"技",科学只具有工具层面"用"的价值,此时的科学教育具有一种社会救亡意义上的实用工具价值,有着强烈的救亡图存诉求。这与斯宾塞提出的个人生活实用价值取向形成了鲜明的对照,却有着历史的合理性,同样也为科学教育在中国近代教育系统中争得了一席合法之地。

工业革命以后,无论中外,都以科学教育的实用价值为科学争得了合法的地位。斯宾塞和赫胥黎阐述的实用价值指向的是个人的完满生活,而洋务派指向的是社会救亡的实用价值。斯宾塞和赫胥黎多少能意识到科学教育的精神价值,而洋务派则是利用科学教育来维护旧的伦理价值观念,用科学教育的实用性来促成民族振兴。在教育中重视科学知识的传授和学习,多少实现了科学教育物质层面的个人生活的实用价值和民族救亡工具的价值。然而,科学教育一经兴起,就不仅显示了社会救亡的实用价值,也对传统的伦理价值观产生了冲击。[①]这为日后的科学思想启蒙奠定了基础。

(三)科学教育观念变革时期:实用与人文价值

20世纪初,科学教育的生活实用价值已广为人知,人们需要新的价值观念来为科学教育提供更强有力的合理性辩护。这一时期的科学教育,更加强调"人的发展"的价值取向。在对以往科学教育价值的反思中,罗素、杜威、巴格莱、雅斯贝尔斯等人都提出科学教育应直接关注儿童的现实生活和发展。在罗素看来,科学教育既有实用价值,又有内在价值;有助于培养学生的理想品性、理性、科学精神、批判性思维习惯,克服人性的弱点。因此,罗素提倡科学教育要让学生进行辩论。杜威也认为,科学教育对人的发展具有极大的价值。他主张科学教育将理性用于社会和人生事务的各个方面,让科学方法成为人们下意识的东西,以此改造人类社会。因此,杜威强调通过科学教育,培养学生理性的思维方式,将科学方法深入到日

[①] 刘德华:《科学教育的人文价值》,四川教育出版社,2003,第155页。

第十一章 小学科学学科落实立德树人根本任务的理论与实践

常习惯,发展科学思维。在教学方法上,杜威强调"做中学",为学生创设有利的活动环境,从"做"中取得经验,学习知识,发展思维能力。巴格莱认为,科学教育具有工具价值,也具有解释价值,科学知识能帮助人们解决问题,也能作为背景潜移默化地影响人们的行为。他认为传统的直接将科学知识呈现给学生以节约时间的做法,只能彰显其功利主义和实用主义的工具价值,科学的背景和解释的价值却被遮蔽,因此,巴格莱认为科学教育不能只采用"节约"原则,也要使用"浪费"原则来指导。雅斯贝尔斯也认为在科学教育中获得结果的方法具有陶冶价值[1],因此,科学教育重要的是了解每一个认识步骤,而非盲目地接受结果。他还指出,科学的最大特性是怀疑和质问一切的精神,应对事物进行谨慎而有保留的判断,并对这一判断的界限和适用范围进行检验。因此,他也强调科学教育对科学态度的培养。

20世纪初,美国中小学科学课程的目标最初是掌握科学知识,科学知识的主体是科学家的研究成果。随后的研究发现,人们在对待周围环境时常采取不科学的态度,于是提出应该培养科学的态度,如一些迷信的东西可以通过自然原因解释,研究结论不应由少数人提出,等。随着科学教育目标的不断发展,科学教育者又提出科学思想比科学知识更重要。之后,教育者认识到科学原理是科学家们创造性地解决问题的结果,于是开始把问题解决能力作为教育的一个重要目标。他们认为解决问题、创造科学原理所需要的心智技能比思想本身更重要,因为这些技能可以提高个人掌握更多知识的能力。可见,在这一阶段,科学教育的目标不断发展变化,从知识唯上开始强调方法、思维、精神、态度、能力等方面的目标,在科学教育价值观的认识上,已从实用价值取向开始转向人文价值取向。

同一时期,中国正处于思想启蒙的时代。自1898年实现了科技考试与科举考试并举,科学教育逐渐得到重视。从1901年起,晚清政府在维新派的努力下开始实施"新教育",1904年颁布了《奏定学堂章程》(癸卯学制),

---

[1] 刘德华:《科学教育的人文价值》,四川教育出版社,2003,第109页。

在大学、中学和小学开设科学领域的学科课程,小学称为"格致",科学教育开始进入小学,走向系统化。对科学的理解方面,维新派思想家与洋务派的"器"与"技"认识不同,他们更倾向于与世界观、价值观和思维方式等融合来理解科学。如,严复受斯宾塞和赫胥黎等西方学者强调科学教育人文价值的影响,认为科学教育具有转换观念的思想启蒙价值,科学方法有"冶炼心能"的作用,科学具有改变"心习"(价值观念和思维定式)的作用,而这是救亡图强的前提。因此,严复认为科学教育既要重视科学知识,更要重视科学方法和思维训练,重视学生的独立思考和通过实验以获得知识,注重思想观念的开化,以开民智,培养新民。严复所代表的维新派,已将科学教育的价值从物质世界开始转向精神世界。1919年"五四运动"前后,是人们追求民主和科学的时期。新文化的倡导者们将科学提升为一种价值体系,他们提倡理性的独立思考,反对盲从权威,表现出转换思维方式,革新社会价值观的努力,却也过度强调科学外在的社会功能。此时的科学教育得到发展和壮大,但各科知识比较分散,系统性不强,教材内容广泛,涉及面宽,对教师要求高,观念上人们提倡科学方法的教育,在实践上,仍只重视科学知识的教学。因此实施时遇到困难。

这一时期中西方文化之间逐渐交流与碰撞,教育思潮和科学教育观念逐渐趋同。对科学教育的认识都已从物质工具价值取向转向实用价值与人文价值并重的向度,意识到了科学教育的精神价值。此时的科学教育价值取向既指向个体的物质生活与精神需求,又指向社会的物质生产发展与思想观念转变。科学教育的价值得到有力的辩护,但科学教学相对薄弱,先进的科学教育思想难以落实到实践中去,观念的变革领先于实践的改变。

(四)科学教育改造与探索时期:社会本位

第二次世界大战以后,人们看到了科学技术广阔的应用前景,战后社会经济发展和科技本身的发展也需要大量的科学技术人才,传统科学教育难以适应快速发展和变动的社会需要,科学教育改革迫在眉睫。1957年,苏

第十一章　小学科学学科落实立德树人根本任务的理论与实践

联成功发射了第一颗人造卫星,举世震惊,引发美国大规模的科学教育改革。美国教育界提出要加强对科学精英的培养,加强科学技术的研究,提高科学教育的质量,此时科学教育的目标是培养科学家[1],以适应培养高质量科技人才的需求。美国、加拿大、英国和澳大利亚等国科学教育改革的动机都是吸引最聪明和最好的那部分精英。这一时期的科学教育改革目标较为功利,所开发的课程过于以学术为中心,新编的教材片面强调现代化和理论化,忽视知识的应用和技能的训练。这一阶段的课程改革强调学科的基本概念和基本原理,关注课程内容的及时更新和现代化,虽然难度较大,使得大多数学生失去科学学习的兴趣,但培养了一批科学英才,使美国科学技术人才短缺的局面有所缓解。[2]

新中国成立初期,科学教育服从和服务于国家的政治形势和经济建设的需要。1958年"大跃进"之前,我国的教育全面学习苏联,制定了教学大纲,科学教育的目标是基本知识和基本技能("双基"),促进学生德、智、体、美、劳全面发展。科学课程的系统性、科学性得到加强,理论加深、内容与生产实际联系紧密,强调科学知识在生产建设中的作用。"文化大革命"期间,科学教育走上了以产品带教学的道路,生产知识凌驾于科学基础知识之上,教材也缺乏严格的知识水准要求,造成大批青年学业荒废。"文化大革命"结束后,教育工作开始走向正常,科学教育又回到教育的中心。"教育要面向现代化、面向世界、面向未来"的提出,强化了教育促进生产力发展的经济功能。在"科学技术是第一生产力"的影响下,科学教育继续强调"双基",让学生爱科学、学科学、用科学,养成实事求是的科学态度,注重对学生辩证唯物主义、爱国主义等思想品德教育。

总的来看,这一时期科学教育的价值主体是社会而不是个人。无论是美苏军备竞赛下的科技力量角逐,还是我国从百废待兴到科教兴国,科学

---

[1] 王素:《科学教育的目标与课程的发展》,《外国教育研究》1993年第4期。
[2] 丁邦平、罗星凯:《美国基础科学教育改革及其主要特点——兼谈加强我国科学教育研究》,《首都师范大学学报(社会科学版)》2005年第4期。

教育的价值主要是促进社会生产的发展，满足社会生产需要和政治实用需要是放在第一位的。学生的发展还处于次要地位，若非学生的科学学习成就不利于社会生产力价值的实现，学生的发展就算不上科学教育的问题。这一阶段的科学教育目标主要是在科技进步的刺激下所作出的回应，在传统科学教育目标的基础上提出了适应现代化培养科技人才的目标，是一种在社会本位科学教育价值观之下以学术为中心的改革和探索。

（五）科学教育目标多元化时期：个人与国家

在20世纪80年代和90年代，试图扩展精英课程以适应所有人几乎是一种全球性的活动，人们普遍把科学教育的目标从为了培养科学家转向面向全体学生，而无论他今后是否从事科学工作。20世纪80年代，美国经济遭到太平洋西岸和西欧一些国家的严峻挑战，加上在国际性学生科学学业成就评价中，美国学生成绩落后，美国科技界和教育界感到了人才缺乏的危机。为了在21世纪的国际经济和军事竞争中立于不败之地，1985年美国科学促进会（AAAS）开始着手制定"2061计划"，提出了科学要面向全体大众，全面提高所有学生的科学素养，将科学列为核心课程，不仅涉及科学与技术原理，还包括科学方法、科学史和STS教育（科学、技术与社会的关系）的内容。在英格兰和威尔士，也存在科学不受学生欢迎的问题，惠灵顿认为，这是因为尽管从1916年一群公立学校的科学专家就提出为了所有人的口号，但在学校里使用的仍是稍加修改后的为少数学术精英设计的科学课程。这个修修补补、重新包装为满足所有人的精英课程显然没有成功。1985年在巴基斯坦召开的科学课程研制会议上，专家们对科学教育的目标作出了界定：给予每一个人适应改善生活质量所急需的知识、技能和态度。[①]

1996年，美国《国家科学教育标准》发布，其目标是让所有学生通过掌

[①] 王素：《科学教育的目标与课程的发展》，《外国教育研究》1993年第4期。

第十一章 小学科学学科落实立德树人根本任务的理论与实践

握一套内容标准来实现科学素养。[①]马来西亚科学教育的目标是让学生掌握科学知识和科学思维的方法与技能,促进学生智力和精神的发展,关注科学技术对人们生活质量的作用和贡献。加拿大国家科学课程的目标包括科学知识、理解力、科学在技术与社会问题中的应用。加拿大安大略省的新课程设计的目标是确保安大略省中学的毕业生做好充分的准备,以公民和个人的身份过上令人满意和富有成效的生活,并在全球经济和瞬息万变的世界中竞争成功,小学科学课程的目标是了解科学技术的基本概念;发展科学探究和技术设计所需的技能、策略和思维习惯;将科技知识相互联系起来,并将之与学校之外的世界联系起来。英国1988年由国家科学课程工作组提出的科学教学目标中也包含了理解科学对社会的贡献、建立科学与其他知识的联系。[②]我国科学教育也倡导面向全体学生的全面发展,从以往过分追求升学率的"英才教育"向"大众教育"转变,明确提出科学知识、科学方法和科学态度的科学素养目标。2001年《基础教育课程改革纲要(试行)》中指出,基础教育新课程要"使学生具有初步的创新精神、实践能力、科学和人文素养及环境意识",明确了教育的目标是培养学生的科学素养,确立了"知识与技能""过程与方法"和"情感态度与价值观"三位一体的课程目标。2017年,我国教育部印发《义务教育小学科学课程标准》(以下简称"2017年版《课标》"),强调小学科学课程对培养学生科学素养所发挥的重要作用。2017年版《课标》明确指出,"小学科学课程的总目标是培养学生的科学素养,并为他们继续学习、成为合格公民和终身发展奠定良好的基础",并从"科学知识""科学探究""科学态度"和"科学、技术、社会与环境"四个方面阐述了具体目标。这一课程目标被认为是上一次课程改革所提出的"三维目标"的扩展版。

可见,20世纪末的科学教育从培养未来的科学家向发展公众对科学的理解这个目标转变,科学教育的目标越来越多样化和扩大化。此时科学教

[①] 魏冰:《科学素养——美国科学教育改革的中心概念》,《外国中小学教育》1998年第5期。
[②] 王素:《科学教育的目标与课程的发展》,《外国教育研究》1993年第4期。

育的价值也被普遍认为应当同时满足个人与国家发展的需要。个人的幸福生活与科学素养息息相关,具有良好科学素养的国民也与国家的强大正相关,强调科学教育对个人与国家的实用价值和人文价值。随着科学教育改革的不断发展,人们对科学教育的价值理解越来越多元,科学教育不再只是培养少数科技精英,而是面向全体学生,提高全体学生的科学素养,让学生拥有高品质的生活,适应未来社会的发展,为国家储备高素质的人才。

(六)科学教育目标聚焦时期:个人、社会和职业

21世纪以来,随着"现代社会"及"后现代社会"的到来,传统的能力、技能等概念已经难以适应复杂多变和快速变迁的信息化时代的需求,人们对教育的目标进行了扩展与升级。联合国教科文组织、欧洲联盟、经合组织等继续对素养进行了发展,提出了同时包括"知识""技能""能力""态度"的"核心素养"的教育目标,强调核心素养才是培养能自我实现与社会和谐发展的高素质的未来世界公民之基础。欧盟要求教育应适应知识社会的需求,侧重于发展欧洲公民充分参与社会必不可少的核心素养,发展个人调动心理和社会资源、知识、技能和态度来处理问题和复杂需求的能力。课程和学习成果的标准正在适应经济全球化和市场需求,具有终身学习和高度专业化的趋势。经合组织的"素养的界定与遴选"项目旨在确定"对个人成功生活和一个运作良好的社会有用的核心素养"。在核心素养框架下,PISA(国际学生评估)项目也同时启动。与以往学生学业成绩的国际调查重点测评知识本身不同,PISA考查的是在现实生活中应用知识的能力,这种务实的做法极大地影响了全世界的教育改革。在PISA的冲击下,快速引发了一个旨在提高学生的素养水平的教育改革进程。各国基础科学教育开始以科学素养作为核心的教育目标,将其纳入科学课程标准。[1]英国21世纪科学项目打算实现科学教育的两个目标:发展所有学生的科学素养以支持他们在日后的生活中参与与科学相关的问题,并为更高的科学课程提

---

[1] 王晶莹、罗跃、高金英:《中学生科学素养水平的年级差异研究》,《全球教育展望》2015年第4期。

供基础。德国提出了基于素养提高和改善教育质量的基本模式,培养学生应该能做的一般的事,而不仅仅是学科内容。

可见,在新时期,全球大型学生学业成就测试影响了一大批国家的科学教育政策的制定,科学教育的目标也由20世纪末无限扩大的科学素养逐渐聚焦到核心素养,同时兼顾了学科知识、能力和态度的发展,强调个人的品格和能力发展,同时强调公民属性,鼓励学生积极参与社会科学议题,培养对科学事业的兴趣和热爱。然而,对核心素养的看法和解释与每个国家或地区的历史和文化背景密切相关,科学教育的目标具有全球共同的发展趋势,却也并没有一个完全统一的表达。科学教育的工具价值和人文价值都已得到普遍的认同,新时代科学教育的目标更多地取决于各国的文化传统和对科学教育的期望,呈现出全球化聚焦发展的特点,更加强调个人、社会和职业的协调发展。

二、结论和启示

从国际科学教育的价值演变过程可以看出,人们对科学教育的价值判断在一定程度上影响了各个时代科学教育的主要目标,见表11-1。

表11-1 科学教育价值的演变过程

时代	科学教育价值观	科学教育目标
工业革命以前	人文价值:理性思想	进行正确的思维、理解、判断,获得身心自由发展
18—20世纪以前	为人的未来生活做准备,以及社会救亡价值等实用价值	心智、技能训练,强调科学知识
20世纪前半叶	实用价值与人文价值并重,既指向个体的物质生活与精神需求,又指向社会的物质生产发展与思想观念转变	从知识唯上开始强调方法、思维、精神、态度、能力等方面的目标

续表

时代	科学教育价值观	科学教育目标
20世纪中叶	社会本位,为满足社会生产需要和政治实用需要	培养科学家和科学精英。使学生能够进行一般的调查和探索自然现象的过程,强调科学探索过程而不是零碎的知识内容,强调问题解决和批判性思维等
20世纪末	面向全体大众,同时满足个人与国家发展的需要	科学素养。给予每一个人适应改善生活质量所需的知识、技能和态度
21世纪以来	兼顾个人、社会和职业	核心素养。发展个人调动心理和社会资源、知识、技能和态度来处理问题和复杂需求的能力,具有终身学习和高度专业化的趋势

从表11-1可以看出,科学教育的价值随着时代发展和科学技术的进步不断充实和发展,从最初普通民众为了生存而世代相传和统治阶层对理性思想的追求,到为了获得合法的学科地位而从科学教育的实用价值出发,强调科学教育对人的未来生活和社会救亡的价值;随着科学被人们逐渐认识和接受,需要突出科学教育的人文价值来为其辩护,强调了科学教育对个人和社会的实用价值与人文价值;在国家之间军备竞争激烈的时代,科学教育的价值体现了社会本位的取向,为了满足社会生产和政治的需要;在科学的实用价值已广为人知的年代,个人的发展开始成为教育的重要问题,科学教育的价值就出现了双重取向,既要满足国家发展的需要,更要满足个人发展的需要;在人力资本竞争越演越烈的当今社会,在国际学生学业质量测评的影响下,各国都在反省各自的科学教育,寻找符合本国国情和未来社会所需的科学教育,所考虑的科学教育价值更加多元。

当代科学教育的发展已经表明,科学教育不仅具有功用价值,而且具有人文价值。科学的价值首先体现在对客观世界的正确认识与合理解释上,

第十一章　小学科学学科落实立德树人根本任务的理论与实践

科学技术在推动人类社会物质文明进步、保障人类生存与发展方面具有显性的实用价值和工具价值；科学研究方法、科学思想、科学认识和应用及其显示出的科学精神等对个人和社会发展的塑造作用又体现了其隐性的人文价值。科学教育的实用价值与人文价值并非全然对立和分离，正如惠灵顿所言，科学教育不应过分强调其中的任何一个因素而忽视其他方面的目标，不应过分强调对未来公民的"科学素养"而牺牲了当下与科学的实用价值、内在价值或发展"科学态度"的重要性相关的同等重要目标。

我国基础教育课程改革中，核心素养这一概念：在目标上，指向的是对"教育应该培养什么样的人"这一问题的回答；在性质上，是所有学生应具备的共同素养，是最关键、最必要的共同素养；在内容上，是知识、技能和态度等的综合表现；在功能上，同时具有个人价值和社会价值；在培养上，是在先天遗传的基础上，综合后天环境的影响获得的，可通过接受教育来形成和发展；在评估上，需结合定性与定量的测评指标进行综合评价；在架构上，兼顾个体与文化学习、社会参与和自我发展的关系；在发展上，具有终身发展性，也具有阶段性；在作用发挥上，具有整合性，每个核心素养都具有独特的重要价值，不存在孰轻孰重的问题。[1]在这一改革背景下，结合国际科学教育趋势，在提炼学生科学学科核心素养要素时，亦遵循核心素养概念的内涵和外延，从个人价值和社会价值方面遴选学生能通过接受科学教育获得的最关键、最必要的知识、技能和态度等综合表现的共同素养。

科学教育的价值在不断扩展，科学教育的目标随时代而发生变化。学生科学学科核心素养作为科学教育的目标，自然也会随着时代的发展和科学技术的进步而有所发展变化，只有符合时代发展需要的科学学科核心素养框架才能促进本土科学教育的发展。

在我国科学课程标准/教学大纲等文件的百年历史演变中，科学学科核心素养的表述发生了巨大的变迁。整体上，虽然受时代影响较大，但我国

---

[1] 林崇德：《21世纪学生发展核心素养研究》，北京师范大学出版社，2016，第30-33页。

科学学科核心素养基本上与国际科学教育的发展趋势是一致的,科学学科核心素养不断丰富、深化和具体。纵观百年来我国小学科学课程标准,其倡导的课程改革方向与路径都大致与世界科学教育课程改革的趋势同步,国际和国内环境的变化在小学科学课程标准中的反映虽有迟滞但仍未能阻挡小学科学课程改革的发展。在新时期,科学教育的目标更加强调个人、社会和职业的协调发展,由20世纪末无限扩大的科学素养逐渐聚焦到核心素养,兼顾了学科知识、能力和态度的发展,强调个人的品格和能力发展,同时强调公民属性,鼓励学生积极参与社会科学议题,培养对科学事业的兴趣和热爱。

科学教育的工具价值和人文价值都已得到普遍的认同,新时代科学教育的目标更多的取决于各国的文化传统和对科学教育的期望,呈现出全球化聚焦发展的特点。对聚焦后的核心素养的看法和解释与每个国家或地区的历史和文化背景密切相关。从我国百年来的小学科学课程标准/教学大纲的演变过程可以看出,各主要目标都在不断丰富和具体化,科学态度目标更是得到了极大的扩展。在科学态度目标中,自始至终都受到重视的是人与自然的关系。我国人地关系的演变过程先后经历了"混沌未知、天人合一、人地相称、人定胜天、人地和谐共生"的演变历程。[①]我国小学科学课程标准中对人与自然关系的表述也大致经历了人地相称、人定胜天、人地和谐共生的历程:第一阶段强调热爱自然,探索人与自然的关系;第二阶段强调热爱自然,利用自然来改进生活;第三阶段强调利用自然、改造自然、征服自然为人服务;第四阶段强调科学自然观和人类对自然界的利用与保护;第五阶段强调热爱自然,与自然和谐相处。可持续发展的理念既是当前国际科学教育的显著特征,同时也是我国的优秀传统文化,在小学科学学科核心素养体系的建构过程中应给予足够的重视。

此外,科学思维方式是某一科学历史时期指导科学活动的主要方法的

---

① 李小云、杨宇、刘毅:《中国人地关系的历史演变过程及影响机制》,《地理研究》2018年第8期。

"运营者",往往与特定时期的科学观念表现出某种一致性[①]。科学思维在我国小学科学课程标准中逐渐受到关注,随着科学的普及和公众对科学过程理解的加深,科学思维在课程标准中的表述越来越清晰和具体,在强调科学素养的阶段,科学探究活动往往伴随着对科学思维的要求。虽然科学思维在科学探究乃至科学教育中的作用已被越来越多的科学教育研究者认可,在未来的科学学科课程中,应加强科学思维的核心地位。

第二节 小学科学学科落实立德树人根本任务的学科特点

2022年版科学课程标准指出,科学是人类在研究自然现象、发现自然规律的基础上形成的知识系统,以及获得这些知识系统的认识过程和在此过程中所利用的方法。科学为技术和工程提供了理论基础,为人类认识和理解自然与社会提供了独特的思想方法、思维方式、精神力量和价值观念,提高了人类社会的精神文明水平。

一、科学知识

西方科学源自古希腊。古希腊科学是非功利和确定性的知识,目的是追求人性的自由,其典型代表是演绎数学、形式逻辑和体系哲学。近代科

[①] 孙玉忠:《前提性知识研究的独特视角——俄苏科学哲学对科学思维方式的研究》,《自然辩证法研究》2019年第10期。

学继承了古希腊科学的确定性,增加了主体性、力量性诉求,大规模地征服自然、改造自然。其主要代表是数理实验科学。[1]对西方科学哲学家而言,科学指的是近代欧洲诞生的以牛顿力学为代表的自然知识类型。[2]科学的价值首先体现在对客观世界的正确认识与合理解释上,体现在对真理的追求和对人类思想解放的推动。[3]科学教育的直接功能就是传承科学技术的知识和技能,满足社会现实的需要,促进社会发展和国力强盛。

二、科学方法和思维

科学不仅包括知识,也包括解决问题的过程、方法和思维。赫胥黎指出,科学教育的最大特点,就是使心智直接与事实联系,从对自然界的直接观察而获知的一些个别事实中得出结论,他认为这种训练心智的特点使得科学教育无可替代。[4]Derry在其著作《科学是什么,如何运作的》一书中概括了科学是如何运作的:从已知的思想和概念出发,观察世界,尝试不同的事物,建立联系,看到模式,形成假设和预测,发现不能理解的限制,意外有了新的发现,形成对所见事物更新和更广阔的理解。因而,他写道,科学是尝试理解自然的过程中,积极和创造性的思维参与。实验方法和大量使用数学是近代科学呈现出的两个新特点,吴国盛也说,如果说希腊科学是理性科学,那么现代科学就是数理实验科学。[5]此外,模型建构、想象和精确测量、解释、科学论证、科学推理、批判性思维、定量思维、类比、比较、分类、诚实和好奇心、开放的思想、科学伦理、科学与社会等也被认为是科学发现的重要方法和思维。Osborne等人所做的一项德尔菲研究对学校科学课应

---

[1] 吴国盛:《什么是科学》,广东人民出版社,2016,第303-305页。
[2] 吴国盛:《什么是科学》,广东人民出版社,2016,第5页。
[3] 吴俊明等:《科学教育基础》,科学出版社,2008,第64页。
[4] 赫胥黎:《科学与教育》,单中惠、平波等译,人民教育出版社,2004,第90页。
[5] 吴国盛:《什么是科学》,广东人民出版社,2016,第147-148页。

该教什么科学相关内容进行了讨论,研究发现,科学和确定性、分析和解释数据、科学方法和批判性检验、假设和预测、创造力、质疑、合作与协作、科学和技术、科学发展史、科学思维的多样性等内容得到了利益相关者的共识。

三、科学本质

张红霞将查尔默斯对科学本质的描述归纳为:以观察为手段,以事实为依据;可重复性;可积累性;理论的可证伪性。[1]她将科学的本质内容概括为:科学知识的确定性;依靠证据;可重复;科学方法与批判性思维;假说与预测;创造性;科学与提出问题;合作与协作;科学史、科学与社会的关系;科学知识的相对真理性;科学与技术的关系等。[2]张天蓉认为近代科学不可或缺的主要特征是可质疑性、量化、可被证伪性和可证实性、普适性。[3]

科学具有物质功能和精神功能,它具有破除迷信和教条的批判功能、帮助解决社会科学问题的社会功能、促进社会民主、自由的功能、塑造世界观和智力氛围的文化功能、认识自然界和人本身的认知功能、提供解决问题的方法和思维方式的方法功能、给人以美感和美的愉悦的审美功能、训练人的心智和提升人的思想境界的教育功能。[4]

在各国的科学教育中,一以贯之的教学内容是知识,过程、方法、思维和态度等也逐渐获得了重视。刘默耕在20世纪80年代就指出,科学除了系统的科学知识外,还包括获取这些知识的过程,既包括接受前人的科学成果,"更重要的是让孩子们在实践中学到探究科学规律的本领"[5]。他提

---

[1] 张红霞:《科学究竟是什么》,教育科学出版社,2003,第2-3页。
[2] 张红霞:《科学究竟是什么》,教育科学出版社,2003,第4页。
[3] 张天蓉:《科学是什么》,清华大学出版社,2019,第96-134页。
[4] 李醒民:《论科学的精神功能》,《厦门大学学报(哲学社会科学版)》2005年第5期。
[5] 北京桂馨慈善基金会主编《刘默耕小学自然课改革探索》,崇文书局,2015,第79页。

出了小学自然课要培养三大能力：知识、动手能力（操作技能）和动脑能力（思维能力），并在1982年起草课程大纲时将其具体化为"观察能力、实验能力、逻辑思维能力、想象能力、创造能力"[①]。当前各国科学教育的重要目标是让公民在面对与科学相关的社会性议题时，能根据证据进行推理、解释，或提出基于证据的解决方案并做出个人决定。这表明当下科学不再只被看作一系列的知识，而是作为一种了解世界的方式被人们所接受。[②]

第三节 小学科学学科落实立德树人根本任务的基本要求

学科的育人功能在于通过知识学习和师生交往，使学生成为理性的人、文化的人、社会的人和具有精神属性的人。科学学科的育人价值是科学学科对学生发展的价值。发展即改变，是科学学科教学所引起的学生认知能力、情感品质、思想意识、生活方式等身心结构的成长与优化。[③]科学学科的育人功能，就是指通过科学教育教学，学生作为人的社会本质、文化本质和精神本质的丰富和成长。科学学科的育人功能需要透过科学知识的表层，去追寻知识背后的文化意义与价值传承。科学学科的本质特征是自然科学知识、科学方法和思维、科学本质观等，由科学学科的特征可以使学习者获得实用技能、科学理性和认识世界的方式方法等。因此，科学课程具

---

① 北京桂馨慈善基金会主编《刘默耕小学自然课改革探索》，崇文书局，2015，第356-357页。
② 朱晶：《科学教育中的知识、方法与信念——基于科学哲学的考察》，《华东师范大学学报（教育科学版）》2020年第7期。
③ 郭元祥：《论学科育人的逻辑起点、内在条件与实践诉求》，《教育研究》2020年第4期。

第十一章　小学科学学科落实立德树人根本任务的理论与实践

有增长知识、技能、方法、思维、态度等实用价值和人文价值。学生通过小学科学课程的学习,将形成终身发展所需的必备品格、关键能力和价值观念,科学观念、科学思维、科学实践和科学态度是小学生学习科学课程后应具备的科学核心素养。这些素养对人的发展和社会的发展都具有相同或不同的功能,每种素养都有其功能,每种功能都可能由一种或多种素养体现。下述功能与科学核心素养并非一一对应的关系。具体来说,小学科学学科的德育功能主要体现在以下几个方面。

一、形成实事求是的人生态度

毛泽东同志指出:"'实事'就是客观存在着的一切事物,'是'就是客观事物的内部联系,即规律性,'求'就是我们去研究。"习近平总书记强调:"坚持实事求是,就是坚持一切从实际出发来研究和解决问题,坚持理论联系实际来制定和形成指导实践发展的正确路线方针政策,坚持在实践中检验真理和发展真理。"[1]科学知识及其演进和发展的过程,就是实事求是的过程。

(一)发展科学理性

英国教育家赫胥黎是科学教育的倡导者,在他看来,"自然科学教育提供了具有特殊价值的知识","以一种比其他任何学科所能提供的更好的方式,提供一种特殊的逻辑形式以及检验我们的研究过程正确性的特殊方法的训练","科学研究成果与中世纪时那些绝对盲从和强迫灌输的观点是明显抵触的","按科学方法自由运用理性是获得真理的唯一途径"。[2]

学生通过科学课程的学习,不仅能够掌握理解世界的自然科学知识,扩展知识结构,为树立辩证唯物主义的科学观打下较好的认识基础,也能通

---

[1]《坚持实事求是的思想路线》,《学习时报》2012年5月28日第1版。
[2] 赫胥黎:《科学与教育》,单中惠、平波等译,人民教育出版社,2004,第114页。

过知识学习参与真实世界的生活,理解世界的意义,成为社会活动的主体,还能树立科学的价值观、培养科学的生活方式和思维方式等。科学探究是科学学习的重要方法。科学探究中提出问题、作出假设、制定研究计划、收集数据、对证据和解释进行批判性和逻辑性思考、得出结论、论证观点、交流反思等,可以帮助学生理解科学概念,体会我们是如何知道的,我们为什么相信或不相信一个事实或观点,认识科学的本质,掌握探索自然的技能和态度,养成热爱真理和憎恨谬误的习惯。

科学学习中对科学过程与方法的掌握,不仅能让学生学会如何进行科学研究,或用科学的方法处理问题,更重要的是通过让学生"学习科学对事实的尊重、科学对观察的依赖、科学对结论的谨慎、科学对错误的勇于修正等这些科学教育特有的内容",培养更具科学理性的公民。[1]科学教育通过传播科学知识、科学思维、科学方法、科学精神和态度,提高学习者的智慧和技能,培育个体和社会的科学理性,增强公民"抵御虚假、愚昧和野蛮的能力,推动人的思想和行为方式的道德化,推动社会道德规范和道德观念沿着正确方向更新和发展,对个体的世界观、人生观和价值观发生影响,从而成为推动个体和社会行为理性化的强大的精神力量,成为推进精神文明的重要途径"。[2]可见,科学及其学习所特有的倡导理性、追求真理、强调实证和批判质疑精神,都会让学习者体会到孜孜不倦进行科学探索追求真理的快乐,也会对人类的思想进步产生重大影响。

(二)形成诚信、开明的品质

科学需要正确地对自然界进行直接观察以获知事实,通过归纳和演绎等推理来加以阐明和解释科学现象,得出结论。事实和逻辑是判断科学知识是否可信的重要依据,坚忍不拔和诚实是克服科学探索困难的重要品

---

[1] 张红霞:《科学究竟是什么》,教育科学出版社,2003,第30-31页。
[2] 吴俊明等:《科学教育基础》,科学出版社,2008,第63页。

质。这些通过科学学习而获得的能力和品格是其他任何教育无法代替的。

科学课程使学生在科学原理和科学方法上得到基本训练，养成观察、记录和分析事实的能力与一丝不苟的态度。科学教学要求学生基于证据开展推理和论证，为自己的观点辩护、反驳不合理的观点或推理过程、评价他人的科学探究过程和结果，面对他人有理有据的批评和质疑，敢于修正自己的观点，有利于培养学生据理力争和勇于承认错误、改正错误等实事求是的态度。通过学习科学研究的过程，可以培养客观的态度，严谨的作风，规范的意识，从而养成尊重事实和证据，有实证意识和严谨的求知态度，形成尊重科学，用科学的眼光来看待世界、反对迷信，做事有计划、有条理，说话有根据、有分寸的习惯。

科学课程是综合性课程，摆脱了单一学科体系的束缚，容易吸纳具有跨学科特性的科学技术发展新成果，有助于建构开放的知识结构。在开展综合性学习或跨学科问题解决过程中，能培养学生的综合能力，使他们养成从多角度、综合、全面、辩证地思考问题的习惯。学生不仅需要理解科学内容，还要认识科学观点演进和证明的过程，了解科学知识产生的来龙去脉，明白科学知识是怎么来的，我们为什么相信它们。学生在参与探究的过程中，理解和掌握基本的科学原理和方法，运用科学的思维方式认识事物、解决问题、指导行为等，有助于学生在当下和未来开放和理性地做出关于接受或拒绝科学事实或结论的科学决策。

（三）强化民主、文明、自由、平等和公正的价值观念

科学本质是与科学知识的特点及其发展相关的价值观和信念。如：科学知识具有持久性和暂定性；科学知识依赖但不限于观察、实验证据、合理的争论及怀疑态度；不存在一种普适的按部就班的科学方法；科学是解释自然现象的一种尝试；定律和理论在科学中扮演不同的角色，再多的证据也不能使原理变成定律；各种文化的人都对科学有贡献；新的科学知识必

须被清晰和公开地报道;科学家要保存精确的记录,供同行评议和重复实验;观察受理论指导;科学家运用创造力和想象力进行研究;科学史既表现出演进特征,也表现出革命性;科学是社会及文化传统的一部分;科学和技术相互影响;科学思想受到社会和历史背景的影响等。[①]科学本质也是科学教育的重要内容之一。对科学本质的认识有助于学生思考与科学相关的社会问题,参与到科学相关问题的决策中来,有助于学生理解科学共同体在科学问题上需要共同遵守的价值观念和道德信念。科学本质还是判断科学知识是否合理、可信的依据,是区分科学与伪科学的标尺,直接影响着人们的科学观念、指导人们的科学活动和日常行为。[②]

赫胥黎指出,理想的文化应当提供一种完整的生活理论,这种生活理论是建立在清楚地认识类似于其本身可能性和局限性的基础之上的。[③]科学本质提示学生,科学知识是基于现有证据的合理推论,并非永远权威和正确,没有一种科学方法应该享受科学霸权,这些都能使学生体会科学的可能性及其局限性,对不了解的事物怀着谦虚敬畏之心,不妄下断言。此外,人们通常会面临复杂性真实问题的原因推断,了解知识暂时性的人较能采用多元观点思考议题的复杂性;在解决科学性社会议题时通常需要考虑所引用的证据和主张、对科学本质的认识、对证据的评估以及对议题相关概念的了解等,在科学教学中讨论科学相关议题时可让学生基于证据、概念等进行科学决策,这样基于真实的复杂问题解决练习,对理性思维、批判质疑等核心素养具有支撑作用,基于证据和科学规范行使决策权,能有效培育民主、文明、自由、平等和公正等社会主义核心价值观。

[①] 王晶莹:《科学探究论》,华东师范大学出版社,2011,第86页。
[②] 王晶莹:《科学探究论》,华东师范大学出版社,2011,第29页。
[③] 赫胥黎:《科学与教育》,单中惠、平波等译,人民教育出版社,2004,第102页。

二、养成人与自然和谐相处的世界观

赫胥黎早就指出,"教育的全部目的就是,首先用这样的一种方法去培养青年的各种能力,使这一代人具有得到幸福和利益的最好机会。其次给他们提供人类大量有价值的经验,即我们称之为各种知识中的那些最重要部分"①。可见,在他看来,学生学习知识、方法,主要是为了传承文明和获得享受美好生活的能力。科学教育有助于提升健康生活包括珍爱生命、健全人格、自我管理等品质,积淀人文底蕴包括尊重、维护人的尊严和价值、关切人的生存、发展和幸福等人文情怀,以及理解和尊重文化艺术的多样性、具有健康的审美价值取向等审美情趣,养成人与自然和谐相处的世界观。

科学课程的学习内容有助于学生学会珍爱生命,理解生命意义和人生价值,养成健康文明的行为习惯和生活方式。科学教育的内容涉及人与社会的关系和人与自然的关系,将科学教学内容放在人类社会发展、人与自然和谐相处的大背景下进行学习,有利于引导学生关心社会、关注生活,发展科技意识、科学精神和科学态度,逐步养成热爱自然、珍爱生命,发展科技改善生活,并与自然界和谐相处的生活态度和增进保护环境的意识。

科学本身具有审美价值。英国学者卡尔·皮尔逊指出,近代科学作为一种思想训练,对事实进行严格的、无偏见的分析,尤其适合于促进健全的个人品德。艺术作品和科学定律二者都是创造性想象的产物,都是审美材料,而科学美是一种求真的美。自然知识能引导我们去追求自然界中的美的东西,科学知识揭示了自然界是有规律的,当许许多多不同的结构在一种主要规律的作用下达到协调一致的时候,就会在学生的心灵里产生审美乐趣,感受到包括描述美、结构美、原理美的理论美;科学探究的过程能够使学生感受包括实验现象之美、实验设计之美、实验方法之美、实验结果之

---

① 赫胥黎:《科学与教育》,单中惠、平波等译,人民教育出版社,2004,第122页。

美的实验美;科学所具有的追求真理的价值不但体现了理性的精神价值,还蕴含着科学的审美意识和求真向善的意义,学生感受到大自然存在和谐秩序的美感,还会产生崇敬自然、守护自然的美好情感,提升思想境界,坚定学生对世界的正确信念。

学生通过科学学习,发现生物多样性、文化多样性,感知和欣赏其他物种和文明对世界的贡献,珍爱生命,形成健康的审美价值取向,为构建和谐、友善的人地关系、人际关系打下人文基础。

三、培养有责任担当的家国情怀

科学的技术规范和科学方法决定了科学知识的客观性、似真性、普适性和一致性,科学的道德规范如科学的普遍性、公有性、非牟利性、自主性等价值表达,使得科学、自由和民主具有一致性。[1]科学因而具有世界主义或国际主义的精神气质。[2]

科学课程的内容让学生了解自然、敬畏自然、热爱自然,形成科学的世界观;对现实问题的关注,如人类对地球资源的不合理开发和利用、环境问题等全球性挑战,有助于学生理解人类命运共同体的内涵与价值,加强国际理解;对祖国山川河流资源的了解和认识,有助于学生了解国情,培养爱国主义情感;关注全球科学技术的发展,可以帮助学生树立未来观,增强民族自豪感和国家认同;科学发展史可以让学生理解科学发展的艰辛,激发学生热爱科学、捍卫真理的意志;科学论证可以培养学生敢于依据客观事实提出自己的见解,听取与分析不同的意见,并能够根据科学事实修正自己的观点,初步养成善于与人交流、分享与协作的习惯,进而能够承担社会责任。对社会性科学议题的讨论和参与决策,能培养学生具有明辨是非的

---

[1] 李醒民:《科学与民主、自由和国际主义》,《山东科技大学学报(社会科学版)》2010年第2期。
[2] 李醒民:《简释科学与民主、自由的关系》,《中国科学报》2012年10月15日第6版。

能力与法治意识,激励学生积极履行公民义务,理性行使公民权利,崇尚自由平等,维护社会公平正义,热爱并尊重自然,增强学生的责任心和危机感,养成绿色生活和可持续发展的行为习惯等,培育有责任担当意识的理性爱国主义者、社会主义建设者和接班人。

第四节 小学科学学科落实立德树人根本任务的实践路径

小学科学学科课程育德体现在科学教育教学的方方面面,在课程、教师、教学和评价等环节都有丰富的德育资源,科学课程时时处处都在立德树人。

一、提升课程资源的德育价值

(一)用好科学史,提升科学本质观

教科书应将科学本质及其发展作为课程资源进行教学,以增进师生对科学本质的认识。如20世纪魏格纳提出"大陆漂移"假说的过程:早在17世纪,培根就发现了地图上大陆轮廓的对应关系,但他们都没有继续寻找证据证明自己的猜想。只有魏格纳不仅提出了大胆的假设,还为此坚持不懈地寻找古生物和地质学证据,利用科学的研究方法让更多的人相信了"大陆漂移"假说。这个科学史故事能很好地让学生理解科学是需要创造

力和想象力的,科学知识是基于经验和实证的,观察受理论或假说的指导,新的科学发现需要被公开报道,科学发现受技术(绘图技术)影响,科学思想受其他已有研究成果等历史背景的影响等科学本质观念。可见将科学史作为课程资源,可以有效提升学生的科学本质观,养成实事求是、坚持不懈的科学精神。

(二)用好科技事件,增强家国情怀

科学技术的发展常常带给人们对美好生活的向往,国家科技强盛也能激发学生的家国情怀。如在讲到定位系统时可以以我国北斗导航系统的自主研发为例进行讲解,通过对北斗导航系统的艰难自主研发过程和当前及以后的应用畅想,让学生明白只有不断开创进取自立自强才能不断超越、自主发展,早日实现对美好生活的向往。"四大发明""浑天仪""火星探索"等古今科技事件,都能有效激发学生的民族自豪感和国家荣誉感,进行润物无声的爱国主义教育。

(三)用好社会性科学议题,增强社会责任感

社会性科学议题的教育是科学课程学习中提升学生科学素养的重要路径之一,主要围绕集社会性、科学性、开放性与伦理性于一体的社会性科学议题开展推理和论证,如环境污染、生态失衡和能源枯竭等,让学生在讨论和决策的过程中提升科学认识与伦理道德水平。[1]社会性科学议题的教学通过真实情境将科学与学生的实际生活联系起来,有助于学生在真实的社会问题的决策中深度理解科学知识、科学规范等,发展科学推理、道德推理等能力,以及培养社会责任意识和伦理道德品质。

---

[1] 林静、张乐潼:《社会性科学议题的内涵与教育价值》,《中国科技教育》2020年第9期。

二、提高科学教师的德育素养

要让学生了解和掌握什么,教师就先要了解和掌握什么。因此,科学教师需要掌握丰富的学科知识、科学本质观念、科学探究能力等。

科学教师要掌握丰富的科学知识,以便引导学生通过知识学习获得科学理性。科学本身作为一种理性文化,是隐藏在科学知识深层的意义和价值,科学知识本身就是学科课程育德最大的德育资源。[1]在科学教学活动中,学生的问题和想法种类繁多,教师需要把握学生的真实想法与科学认知之间的关系,引导学生思考,同学生一起建构知识,挖掘科学知识的深层意义,准确传达科学学科特有的科学理性的文化价值。

科学教师要掌握科学本质,以便融会贯通提升育人价值。教师的科学本质认识的深度、科学知识深度以及对科学本质和科学内容之间关系的理解,影响教师对科学本质的学习和教学。对科学本质认识深刻的教师,在教学中能很好地引导学生探索科学本质的内涵;教师具备广博的科学知识,往往能利用大量的例子帮助学生理解科学本质。相反,如果教师仅具备有限的科学知识和碎片化的科学本质认识,则更可能只传授科学内容而难以从知识内容中挖掘出科学本质的教学资源,难以提升知识教学的深层价值。

科学教师要掌握科学探究,引导学生发展证据意识。教师对科学探究的认识会直接影响教师在课堂中的探究教学内容和方式,教师掌握探究活动及其特征,就能理解科学教学应培养学生的探究能力,而不是科学知识的记忆和过程技能的训练。教师要挖掘科学课程的意义,将课程中的观点和材料转化为与学习者相适应的探究活动和表征,让学生在探究过程中学会如实记录、尊重证据、合理推理等,让科学探究的实证意识真正进入学生生命成长的过程中。

---

[1] 王惠颖、孙彩平:《全面发展与深层发展——让学科教学成为文化与意义的获得过程》,《人民教育》2013年第23期。

三、提升教学过程的育人质量

科学是培养学生崇尚事实、强调证据、追求创新、严谨和规范的最佳学科。[①]科学教学要引导学生把科学知识、科学方法、科学思维等作为文化来学习,引导学生探究科学知识产生的过程,理解科学知识的来龙去脉,实现科学教学的文化育人功能。

科学教学过程要注重课堂互动,发挥过程育人的功能。科学教学一般以科学探究的教学、科学过程技能的教学、做中学或其他的教学策略来促进学生对科学本质的认识。探究式教学比传统教学更容易提升学生的科学本质观,师生互动频繁可以提升学生对科学本质的认识。教师应让学生明白学习科学知识不是把科学知识当成结论,而是要当成对已经发现的证据的最合理的解释[②]。要鼓励学生在课堂上进行科学论证,捍卫自己的科学想法并为其辩护,反驳他人不实的证据、不合理的科学推理或结论。要善于营造基于证据开展科学辩论的课堂环境,利用高认知的开放式问题引发学生关于科学概念的真实想法,关注、倾听、听懂学生的想法,利用学生之间的观点或知识冲突引发学生之间的思维碰撞,共同建构对科学概念、科学探究和科学本质等的理解,提升课堂互动的质量,发挥过程育人功能。

科学教学要夯实探究环节,深化过程育德。科学试图解释自然现象,科学探究的过程依赖于观察、实验证据、合理的论证以及怀疑的态度。科学必须建立在真实证据的基础之上,甚至根据证据可以推翻权威,科学探究过程中必须准确如实地记录过程并公开发表研究过程和结论以接受同行评议和重复实验。科学教学中要培养学生勤于观察的习惯,对观察数据的解释要认真、谨慎,杜绝脱离学生的数据、教师直接给出标准答案的做法。收集资料时,要使学生知道什么是可靠的数据资料,怎样进行观察才能获得客观的、可靠的数据资料。发现矛盾数据时要让学生学会判断是观察错了还是发现了新问题。学会尊重数据、保留原始数据、不随便涂改原始数

---

① 张红霞:《科学究竟是什么》,教育科学出版社,2003,第104页。
② 张红霞:《小学科学课程与教学》,高等教育出版社,2010,第15页。

据。在解释数据时,要避免超出数据本身信息的过分引申。让学生知道,任何一个科学理论,都是在一定的范围内具有意义的,超出这个范围便可能是谬误。一次观察的结论往往不能够代表普遍真理。重证据和解释,而不是学会具体实验操作为止。让学生在科学学习过程中刻画实事求是的诚信品格和民主、文明、平等、公正的议事规则。

四、增加评价中的德育要素

传统评价往往只对科学知识、科学技能、科学思维等进行评价,较少从课程育德的角度开展评价。在课堂互动中嵌入评价或纸笔测试、表现性评价,都可以适当利用恰当的德育要素,培养学生实事求是的态度、与自然和谐相处的世界观和有责任担当的家国情怀。

课堂互动中嵌入评价常常表现为评价式对话,即通过对话引导学生不断趋近核心素养目标。评价式对话的实质是形成性评价,教师不断根据学生的反应调整教学活动。传统的课堂话语模式是 I(引发)—R(反应)—E(评价),教师引发学生的反应,再对学生的反应进行评价,就完成了对话回合。在这样的对话模式中,教师是课堂权威,讨论什么,学生回答得对不对,都由教师来确定。评价式对话中要求教师不断根据学生的学习表现调整下一步的教学活动,讨论什么,讨论得如何,是建立在学生真实想法的基础上的,教师要引导学生思考的方向并对其讨论的共识进行梳理和点拨。引导和点拨时教师要多从科学认识论方面进行课程育德,重点评价知识产生的过程和知识的合理性等。如在学生经历了建立科学共识的学习后,引导学生思考科学知识是怎么来的,为什么相信这些事实和结论,如何开展科学辩论,评议他人科学发现时应如何理性质疑等,让学生在学习过程中领悟实事求是的态度和做法、科学伦理、人地关系和责任担当等。

纸笔测试或表现性评价中,可以适当加入德育情境。如在表现性评价中考查学生能否如实记录数据,遇到数据与预期的研究结论不符时会如何应对,要对生物进行研究时会如何对待生物,实验过程中和完成后如何处理环境等。在纸笔测试中也可以适量增加考查学生科学本质的情境,使用能增强学生民族自豪感和责任担当意识的情境,如我国古代和前沿科技的原理,对不同来源科学观点的判断等。让评价情境为评价目标服务,增加评价的德育要素,培养学生全面的科学素养。

附:教学课例

小学科学立德树人教学课例

——以《科学》四年级上册《摆的等时性》为例

一、创设情境,引入课题

师:同学们,今天老师带来一件特殊的物件,看同学们认不认识,这是什么?(出示图片,机械摆钟)

生:钟。

师:这是一个特殊的钟,它下边有一个摆,人们也把这样的钟叫摆钟。每当我看到这样的摆钟的时候,就想起摆钟是如何发明出来的故事。400多年前,在意大利的比萨城里,有一个17岁的少年,他当时正在和一群人在教堂里做祷告。忽然,一阵风吹来,头顶上方发出了微微的响声,他抬头一看,原来是屋顶的吊灯被风吹动起来。(师推动实验器材,让它摆动)这个习以为常的现象,他却静静地观察起来。他一边摸着自己的脉搏,一边观察吊灯的摆动,他竟忘了祷告,发出一声惊叹:"摆动得多么均匀呀!"回家以后,他就找来一块石头当作吊灯,拿一根绳子当作吊灯的绳子,把它固定在一根横梁上,做了一个像吊灯一样的摆。(师演示摆的制作方法)他就想看看到底摆动的过程是不是均匀的。今天,我们就像少年一样来研究这个摆。

【评析】本课采用科学史上伽利略发现摆等时性的故事作为创设情境的

素材,激发了学生关注摆、研究摆的兴趣;也自然地提出了摆动的过程是不是均匀的这一研究问题,依靠重演摆等时性发现过程来培养科学素养的基调。

二、提出研究问题,形成自己的观点

师:大家做实验的时候,把摆拿到一定的高度后松手,让它自由摆动,手不碰它,让它自己慢慢地停下来。(师边说边演示)摆动的过程是不是正如这个少年说的那样,是均匀的呢? 今天请你们自己试一试。请每个组的组长从抽屉里拿出摆,开始。

(学生分组观察实验。师板书课题:摆。巡视学生观察的情况。)

师:好,停。我们亲自做了一个摆,观察了摆的摆动过程,谁能来说一说你的发现?

生:它摆动的时间和我脉搏跳动的时间是一致的。

师:那你认为这个摆动的过程是不是均匀的?

生:是均匀的。

师:她是摸着自己的脉搏发现的。有没有同学要对她的观点发表自己的看法?

生:我也是摸着脉搏,但是脉搏比它快一些。

师:脉搏比什么要快一些?

生:比摆的摆动。

师:摆动得快一些。

生:我感觉每次摆的时间是一样的。

师:她是按感觉来说的。

生:我感觉它是不一样的。因为刚开始摆的时候,摆的距离长,慢慢地,摆的距离(变)很短,所以我觉得时间是不一样的。

师:表扬这位同学,她不是凭自己的感觉来判断是不是均匀的,她是看到距离越来越短,所以她认为摆动的过程不是均匀的。她说的这个距离是指摆动的幅度(弧长)(师板书:摆幅由大变小)还有没有同学有自己的发现?

生:我看到刚开始是这样摆的,慢慢地变斜了,最后这样摆的了。

师:这叫作摆的方向在发生变化。那你认为这个少年认为的摆动的过程是均匀的对不对呢?

生:不是均匀的。

师:这位同学亲自观察到方向在变化,敢于对别人的观点提出质疑。

生:我认为它每次摆的时间是一样的。因为虽然摆的幅度由大变小,但是速度也在减慢,它的时间应该是不改变的。因为摆幅大的时候较高,所以速度快一些。

(师板书:摆速在由快到慢)

师:摆幅小的时候速度慢,由此你推测每次摆动的时间是一样的,这是你的一个观点。(师板书:每次摆动的时间是相同的)现在对他的观点请你们发表自己的看法。

生:我也是根据脉搏的速度来看的,开始动得和脉搏一样,但是后面就比脉搏动得慢了。

师:她是通过脉搏来看,是基于自己的观察,刚才的同学是基于自己的推测。

生:但是我也是根据自己的脉搏,我觉得它是一样的。

生:我要反对吴同学的观点,赞成何同学的观点。吴同学说开始动得和脉搏一样,但是后面就不一样了。因为人在紧张的时候脉搏会越来越快。何同学说的是很有道理的。刚才我就在观察,虽然摆幅越来越小,但是速度和何同学说的一样,是越来越慢,我可以举个例子,比如说有这样一段距离,一辆车很快从甲地开到乙地,和这么短的距离,一辆慢车,很慢地开过去,它们用的时间是一样的。

师:你不仅在观察而且还在思考推理。摆幅大时速度快,摆幅小时速度慢,可能时间就正好相等了,是不是这个意思?

生：先是很长的距离，摆幅慢慢地变小了，但是我一直从头到尾都用眼睛跟着这个摆在晃，就觉得它的速度是相同的。

师：你一直在盯着它在观察，说明你很善于观察。我们今天谁也说服不了谁了，到底摆幅在由大变小的过程中间，每次摆动的时间是否相同呢？认为是相同的举手看看呢？(21举手)认为不是相同的呢？(6人举手)这些同学能够敢于坚持自己的观点，因为他们基于了自己的观察。

师：今天我们就来看看，怎么来证明摆幅在由大变小的过程中每次摆动的时间是不是相同的？

【评析】挑起认知冲突，产生一个真实的问题。爱因斯坦有句名言：提出问题比解决问题更重要。因此本课由学生先观察，在交流中，老师有意识地挑出矛盾的现象，引起学生的认知冲突，让学生产生一个真实的科学问题。这里真实的科学问题是指一个暗含着理论假说的问题，它是启发学生提出更多问题和假说的梯子。由于小学生的抽象思维能力有限，往往还不能独立地成功地提出一个结构清晰的科学问题，又不能在老师的追问下逼出可探究的科学问题，所以老师通过创设情境，观察体验活动，让学生在活动中遇到不解的认知冲突时自己提出来，可见认知冲突是产生问题的母体。但留给学生的矛盾和困惑不能太多，超过2个以上的变量就很不好研究。因此，教师采用交流引导的方法把开放性的问题逐步向封闭性的可探究科学问题进行转换，最后聚焦到：摆幅由大到小，摆动的时间是不是相同的？鼓励质疑和坚持自己的观点，在没有证据的时候不偏向任何猜测，鼓励学生寻找证据捍卫自己的观点。

三、设计实验验证自己的观点

师：现在各小组商量一下，接下来怎么做？

生分组讨论实验方法。

师：有请第4组。

生：我觉得可以用一个秒表，确定摆的次数或者确定时间来判断。

师：比如确定摆的次数，我们摆个10次，可不可以？（板书：10个来回）一个来回算一次，假如我确定摆动10个来回，来测时间。对他的想法你们能不能够发表自己的一些看法，完善一下？

生：我们的方法就是先把秒表调到零点，然后再用一样的力度让它摆动，中间间隔时间我们把它记下来，3次后再来算。

师：摆3次，用秒表来测用的时间。摆3次或者10次都可以的。我们看10个来回所用的时间。但怎么证明摆幅由大到小的过程中，时间是否一样呢？你们要接着动脑筋想想。

生：我想把它快的时候记一次以中数为标准，如果慢和快速度一样的话，那中数也是一样的，而如果快的比中数高，而慢的比中数低的话那就不相同了。

师：听懂没有，他是把快和慢，即摆幅大的时候它就速度快的时候，然后摆幅变小的时候就速度慢的时候，它们相比。如我就取10个来回，然后测它的时间，再比较两个时间是不是相同的。将摆幅大和摆幅小，或者摆速快和摆速慢的时候来进行比较。

生：如果有差别的话拿他们的平均数来比较。

师：这个观点怎么样？多测几次，比如摆幅大的时候，我一次测10个来回，测3次算时间的平均数。摆幅小的时候我也测10个来回，然后来算3次的平均数。他知道多收集数据以免发生误差，这个想法很不错，他很有科学的头脑。

师：我们可以用相同的时间数它的次数。比如，数10秒看能摆多少次，这也是可以的。好，你还想说什么？

生：我还有一种想法，看它每摆动一个来回用多少秒，第二次是不是跟它相同。

师：但是用一次的话，一个来回速度太快了，我们测试反应不过来。比如我们来试一次你的方法，这边同学叫"开始"我就放，到了一次你们就叫"停"。这边同学准备叫"开始"。

生：开始。

生：停。

师：多少秒？

生：1秒，1秒多。

师：看这个就不好确定，对不对？就多弄几个来回，这样便于我们确定。明白吗？

生：明白。

【评析】尊重学生的思维方式，师生共同完善设计方案。提出科学问题是为了寻找一种解释，探究的重点目标定位在发现科学问题、回答科学问题、形成科学概念上，因此教师不把最终方案当作重点，而是尊重学生的思维方式，根据学生的真实想法，师生共同完善设计方案，允许多种可行的设计方案，培养学生的创新思维能力，营造开放轻松的探究环境。在潜移默化中强化民主、文明、自由、平等和公正的价值观念。

四、收集、整理、分析数据，发现规律

师：做这个实验的时候，大家注意分工，计时的同学叫"开始"，组长把你们的结果记录在记录表上。好，现在开始实验。

（学生分组观察实验，师巡视学生观察的情况。）

师：好了，现在我们来交流一下，看看你们通过自己的测量，在摆幅由大到小的过程中，每10个来回摆动的时间是不是相同的？哪组愿意第一个上来？

生：我们测量的是10个来回的时间，第一次、第二次、第三次都是摆幅大时测的是14秒，摆幅小时测的是13秒，我们发现摆幅大比摆幅小多1秒。

师：那这说明了摆动的时间——

生：不一样。

师：说明摆幅大和摆幅小的时候摆动的时间不一样。下面请对他们小组的数据和结论发表你们的看法。

生：我觉得他们可能是数数的时候或者看表的时候看错了。因为我们小组摆幅大摆幅小测了4次都是12秒。

师：把你们小组的拿上来看看。好，我们来看看这个组的结论和他们的数据。的确啊，他们测了4次，摆幅大和摆幅小测的时间都是12秒，正好时间都是12秒，那因此我们可以得出一个什么结论呢？

生：摆幅大和摆幅小用的时间是一样的。

师：好，我觉得两个组的同学都是根据自己测量的结果得出了自己的结论，这一点是非常好的。但是他们两个小组测出的数据却是不同的，那这一点肯定有其他的一些原因。到底是什么原因造成的呢？来，你来说一下。

生：因为当摆开始摆动的时候，他们反应可能有些快有些慢，等它摆起来的时候有的可能慢了几秒，有的又快了几秒。

生：我们没有慢。

师：他们组的同学不服你这个说法啊。怎么办？在这种情况下我们怎么办呢？谁能想个办法来解决这个问题呢？

生：可能是他们两组摆的高度不一样，高度不一样的话那么摆动的次数就有点儿不一样。

生：我们摆的幅度是这么大（用手比画幅度）。

师：每次都是这么大吗？

生：我们组的幅度就不同，因为它幅度大的时候就快一些，幅度小就稍微慢一些。这个速度和幅度是没有关系的。

师：你怎么知道是没关系的？你说一下你的理由。

生：因为我们组每一次都是12秒。

师：哦，因为他们测的都是12秒。那另一个组测的有一个14秒的，还有一个13秒的，怎么办？谁能解答？你有什么办法可以解决，给我们说一说。

生：可不可以再请一个组的同学上来？

师：好，那我们再请一个组的同学上来。他想征求更多的数据来解决这个问题。

生：我们小组赞成他们的说法。因为我们小组测量出来也是每一次都是12秒，不管它的幅度是大还是小。

师：你们测出的数据和他们小组的正好相同？每次都是一样的。同不同意他们的看法？来，你来说。

生：不同意，因为他们的数据还是有误差。

师：你怎么知道他们有误差？

生：因为它的时间不可能正好相同啊。

师：你不能无端指责别人，你应该拿出你的数据来说明。请看，9小组的结果。

生：我们小组摆的时候，有时是13秒，有时是12秒，但是我觉得摆的时间是基本相同的。

师：你有12秒也有13秒，怎么你的结论是基本相同呢？给大家解释一下。

生：因为我觉得可能有时候会有点儿误差，会受多方面的影响。比如说空气的影响，还有各种各样的。

师：你觉得这是误差造成的这两者之间的差异。

生：我觉得是的。

师：好，同不同意他的观点？你不同意，你来说。

生：我不太同意他的观点。因为我们组的数据跟其他组的完全不一样。

师：怎么办？她已经说了，他们组的数据是不同的。等等，当我们出现了这种测量的数据不相同的时候，我们得出的结论也截然不相同的时候，我们到底怎么来解决这样的一些争论？

生：平均数。

师：平均数就可以了吗？

生：不一定。

师：不一定？谁有好的建议？

生:他们组的怎么一下从16跳到18了呢?

师:看,16会到18吗?注意看哦,是不是每次都是一秒一秒地跳动?

生:是。

师:看,看,有没有问题,你看。是不是表的错误?

生:不是。

师:16会不会跳到18?

生:不会。

生:看,突然变成10了。

师:什么突然变成10了?有手表的同学计时,看对不对。准备。好,看来是这个计时器有点儿问题。这样,你们有没有比较准确一点儿的计时工具?

生:有。

【评析】营造求真务实的探究氛围。在对观察的数据资料进行收集整理和交流的过程中,教师引导学生注意对数据的解读要恰当,营造出求真务实实事求是诚信的学术氛围。如:第一,在学生观察记录的基础上教给学生整理数据资料的方法——比较,从而有利于学生发现其中的规律。第二,在学生整理数据时发现有矛盾的数据,让学生判断是观察错了,产生了误差,还是发现了新的问题?第三,要求学生保留原始数据不随便涂改。第四,引导学生质疑数据分析的可靠性——评价数据,让学生养成亲自动手测量实验的习惯,不要道听途说,通过实际多次测量提高对错误数据和虚假数据的辨别能力。这个环节让学生体验到追求真理、强调实证和批判质疑精神在科学探索中的作用,体会到追求真理的快乐。

五、重复实验解决争议

师:好,我请有比较准确的计时工具的小组上来,我们一起来测一下。好,准备。

生:开始。

(全班同学一起做实验)

生:停。

生:13秒,12秒。

师:12秒还是13秒?你们都看了这个钟的,怎么会变成12了?

生:13秒。

师:好,13秒。刚才是幅度大的时候,接下来我们来看幅度变小的时候。好,准备。

生:开始。

(全班同学一起做实验)

生:停。

师:好,是多少秒?

生:12秒75。

师:一起来,我来帮你们记录数据。来,准备。

生:开始。

(全班同学一起做实验)

生:停。

生:13秒。

师:接着,摆幅小的时候。好,准备。

生:开始。

(全班同学一起做实验)

生:停。

师:13秒16。

师:再来,摆幅大的时候。好,准备。

生:开始。

(全班同学一起做实验)

生:停。

师:13秒40。

师：摆幅小的时候，最后一次。好，准备。

生：开始。

（全班同学一起做实验）

生：停。

师：13秒13。

师：好，谢谢你们。我觉得今天班上的同学都非常棒！当我们出现数据有差异的时候，我们就要找原因。是什么原因造成了这样比较大的差距？我们再次全班一起测量了以后，你们发现了什么？请你来说。

生：通过这几次的测量，我发现幅度大和幅度小用累计时间来看的话，时间都是差不多的。

师：嗯，这是你的结论。你看，这个差距大不大？

生：不大。

师：不是很大。但是，这些数据之间还是有些差异，是吧？还有零点几秒差距的，对吧？请你接着来解释一下。

生：因为可能是计时的同学按慢了。

生：看的时候可能晚了一两秒。

师：好。0.1秒啊。反应的一个速度。很好。但是我们通过这样一个数据，基本可以得出一个结论，不管摆幅大还是小的时候，每次摆动的时间都应该是相同的。人们把这种特性呢，叫作摆的等时性。现在，你知道当时那个17岁的少年摸着自己的脉搏感叹那个摆动得多么均匀多么稳定，它是什么了吗？

生：摆的等时性。

师：对，就是摆的等时性。就是基于这个发现，他就一直在想，能不能用这样的等时性来造一个钟。当时因为这个宗教原因，就不相信在这个摆动过程中摆幅大和摆幅小所用的时间是相同的。所以他这个想法一直没有得以实现。几十年以后，有一个叫惠更斯的人，他也发现了伽利略的这个发现，他就把这个发现做成了当时的这个摆钟。好了，还有什么问题？

生：我有一个问题。这个摆会慢慢停下来,为什么摆钟的摆不会停下来呢?

师：对呀,我们这个摆会停下来。

生：它里面有动力,发条什么的。

师：好,同学们,今天我们一起学习了摆具有等时性这个特性。同学们在这个过程当中,不断地提出自己的问题,对各种观点展开了质疑。最后通过收集大量的数据,同学们达成了一个共识。这正是科学家们进行研究的科学精神。希望同学们在今后的学习中,继续运用这样的方法和这样的态度,去研究身边的一些现象。

课例点评

本节课有三个特点：第一,充分体现了以学生为主体的科学探究教学思想。教学一开始,教师便通过引入科学史上的一个小故事,来创设情境。通过学生自己做个摆来观察引发争论,把问题聚焦到一个可探究的科学问题上：在相同的时间内,摆动的次数是否相同? 或者说,摆动相同次数所需要的时间是否相同? 围绕这个核心问题引发了学生的积极思考。让学生自己设计实验,分小组进行探究活动。在交流活动中引发学生对数据的真实性、有效性进行争论,然后通过共同重复实验、分析数据找到问题的原因,得出共识。整个过程充分体现出小学科学以学生为主体的科学探究教学思想。

第二,学生在课堂的交流讨论活动中积极参与,生生互动与师生互动有机结合,思维参与度比较高。学生分成若干小组,小组都有分工,做记录的、计时的、观察的,在这个过程中他们充分地讨论,得出了自己小组的结论。然后教师把每个小组的代表请到黑板前,在班上交流自己的数据和发现。整个过程中学生都非常活跃,体现了小学生对科学的热爱,兴趣高涨。

第三,教师比较注意在活动中培养学生的科学理性。在这节课中,比较有意思的是,不同的学生观察后得到的数据不一样。有些说时间是一样的,有些说时间是不一样的。在这种情况下,教师又重新让学生分析之所以产生不同数据的原因,进行实验的再探究。引导全班一起完成实验,最后得出一致的观点。可见学生是有质疑,有批判精神的,就看教师怎么去正确引导,教师为保护学生这种质疑的精神,没有马上评价哪个对哪个不对,在这样的互相交流活动中,学生获得了尊重,体会到科学对数据的尊重,对结论的谨慎,体会到了诚信、求真求实对科学发现的重要性,在证据面前愿意修正自己的观点,也表现出了开明的一面。研讨过程中教师去权威化的氛围营造,对强化民主、文明、自由、平等和公正的价值观念具有浸润的作用。

课例作者:重庆市南岸区珊瑚实验小学校　周朝勇
点评:重庆市教育科学研究院　邵发仙

第十二章

小学信息科技学科落实立德树人根本任务的理论与实践

习近平总书记强调,要把立德树人融入思想道德教育、文化知识教育、社会实践教育各环节,贯穿基础教育、职业教育、高等教育各领域。小学信息科技学科教师应深入学习贯彻习近平总书记"立德树人"重要思想,从学科历史演进、学科特点中探究立德树人的必然性和必要性,明确小学信息科技学科立德树人的基本任务和实践路径,从而完善小学信息科技学科的科学体系、教学体系,回答好小学信息科技学科"培养什么人、怎样培养人、为谁培养人"这一根本问题。社会向前发展,教育不断改革,只有始终把立德树人作为学科教育的中心环节,春风化雨、凝心聚力,才能培养更多德才兼备的有用人才。

第十二章 小学信息科技学科落实立德树人根本任务的理论与实践

第一节 小学信息科技学科落实立德树人根本任务的历史演进

一、2000年之前信息科技学科的课程德育任务

（一）计算机教育的萌发

1.计算机教育进入高校

早期的计算机教育主要面向高校大学生。1956年，清华大学成立了计算机专业和自动控制专业。同时，教育部抽调上海交通大学电机系学生到清华大学学习计算机专业，这是我国自己培养的最早的计算机专业人才[1]。

2.中小学计算机教育的起步

1979年12月，时任国务院副总理方毅将访问美国带回的一台计算机转赠给景山学校，这是进入我国中小学的第一台计算机，开启了我国中小学计算机教育之路。

1984年，邓小平同志在观看计算机表演时，提出了"计算机的普及要从娃娃抓起"，使计算机教育在中小学进一步得到推广，让计算机课程从中学慢慢地扩展到了小学，这也是计算机课程发展的重要保障[2]。

截止到1985年，全国有数千所中小学校先后配备了计算机，开设了计算机选修课、计算机必修课和计算机课外活动等不同组织形式的课程。

1986年，第三次全国中学计算机教育工作会议召开，确定我国计算机

---

[1] 伞晓辉：《计算机科学教育史研究》，硕士学位论文，东北师范大学，2009，第16页。
[2] 刘振先：《信息技术的发展过程探讨》，《农技服务》2012年第5期。

课程要在试点的基础上逐步扩大,高中作为选修课,初中作为课外活动、兴趣小组的学习内容,并开始在小学开展LOGO教学试验。

1991年,第四次全国中小学计算机教育工作会议召开。之后,一系列关于计算机课程的政策文件相继出台,将我国计算机课程从中学延伸到了小学,进一步拓展了计算机课程的实施范围。1992年7月,国家教委颁发《关于加强中小学计算机教育的几点意见》,提出中小学计算机教育主要包括计算机学科教学、计算机辅助教学、计算机辅助管理等内容,其中计算机学科应由当前的课外活动和选修课逐渐发展为中小学的一门必修课程。

1994年10月印发的《中小学计算机课程指导纲要》对中小学计算机课程的目标和内容有了更加详细的规定,并以此文件为契机,首次确定了计算机课程在中小学的学科课程地位。提出中小学计算机教育是培养学生计算机意识、提高科学文化素养,普及计算机文化的重要途径。

1996年12月,国家教委颁发《中小学计算机教育五年发展纲要》,指出中小学计算机教育的任务是,全面贯彻教育方针,为完成中小学教育改革和发展的整体目标服务,为提高全民族的科学文化素质服务。

1997年10月15日《中小学计算机课程指导纲要(修订稿)》发布。中小学计算机课程是培养学生对计算机的兴趣和意识、提高其科学文化素质。包括确立正确的学习态度、养成爱护机器设备、遵守机房规则等良好习惯;培养良好的计算机使用道德以及与人共事的协作精神等方面。这个修订稿是我国中小学计算机教学面向21世纪、积极推进素质教育的产物,是为国家培养德、智、体全面发展的一代新人,迎接新世纪挑战的需要,对由"应试教育"向"素质教育"转变具有极其重要的意义。[①]

(二)计算机教育的育德任务

从2000年前的计算机课程的目标和内容来看,1954年到1980年,计算

[①] 王世军:《我国中小学信息技术课程:历程与归因》,硕士学位论文,东北师范大学教育技术学系,2006,第19-20页。

机文化论一直主导着我国信息科技课程开端时的教育理念,这种理念主导了我国早期的计算机课程的开发与实施,在课程目标中充分地体现了对"逻辑思维"能力培养的重视。

从1981年到1985年,计算机工具论对当时的计算机课程产生了重要影响。这个时期的计算机课程目标定位在作为工具的计算机的应用能力方面,计算机教育理念则相应地转变为计算机应用的意识与能力。

二、2000年之后信息科技学科的课程德育任务

(一)信息科技课程的发展

20世纪80年代,我国逐步实现了从计算机课程到信息科技课程的转变。1999年,《中共中央 国务院关于深化教育改革全面推进素质教育的决定》中要求"重视培养学生收集处理信息的能力"和"在高中阶段的学校和有条件的初中、小学普及计算机操作和信息技术教育"。

2000年10月,全国中小学信息技术教育工作会议召开,这是我国中小学信息科技(技术)教育发展史上又一个里程碑。国家相继出台了《关于在中小学普及信息等技术教育的通知》《关于在中小学实施"校校通"工程的通知》。为了进一步贯彻邓小平同志"三个面向"的指导思想,落实十五届五中全会精神,深化教育改革,全面推进素质教育,培养具有创新精神和实践能力的高素质人才和劳动者,教育部决定在全国中小学开设信息科技(技术)课程,并且印发了《中小学信息科技(技术)课程指导纲要(试行)》,大力推进中小学信息科技(技术)课程建设。这也标志着我国信息科技课程的正式诞生。通过信息科技(技术)课程使学生具有获取信息、传输信息、处理信息和应用信息的能力,教育学生正确认识和理解与信息技术相关的文化、伦理和社会等问题,负责任地使用信息技术;培养学生良好的信息素养,把信息技术作为支持终身学习和合作学习的手段,为适应信息社会的学习、工作和生活打下必要的基础。

2001年6月,教育部颁发《基础教育课程改革纲要(试行)》,明确将信息技术教育作为小学至高中学生必修的综合实践活动课程的内容之一,并指出"在课程实施过程中,加强信息技术教育,培养学生利用信息技术的意识和能力"。

2003年3月31日,《普通高中技术课程标准(实验)》正式颁布,信息科技课程成为我国普通高中的一门必修的学科课程,标志了信息技术作为一个具有独立学分的科目的开始。课程标准规定普通高中信息技术课程是立足实践、高度综合、注重创造、融合科学与人文的学科。

2014年,国家统计局科研所发布《2013年中国信息化发展指数(Ⅱ)研究报告》,提出要完善中小学信息化学习环境,加快普及信息知识和信息技术教育,重视信息化人才培养工作,提升信息化发展的智力支撑力度。

2016年6月22日,教育部印发《教育信息化"十三五"规划》通知,稳步推进教育信息化各项工作,更好地服务立德树人,更好地支撑教育改革和发展,更好地推动教育思想和理念的转变,更好地服务师生信息素养的提升,更好地促进学生的全面发展,推动形成基于信息技术的新型教育教学模式与教育服务供给方式,提升教育治理体系和治理能力现代化水平,形成与教育现代化发展目标相适应的教育信息化体系,充分发挥信息技术对教育的革命性影响作用。

2017年对于我国基础教育阶段的信息科技学科的发展具有重大的标志性意义。国务院印发了《新一代人工智能发展规划》,提出"应逐步开展全民智能教育项目,在中小学阶段设置人工智能相关课程、逐步推广编程教育,培养复合型人才"。教育部正式公布了《普通高中信息技术课程标准(2017年版)》,提出坚持立德树人的课程价值观,明确了以信息意识、计算思维、数字化学习与创新、信息社会责任这四个信息科技学科素养为核心的教学实施系列要求。

2018年4月13日,教育部发布《教育信息化2.0行动计划》文件,正式提出"三全两高一大"的发展目标。教学应用覆盖全体教师、学习应用覆盖全体适龄学生、数字校园建设覆盖全体学校,信息化应用水平和师生信息素养普遍提高,建成"互联网+教育"大平台,推动从教育专用资源向教育大资源转变、从提升师生信息技术应用能力向全面提升其信息素养转变。

2019年2月,国务院印发《中国教育现代化2035》,提出了推进教育现代化的八大基本理念,即"更加注重以德为先,更加注重全面发展,更加注重面向人人,更加注重终身学习,更加注重因材施教,更加注重知行合一,更加注重融合发展,更加注重共建共享"。

2019年5月16日,习近平总书记向国际人工智能与教育大会致贺信中提到"把握全球人工智能发展态势,找准突破口和主攻方向,培养大批具有创新能力和合作精神的人工智能高端人才,是教育的重要使命。中国高度重视人工智能对教育的深刻影响,积极推动人工智能和教育深度融合,促进教育变革创新,充分发挥人工智能优势,加快发展伴随每个人一生的教育、平等面向每个人的教育、适合每个人的教育、更加开放灵活的教育"。

2020年12月,教育部官网公布了《关于政协十三届全国委员会第三次会议第3172号(教育类297号)提案答复的函》,对全国政协委员提出的《关于稳步推动编程教育纳入我国基础教学体系,着力培养数字化人才的提案》进行了答复,明确表示将推动编程教育纳入中小学信息科技课程标准,进一步培训提升相关教师软件编程能力。

2020年12月24日,教育部召开发布会,表示义务教育课程方案和各学科课程标准正在全面修订,并于2022年印发《义务教育信息科技课程标准》,着重培养学生的科学精神和科技伦理,提升自主可控意识,培育社会主义核心价值观,树立总体国家安全观,提升数字素养和技能。

(二)信息科技课程的育德任务

信息社会飞速发展、技术不断革新,我国信息科技课程经历着一次又一次的变革。从2000年后的信息科技课程的目标和内容来看,信息科技课程以"立德树人"作为根本任务,充分发挥信息科技学科独特的育人优势。信息科技学科以学科核心素养为支架,要全面提升学生的信息素养,提升学生在信息社会的适应力与创造力。不仅要帮助学生掌握与信息科技相关的知识和能力,使其成长为有效的技术使用者,更要引导学生在文化修养、道德规范和行为自律等方面形成较高的品质,自觉遵循信息社会规范,使其成长为创新的技术设计者和理性的技术反思者,成长为数字化时代的合格公民。

第二节 小学信息科技学科落实立德树人根本任务的学科特点

一、小学信息科技学科的学科性质

义务教育信息科技课程具有基础性、实践性和综合性,为高中阶段信息技术课程的学习奠定基础。信息科技课程旨在培养学生的科学精神和科技伦理,提升自主可控意识,培育社会主义核心价值观,树立总体国家安全观,提升数字素养与技能。

二、小学信息科技学科的课程目标

义务教育信息科技课程的总目标是:树立正确价值观,形成信息意识;初步具备解决问题的能力,发展计算思维;提高数字化合作与探究的能力,发扬创新精神;遵守信息社会法律法规,践行信息社会责任。

三、小学信息科技学科的学科特点

(一)基础性

小学信息科技课程在提高学生素质的全面发展和普及信息科技的传播方面发挥着至关重要的作用,是学生在今后工作与生活中有效解决问题的基础,是学生在未来学习型社会中自我发展、持续发展的基础。

(二)实践性

培养学生应用信息技术解决实际问题的能力是小学信息科技课程的核心目标之一。学生学会进行信息检索、筛选、鉴别、使用、表达和创新以及如何用所学的信息科技知识来解决学习和生活中的各种问题,有利于学生把信息科技应用到日后的继续教育和生活中去,为将来的学习和生活打下良好的基础。

(三)综合性

小学信息科技课程是为了实现学生的全面、综合的发展而设置的。小学信息科技课程既有理工课程的技术含量,又有文化和人文的特性在里面,它涉及的不仅有计算机技术,还涉及其他很多学科的内容,如德育、数学、美术、科学等多学科的知识背景,既有恰当而充实的技术内涵,又体现科学精神,强化人文精神。小学信息科技课程重视和挖掘课程趣味性。针对小学生年纪较小、求知欲高等特点,激发、引导学生对信息科技的学习兴趣,最大限度地提高学生对学习内容的关注度,培养学生对信息科技的浓厚兴趣,在未来的学习和生活中对信息科技持有积极的态度。[1]

---

[1] 武晶晶:《小学信息技术课程的学科特点分析及教学建议》,《教育探索》2002年第7期。

第三节

小学信息科技学科落实立德树人根本任务的基本要求

一、以立德树人为根本任务，推进德智体美劳全面发展

"培养什么人、怎样培养人、为谁培养人"，这是新时代培养人才的根本问题。做好新时代教育工作，要坚持立德树人根本任务，培养德智体美劳全面发展的社会主义建设者和接班人。

习近平总书记强调，"一个人只有明大德、守公德、严私德，其才方能用得其所"。信息科技的发展对增强国家科技实力和综合国力有重要作用，在信息科技学科的教学中，培育学生的家国情怀亦是一个重要方面。以基础性、时代性课程内容为支架，厚植爱国主义情怀，增强学生的民族自信及爱国主义情怀。

过硬的知识见识是青年成长成才的牢固根基。信息科技如编程、3D打印、机器人、大数据、人工智能等知识内容，则着力于小学生对信息科技兴趣的培养，实践能力的训练，从而可增加学习内容的广度和深度，增长学生的知识与见识。引导学生多关注信息社会的发展与变化，成为具有中国情怀和全球视野的人才。

公民网络素养是现代社会对公民素养提出的新要求，信息科技学科坚持社会主义核心价值观导向、落实信息核心素养信息社会责任，加强小学生在现实空间和虚拟空间中遵守公共规范的引导教育，既能有效维护信息活动中个人的合法权益，又能积极维护他人合法权益和公共信息安全，培

养责任心和公益心。

信息科技是一门创新性和实践性很强的学科,将理论知识与实践操作有机地结合在一起,在实践创作中不断迭代优化,历练精益求精、不怕失败的心理素质,在实践中磨砺意志,在创新中锤炼品质。

二、以学科育人为基石,培养具备合格信息素养的公民

《教育部关于全面深化课程改革落实立德树人根本任务的意见》中指出:立德树人是发展中国特色社会主义教育事业的核心所在,是培养德智体美全面发展的社会主义建设者和接班人的本质要求。学科要以社会主义核心价值观为导向,贯彻立德树人的基本理念与要求,全面提升学生的信息素养,提升学生在信息社会的适应力与创造力。

培养对信息科技发展的敏感度和适应性,学会有效利用信息社会中的海量信息、丰富媒体和多样化技术工具,优化自己的学习和生活,提高服务社会的能力。

体验对问题的识别、分析、抽象、建模以及形成解决方案的过程,提升以信息科技手段解决学习与生活问题的能力。

形成较强的数据保护与信息安全观念,树立信息社会道德观和伦理观,并初步建立信息社会中的法治意识,加强信息社会品德修养。

理解信息科技应用过程中的个人与社会关系,履行个人在信息社会中的责任和义务,成长为有效的技术使用者、创新的技术设计者和理性的技术反思者,提高信息社会参与的责任感与行为能力。

三、以课程标准为导向,提升学生核心素养

党的十九大明确提出:"要全面贯彻党的教育方针,落实立德树人根本任务,发展素质教育,推进教育公平,培养德智体美全面发展的社会主义建

设者和接班人。"信息科技学科对提升学生的信息素养,增强个体在信息社会的适应力与创造力,对个人发展、国力增强、社会变革有着十分重大的意义。

第一,要引导学生了解现今我国信息科技的飞速发展,增强学生的民族自信及爱国主义情怀。

第二,信息化时代,要以个性化发展为导向,充分考虑学生的多元化需求,满足学生的个性化发展;课程结构应符合学生的认知水平和智力发展及个性化发展的需要;课程需体现出丰富的层次性、多样性和可选择性。

第三,要构建以学生学习为课程中心的教学关系,在问题的解决过程中完成对学生信息素养的提升。

第四,在教学活动中,要鼓励学生通过现实或虚拟小组讨论的方式进行思考、探究,运用合适的信息科技,恰当地表达自己的思想,进行广泛的交流与合作,提高小组成员的合作协调能力,以及个体的文化修养、道德规范和行为自律。

第五,构建基于学科核心素养的有效评价体系,推动数字化时代的学习创新课程评价,采取多元方式了解并跟踪学生的学习过程,采集学习数据,反馈学习状况,优化教学,改进学习效率,有效评价学生学习成果;评价的方式和工具应尽量做到多维度,多层次,特别要注重具体教学情境中的评价和完善整体评价。

四、以核心素养为育人标准,培养学生必备品格和关键能力

立德树人是教育的根本任务,必须推进德智体美劳全面培养。在小学信息科技教学中,要着重培养学生的信息科技核心素养,为学生适应信息时代的发展奠定基础,包括培养学生文化基础方面的"信息意识""计算思维"、自主发展方面的"数字化学习与创新",以及社会参与方面的"信息社

会责任"等四项核心内容。①

认识信息的产生、发展与变化,具有对信息的敏感性和自我的判断;对信息可能产生的影响进行预期分析,为解决问题提供参考;在合作解决问题的过程中,愿意与团队成员共享信息,实现信息的更大价值。

在信息活动中能够采用计算机可以处理的方式界定问题、抽象特征、建立结构模型、合理组织数据;通过判断、分析与综合各种信息资源,运用合理的算法形成解决问题的方案,并迁移到与之相关的其他问题解决中。

能评估并选择合适的数字资源和工具,有效地管理学习过程和学习资源,并创造性地解决问题,形成创新能力;能够认识数字化学习环境的优势和局限性,适应数字化学习环境,养成数字化学习与创新的习惯;掌握数字化工具,开展自主学习、合作探究、知识分享与创新创造,助力终身学习能力的提高。

具有一定的信息安全意识与能力,能够遵守信息法律法规,信守信息社会的道德与伦理准则,能够遵守网络法律法规和伦理道德规范使用互联网,有效维护信息活动中个人、他人的合法权益和公共信息安全;关注信息科技发展的新观念、新技术,具有积极学习的态度,成为具备合格信息素养的公民。②

---

① 徐慧新:《核心素养下的小学信息技术学科教学》,《家长》2022年第8期。
② 麻伟琦、刘俊强:《信息社会责任素养解读与教学建议》,《中国教育信息化》2022年第2期。

第四节

小学信息科技学科落实立德树人根本任务的实践路径

一、教材分析，设计立德树人教学体系

（一）认真研读课标、教材、教学指导用书，筹划立德树人实施内容

深入研究信息科技学科课程标准，认真分析课程任务和各学段教学目标，把握课程深度、教学广度与内容重点难点，培养和提升学生的信息素养、理想信念、道德品质和法治素养。

认真研读教材，挖掘立德树人结合点。认真研读小学信息科技全套教材，全面把握教材编排体系。研读教材，明确学期教学目标。研究立德树人相关内容，了解各单元之间的联系以及单元主题下各课时与立德树人之间的逻辑关系。明确课时教学内容在单元、学期、学年乃至整个立德树人体系中的地位与作用。

认真研读教师指导用书，统筹落实立德树人。教师应通过教师指导用书的阅读，充分理解教材编写思路和意图，把握教学内容的整体编排体系、目标定位以及课时安排建议，结合教材编写特点及学习主题结构关系，统筹立德树人的落实，在各教学内容及其主要学习活动方式中推进学生理想信念、道德品质和法治素养的落实，充分发挥各内容对学生核心素养发展的重要作用。

(二)注重学情分析,筹备立德树人适切点

教师应了解小学3—6年级各个年龄段学生的心理状况与知识接受能力,详细分析学情,掌握学生的学习特点、学习方法、学习习惯、学习兴趣和个体差异,研判在学习时可能会遇到的困难。对任教年级、班级学生的生活环境进行分析,对学生已有的道德认知基础和生活经验起点进行分析,对课程育德过程中可能要遇到的困难和道德矛盾点进行分析。还包括对学生的生理、心理特点、学习能力、学习方式、学习态度、学习习惯等的分析。

教师在课堂中应注意观察学生的活动,与学生交流互动,了解学生的情况和学习态度,在备课时进行具体的学情分析。

(三)规范学期教学计划,规划立德树人推进层次

根据课程标准、教材要求和学生的实际情况,编写学期教学计划。学期教学计划的基本内容应包括:学生学情分析、学期教学目标、学期立德树人教学重点、学期教学进度安排、学期立德树人教学建议和学期立德树人评价方案等几个主要方面。

学期教学计划应该有整体规划、简明扼要、重难点突出。在教师独立思考的基础上,可经教研组、备课组的交流、讨论、研究形成。其中学期教学目标要体现学科特点和年段特点,评价建议对应教学目标设计不同的评价指标、评价工具、评价内容及评价形式。

教材是立德树人的重要载体,其内容与立德树人的关联如下表[以重大版《小学信息技术》(第八版)教材为例]。

表 12-1 教材内容与立德树人关联表

	三年级	四年级	五年级	六年级
爱国主义教育	1.三上第一单元:学生通过初步了解信息技术从古至今的发展变化,从而了解中国发明的活字印刷术对世界文明和信息的记载与传播作出的巨大贡献,增强学生的民族自豪感和自信心。通过了解现代信息技术在生活中的应用方式,延伸到计算机网络技术的发展,中国卫星遥感技术和航空航天领域的突飞猛进,激励学生树立从小学好信息技术报效国家的远大志向 2.三上第三单元:重点是在掌握正确规范的指法基础上,逐步实现盲打并提高打字速度。观察、模仿、勤练是本模块学法训练的重点,同时也是培养学生耐心细致、持久学习的毅力,敢于接受挑战等良好品质的好时机 3.三上第四单元:让学生初步体验互联网给我们带来了方便和快捷的同时,通过互联网了解中国历史文化,增强学生的民族自豪感	1.四上第一单元:以"我满十岁了"为主线,让学生学会规划和管理文件。同时是一次非常好的生命教育契机,同学们即将步入人生第一个十年,细数从出生到十岁的成长历程,感受家庭的温暖、父母的呵护,祖国的强大,珍惜现在和平幸福的美好生活 2.四下第二单元:在学生学会 WORD 基本操作的基础上,通过端午节小报的制作,培养学生收集、处理和运用信息的能力,加深对中国传统节日的了解,增强民族自豪感和文化自信心	1.五下第一单元:通过学习分镜头脚本的撰写、用手机拍视频以及初步运用相关软件对视频进行剪辑和合成,使学生感知现代信息技术给我们的生活带来的变化与影响,同时培养他们运用信息技术设备捕捉和记录生活中动态美的能力	1.六上第一单元:了解、学习、体验、宣传和传承非遗,是让学生了解和学习中华传统文化的优秀载体 2.六上第二单元:帮助和引导学生在探讨人工智能的过程中感受由人工智能的发展应用而引发在自己身边的变化或影响,同时通过了解人工智能的起源、发展现状及发展趋势,激发学生对信息技术前沿知识的关注与向往 3.六下第三单元:主题词是"创客重任",重点在落实学生创新、创造。让学生了解机器人设计的过程,并通过实例故事让学生感受到一个机器人从无到有整个设计过程的艰辛

第十二章 小学信息科技学科落实立德树人根本任务的理论与实践

续表

	三年级	四年级	五年级	六年级
道德规则与法纪	1.三上第一单元：在动作技能学习领域,让学生认识计算机组成部分并掌握正确开机、关机的方法,从而培养学生正确使用计算机的良好习惯,进而培养学生爱护公物的良好品质 2.三上第四单元：让学生初步体验互联网给我们带来了方便和快捷,同时让学生初步建立正确文明使用网络的概念 3.三下第二单元：学生要学会使用搜索引擎查找所需的文本和图片,以及利用相关的媒体软件查找和欣赏所需要的音乐和视频。在这个过程中要培养学生文明上网的好习惯,同时更要注重培养学生的道德修养,以及增强对他人的图文、音频和视频的版权保护意识 4.三下第一单元和第三单元：以动物为主线开展教学,培养学生爱护动物,亲近大自然的良好品质。同时树立资源共建共享的意识,教育学生不能把不健康的视频上传网络	1.四上第三单元：学会注册并使用电子邮件进行分享,从中体会到分享的快乐,同时了解如何区别垃圾邮件、广告邮件、网络分享的安全等知识,树立网络安全和自我保护的意识 2.四下第一、二单元：通过修改、美化电子作文和创作电子小报这两大任务,培养学生对文字、图片进行再加工的能力,同时应帮助学生建立版权意识	1.五上第一单元：在设计过程中培养学生的审美能力、合作分享能力,提升学生的信息素养	1.六上第一单元：以非遗为主题,通过研究性学习,教育和引导学生遵守法律法规,健康传播信息。在现实情况下,网络信息传播是一种常用的便捷方式,但同时又有诸多的限制,尤其是网络直播。教师在处理这一问题时,要正确引导学生对网络直播及直播平台的认识,从其实质上看,网络直播是一种即时进行信息传播的方式或途径。在教学实施时,我们可以借助学校网络,充分运用学生所熟悉的QQ群、微信群以及学校公众号等方式,对正在开展的活动进行文字、图片或短视频等网络直播 2.六上第二单元：以人工智能为主题,并了解其产生的作用及用到的技术。信息技术的高速发展使人工智能在社会各个领域不断地渗透和广泛应用,教师不仅要引导学生认识到人工智能的重要性,也要关注到其带来的一些社会问题,从而辩证地认识到信息技术对社会科技进步及人类生活带来的影响

续表

	三年级	四年级	五年级	六年级
信息技术的应用与解决问题	1.三上第一单元：认识计算机的主要组成部分，了解显示器、键盘和鼠标的作用。掌握正确开机、关机的方法，初识桌面，熟悉信息技术课堂要求，培养学生良好的课堂习惯，为后面的学习建立良好的基础 2.三上第二单元：初步认识鼠标的基本组成。学会正确使用鼠标，熟练掌握鼠标的四种基本操作方法。培养学生养成正确使用计算机的良好习惯 3.三上第三单元：认识和熟悉计算机键盘，掌握规范的指法，形成基本的键盘输入技能，是学生了解和掌握信息技术基本知识和技能的基础，是整个信息技术核心的技能目标之一，对培养和形成学生对信息技术的学习兴趣至关重要	1.四上第一单元：理解文件夹的概念和作用，学会对文件和文件夹进行管理，能够建立文件夹，归类管理文件。通过实际操作，培养整理文件、规划分类的能力。培养学生有规律、有调理地生活和工作的习惯与能力；建立路径的概念，树立系统化观念	1.五上第一单元：以演示文稿软件学习为抓手，以制作"旅行相册"为教学载体，全面提高学生信息技术应用水平。基于项目式学习，实践、总结、提炼实现教学方式转变的有效举措 2.五上第二单元：以APP学习为抓手，以设计"游学计划"为教学载体，全面提高学生信息技术应用水平。基于项目式学习，实践、总结、提炼实现教学方式转变的有效举措 3.五上第三单元：学习背景库、声音库、外观—特效、按键控制等知识点。灵活运用广播与接收到的广播指令，实现多角色互动效果。熟练运用落笔、抬笔，实现画图效果。学会并运用画正多边形的公式，画不同颜色、大小、粗细的正多边形。学习	1.六上第一单元：以非遗为主题，通过研究性学习的方式，引导学生学习信息技术的综合应用。本单元教材内容的设计和安排，主要突出以信息技术，尤其是互联网为手段和方法，以"非遗"主题为学习载体，引导学生开展探究性学习，进而掌握借助信息技术工具帮助学习的途径和方法，培养学生运用信息技术解决实际问题的意识和能力 2.六上第二单元：以学生的学习为中心，利用开放式的教学资源和教学方法，展示形式多样的学习方式，尤其是自主、合作、探究学习方式，鼓励学生积极表达、交流、协作解决实际问题 3.六上第三单元：本单元所涉及的知识点，基本上在以前几册教材中已经出现过。但他们是以分散、独立的形式呈现的。因此本单元的重点在于，将已经学习过的知识技能，综合运用，组合在一起，制作一个比较复杂的程序作业

续表

	三年级	四年级	五年级	六年级
信息技术的应用与解决问题	4.三下第二单元：通过学习如何在网上获取所需要的文本、图片、音乐和视频，培养学生提取信息关键词和获取有价值信息的能力	2.四上第二单元：从当前"全民手机拍照"的背景着眼，以一张问题相片引入，学生通过相关软件，学会用信息技术来解决生活中处理图片时会遇到的问题，同时培养学生的审美能力 3.四下第一、二单元：通过用WORD处理日记和制作小报两大任务，学会WORD的基本操作技能，并培养学生利用图文传递信息的能力和素养，同时培养学生的审美能力	并理解旋转图、图章的制作方法，能创作不同中心点的旋转图。学习并掌握变量的建立，并简单运用。会用鼠标实现对角色的控制 4.五下第一单元：本单元以丁丁和点点做小主播制作手机视频，吸引更多同学加入恐龙世界的研究为教学情境，让学生学习用手机或者平板电脑拍摄视频，并能运用美拍大师对拍摄的视频进行美化和合成。能够运用手机或平板记录生活中的影像，感知并学会捕捉生活中值得留恋的动态美 5.五下第二单元：以探秘恐龙家族的数据密码为教学故事背景，学习电子表格的设计制作和基本应用，让学生学会用计算机处理数据，并能对数据进行简单的分析。	4.六下第三单元：前面五课内容是通过编写虚拟"扫地机器人"程序对小学三年来所学编程基础知识的复习以及对程序编写的总体认识。第六课是新知讲授，通过模拟声控灯程序，了解传感器，了解软件和硬件在编程中的应用

续表

	三年级	四年级	五年级	六年级
信息技术的应用与解决问题			能够运用电子表格解决生活中的一些实际问题 6.五下第三单元：熟悉使用导出背景为角色、移到上层、造型中心旋转等外观指令。掌握变量的新建、变量的增加(减少)。区分全局变量和角色变量等等	
创新意识与能力	1.三上第二单元：以鼠标游戏为学习载体，让学生在探索游戏奥秘的过程中探索新知，从而掌握鼠标正确的操作方法，在学习过程中培养学生的探究精神 2.三下第三单元：通过图片MV的创作，激发学生的创作欲望和想象力，感受创作带来的乐趣，同时培养学生的审美能力	1.四上第三单元：学会电子相册、电子视频、电子台历的制作方法，并与他人分享，从中培养学生的创新意识和审美能力 2.四下第二单元：学生通过电子小报的规划，刊头的设计，文字图片的搭配美化这一系列任务驱动，从中获得图文再创造的能力	1.五上第一、第二单元：成长学生，让学生的学习真实地发生，提高学生综合素质，促进学生健康、持续发展	1.六上第一单元：通过信息技术学习与研究性学习的深度融合，采用任务驱动方式，引导学生体验研究性学习的过程，综合运用自己所学到的信息技术工具和方法，提升自己获取信息、有效组织信息和处理信息的能力，为学生终身学习和可持续发展奠定基础 2.六上第二单元：通过信息技术学习与研究性学习的深度融合，采用任务驱动方式，引导学生体验研究性学习的过程，综合运用自己所学到的信息技术工具和方法，提升自己获取信息、有效组织信息和处理信息的能力，为

续表

	三年级	四年级	五年级	六年级
创新意识与能力			2.五上与五下第三单元:利用教材提供的知识线索,拓展学生的思路,激发学生的自主创新能力,喜欢画画的同学,研究更深层次的画画;喜欢故事、互动游戏的同学,利用所学知识,研究故事与游戏,让学生的个体爱好,都能通过图形化编程平台发挥出来。最好是与学科知识进行融合,实现学习成果的最大化 3.五下第一、第二单元:通过分组协作完成教学任务,培养学生的团队意识和合作精神	学生终身学习和可持续发展奠定基础 3.六上第三单元:单元后的学习评价量表,由学生自主评价。教师可以增加部分指标,以提高评价的针对性,鼓励创新。由于单元完成后是一个最终成品,可加重成品的评分权重 4.六下第三单元:本单元主题词是"创客重任",重点落实在学生创新、创造。虽然,课程写的是模拟"扫地机器人",但我们希望学生可以通过所学步骤,自己模拟出另外的机器人,比如"灭火机器人""体检机器人""作业批改机器人"等等,我们不要求学生的创意实际实现,只要是学生合情合理的思考,教师都应该帮助学生去完成

二、目标确定,构建立德树人教学体系

依据学段目标、教材内容、学生情况拟定教学目标。教学目标应细化教学内容、细化行为程度(标准),明确具体,具有可检测性。对单元目标的拟定,要在单元内容分析的基础上,结合学情,应体现单元主题引领下的各课

与立德树人之间的内在联系。

以重大版《小学信息技术》(第八版),教材各年段目标拟定为例。

表12-2 教材立德树人各年段目标表

年段目标	3—4年级	5—6年级
爱国主义教育	1.了解我国信息技术发展的历史和取得的成就,激发学生的爱党爱国热情,让家国情怀在学生心中生根发芽,增强民族自豪感 2.认识到数字身份的唯一性与信用价值,加强保护个人隐私的意识,提升自我管理的能力,形成在线社会生存的安全观 3.了解威胁数字资源安全的因素,掌握文件复制的方式,能通过文件复制保护个人的数字资源 4.通过网络了解中国传统文化,在扬弃中继承、在转化中创新,不断赋予中华传统文化新的时代内涵和现代表达形式,使中华民族最基本的文化基因与当代文化和现代社会相适应、相协调,增强民族自信	1.通过介绍计算机发展史,使学生明白我国计算机发展还很薄弱,让学生看到差距,产生危机感,明确责任,激发爱国主义情感,鼓励学生从小立志为国争光 2.通过介绍我国现阶段计算机的应用程度,与展望计算机未来的应用和发展,使学生对计算机的应用和发展充满信心,以此来正确引导他们学好信息技术知识,并牢记用信息技术知识为将来我国的社会发展作出自己应有的贡献,使学生对未来充满信心和希望,对社会发展充满信心和希望 3.幻灯片、MV等的制作集声音、图片、文字、视频于一体,可围绕一个爱国主题,将技术融入这个主题中,将爱国主义用技术来体现
道德规则与法纪	1.了解并遵守信息技术课堂规范 2.用符合社会公认的行为规范进行网络交流,遵守相关的法律法规,了解网络上的不安全因素,培养文明上网的好习惯,培养学生的安全意识 3.认识到数字身份的唯一性与信用价值,加强保护个人隐私的意识,提升自我管理的能力,形成在线社会生存的安全观 4.了解威胁数字资源安全的因素,掌握文件复制的方式,能通过文件复制保护个人的数字资源,建立知识产权意识 5.注重培养学生的道德修养,以及增强对他人的图文、音频和视频的版权保护意识,树立各类素材使用过程中的道德意识	1.领悟网络空间命运共同体对信息社会发展的重要意义,自觉维护国家信息安全 2.采用一定的策略与方法保护个人隐私,尊重他们的知识产权,安全使用数字设备 3.正确面对人工智能对社会的影响,认识到人工智能对伦理与安全的挑战 4.能按照信息伦理道德与法律法规进行自我约束,具备在信息社会中学习、生活的良好习惯;能安全、自信、积极主动地融入信息社会中

续表

年段目标	3—4年级	5—6年级
信息技术的应用与解决问题	1.能够根据需要选用合适的数字设备解决问题,简单地说明理由。基于对事物的理解按照一定的规则表达与交流信息,并在解决实际问题中进行应用 2.在简单问题解决的过程中,有意识地把问题划分为多个可解决的小问题,通过解决各个小问题,解决整个问题 3.理解编码与解码基本原理。依据问题解决的需要,组织与分析数据,用可视化方式表示数据之间的关系,支撑所形成的观点	1.选择合适的方式表达算法、过程与控制。根据生活与学习需要,有意识地选用信息技术工具处理信息 2.针对简单的问题,确定数据需求、主动获取、解决问题 3.依据学习任务,分析需要的学习资源,知道学习资源获取的渠道,有策略地应用网络获取数字化学习资源 4.了解计算机病毒的危害,掌握计算机病毒防范的常用方法 5.合理应用开源环境在他人工作的基础上,根据需要进行开发,尊重他人的信息技术劳动成果
创新意识与能力	1.利用在线平台和数字设备获取学习资源,开展合作学习,认识到在线平台对学习的影响 2.比较线上线下学习方式的异同,依据学习需要,在成人指导下,有效地管理个人的在线学习资源 3.借助信息技术创作和展示数字作品,感受到应用信息技术进行表达观点、作品创作、合作创新、分享传播等方面的优势	1.通过生活中的实例,体验算法的特征和效率。知道解决同一问题可能会有多种方法,不同解决问题的方法会存在不同的效率 2.在问题的解决过程中,能将问题分解为可处理的子问题,通过问题分解实现过程控制。了解用计算机解决问题的基本步骤 3.通过学习身边的算法,体会算法的特征,有意识地将此应用于数字化学习过程中,适应在线学习环境 4.在学习作品创作过程中,适用恰当的数字设备规划方案、描述创作步骤。在反思与交流过程中,对学习作品进行迭代和完善

三、活动组织,立德树人教学体系

精准调研,把握发展真问题。课前对学生进行学情前测,叙述清楚这项工作的理论支撑以及前测的方式。以问题为导向,深挖立德内容。对信息科技教材内容中蕴含的立德树人的内容关注、应用和把握。

(一)多方式关注立德树人的内容

营造教学氛围,自然融入立德树人的内容。通过教师、学生、设备、教学内容和环境的互动,把立德树人的教育融于场景中,促进学生课堂参与度的提升,激发学生主动投入信息技术的学习,营造良好的学习氛围。

挖掘教材,创设学习情境。在教学中充分挖掘教材内容,结合立德树人的内容为学生构建适宜的学习情境。

故事导入,创设情境。在课堂教学中,根据授课内容,教师穿插讲述一些生动有趣的故事,展示一些照片或插图,使学生更乐于接受立德树人教育。

巧用问题,创设情境。教师可以通过故事、模拟实验、图像、音像、活动等多种途径设置问题。以学生身边喜闻乐见的事情为素材,创设问题情境,感受信息技术与现实生活以及与理想信念等的密切联系。

(二)开展学习活动,应用立德树人的内容

对立德树人的内容,根据各个年龄段学生的心理状况与知识接受能力,采用不同的教学方式。针对低年级学生,可演示大量生动活泼的课件,以文字、图片、视频为载体,激发学生的学习兴趣,以"看"为主、以"做"为辅。针对中高年级学生,可以活动任务为主进行教学,进行综合式教学。

教学活动应尽量体现与立德树人整合的教学思想,教学活动应注重对学生分析问题、解决问题能力的培养,让学生掌握学习方法,并在问题解决的过程中获得体验、陶冶情操。

(三)实施教学调控,把握立德树人的内容

优化课堂练习,在课堂练习中渗透立德树人的内容。教师应合理分配课堂讲解和练习时间,精讲多练。选择恰当的练习方式、渗透立德树人的练习内容,既能巩固课堂所学的知识和能力,又能拓展学生的视野、提升学生的道德水准。

注重课堂总结。课堂总结应结合教学目标,注重培养学生的情感态度与价值观,实现全方位、立体化、多层次的课堂总结。

四、资源开发,支撑立德树人教学体系

(一)教材已有资源利用,凸显立德树人价值

信息科技课程资源的开发与利用坚持立德树人,聚焦课程核心素养,结合信息科技课程学习特性,创建丰富多样的资源形态,包括文本、图像、视频、模型、数据集、虚拟现实等,为学生提供生动、直观、富有启发性的学习材料。引导学生参与信息技术的真实情境,形成正确的理想信念和社会意识。

(二)已有资源二次开发,满足立德树人需求

更新课程学习资源的理念,构建学习平台与实验室。课程资源具备多角度的立德树人价值,与课程学习形成有机联系,是促进学生素养形成的重要支撑。使学生形成良好的信息意识,引导学生参与对所学知识的探索与发现,全面支撑学生动手实践与创新研究。

(三)根据课程目标自建资源开发,坚持立德树人导向

重视课程资源多种形态的有机结合,打通线上线下双空间,善用资源开展混合学习。资源开发是促进学生信息意识、培养学生计算思维、提升学

生数字化学习与创新能力、形成学生信息社会责任的重要支撑环境与条件。贴近学生日常生活的主要场景，贴近学生的兴趣与爱好，抓住学生认知发展规律中的重要学习体验，促进各类资源在信息科技课程学习中的育德价值。

五、评价实施，完善立德树人教学体系

信息科技课程的评价，要科学评价学生在学习信息意识、数字化学习与创新、计算思维、信息社会责任等信息科技课程核心素养以及共同核心素养等中的发展与变化。引导信息科技教学落实立德树人的根本任务；引导信息科技教学顺应时代发展、技术创新和社会变革，践行社会主义核心价值观。重视价值立场、关键能力和必备品格的考查，引导学生积极主动地进行学习反思。

（一）多元评价

注重情境中的评价，利用新技术开展个性化、多元化评价，及时反馈学生的学习状况，评价结果呈现精准化与增值性；加强过程性评价，利用多元方式跟踪学生的学习过程，积累学生的学习数据，重视评价内容的综合化和真实性。

评价情境应体现立德树人要求。信息科技课程具有很强的应用性，与学生的学习生活息息相关。评价内容的设计与选择应贴近学生的学习和生活，注重评价的实用性和立德树人导向性。评价情境的创设既要有利于评价目标的落实，更要有利于引导学生的品德的发展。

评价主体应体现多元化。评价应以课程核心素养为依据，贯穿在学生学习、生活的各个方面，融入各个学科教学及学生实际生活过程中。教师、学生和家长等均应充分了解评价的方案和内容，充分发挥评价主体的多元性。要尊重学生在学习过程中的主体地位，应建立开放、宽松的评价氛围，

鼓励学生、同伴、教师、家长共同参与评价,帮助学生在自我评价、互相评价和师长评价中不断反思、认识自我,从而实现自主学习的优化和个人发展的提升。要注重校内评价和校外评价的充分结合,积极发挥社会对学生成长的积极作用,引导家庭、社区、校外实践基地等多平台共同评价学生的学习。

(二)多角度评价

评价方式应体现融合性。促进学生的全面发展是现代教育评价应有的价值取向。在评价过程中,要以课程核心素养为依据,尊重学生的水平差异和个体差异,体现评价的增值性和表现性。要注重学科之间的融合,引导学生积极利用信息技术开展其他学科的学习,提升在新技术环境下学习和生活的创新能力。评价的方式要具有可操作性,要贯穿在教学活动中,根据教学活动的安排进行评价。充分发挥信息技术在评价中的优势,借助电子成长档案袋、学习平台等方式记录学生的过程性学习数据,结合数据思维和数据分析方法对学生的日常表现进行多维度分析,客观评估学生的学习过程和学习态度。评价的内容要结合学生的实际学习内容,评价指标要与学习活动密切相关。

评价目的应体现综合性。促进学生素养发展是过程性评价的重要目的,要从学生的能力和品质发展等方面评价学习情况。要从信息意识、计算思维、数字化学习与创新、信息社会责任等方面全面评价学生,把素养水平作为评价的主要依据。评价的结果应体现在学生核心素养的发展和变化上,并在其他学科学习的过程中,针对学生的个性特点,对评价的结果做个性化、发展性的解读。评价结果反馈应该根据核心素养水平和学生的个体差异进行,要注意方式和范围,要积极创造条件,让学生参与评价结果的判断和解释过程。

（三）全程评价

过程性评价的主要目的是提升学生对自我的认识，促进学生的学习，改善教师的教学和优化教学环境。课堂评价、作业评价、单元与期末评价等的全程评价，包括学生学习态度、学习参与程度、学习内容掌握程度、学生学习能力和认知能力的发展等方面。

信息科技学科与立德树人整合评价，实现学科之间的深度整合，以促进学生全面发展为根本目的，提高学生利用信息科技课程提高其他学科学习效率的意识。

附：教学课例

小学信息科技立德树人教学课例1
——以重庆市青少年创新人才培养丛书《小学编程》下册第二单元第4课《垃圾分类》为例（内容有改动）

教材解读

垃圾分类，一般是指按一定规定或标准将垃圾分类储存、分类投放和分类搬运，从而转变成公共资源的一系列活动的总称。垃圾分类的目的是提高垃圾的资源价值和经济价值，物尽其用。人们面对日益增长的垃圾产量和环境状况恶化的局面，如何通过垃圾分类管理，最大限度地实现垃圾资源利用，减少垃圾处置的数量，改善生存环境状态，是当前世界各国共同关注的迫切问题。

垃圾分类是一种文明健康的生活方式，实行垃圾分类，体现一个社会、一个学校的文明水平，体现人们的共同担当与共同参与。学校是实行垃圾分类的重要场所，它体现教师和学生对校园环境建设的深刻认识与高度重视。

但仍有很多人不清楚垃圾是如何分类的。

在小学普及环境教育、垃圾分类知识,培养广大中小学生在生活中进行垃圾分类的习惯,增强环境保护意识,培养学生对环境的情感和对社会的责任感,势在必行。

笔者以"垃圾分类"为具体教学案例,将垃圾分类的相关知识融入课堂编程教学中,落实课程德育任务。

课程内容

本课以图形化编程软件为载体,以垃圾分类为主题,引导学生关注垃圾分类、提高环保意识。并且通过分析垃圾分类时的交互条件、做出响应的条件,实现人机交互的效果。学生学习后,能够使用程序语言解决问题,培养计算思维能力。

教学目标

1.通过学习单的引导,分析出垃圾和垃圾桶的交互条件。

2.学会使用"且"指令将两个判断条件组合起来,实现垃圾分类的效果,提高计算思维能力。

3.强化垃圾分类的相关知识,提高环保意识。

教学重点

分析垃圾和垃圾桶的交互条件。

教学难点

使用"且"指令组合条件,解决问题。

教学资源

垃圾材料、垃圾桶、垃圾分类题单、多媒体课件、投影仪。

教学过程

一、设置情境(了解垃圾分类的重要性,关注垃圾分类、提高环保意识)

师:同学们都知道现在全国都在提倡垃圾分类处理,垃圾分类有什么好处呢?

生:能使资源得到循环利用。

生:能够减少污染物。

生:能够保护环境,减少环境污染。

师:同学们说的都很好。垃圾分类可以让我们的资源得以循环利用,可以让环境更美好。今天我们一起编程、制作垃圾分类的小程序,让我们能更好地学习垃圾分类的知识。(板书课题:垃圾分类)

师:请打开"垃圾分类"程序。

【评析】以垃圾分类为情境,引出教学内容"垃圾分类",让学生了解垃圾分类的重要性,以及身边有哪些常见的垃圾、常见的垃圾分别属于什么类别。旨在培养学生的环保意识,号召学生从小养成垃圾分类投放的良好习惯及树立正确垃圾分类的观念。

二、分析"丢垃圾"的步骤(分析、概括任务,培养计算思维,以及垃圾分类行为习惯教育)

师:同学们,在舞台中有三种垃圾:报纸、易拉罐和废电池。请问报纸属于什么垃圾?

生:报纸属于可回收垃圾。

师:(准备一个小的实物可回收垃圾桶和废报纸)老师这里有一个垃圾桶和一堆废报纸,请一位同学现场演示一下扔垃圾,大家注意观察他扔垃圾有几个步骤。(学生动手丢垃圾)

师:谁来说说他扔垃圾做了哪几步?

生:捡垃圾,打开盖子,丢垃圾,盖上盖子。

师:这四个步骤哪些是和垃圾有关,哪些是和垃圾桶有关呢?

生:捡垃圾和丢垃圾是和垃圾有关,打开盖子和盖上盖子是和垃圾桶有关。

(板书)

垃圾	捡垃圾	丢垃圾
垃圾桶	打开盖子	盖上盖子

【评析】该环节是对整个程序效果的步骤进行分解,训练学生分解任务的能力,学生抽象地表达所要解决的问题,将具体与抽象互相转化,逐步培养计算思维。此外,分解捡、扔垃圾的动作,捡垃圾、扔垃圾、打开盖子、关上盖子,对学生扔垃圾的行为习惯给予教育。

三、使用"且"指令编写程序(将垃圾分类的相关知识进行游戏化设计,使垃圾分类知识学习变得容易有趣)

1.编写"扔垃圾"的程序

师:程序中,捡垃圾的动作已经做好了,当角色报纸被点击,报纸会跟随鼠标移动。报纸属于什么垃圾?应该扔在哪个垃圾桶?

师:现在我们要扔垃圾,请看导学单的第1题,我们用"隐藏"代表垃圾扔进垃圾桶,那垃圾要满足什么条件才能隐藏呢?请同学们把隐藏垃圾所需要的条件填写在学习单第1题上。

(学生填写)

师:我请一位同学说一说条件是什么。

生:如果碰到垃圾桶。

师:这个条件对不对呢?我们一起来试一试。请同学们开始编写。(板书:碰到垃圾桶)

(学生编写程序)

师:我请一位同学为我们演示一下。

(学生上台演示)

师：垃圾碰到垃圾桶就进去了吗？这个程序的效果与老师刚才丢垃圾的动作一样吗？(老师拿起一团废纸)注意看我的手，(老师做松手动作)我做了什么动作垃圾才掉进垃圾桶里的？

生：丢的动作。

师：那么在我们程序里是不是还应该加入一个丢的条件呢？在编程时我们使用"按下鼠标"来判断是否做出了丢的动作。(板书：按下鼠标)

师：我们拿出"碰到可回收垃圾桶"指令和"按下鼠标"指令。你们看，"如果"指令只有一个六边形的位置，怎样才能把这两个指令放进去呢？

生：使用"且"。

师：对，(板书：且)我们可以使用"且"这个指令。谁能说一说，"且"表示什么意思？

生：两个命令必须完成。

生：两个条件必须同时成立，才能执行后面的程序。

师：没错。从形状上看它有两个六边形的位置，刚好可以把两个条件连接成一个整体，然后放到"如果"指令里。

(请同学根据板书修改学习单，然后补充修改程序并演示)

2.编写"垃圾桶"的程序

师：编写完"扔垃圾"的程序，下面我们来看垃圾桶的程序该怎么写，垃圾桶有开盖子的步骤，同学们思考一下垃圾桶在满足什么条件下才打开盖子，请填在学习单第2题上。

(请同学起来说，并上台演示)

生：首先找到"且"指令，然后找到"碰到废报纸"和"按下鼠标"放入"且"里面。如果满足这两个条件，垃圾桶就要切换造型。

师：试一试，成功了吗？

师：在舞台上还有一种垃圾，也属于可回收垃圾。

生：易拉罐。

师：请大家参考学习单，完成易拉罐投入垃圾桶的程序设计。

（学生完成并演示）

【评析】通过编写程序，垃圾分类变得容易一点儿，好玩一点儿。分析程序编写的条件，学习逻辑运算"且"的用法。实现同时满足两个条件才能完成扔垃圾的效果。根据垃圾分类的知识，借助生活中分类投放垃圾的情况，让学生了解垃圾投放时程序中多个条件的组合方式，也对垃圾的分类有进一步了解。

四、优化程序"正确投放垃圾"（模拟智能垃圾桶，考虑垃圾的正确投放，优化程序，引导关注信息社会的发展与变化，认真学习编程知识，为环保事业贡献力量）

师：生活中，智能垃圾桶已经投入使用，当人们投放垃圾时就能自动识别并提示是何种垃圾。我们也可以模拟智能垃圾桶的功能，在舞台上还有一组垃圾——废电池。它不属于可回收垃圾。在垃圾桶造型里有一个打红叉的造型，表示不符合此类垃圾。废电池碰到可回收垃圾桶，就该切换成这个造型，来提示投放错误。请问，垃圾桶要满足什么条件，才能切换成这个造型呢？请同学们参考学习单，完成废电池不能投入可回收垃圾桶的程序。

（学生尝试，并演示）

生：如果垃圾桶碰到废电池，就要切换成带红叉的造型，表示不能投入。

师：废电池属于什么垃圾呢？

生：有害垃圾。

师：请同学们从本地文件中上传新角色——有害垃圾桶，将废电池丢进这个有害垃圾桶里，并完成有害垃圾桶的程序部分。

【评析】程序设计过程中，应考虑可能出现的情况，完善程序、优化动画效果。该任务是前一个任务的巩固练习，并在程序中增加了投放错误的可能,提升难度,进一步训练学生的思维。完成任务后,教师进行小结,回顾任务的操作,先分解任务、抽象概念,最后概括思路,完成程序的编写。在此过程中,一步一步培养学生的计算思维能力。

此外,对学生进行了垃圾分类的教育,扔垃圾时,必须正确投放。并且现有的智能垃圾桶,利用物联网、互联网的融合技术可以实现智慧垃圾分类,如果投放错误可以自动识别并提示。增加学习内容的广度和深度,增长学生的知识与见识。引导学生多关注信息社会的发展与变化,认真学习编程知识,为我们的环保事业贡献力量。

五、总结回顾

师:通过今天的学习,我们学会了在判断语句里使用"……且……指令"来同时添加两个条件指令,同学们可以在课后继续完善程序。或许在不久的将来,你们设计的程序就会运用到日常的生活中,例如垃圾分类机器人等,只需要将垃圾扔进去,机器就能智能地开始工作了,为我们的环保事业贡献力量。

板书设计

垃圾分类

碰到垃圾桶 且 按下鼠标

垃圾　捡垃圾　丢垃圾

垃圾桶　打开盖子　盖上盖子

课例点评

垃圾分类已经成为我国大力推行的基本政策。垃圾分类可以减少环境污染,节省堆放、填埋垃圾的土地资源,并能促进再生资源的利用将垃圾变废为宝。另外,垃圾分类能够促使人们学会节约资源、利用资源,养成良好的生活习惯,提高个人最终的素质素养。一个人能够养成良好的垃圾分类习惯,那么他也就会关注环境保护问题,在生活中注意资源的珍贵性,养成节约资源的习惯。本节课以垃圾分类为主题,将程序设计与垃圾分类相结合,在课堂上不仅传授了知识,也对学生渗透了相应的垃圾分类的教育。这样的信息科技课不再是冷冰冰的操作,不仅有思维的培养,更增加了人文气息。

《垃圾分类》学习单

班级_____ 姓名_____

1.报纸的过程:

重复执行
　如果_____
　那么_____隐藏_____

2.可回收垃圾桶打开盖子的过程:

重复执行
　如果_____
　那么_____隐藏_____
　　　　等待1秒
　　　　_____

3.可回收垃圾桶提示不符合此类垃圾的过程:

重复执行
　如果_____
　那么_____隐藏_____
　　　　等待1秒
　　　　_____

课例作者:重庆市渝中区人和街小学校　罗川兰、刘翔

小学信息科技立德树人教学课例2
——以重庆大学出版社《小学信息技术四年级(上册)》(第八版)第10课《初识编程软件》为例(根据其内容改动为《无人车,开起来!》)

教材解读

当前,在物质条件充足、人工智能高速发展、社会服务便利的背景下,我们希望通过信息技术教育让孩子获得什么呢?可能并不是简单地让他们学会做小报、做视频、编写小程序,更多的还是学习知识与技能的同时进行德育的渗透,加强学生信息安全意识,树立正确的思想道德观念,提升信息社会的责任感。

现代社会信息快速传播,在给学生带来学习、生活便利的同时,也带来一些不良信息的影响,如互联网上传播的色情、暴力、诈骗等信息。学生正处于世界观、人生观、价值观塑造的重要时期,求知欲和好奇心强烈,很容易被互联网上的不良信息干扰,影响身心的健康成长。以此为前提,如何将立德教育渗透到信息技术的教育之中?

下面,笔者就《无人车,开起来》这一具体教学课例,谈一谈在信息技术课堂教学中借助学科的优势,落实课程德育任务。

课程内容

本节课以Kittenblock软件学习为载体,以驱动无人车行驶为主题,引导学生关注现实,感受技术优势给生活带来的便利。在带领学生学习Kittenblock这款软件的功能和界面的同时,在任务设计方面体现学生编程思维的历练,让学生懂得如何用程序化思维解决问题。

课程目标

1.了解人工智能无处不在,感受它为我们的生活和生产带来的巨大便利。

2.初步学会在Kittenblock中给角色编写"移动到指定位置"的指令。

3.通过本节课的学习,培养良好的利用技术优势为自己生活服务的意识和用算法思维解决问题的能力。

4.组织学生以合作共赢的理念开展自主学习和合作学习,形成学习共同体;提高团队合作意识,成长为有温度的学生。

教学重点

初步学会在Kittenblock中给角色编写"移动到指定位置"的指令。

教学难点

通过本节课的学习,培养良好的利用技术优势为自己生活服务的意识和用算法思维解决问题的能力。

教学资源

无人驾驶技术的设计稿、方便学生自学的操作秘籍、多媒体课件、投影仪、音响设备。

教学过程

一、激情导入,感受人工智能时代下的便捷生活,重新定义美好生活

教师:上课!同学们好!大家发现了吗?我们所处的时代好像在悄悄地发生着一些改变……

教师:随着信息时代的到来,大数据、云计算、人工智能等术语已经变成了街头巷尾谈论之词,甚至同学们都在时常议论,智能家居机器人、商用机器人、工业机器人等智能机器人技术给我们的生活带来了可观的变化。刚才老师了解到智能家居机器人已进入普通家庭,据说,智能家居机器人将在五到十年内实现普及,智能商用机器人呢?只需三到五年就可以实现。那到底是不是这样呢？下面播放一段视频，让我们一起来了解一下。

【评析】带领学生去感受：科技飞跃式进步，我们已进入人工智能时代，越来越多的智能设备走入日常生活，让我们能随时随地享受人工智能时代带来的便捷生活；智能泊车、智能家居、智能分拣机器人、智能语音助手等等，无一不是我们对美好生活的定义。

二、新课教学

1.高效的智能设备，体会计算机程序在生活中的不可替代性，并产生自己动手编写程序解决问题的愿望

师：在视频中老师摘取了这样几条数据：

没有小黄人时，完成这个分拣量，至少需要100名熟练工人。

2000平方米的作业面积，可以产生的路径有3000亿条。

汽车搬运机器人，它的定位精准度误差竟少于5毫米，能够实现100辆机器人同时调度。

还有最后一条，你和爸爸妈妈出门一定遇到过停车难、忘记停车位这样的情况。而汽车搬运机器人的取车时间仅需2分钟，比传统停车场节约了停车位的40%以上。

师：看到这些数据，你感受到了什么？

生：高效。

师：没错，这些本该人工来完成的工作，有了智能机器人的参与工作效率大大地提高了，节省了人力成本。是什么在指挥这些机器人呢？

生：程序。

师：看来这个问题有点儿难度，我们再来分析一下。人的行为是谁指挥的？那机器人呢？

师：其实，这些机器人都有像大脑一样的处理器，那里可以同时执行很多程序，让它们能够在工作过程中遇到不同的情况做出不同的动作，它们真的很聪明。

（板书：程序）

【评析】通过层层剖析，这些数据无一不告诉我们，智能设备处理能力的强大，更深刻地体会到计算机程序在我们生活中地位的不可替代性，并产生自己动手编制计算机程序解决身边具体问题的愿望。

2.无人驾驶汽车算法分析，体验紧张有序的学生设计思路活动，学习分支结构，点燃学生热爱家乡的情怀

教师播放视频。

师：视频中的无人驾驶汽车非常厉害。在2016年4月，重庆的长安无人驾驶汽车从重庆到北京行驶2000千米，完成国内首个超长无人驾驶测试，引发全球关注；而现在，无人驾驶汽车已经可以上路了，以后在大街上看到无人驾驶的长安车同学们可千万别惊讶。

【评析】重庆建设了国内首个智能共享无人驾驶运营示范区域，教师组织学生谈谈家乡的发展。在激发了学生对家乡的自豪感之后，进入学习探究活动。活动内容如下：经过紧张有序的学生设计思路图活动，既巩固了分支结构的知识点，也点燃了学生热爱家乡的情怀。

师：无人驾驶汽车之所以这么智能，是因为它身上携带着精准的车载传感器和灵敏的雷达，能够像人的眼睛一样感知车辆周围环境，根据探测到的道路、车辆位置和障碍物信息，控制车辆的转向和速度，从而使车辆能够安全、平稳地在道路上行驶。

师：同学们，如果你们是无人驾驶技术的设计师，你们会根据不同的路况做出怎样的设计？

师：在你们的桌子上有一张不完整的无人驾驶技术设计稿，请同学们认真读题，参照提示，以小组为单位完善后面的设计。看看哪一组完成得又快又准确。开始吧。

师：设计好的同学请以端正的坐姿告诉老师你们组已经完成了。

师：表扬3小组，你们都是善于倾听的孩子。4小组坐端正了，说明4小组已经设计好了。大部分小组都设计完了，我们来看看4小组的设计稿。

师：设计合理，表达清晰，你们真是合格的设计师。你们的答案和他们一样吗？那恭喜你们，你们也是合格的设计师，掌声送给自己！

师：这里老师只是列举了三种情况，实际上无人驾驶汽车在行驶过程中遇到的问题要复杂得多。我们刚刚处理每一种状况的基本做法和流程就是程序。我们可以通过用计算机来编写程序告诉计算机每一步要做什么，进而实现我们需要的功能，帮助我们解决问题。

【评析】①寻找生活中的算法，一方面帮助学生体会算法的概念，另一方面也消除了学生的畏难心理。②在这一探究模块，学生根据学案的引导，自主规划学习方案，真正成为学习的主人，自主学习能力得到有效提升。在小组合作学习环节，学生把问题答案提交给教师展示。在投影大屏幕的可视环境下，学生们认真观看屏幕中个人得分和小组得分，完成任务的同学积极帮助未完成任务的小组成员，一些学困生主动向同学请教，争取尽快完成任务，并为小组获得好名次而努力。课堂中团队协作气氛热情高涨，体现了强烈的集体主义精神。

3.学生实践活动，降低理解难度，消除畏难心理

教师：小设计师们，接下来到了你们大显身手的时候了，今天我们就来尝试模拟无人驾驶，编写一段小程序——让无人车，开起来。

（板书：无人车，开起来）

师：说到编写程序，之前老师学习编写程序是这样的……看起来……？

师：正如大家所说，晦涩难懂，还是全英文的。实现一个功能好难啊！但是老师给大家带来的编程软件，它就简单、有趣多了。这只可爱的小猫就是我们今天要学习的软件 Kittenblock 的图标。用 Kittenblock 编写程序应该不是一件难事吧。一起来看看吧。

（板书：Kittenblock）

【评析】借助单词的涵义，试着降低理解难度，消除学生的畏难心理。

4.教师讲演，直观演示，让学生有"路"可循，有"法"可依

（1）双击打开软件。

(2)介绍界面。

舞台:在舞台上表演的演员叫作角色。

角色区:所有演员都会在这个地方休息。

脚本区:放置控制角色行为的指令。

编辑区:我们将选择好的指令按照顺序放在编辑区内,像搭积木一样将指令连接起来,从而使角色完成相应的动作。

(3)认识"角色"、背景、开始、停止按钮。

师:在Kittenblock中,"角色"就是舞台中执行命令的主角。那今天的主角是谁?(操作演示)

生:汽车。

师:我们需要在新建角色区域选择"从角色库中上传角色"。找到"无人车",单击确定。

生:无人车已经准备好了,无人车在哪里行驶啊?

师:对,我们接着来更改背景,同样是从背景库中选择合适的背景。这两个基本元素就都就位了。无人车也蓄势待发。在舞台右上方有两个按钮,按照我们的生活经验判断,绿色可能是?红色可能是?没错,常说好的开始是成功的一半。所以开始是一件大事,记得在脚本区—事件找到这条命令,来发送程序开始的讯号!当小绿旗被点击,程序开始执行,小绿旗每被单击一次表示程序执行一次。发送开始指令之后,我们可以尝试让无人车开起来。那么我们可能需要去哪一个程序指令区找到相应指令?

【评析】教师直观演示,让学生有"路"可循,有"法"可依,促使学生学会迁移,更好地学以致用。

5.学生设计无人车,引导学生在计算机操作中形成爱整理、有序分类的行为习惯

师:那接下来的事情就交给你们吧!只执行一次让你的无人车从左到右地开起来!遇到问题可以请老师或同学帮忙,或者在放在大家桌面上的秘籍或电子文件夹中寻找答案。

师：已经让无人车动起来的同学可以帮助一下旁边的同学！

师：在同学们的指挥下，好多无人车都动起来了，我们来看看第10号的作品！

【评析】引导学生把计算机操作中形成的爱干净、有序分类整理的行为习惯融入学习生活中，达到虚拟与现实生活良好习惯的统一。

6.作品展示，问题得到解决并不是教学的终点，重要的是通过问题分析和解决的过程

师：嗯，无人车开起来了。可是我们的任务目标是，程序只运行一次，让无人车从舞台左边开到右边。单击小绿旗一次就表示程序运行一次。那怎么修改指令的参数完成老师布置的任务呢？

生：改变数字。

师：哦，白色圆圈里的数字原来是可以改的呀！你发现了吗？这里数值的大小表示的是什么？是的，不同指令里的数值表示不同的含义，因此大家可以根据需要，大胆修改数值从而达到不同的效果。

师：嗯，好办法。听清楚了吗？你来改改。但是改成多少呢？10步不行改成100步？不行的话？再改成200步呢？

师：哦，差不多了，无人车从左边移动200步可以到达右边，是这样吗？

生：不是，它是接起来运行的。

师：没错，我们发现无人车每次开始运动的位置是上一次无人车一结束的位置。所以为了保障程序的准确性，记得修改数值之后将无人车拖回起点。无人车需要移动多少步呢？

师：谁来演示？你让无人车移动了多少步？

师：谁还想演示？你让无人车移动了多少步？

师：你们都是从左到右，怎么步数不一样啊？

生：因为车不一样大。

师：哦，是这样啊。你有试过比这个数更多的数吗？发生了什么？

生：数字太大会跑出去。

师：是的，别忘了，我们把这个区域叫作——舞台。而舞台是有宽度的。不考虑车身长度的情况下，它的长是480步，宽是360步。当然，大家选用的小车大小不一样，所以步数略有区别。

【评析】经过对问题层层深入的考证，学生最终得出了准确方案，并解决了问题。问题得到解决并不是教学终点，而是通过问题分析和解决的过程，促进学生养成严谨的治学态度和增强信息意识。

7. 拓展活动，调动相关的知识经验和生活经验，促使学生主动参与，实现抽象到具体的转化

师：请所有同学面向老师坐端正。在大家的共同努力下，我们的无人车顺利地开起来了。老师这里有两辆无人车在行进，你们来看看哪一种效果可以让无人车的行驶更真实？这样的效果又该怎么完成？告诉大家一个小秘密，想让无人车行进更真实和时间有关系哦！

师：有能干的设计师已经完成了，其他同学继续想想办法。

师：看来这个问题有点儿难度，课下请你们思考一下怎么样来让无人车行驶得更真实。

【评析】我们可以结合概念的现实原型创设出生动有趣的教学情境，充分调动学生头脑中相关的知识经验和生活经验，促使学生主动参与对常识材料进行细致入微的探究活动，实现抽象到具体的转化。这样的教学情境不仅能激发学生的学习兴趣，而且能使学生很快进入深层思维状态，帮助他们去"发现"或"再创造"概念，从而真正理解概念。

8. 保存，培养学生随手保存的好习惯

师：这是我们做的第一个程序，把它保存在自己的文件夹吧。想找到保存方法请认真翻阅秘籍哦！

【评析】提醒学生规避因不及时保存文件带来的不良影响，培养学生随手保存的好习惯。

9. 小结，从"大处着眼，小处着手"，注重细节、把小事做细、把大事做小

师：这节课我们尝试用Kittenblock编写"开始""移动"的程序，让无人车

真的开了起来。现在,大家觉得编程难吗?

师:大家通过自己动手真正地完成一个小程序从而实现了某一个功能,发现编程好像也不是一件复杂的事情。所以,对新的知识,我们要勇敢地尝试、大胆地猜想,进而编写更完整的程序,来指挥更多的角色完成更复杂的命令。

【评析】激励学生勇于探索,从"大处着眼,小处着手",慢慢发现问题会迎刃而解。在很多时候,人们往往能成为雄韬伟略的战略家,却不能成为精益求精的执行者。因此,只有执行"大处着眼,小处着手",注重细节、把小事做细,你才能更加接近成功。

三、课堂总结,利用计算机程序为自己服务,让生活更美好!

我们生活在信息时代,我们学习的目标是让技术的力量使我们的生活更加美好。希望大家以后能用今天设计无人车的思路来解决生活中的问题,也许你会得到意想不到的收获。

【评析】进一步阐明计算机程序以渗透到我们生活的方方面面,只要你有利用其为自己服务的意识,它就在你的身边!

四、组织下课,引导学生遵守机房日常行为规范制度,助力学生养成良好的行为习惯

教师提醒学生关闭桌面窗口,将凳子放回原位。

【评析】由于信息技术不是应考科目,部分学生在思想上轻视了这门学科,认为信息技术课堂主要是用来放松学习压力的,结果降低了行为规范的标准要求,直接影响了良好行为习惯的养成。教师除了要引导学生遵守机房日常行为规范制度,还可以利用学科特点增加学生电子信息化行为习惯养成的长效机制。助力学生良好行为习惯的养成。学生明白文明使用计算机和爱护桌椅并不只是为了自己,还是对其他班同学能正常上机的一种公德行为。

板书设计

无人车，开起来

Kittenblock —编写→ 程序
（当▶被点击 移动?步）

课例点评

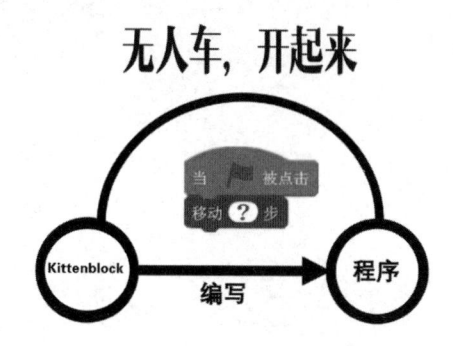

通过一系列的课堂情境的创设和渐进的学生综合活动，营造和谐生活化的计算机程序体验课，力图让学生体会到计算机程序在我们生活中地位的不可替代性，并产生自己动手编制计算机程序解决身边具体问题的愿望。进而了解利用计算机程序解决问题的过程，并有意愿把这样的方法真正地融入现实生活中去。最后能通过本堂课的学习，培养良好的利用技术优势为生活服务的意识和相应的信息技术素养！

信息科技教材内容以计算机知识介绍和技能操作为主，教师需要挖掘教材中有关"爱"的内涵，或者通过教材进行改造和资源拓展，设计爱国爱家爱校的素材和活动，从而有效地落实渗透，为国家、社会、家庭培养出有爱心的学生。

同时，信息科技教学倡导自主合作的学习方式，旨在培养学生发展核心素养。团队合作意识是学生德育的一个重要目标，学校应当培养有温度的学生。教师要从理解德育内涵着手，以学生发展核心素养和学科素养培养为方向，掌握信息科技德育实施范畴，在课堂中把握好德育渗透的路径，以学生为本，采用多样的方式进行有效德育渗透，落实立德树人的教育任务。

课例作者：重庆人民（融侨）小学校　段宏

第十三章

小学综合实践活动学科落实立德树人根本任务的理论与实践

落实立德树人根本任务、发展素质教育是我国新时代背景下基础教育改革的战略要求。探索立德树人背景下课程创新与育人方式的转变，促进立德树人向实践育人、综合育人并进，是落实这一根本任务、贯彻党的教育方针的关键举措。由此，我们回顾综合实践活动学科立德树人的历史演进，探究小学综合实践活动教育理论与教学实践相结合、综合实践活动课程与立德树人目标与育人方式相融合的教育规律，坚持在学科教育教学中落实立德树人根本任务，对提升课程综合育人功能、创新实践育人途径具有重要意义。

第十三章 小学综合实践活动学科落实立德树人根本任务的理论与实践

第一节 小学综合实践活动学科落实立德树人根本任务的历史演进

综合实践活动课程并不是一门随意设置的课程,它是我国基础教育改革的重点内容。按照历史发展的顺序,综合实践活动课程在我国经历了一段漫长的活动教育时期:从"课外活动"到"第二课堂""第二渠道",又从"活动"到"课程",最后明确提出在中小学设置综合实践活动课程。在义务教育课程方案和课程标准(2022年版)实施背景下,将立德树人作为教育根本任务对综合实践活动课程的改革也提出了新的挑战,主要表现为需要进一步强化综合实践活动课程的整体性、改变分科课程自成体系、相互割裂的现状,推动立德树人这一根本任务的实现。本节将对综合实践活动课程落实立德树人根本任务在我国的历史进程进行回溯。

一、萌芽阶段

"课外活动"可以说是综合实践活动的雏形。学科课程,在课程建设与发展中长期占据主流地位。旧中国的课程体系属于学科课程体系,直到民国以后,"课外活动"这个译名才开始出现在教育学论著中,但在学校教育体系中并没有得到足够的重视。新中国成立后编订的教学计划和教学大纲,以学科课程作为主导性课程,而把学科课程以外的各种形式的活动统称为"课外活动"。[1]

---

[1] 刘玲:《综合实践活动课程在我国的演变与发展》,《中小学管理》2017年第12期。

新中国建立之初,教学改革要反对书本与实际分离的教条主义,坚持理论与实际一致。1949年12月,教育部在第一次全国教育工作会议上的总结报告中指出:新中国的教育是"民族的、科学的、大众的教育,其方法是理论与实际一致"。

1952年3月,教育部印发《小学暂行规程(草案)》,其中第21条规定:"实行理论与实际一致的教学方法。教师应根据学科系统,正确地结合儿童生活经验以及社会自然实际,并适当地运用实际事物,进行教学。"同时印发的《中学暂行规程(草案)》第十八条规定:"中学教师应根据理论与实际一致的教育方法,结合革命斗争和国家建设的实际,进行教学,以达到致用的目的。自然科学的教学尤应力求与现代生产技术相结合,采取实验、实习、参观等实物教学法,使学生理解一般生产过程的基本原理与最简单最基本的生产工具的使用方法。"

1956年教育部印发《初级中学实验园地实习教学大纲(草案)》,规定初中各年级每周实习课均为2课时,其中实验园地实习,每周1课时;同时对种植、养殖等实习活动提出明确要求。

1982年印发的《高级中学辩证唯物主义常识教学大纲(试行草案)》提出"唯物主义常识教学的基本原则是理论联系实际",联系国内外的基本形势,联系学生的思想实际和学生学习过的自然科学、社会科学知识等。

1995年颁布《关于小学课外活动的规定》,明确了"课外活动"的内容、时间和实施细则。然而,总体来说,当时的活动教学在中国始终没有形成足够的规模及影响,没有造就一种足以限制学科课程弊病的力量,因其处于"课外"和"课余"的位置,人们或是把它看成为学科服务的体脑调节课,或是把它当作主要学科的增补加班课。

此时,作为综合实践活动雏形的"课外活动",强调理论联系实际,注重实践,也深受陶行知"生活教育"理论的影响,提倡教育与社会生活、教育与生产劳动相结合的思想,注重培养能够拥有"农夫的身手、科学的头脑和有改造社会的精神的真人"。这一阶段编订的教学计划和教学大纲所倡导的

"理论联系实践"及陶行知的教育主张直接影响了后来"活动课程""综合实践活动"的理念与方式。

二、准备阶段

改革开放后,中国社会整体处于谋求发展的重要历史阶段,这一时代背景有利于教育深化改革。从20世纪80年代中期以来,学科课程过于注重知识讲授、难以关照学生能力培育和个性发展等弊病日益暴露,中小学片面追求升学率的问题不断受到批评,教育界开展了关于素质教育的大讨论。此时,能够体现学生主体性和能力发展的"活动课程"便逐渐以"实施素质教育的载体"的身份进入人们的视野。

1992年,教育部将"活动课程"纳入课程计划中。1993年秋季开始试行的《九年义务教育全日制小学、初级中学课程计划》规定:新的课程结构由学科类和活动类两部分组成。学科课程和活动课程是使学生在德智体诸方面得到发展的必不可少的教育途径,有各自独特的教育功能,互相不能替代。这是中小学教学改革的一项重大举措,标志着我国一直以来学科课程"独霸"局面的终结,带来了课程结构的优化和调整,标志着新的课程体系的确立。[①]

由于该课程计划只规定学校要根据自身条件开设活动课程,并没有明确界定活动课程的边界,也没有对活动课程的本质特征、实施原则予以说明,因此直接导致了学校对活动课程理解的偏差和操作的扭曲。课外活动或活动课程容易失去其本身最具生命力的东西,无形中演化为课堂教学和学科课程的扩展与延伸。针对活动课程实施中存在的偏差和问题,1996年1月,当时的国家教委颁布了《九年义务教育活动类课程指导纲要(草案)》,明确规定了活动课程的培养目标、内容与形式、组织方式与方法等。在教育政策的保障与激励下,教育实践也呈现繁荣局面,活动课程的实施一度

---

① 刘玲:《综合实践活动课程在我国的演变与发展》,《中小学管理》2017年第12期。

成为20世纪90年代教育研究的热点议题,各学科课程也积极开展学科活动课程的设计与实施,学科教学方式进一步不断完善。

这一阶段是综合实践活动课程整个历程中极为关键的时期。"活动课程"正式被纳入基础教育课程体系,初步奠定了后来综合实践活动课程在整个课程体系中的地位与作用。

三、确立阶段

进入21世纪,教育面临前所未有的发展机遇和挑战,未来社会对新世纪的人才有了新的要求,人才培养模式的转变成为当务之急。同时,我国基础教育事业的发展面临新的历史起点,需要在进一步加快发展步伐的同时,更加关注基础教育质量的提高,更加关注学生的全面发展。在这样的背景之下,2001年,国务院发布《关于基础教育改革与发展的决定》,启动了第八次基础教育课程改革。这次课程改革的任务之一,就是调整和改革基础教育的课程体系、结构、内容,构建符合素质教育要求的新的基础教育课程体系。

2001年6月,教育部印发的《基础教育课程改革纲要(试行)》规定:从小学至高中设置综合实践活动并作为必修课程。自此,综合实践活动正式成为一门独立的课程,其内容主要包括信息技术教育、研究性学习、社区服务与社会实践、劳动与技术教育,强调学生通过实践,增强探究和创新意识,学习科学研究的方法,发展综合运用知识的能力,增进学校与社会的密切联系,培养学生的社会责任感。同年,教育部印发的《义务教育课程设置实验方案》中,不仅增设了综合实践活动课程,而且"各门课程普遍增加了实践活动";颁布《普通高中"研究性学习"实施指南(试行)》,详细规定了高中阶段研究性学习课程开设和实施的基本要求。

本阶段,综合实践活动的课程名称正式确立下来,综合实践活动的课程内容、课程目标也初步明确。自此,各地掀起了因地制宜开发综合实践活动课程、探索实践育人的人才培养模式高潮。然而在实践中也面临不少问题,如对课程概念、性质理解存在偏差,课程开设不规范、不充分,缺乏课程资源,教师素质难以适应课程的要求,评价尚不能有效促进课程发展。综合实践活动课程的常态实施需要进一步规范发展。

四、发展阶段

十八届三中全会在深化教育领域综合改革中提出落实立德树人根本任务、发展素质教育是我国新时代背景下基础教育改革的战略任务。立德树人是"培养什么人、怎样培养人"的标准,也是综合实践活动课程的引领。

2017年9月25日,《中小学综合实践活动课程指导纲要》(以下简称《纲要》)正式颁布,就综合实践活动课程性质与基本理念、目标、内容与方式、实施等一系列关乎课程发展的重要问题做出了明确规定,重申了综合实践活动课程在基础教育课程体系中的地位,厘清了影响综合实践活动课程实施的若干理论与实践关系,也明确了综合实践活动课程的未来发展方向。这标志着综合实践活动课程迈入了规范发展阶段。[①]

2018年全国教育大会再次明确指出要把"立德树人"融入教育的各个领域、各个环节,立德树人已成为当下我国教育改革的主旋律。立德树人理念为审视综合实践活动课程提供了极具启发意义的视角,为完善该门课程的实践策略揭示了可行的路径。

2019年2月,中共中央、国务院印发《中国教育现代化2035》,提出了推进教育现代化的八大基本理念:更加注重以德为先,更加注重全面发展,更加注重面向人人,更加注重终身学习,更加注重因材施教,更加注重知行合一,更加注重融合发展,更加注重共建共享。其中,注重"知行合一"是改革开放以来首次明确提出的一个教育理念,它与综合实践活动的实践性特征和实践育人的功能定位相契合,由此也进一步凸显了综合实践活动课程在

---

① 刘玲:《综合实践活动课程在我国的演变与发展》,《中小学管理》2017年第12期。

中小学课程体系中的重要地位，预示着一些新的发展取向。

2019年6月，国务院办公厅发布的《关于新时代推进普通高中育人方式改革的指导意见》中强调："强化综合素质培养""统筹课堂学习和课外实践""拓宽综合实践渠道"。这充分体现了教育部门对以综合实践为主要载体的劳动育人和实践育人功能的高度重视。

2020年，教育部先后出台了《关于全面加强新时代大中小学劳动教育的意见》《大中小学劳动教育指导纲要（试行）》。劳动教育是全面贯彻党的教育方针的基本要求，是实施素质教育的重要内容，是培育和践行社会主义核心价值观的有效途径。综合实践活动是实施劳动教育的重要渠道之一，基于此，2020年修订的《普通高中课程方案》中，将2017年版方案中高中综合实践活动的14学分调整为8学分，另外6学分纳入劳动教育的学分，6学分中的2学分为志愿服务。因此，劳动教育进一步提升了综合实践活动课程的育人价值，也为综合实践活动的开展拓宽了新的思路。

2021年，教育部出台了《关于进一步减轻义务教育阶段学生作业负担和校外培训负担的意见》，明确指出："学校要充分利用资源优势，有效实施各种课后育人活动，在校内满足学生多样化学习需求""提高课后服务质量……为学有余力的学生拓展学习空间，开展丰富多彩的科普、文体、艺术、劳动、阅读、兴趣小组及社团活动"。因此，该意见为打破传统学科壁垒，构建家校社共育链条的课后服务，为综合实践活动的开展开辟了一条新路径。同时，"双减"政策为落实综合实践活动课程高品质发展提供了契机。

2022年，义务教育课程方案和课程标准将综合实践活动开设起始年级提前至一年级，并指出"加强综合课程建设，完善综合课程科目设置，注重关联""优化综合实践活动实施方式与路径，推进工程与技术实践"，从中可以看出新时代背景下，更加注重充分发挥实践活动的独特育人功能，强化课程协同育人功能。

第二节

小学综合实践活动学科落实立德树人根本任务的学科特点

综合实践活动是从学生的真实生活和发展需要出发,从生活情境中发现问题,转化为活动主题,通过探究、服务、制作、体验等方式,培养学生综合素质的跨学科实践性课程。[1]它有四种基本的活动方式,即考察探究、社会服务、设计制作、职业体验,进一步凸显了课程的实践与综合的特性,体现了新时期立德树人根本任务对课程发展的新需求。

一、学科特点

根据《中小学综合实践活动课程指导纲要(2017年版)》(以下简称《纲要》),综合实践活动课程的内容选择与组织应遵循如下原则。

1. 自主性

在主题开发与活动内容选择时,要重视学生自身发展需求,尊重学生的自主选择。教师要善于引导学生围绕活动主题,从特定的角度切入,选择具体的活动内容,并自定活动目标任务,提升自主规划和管理能力。同时,要善于捕捉和利用课程实施过程中生成的有价值的问题,指导学生深化活动主题,不断完善活动内容。

---

[1] 中华人民共和国教育部:《中小学综合实践活动课程指导纲要(2017年版)》,北京师范大学出版社,2017,第1页。

2. 实践性

综合实践活动课程强调学生亲身经历各项活动,在"动手做""实验""探究""设计""创作""反思"的过程中进行"体验""体悟""体认",在全身心参与的活动中,发现、分析和解决问题,体验和感受生活,发展实践创新能力。

3. 开放性

综合实践活动课程面向学生的整个生活世界,具体活动内容具有开放性。教师要基于学生已有经验和兴趣专长,打破学科界限,选择综合性活动内容,鼓励学生跨领域、跨学科学习,为学生自主活动留出余地。要引导学生把自己成长的环境作为学习场所,在与家庭、学校、社区的持续互动中,不断拓展活动时空和活动内容,使自己的个性特长、实践能力、服务精神和社会责任感不断获得发展。

4. 整合性

综合实践活动课程的内容组织,要结合学生发展的年龄特点和个性特征,以促进学生的综合素质发展为核心,均衡考虑学生与自然的关系、学生与他人和社会的关系、学生与自我的关系这三个方面的内容。对活动主题的探究和体验,要体现个人、社会、自然的内在联系,强化科技、艺术、道德等方面的内在整合。

5. 连续性

综合实践活动课程的内容设计应基于学生可持续发展的要求,设计长短期相结合的主题活动,使活动内容具有递进性。要促使活动内容由简单走向复杂,使活动主题向纵深发展,不断丰富活动内容、拓展活动范围,促进学生综合素质的持续发展。要处理好学期之间、学年之间、学段之间活动内容的有机衔接与联系,构建科学合理的活动主题序列。

二、小学综合实践活动课程目标与立德树人根本任务的关系

(一)立德树人根本任务是综合实践活动课程的引领

1. 立德树人引领课程的进一步深化

从国际课程改革的趋势上看,趋向多样化、开放的、发展的课程结构,把培养全面发展的人作为课程设置的目标,更加强调批判思维能力、问题解决能力和知识创新能力的培养。[1]具体而言,要实现三个转变,一是从学习知识向完成任务转变;二是从单一知识的学习、单一学科的知识向体现综合性学习转变;三是实现从封闭到开放的转变,由原来各自为政的单科教学逐渐走向开放式。提升课程综合的育人功能,具有开放性、综合性的综合实践活动课程,正是在新课程改革的背景下立德树人的必然要求。

2. 立德树人呼唤育人方式的转型

立德树人背景下育人方式的转变,价值观教育的改革是首当其冲的。价值观教育,要遵循"两个规律"——价值观认知规律和价值观认同规律。对价值观的认知教育,要倡导启发式、参与式,使学生通过自身的独立思考,逐步认知社会主义核心价值观的基本要义;对价值观的认同教育,要注重知行统一,坚持教育与生活实际、社会实践相联系,使学生通过自身的体验,理解社会主义核心价值观对国家、社会以及自身发展的重要意义,在情感上认同社会主义核心价值观的基本内涵,在思想行为上自觉践行社会主义核心价值观的基本要求,使学生树立远大的理想和崇高的追求,形成正确的世界观、人生观、价值观。[2]

---

[1] 中国教育科学研究院课程教学研究所课题组:《深化课程改革是落实立德树人根本任务的必由之路》,《中国教育学刊》2017年第7期。
[2] 中国教育科学研究院课程教学研究所课题组:《深化课程改革是落实立德树人根本任务的必由之路》,《中国教育学刊》2017年第7期。

3.综合实践活动是立德树人的重要载体

综合实践活动倡导学生从个体生活、社会生活及与大自然的接触中获得丰富的实践经验,形成并逐步提升对自然、社会和自我之内在联系的整体认识,具有价值体认、责任担当、问题解决、创意物化等方面的意识和能力。同时,综合实践活动课程学习的内容不是由教师或教材指定的,而是学生从生活中发现的;学习的宗旨不是学习知识和应对考试,而是发展思维、获得体验,动手操作、问题解决,形成积极态度,树立担当意识,践行社会主义核心价值观等;学习方式不是坐在教室听讲,而是走出校园、走向社会开展广泛的实践体验活动。无论是从学习内容、学习方式,还是目标指向上,综合实践活动课程都是立德树人的重要载体、创新途径。

(二)综合实践活动课程目标是对立德树人根本任务的具体化

《纲要》指出:要引导学生深入理解和践行社会主义核心价值观,充分发挥中小学综合实践活动课程在立德树人中的重要作用,并指出综合实践活动课程的目标是学生能从个体生活、社会生活及与大自然的接触中获得丰富的实践经验,形成并逐步提升对自然、社会和自我之内在联系的整体认识,具有价值体认、责任担当、问题解决、创意物化等方面的意识和能力。小学阶段的具体目标如下:

(1)价值体认:通过亲历、参与少先队活动、场馆活动和主题教育活动,参观爱国主义教育基地等,获得有积极意义的价值体验。理解并遵守公共空间的基本行为规范,初步形成集体思想、组织观念,培养对中国共产党的朴素感情,为自己是中国人感到自豪。

(2)责任担当:围绕日常生活开展服务活动,能处理生活中的基本事务,初步养成自理能力、自立精神、热爱生活的态度,具有积极参与学校和社区生活的意愿。

(3)问题解决:能在教师的引导下,结合学校、家庭生活中的现象,发现并提出自己感兴趣的问题。能将问题转化为研究小课题,体验课题研究的过程与方法,提出自己的想法,形成对问题的初步解释。

(4)创意物化:通过动手操作实践,初步掌握手工设计与制作的基本技能;学会运用信息技术,设计并制作有一定创意的数字作品。运用常见、简单的信息技术解决实际问题,服务于学习和生活。

综合实践活动育人功能的根本价值目标是立德树人。培养社会主义建设者和接班人,为学生成长奠定正确的思想意识和价值观念,发展良好的思想品德,通过价值体认,增强对自然、对社会、对自我的责任感,培养爱国主义情感、尊重民族文化、传承先进文化并具有文化自信意识和文化自觉能力,这是综合实践活动育人功能的价值方向。同时,通过综合实践活动丰富学生经验和体验,提升学生在真实的情境中发现问题、分析解决实际问题的能力,发展创新意识和实践能力,是综合实践活动的育人功能的价值属性,正是基于此,才能促进学生的社会化发展和个性化成长,造就具有主体精神、家国情怀和参与社会活动能力的主体。[①]可见,新时代背景下,综合实践活动课程在发展核心素养、落实立德树人根本任务等方面具有独特使命。

---

① 郭元祥、舒丹:《论综合实践活动的育人功能及其条件》,《教育发展研究》2019年第10期。

第三节

小学综合实践活动学科落实立德树人根本任务的基本要求

一、发挥综合实践活动课程实施立德树人的优势

按照综合实践活动实施方式,分为考察探究、社会实践、设计制作、职业体验四大板块内容,还增加了团队活动、专题教育、场馆教育等内容,并梳理提供了若干活动参考的主题。四大板块的划分不是绝对的,在课程设计和活动展开时可以整合兼顾、打通界限。在综合学习中,学生的综合素质和人文素养、科学素养、自主发展能力才能落到实处。如综合实践家政课《包饺子》,体现了鲜明的实践性。从学习方式上,有"设计制作"的元素,也有"职业体验"在其中,把饺子送给社区的孤寡老人,还有"社会服务"的体现。这一活动有对中华优秀传统文化中"家庭和谐"的"价值体认",也有"尊老敬老"的"责任担当"。在制作面、馅的过程中,从失败到成功,有"问题解决",最突出的就是"创意物化"得以实现,充分展示了"综合实践"的育人优势。

二、坚持实践育德、实践树人

实践育人是落实立德树人任务的重要环节。所谓实践育人,是指围绕教育培养目的而开展的以直接实践活动为基础、以学生亲身体验为特征的教育活动。这里的实践活动既包括课内、课外的,也包括校内、校外的,既

包括学科的实验、操作、实训课,也包括志愿服务、社会实践、职业体验等活动。修订后的指导纲要更加突显了实践育人、活动育人。如"价值体认"这种活动方式的要求是:"通过亲历、参与少先队活动、场馆活动和主题教育活动,参观爱国主义教育基地等,获得有积极意义的价值体验。"再比如"创意物化"活动方式的要求是:"通过动手操作实践,初步掌握手工设计与制作的基本技能;学会运用信息技术,设计并制作有一定创意的数字作品。运用常见、简单的信息技术解决实际问题,服务于学习和生活。"这里都强调了学生的亲历、参与、动手操作、设计制作、问题解决等,必须避免用学科学习的方式教授综合实践活动课程。

三、侧重创新实践能力的培养

综合实践活动课程强调学生亲身经历各项活动,在"动手做""实验""探究""设计""创作""反思"的过程中进行"体验""体悟""体认",在全身心参与的活动中,发现、分析和解决问题。综合实践活动课程的实施,跳出应试教育的模块化,走向情境与问题的综合化,构建真实的问题情境,融合多学科知识,让学生在"做中学"、在"悟中学"、在"问题解决"中给予学生更大的自主空间,符合素质教育新理念,能够切实提高学生的创新精神、思辨能力、实践能力等等。这种创新,可以是理念创新,如跨界学习、问题驱动、任务导向;也可以是方式创新,开展项目式学习、实践学习,实施线上+线下、校内+校外的混合式学习;更是手段与工具的创新,信息技术的融合、思维导图的应用等。如:用身边的食物做跑车,为复课抗疫设计防御路线图,设计开发"抗疫"游戏,各种实验探究、项目学习,践行动手动脑,促进学生实践创新能力的提升。

第四节 小学综合实践活动学科落实立德树人根本任务的实践路径

综合实践活动课程鼓励学生从自身成长及从生活情境中发现问题,选择活动主题,强调学生亲身经历各项活动,综合运用各学科知识,在动手做实验、探究、设计、创作、反思的过程中认识、分析和解决现实问题,着力发展核心素养,特别是社会责任感、创新精神和实践能力,以培养学生的综合素质。同时,综合实践活动面向学生的全部生活,生活中的自然资源、文化资源、科技资源、国防资源、红色资源等都可以作为综合实践活动的课程资源,因此,相对学科课程,综合实践活动的领域更为宽广,内容更为丰富,学习形式也更为多样,这是综合实践活动课程的优势,也是综合实践活动的育人优势。

一、不同学习方式促进立德树人根本任务的落实

1. 体验式学习与价值体认、责任担当目标的达成

目前,课程育德时常脱离学生的真实生活,方式过多,且注重讲授、灌输。严格地讲,能力及其价值观的形成不是"学"来的,而是"习"来的。通过实践体验,学生经历交往、合作、操作、模拟、角色扮演等环节,经受思维和价值的碰撞,促进学生价值体认与内化。如学校开展的"毕业墙""信任背摔""传送履带"等集体合作项目,只有将个人融于集体中才能完成任务,无须说明和强调,学生在参与体验的过程中自然就能感受到团队合作的价

值和意义。体验式学习还包括职业体验,学生在实际工作岗位上或模拟情境中见习、实习,体认职业角色,如军训、学工、学农等,让学生获得对职业生活的真切理解,发现自己的专长,培养职业兴趣,形成正确的劳动观念和人生志向,提升生涯规划能力。

2.探究式学习与问题解决能力目标的达成

考察探究是学生基于自身兴趣,在教师的指导下,从自然、社会和学生自身生活中选择和确定研究主题,开展研究性学习,在观察、记录和思考中,主动获取知识,分析并解决问题的过程,如野外考察、社会调查、研学旅行等,它注重运用实地观察、访谈、实验等方法,获取材料,形成理性思维、批判质疑和勇于探究的精神。如《我的书包我做主——小学生书包设计思路》这一课题,是学生基于自身在书包使用过程中遇到的问题而产生的系列探究,培养了学生解决现实生活问题的能力,增强了学生信息搜集和甄别的能力,培养了其合作意识和知识产权保护的意识和能力。从学生的生活和真实情境出发开展基于问题解决的探究性学习活动,内容紧密贴近学生的实际需求和生活需要,有助于激发学生的兴趣,增强问题探究和学习的动力,促进知行合一。

3.设计制作与创意物化能力的达成

设计制作指学生运用各种工具、工艺(包括信息技术)进行设计,并动手操作,将自己的创意、方案付诸现实,转化为物品或作品的过程,如动漫制作、编程、陶艺创作等,它注重提高学生的技术意识、工程思维、动手操作能力等。在活动过程中,鼓励学生手脑并用,灵活掌握、融会贯通各类知识和技巧,提高学生的技术操作水平、知识迁移水平,体验工匠精神等。设计制作的关键要素包括:创意设计;选择活动材料或工具;动手制作;交流展示物品或作品,反思与改进。如《我是服装设计师——纸模服装设计与制作》,通过简易纸模服装作品的设计与制作,学会画设计简图;根据简图裁剪制作,知道简易服装制作的一般流程、度量、设计、打样、裁剪、缝制;设计并制作一件创意纸模服装。在技术学习过程中,提高图样表达能力,进一步提升想象力、实践创新能力和审美情趣。

二、对不同学习领域立德树人课程资源的发掘

课程资源的开发与利用,是综合实践活动课程实施的重要保障。综合实践活动课程实施的过程就是其课程资源开发与利用的过程。《教育部2018年工作要点》中强调"统筹中小学综合实践活动、劳动教育、心理健康教育、家庭教育、影视教育及研学旅行等",树立课程资源意识,结合综合实践活动不同学习领域进行有针对性的课程资源开发,为落实综合实践活动课程育人提供资源支持。

1. 红色教育资源挖掘与价值观形成

红色文化是优质的教育资源,对弘扬社会主义核心价值观,传承红色基因,领悟红色精神,培养学生的爱国主义、集体主义精神,坚定理想信念、形成正确的人生观、价值观,具有重要的意义。重庆是一座拥有渣滓洞、白公馆、抗战遗址博物馆等丰富红色资源的城市,能让学生身临其境,体验、感悟红色精神和优良的革命传统。可以通过观影片、唱革命歌曲,弘扬和提升革命的精气神;或上门走访、聆听记录,搜索资源,宣讲历史革命人物故事,让革命精神代代相传;或寻访革命遗迹,绘制家乡红色地图,学生自主定主题、选路线、搞活动,一起走进红色基地了解家乡红色历史,学习先烈的革命精神,并在寻访回来后,对红色教育基地进行深入挖掘、系统梳理,绘制家乡红色地图,设计包含二维码、地图、海报、导游词的"寻访大礼包",他人可通过扫描二维码轻松进行线上寻访,聆听红领巾宣讲员的讲解;也可以循着地图在父母或者老师的带领下去红色教育基地实地参观寻访,激发学生的家国情怀。

2. 社会服务、职业体验与社会责任感的建立

社会服务和职业体验要面向学生完整的生活世界，需要学生走出教室，参与社会活动，走上实际的工作岗位，这需要依托地方的人文历史、特色工艺、公园场馆、特色产业等特色资源。这些特色资源能为学生创设真实的生活实践情境，是培养学生社会责任感的最好载体。如在校园中开辟了"开心农场"，一年中历经四季寒暑，孩子们从春耕、播种，到除草、浇水，再到秋收采摘。还有体验纺线、学习蜡染，在劳动、生产、观察、鉴赏中，感受职业体验。以《我是农场志愿者》为例，对如何做好志愿服务工作，首先引导学生通过调查访问、实地查看、资料收集等方式，拟定农场志愿服务行动方案，力求"找准需求、对应需求、方式有效"，增强服务的实效性；同时，立足农场资源开展实践活动，让学生在实践中获得关于自我、社会、自然的真实体验。学生经历了方案设计、情境演练、活动体验、评价交流等过程，深切体会了志愿服务精神，让学生关注身边的事物，具备公民应有的责任心和爱心，促进学生社会责任感的建立。

3. 探究实践活动与问题解决能力

问题解决是探究实践的目的，解决问题是学习的途径。以任务驱动，问题解决为载体，组织学生开展自主参与、丰富多元的学习实践活动，引导学生分析、判断、实践、探究，提升在真实情景中综合解决问题的能力。设置问题情景，是探究活动资源开发的首要一步。学生的问题不能依赖于想象，细心观察生活才是真实问题的源泉。例如，学生在生活中发现普通晾衣架挂钩不稳、滑、不能晾晒大件等问题，通过变一变、扩一扩、缩一缩等方法，引导学生尝试改进，从而培养学生多角度、多方位去寻找解决问题的能力。同时，学习不能仅限于课本、教室，需要拓展时空，开展研学活动，走进奶牛梦工厂、农博园、马戏团、大足石刻等基地开展实践活动，让学生在探究活动中以冷静的思维、科学的方法、勇敢的态度去应对学习或生活中遇到的问题，以及适应瞬息万变的社会。也可以依托科技活动赛事，开设"机

器人"等课程,引导学生在实践探究中了解机器人工作的原理、掌握编程知识,动脑创新,发明了自动割草机器人并参加科技创新大赛,不但获得了优异的成绩,也让学生在实际探究过程中提升了问题解决能力和创新精神。

4.创意物化资源与工程实践能力

创意设计、动手操作、技术应用和物化能力,是学生在实践操作中提高综合解决问题的重要能力。技术与工程领域的学习可以使学生综合所学的各方面知识,体验科学技术对个人生活和社会发展的影响。在发掘该领域的课程资源时,可以尝试巧用信息技术,贯通线上线下资源。比如,"我为家乡地名代言"是一个追溯并宣传重庆地名文化的校本课程。在调研基础上,学生发现已有App缺乏对历史文化的挖掘,古代歌谣与当下家乡的发展也不相符合。因此,引导学生进行创意物化:开发小程序,创编新童谣。线下设计小程序初稿,线上感受已有的程序功能,线下请教工程师,正是这样极具创意和挑战的任务,激发了他们的创新思维与探索精神。同时,还可以尝试改变视角,关注社会与技术革新,提升学生的工程实践能力。如"抗震建筑设计",带领学生通过角色扮演和小组合作,设计、搭建并测试防震建筑,增强综合应用知识、解决真实情境问题的能力,掌握不同结构与材料的建筑特性,培养学生善于协作、坚持尝试、敢于创新的品质。

附:教学课例

小学综合实践活动立德树人教学课例1
——舌尖上的数字密码

一、活动简介

本课例选自重庆市地方教材——《小学综合实践活动·四年级下册》主题活动六:《学做家常菜》。教学设计围绕"家常菜知多少""研究家常菜""制作几道家常菜"三个主题组织活动,使学生从多种渠道了解鱼香肉丝的由来、特点,通过数据的统计、分析,寻找到菜谱中"适量""少许"的秘密。根据分析结果,小组找到糖、醋的最佳搭配。最后,小组分工合作,学会炒制鱼香肉丝,培养学生的创新精神和实践能力。

二、活动背景

综合实践活动课不仅能培养学生的生活技能,而且能促进学生体力和智力的发展,培养学生的创新精神和实践能力。

综合实践活动课具有实践性、开放性、自主性、生成性、综合性。实际教学中也存在问题:第一,各小学校重视度不够,综合实践活动课边缘化严重。第二,综合实践活动课中的实践处于纸上谈兵,学生实践动手的机会甚少。

为落实《中共中央 国务院关于全面加强新时代大中小学综合实践的意见》以及教育部印发的《中小学综合实践活动课程指导纲要》《大中小学综合实践指导纲要(试行)》精神,设计了《舌尖上的数字秘密》一课。此课是一堂开放的课堂,让学生真正地走进生活,是从学生生活实际和真实需要出发的创造性教学活动。

三、活动目标

大目标:

1.综合实践活动中的探究式主题学习,不仅能培养学生的生活技能,而且能促进学生体力和智力发展,培养学生的创新精神和实践能力

2.探究中涉及了数学、科学、人文、烹饪等方面,实现课程融合、多元。实践中让学生真正去体验,在合作的基础上进行思维的碰撞、创新,从而实现人的全面发展

小目标:

1.通过思考、交流等脑力劳动方式,实现科学探究、数据的统计、分析,寻找到菜谱中"适量""少许"的秘密

2.根据分析结果,通过小组合作劳动找到本组"适量""少许"的最佳搭配,确定全班同学搭配的合理区间

3.观看大数据、标准化在生活中的实际运用,了解劳动分工带来的劳动标准化和科学化,激发学生劳动过程中的探究和创新意识

4.通过小组劳动分工与合作,学会炒制鱼香肉丝,培养学生创新精神和实践能力

四、实施过程

课前谈话:说各地特色菜、聊重庆菜。

观看《舌尖上的中国》视频、说各地特色菜、聊重庆菜。

【评析】通过视频了解到大江南北、琳琅满目的食材,各地独特的风味美食,引燃学生对美食的热情,学生愿意分享、乐于交流自己了解到的各地美食,从而激发学生的学习兴趣,综合实践活动课就是要从学生的真实生活和发展需要出发。

(一)聊家乡菜和家常菜,聚焦鱼香肉丝

1.鱼香肉丝的来历

(1)看菜名猜食材。

(2)学生品尝鱼香肉丝,说出自己尝到的味道。

师:我这里有一份新鲜出炉的鱼香肉丝,尝一尝。

师:尝到什么味道?

生:有点儿酸,还有点儿辣……

小结:酸甜咸辣是鱼香肉丝的味道,这可是有来历的——

(3)了解鱼香肉丝的来历。(视频)

【评析】调动学生从视觉、嗅觉、味觉、听觉感受鱼香肉丝这道家常菜,运用语言描述品尝到的味道,了解学情,建立学习与生活的有机联系。

(二)聚焦菜谱中"适量""少许"。

1.根据学生描述品尝到的味道,抓出酸甜是鱼香肉丝最特别的味道

2.酸甜是糖醋这两种佐料带来的,糖醋是这道菜的重要调料

师:正如你们尝出来的那样,酸酸甜甜是鱼香肉丝的最特别之处。这酸

和甜是什么调料带来的？

生：白糖和醋。

师：对，鱼香肉丝最关键的就是糖、醋这两种调料的使用。

3.观察菜谱，发现糖醋的用量为"适量""少许"，提出问题，确定本节课的研究任务：寻找"适量""少许"的秘密

师：想来做一做吗？刚才这位大师给了我一份菜谱，用这份菜谱，你们能做出来吗？

生1：能，有菜谱还有操作步骤，一定能。

生2：我认为不能，菜谱上糖和醋上面写的是适量和少许，我们并不知道是多少？

师：适量是多少？说不清道不明，接下来，我们就来寻找适量、少许的秘密。

鱼香肉丝菜谱

食材：里脊肉	250克
配料：油	20毫升
酱油	5毫升
清水	20毫升
大葱	100克
姜	10克
蒜	10克
生粉	10克
泡椒	5克
糖	适量
醋	少许

【评析】学生通过品尝的以及记忆中鱼香肉丝的味道进行大胆猜想，从收集的菜谱中观察发现有"适量""少许"的现象，提出问题，将"探寻适量、少许的秘密"这一问题转化为今天课堂研究的小课题，充分体现了综合实践活动课的课程性质就是从生活情境中发现问题，转化为活动主题去探究。这一环节根据学生已有的劳动生活经验，通过思考、交流等脑力劳动方式发现问题、提出质疑，聚焦探究点。

(三)小组合作劳动,探究"适量""少许"的秘密

1.小组成员讨论搭配方案

师:根据菜谱,老师为大家准备了所有食材,为了方便操作,我们把醋的数量设定为10毫升,糖的克数就需要你自己去搭配。小组同学讨论,看看怎样才能在5次试验或是更少次数里找到最佳搭配。

生1:我们组讨论的方案是从10毫升醋1克糖开始依次加1克。

生2:我不赞成,10毫升醋1克糖,不用试都知道酸了,我觉得应该从中间5克开始。

师:其他同学觉得呢?

生:两种方案都可以,第一次添加之后如果酸,我们就可以多加几克糖。如果非常甜就少加几克糖。

师小结:真是一群爱动脑筋的小朋友,你一言我一语就快速找到了糖醋搭配的方法。

2.根据小组讨论结果合作做实验,过程中收集小组同学的口感数据,加以统计,找到本组最佳搭配

表13-1 醋、糖搭配数据表

次数	醋	糖	口感	最佳搭配
第一次	10毫升	克	偏甜( )适中( )偏酸( )	
第二次		克	偏甜( )适中( )偏酸( )	
第三次		克	偏甜( )适中( )偏酸( )	
第四次		克	偏甜( )适中( )偏酸( )	
第五次		克	偏甜( )适中( )偏酸( )	

3.小组汇报

【评析】先讨论再实践是培养学生思考在行动之前,所谓三思而后行。实践中培养学生分工协作的能力,利用小组合作发挥群体的积极性,根据每个学生的不同特长进行分工,提高学生个体的学习动力。学生体验合

作,既能实现个体的优势互补,帮助个体实现自我判断和自我修正,又能找准正确方向、提高效率,从而激发学生的主动性、创造性。

(四)分析数据,聚焦数字秘密

1.统计小组汇报的数据

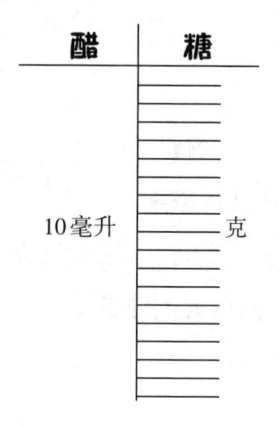

醋	糖
10毫升	克

2.分析数据,聚焦新问题

师:我们一起来分析各组通过采集获得的数据,你有什么发现?

生1:8克糖出现的次数最多,出现了5次。

生2:数学课上我们学习了众数,8就是这组数据中的众数,反映出我们班有大多数同学喜欢这个搭配。

生3:比6克少的没有,那样太酸了。

生4:比9克多的也没有,多了就会很甜。

生5:我发现了,糖的克数都在6—9克之间,这样才会不酸也不甜。

师:太厉害了,你发现了这几组数据背后的重要秘密,这就是我们班的同学喜欢的糖醋搭配在6—9克之间这个范围,这就是菜谱中说的"适量"。"适量""少许"背后还隐藏着数字的秘密。

师小结:"适量"并不是一个精准的克数,而是一个范围。

【评析】通过思考、交流等方式,完成科学探究、数据的统计、分析,有目的地进行数据的收集和分析,理清小组数据后,再形成班级小数据,寻找到

"适量""少许"的秘密。这一过程体现了综合实践活动课的多元、开放,打破学科界限,鼓励学生跨领域、跨学科学习,为学生自主活动留出余地。

(五)炒制鱼香肉丝,回忆成功的秘诀

1.求证最佳搭配,根据课前收集到的操作指南,小组分工、合作炒制鱼香肉丝

2.回忆成功的秘诀

看到菜谱对"适量""少许"进行——猜测

接下来我们对糖醋比例进行搭配——尝试

找到最佳搭配还炒制了鱼香肉丝,这个过程——实践

师小结:刚才我们经历的就是科学探究的过程:猜测、尝试、实践,做出了满足我们班同学口味的鱼香肉丝。

【评析】这个过程既是对之前的搭配进行求证,又是对各组成员分工、合作的考验,炒制成功重要的保障就是各司其职,配料、切菜、烹饪、整理形成流水线,综合实践活动课的实践性得到了充分的体现。

(六)结合标准化工业化分析,了解大数据给现代生活带来的便捷

1.份数增加,怎么办呢

2.乡村基怎么解决这个问题

生1:收集了很多人的口味。

生2:结合厨师、营养师,给出了一个标准。

生:3:制定出一份精准的菜谱,别说2000份,就是2万份也没问题。

师:看来随着社会的发展,传统的烹饪也离不开一些数字和数据。

3.了解生活中的大数据给现代生活带来的便捷

师:其实,聪明的不仅仅只有乡村基。我们的吃穿住行离不开大数据。

生1:淘宝。

生2:大众点评。

生3:美团外卖。

4.大数据的应用让我们的生活更精确、更便捷了,为什么我们在菜谱中

还会看到"适量""少许"这样的概念

生1:每个人的口味不一样。

生2:根据自己的味道调整,和我们刚才的实验一样。

师总结:"适量""少许"短短四个字隐藏着舌尖上的数字秘密,也流淌着中国人饮食文化上的包容、和而不同、求同存异。

【评析】本环节让学生感受大数据、标准化给生活带来的便捷,从而激发学生的探究精神与创新意识。这一环节遵循综合实践活动课连续性原则,使探究活动向纵深发展,不断丰富活动内容、拓展活动范围,促进学生综合素质的持续发展。让学生知道劳动不仅仅是锻炼体力,更是学习能力的提升。体会智能化给我们的生活带来的便捷,引导学生将来能够创造性劳动。

附1:板书设计:

舌尖上的数字秘密

鱼香肉丝菜谱	
食材:里脊肉	250克
配料:油	20毫升
酱油	5毫升
清水	20毫升
大葱	100克
姜	10克
蒜	10克
生粉	10克
泡椒	5克
糖	适量
醋	少许

醋	糖
10毫升	克

范围

猜想——尝试——实践

五、效果评价

表13-2 《舌尖上的数字密码》效果评价表

内容	形式	目的
能够在五次实验内找到糖、醋的最佳搭配	★	通过思考、交流等脑力劳动方式，完成科学探究、数据的统计、分析，有目的地进行数据的收集和分析
能够按《操作指南》进行有序操作	★	提高实践操作的效率，培养生活中的安全意识和技能
能够在实验、烹饪过程中分工合作	★	实践中培养学生分工协作的能力，利用小组合作发挥群体的积极性，根据每个学生的不同特长进行分工，提高学生个体的学习动力

课例点评

综合实践不仅能培养学生的生活技能，而且能促进学生体力和智力的发展，培养学生的创新精神和实践能力。本课例，体现了综合实践活动课程的主要特点。

第一，课程融合、多元。不仅体现了综合实践活动课的实践性、开放性、自主性、合作性、综合性，而且包含了数学、科学、人文、烹饪等。一堂做家常菜的实践课，巧妙地引导学生通过思考、交流等方式，有目的地进行数据的收集和分析，理清小组数据后，再形成班级小数据，寻找到"适量""少许"的秘密。

第二，实践性。综合实践活动一定不能忽视的是实践，只有让学生真正去体验了，实践了，才有价值的体现，在合作的基础上进行思维的碰撞、创新，从而实现人的全面发展。《舌尖上的数字秘密》是开放的课堂，让学生真正地走进生活，是从学生生活实际和真实需要出发的创造性教学活动。各组成员各司其职，配料、切菜、烹饪、整理形成流水线。综合实践活动课的实践性得到了充分的体现。

第三，合作性。整节课的学生处处都在合作，从搭配的分工（取材、搅拌、记录、汇报),到烹饪的分工(配料、切菜、烹饪、整理),学生亲身体验分工合作中,既要分工明确、又要相互沟通、协作,还节约了时间,充分发挥了个人特长,弥补了个人的不足,形成合力圈以达到共同的目标。在合作的基础上进行思维的碰撞、创新,从而实现人的全面发展,增强了学生将来积极参与社会劳动分工与合作的意愿。

本课例充分体现了开足开好国家规定的综合实践活动课程,通用技术课程,把课程育人作为实施综合实践的重要途径。充分发挥了综合实践活动课程的综合育人功能,培养学生的合作探究、勇于创造的精神,提高学生的德智体美劳综合素养。

课例作者:重庆市人民小学　曹理红
点评:重庆市教育科学研究院　曹雷

小学综合实践活动立德树人教学课例2
——我是故宫文物南迁策展人

一、活动简介

本课围绕文物资源以及策展,设计了"南迁路线绘制""文物策展我调研""文物策展我设计""文物策展我竞标"四个任务,让学生以多种方式知晓故宫文物南迁的历史,以及文物守护人的艰辛,并通过问卷调查、分析,让学生认识到宣传和纪念故宫文物南迁历史的重要性。最后,学生能依据案例,探究策展知识,小组合作设计制作故宫文物南迁纪念展,加深学生对设计、制作内涵及其特征的理解,培养学生传承中华文化的社会理解力和责任感。

二、活动背景

在"我是文博小管家"活动中,学生发现了南岸故宫文物南迁纪念馆(未开放)并产生了许多疑问,还发现很多人并不知道……如何让更多人知晓,如何让学生更积极投入传承中华文化活动中?基于此,我们以策划"故宫文物南迁纪念展"的任务为导向,引导学生大胆设计、动手制作实现心中理想纪念展的创意。在活动中,学生自主发现问题、提出问题、动手解决问题的能力得到提升,培养了团队合作精神和创新意识,以及传承文化、保护文物的社会理解力和责任感,也以此为建党100周年献礼。

三、活动目标

1.通过走访调查博物馆,进行策展人的职业体验,了解故宫南迁的历史,丰富文博知识。

2.培养策展人思维,引导学生借助材料设计布展内容,进行现场布展,锻炼学生处理信息、动手设计制作等方面的能力。

3.鼓励学生走进博物馆对身边事物的探究意识,增强文化自信,以及传承文化、保护文物的社会理解力和责任感。

四、实施过程

(一)情境导入,激发兴趣

1.观看故宫文物南迁历史视频,学生谈观后感

【评析】通过观看视频,让学生了解故宫文物南迁悲壮的历史背景,感悟文物守护者的艰辛付出,激发学生探究的兴趣,渗透培养学生的责任感。

(二)探究故宫文物南迁相关知识,完成故宫南迁路线

1.小组合作,填写故宫文物南迁路线

(1)师:正是有了文物守护人的舍生忘死,故宫文物才得以基本完整保存,中国文化命脉在这惊心动魄的战略大转移中得以延续!南迁之路艰辛又曲折,让我们一起重温当年的南迁路。请选择合适的材料,填写故宫南迁路线。

(2)小组合作完成,学生展示。

2.故宫文物南迁历史知晓率调查汇报

师:我们身边有多少人知晓这段历史?请同学来汇报自己的调查情况。

生:我们的调查问题分别是"你知道南岸有故宫文物南迁纪念馆吗?你

知道故宫文物为什么要南迁吗?"从数据中我们发现,大部分的人都不知道故宫文物南迁历史及重要意义。

3.揭示课题

师:为了让更多的人知道这段历史,让我们以策展人的身份,为故宫文物南迁策划一次纪念展。同学们,敢于挑战吗?

【评析】设计本身就是一种"有热情的目的性"的行为。在本环节中,通过依据材料完成南迁路线,让学生充分感知故宫文物南迁的艰辛。同时在问卷调查分析中,激发学生的责任感,为后面的策展创造必要条件。

(三)探究策展,厘清要素

1.观看视频:探究策展三要素

(1)收集学生关于策展的困惑。

师:第一次策划纪念展,大家有什么问题吗?

(2)观看学校的校史馆设计案例。

师:通过案例,你知道策展要从哪些方面来思考?

生:主题策划、物品筛选、空间规划。

【评析】在这一环节,首先让学生提出策展困惑,了解学生的学情。再让学生带着问题观看案例探究答案,满足了学生自己提出问题自己解决问题的深度参与,激发了学生学习的自觉性、积极性。

2.聚焦主题策划

师:今天我们利用这个纸盒做一个故宫文物南迁的迷你展。请同学们用1分钟的时间,为我们的展览取个响亮的名字,使我们南迁的主题更鲜明!

生:汇报讨论出的展览名。

小结:要突出南迁主题,除了响亮的展览名外,布展时还应用各种形式来展示南迁路线,凸显南迁文化氛围。

【评析】取响亮的展览名和各种形式展示故宫文物南迁路线,其目的都是让学生有深刻的代入感,激发强烈的爱国主义情感,引导学生能更深度地投入纪念展的设计与制作中。

3.聚焦筛选物品

师：南迁的故宫文物这么多，是不是都要选？我们可以怎么筛选？

生1：我们可以依据展览的主题来选。

生2：人物、故事、文物。

师：没错，人、事、物都可以布展。瞧，这是故宫以明代瓷器为主的展览，这是20世纪80年代人物主题展。

师：(出示教师提供的物品、材料)小组交流1分钟，讨论选择什么物品更突显南迁主题。

小结：面对各种物品，我们需筛选符合我们主题展览的物品，这就是"筛选物品"。

【评析】选择合适的材料或工具是设计与制作变成现实的重要条件。因此，本环节的设置为学生对材料的判断、自身能力的判断提供了机会。通过小组交流，还能为学生正确选择提供改进的机会，促进学生的进一步发展。

4.展馆的空间规划

师：策展人还要进行空间规划。小组讨论，请完成我们的展馆空间规划，时间5分钟。

"故宫文物南迁纪念展"展馆设计方案

展览名：

我们的展馆设计图：

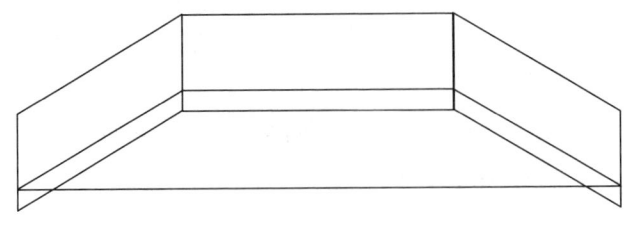

图13-1

第十三章 小学综合实践活动学科落实立德树人根本任务的理论与实践

学生汇报:

图 13-2

师:仔细观察,他们是怎样利用空间的?还可以怎样改进?

生1:我看到他们将整个展馆空间分成了两大区域,有展示区和休闲区,满足了不同游客的需求。

生2:他们把墙面、地面、角落都利用了起来。

生3:我觉得还可以设计温馨提示,以及在地面上把参观路线表示出来……

师小结:同学们,空间是策展的舞台,一个优秀的空间规划既要有区域的规划,也要关注空间的利用。展墙、地面、顶部空间,甚至每个角落每个方位,都是规划的内容,要做到规划合理。

【评析】设计的过程是一个学习的过程,需要互动、理性的思考,设计的方案应具有实用效能。因此,在本环节通过小组合作完成计划,并通过"仔细观察,他们是怎样利用空间的?还可以怎样改进?"引导学生主动运用数学、美术、科学等知识分析解决实际问题,使知识在综合实践活动中得到延伸、综合、重组与提升。

(四)小组合作,制作展览

1.出示策展任务和要求

(1)策展任务:制作一次故宫文物南迁纪念展

(2)策展要求：

小组合作完成迷你展。

合理规划空间，展品要包含文物。

展览要包含故宫南迁文物路线，并创意表达。

2.出示策展标准

师：策展的标准是主题鲜明、规划合理、创意表达。同学们有没有信心？

3.小组合作，制作展览

【评析】本环节让小组合作动手制作，既是对之前展馆空间设计的验证，也是学生进一步掌握手工设计与制作的基本技能，发展学生的安全意识和实践创新能力。

(五)汇报展示，策展之美

1.学生汇报

2.引导提升

师：同学们，看了他们的展览，听了他们的介绍，你们认为他们的亮点是什么？还有哪些地方可以改进？

师：同学们所设计的故宫文物南迁纪念展，有的凸显文物守护人，有的凸显各朝各代的代表性文物，有的用了地方代表建筑展示故宫文物南迁路线，有的还用上了高科技手段……既凸显了故宫文物南迁主题，还与科技结合，都是非常棒的设计。那么，这些优秀经验哪些是能移植到我们的展览里的呢？我们的展览还可以怎样改进？小组里再说一说。

【评析】交流展示是设计制作过程中不容忽视的一个环节。在本环节中，通过学生小组展示、交流解释，既促进学生自我表达能力的发展，同时也鼓励学生之间的相互欣赏与关心，既有利于发展学生的审美意识、交流能力，也有利于团队意识和互助精神的形成。

(六)全课总结，升华策展

师：同学们设计制作的故宫文物南迁纪念展，无论是形式还是结构都充满了创意。通过这个活动,同学们有什么收获?

师小结:故宫的那些国宝呀,它们的命运和我们国家的命运紧密联系,同呼吸、共脉搏。文化活着,国家就活着;文脉在,中华民族的根就不会断。相信我们在座的策展人,一定能肩负起重任,保护文物,传承文化。

【评析】通过全课总结,既让学生梳理了学习过程,同时再次唤醒学习内在的价值,加深了对设计制作内涵的理解,进一步激发了学生传承中华文化、保护文物的爱国主义精神。

板书设计

我是故宫文物南迁策展人

策展 { 主题策划 / 筛选物品 { 人物　主题鲜明 / 故事　规划合理 / 文物　创意表达 } / 空间规划 }

五、效果评价

表13-3 "我是故宫文物南迁策展人"效果评价指标

评价维度	关键要素	行为表现
信息处理能力	识别 提取	在众多信息中分辨故宫文物南迁路线信息
	整理 归类	能用一种以上的方法记录故宫文物南迁路线轴
创意策划能力	整合 概括	能用自己的语言解读案例,概括策展的基本知识
	提炼 表述	能用不同的形式设计展览名牌,创意设计故宫文物南迁路线轴
设计制作能力	整体设计	能依据策展要求进行展馆空间规划,充分利用空间,做到规划合理
	物品选择	能依据主题合理选择物品
	制作创作	能有创意地做到展馆布展;能合理运用工具;能与他人协同完成

续表

评价维度	关键要素	行为表现
分享交流能力	表达 交流	能参与小组讨论
	倾听 评价	能虚心接受同伴建议，及时回应他人
	反思 改进	能进一步深化故宫文物南迁纪念展的后续改进活动及其他相关行为

课例点评

综合实践活动课程，需要把生活和实践作为学生的教科书。本课最大的成功源于资源的整合，做到了以生为本，让学生在"动手做""体验""体悟"的过程中，围绕学生的疑问，使学生对中华文化的传承和理解从"泛泛而谈"落实到"实践操作"，最终走向深度学习。

一、立足实际整合资源，促文化传承

该校附近有大量的人文历史、自然地理等，但这些资源只有经过开发，才能转化为可利用的社会教育资源。教师立足学生实际，筛选适合学生的博物馆资源（重庆市故宫文物南迁纪念馆），将博物馆资源与综合实践活动相融合，创新以"策展人"为主题的综合实践活动，让学生在设计和制作中，感受中华文化的悠久历史，感悟中国文物守护人的不忘生死，培养学生传承文化、保护文物的责任感。

二、以生为本有效指导，促能力提升

综合实践活动课程是面向学生生活的一门课程，必须给学生一个开放的空间，让他们自己去发现问题、解决问题。由于小学生的感性认识比较强，活动的开展要让他们感到有趣、生动，才能提高学习的积极性。常规的博物馆学习活动中，一般以参观为主，学生毫无兴趣。由此，在本课例中，教师创设一种全新的具有吸引力的学习情境：故宫文物怎么到南岸来了？为什么到南岸？多少人知晓这段历史？怎样策展等等情境，使学生通过自身的调查、观察与思考,提出问题,然后积极主动地去尝试解决问题的方法和途径。

在填写故宫文物南迁路线轴活动中,指导学生要有目的地阅读材料,收集和整理信息;在探究策展知识中,不是纯粹地讲解,而是引导学生对校史馆案例进行学习与分析,自主厘清策展的基本要素,促使学生观察、归纳、表述能力均得到提升。

三、依托小组分工协作,促创新发展

教师、学生都应是课程的积极开发者。教师大胆放手,让学生去独立发现问题,提出课题,设计"故宫文物南迁纪念展"展览名牌、"故宫文物南迁纪念馆"展馆方案,动手制作迷你展,充分体现学生自主命题、自我教育的原则。

由于小学生生理、心理尚未成熟,策展任务比以往更有创意、更加艰巨。为解决这一难题,教师利用了学习共同体,设置的活动均要求小组合作完成,让学生在团队中共同探究、寻求答案,设计和制作,既培养了学生的团队精神,也培养了学生的创新意识和能力。

课例作者:重庆市南岸区龙门浩隆平小学　赖德莉、陶源
点评:重庆市南岸区教师进修学院　毛擘

第十四章

小学公共安全教育学科落实立德树人根本任务的理论与实践

安全与健康是人类生存、发展的基本需求和永恒追求。为牢固树立和全面践行总体国家安全观,积极贯彻落实《中华人民共和国国家安全法》《中华人民共和国未成年人保护法》《中华人民共和国预防未成年人犯罪法》和教育部《未成年人学校保护规定》等,公共安全教育要通过专门课程和跨学科融合等多种方式,帮助广大学生牢固树立"珍爱生命,安全第一,遵纪守法,和谐共处"的意识,具备自救自护的素养和能力,最大限度地预防安全事故发生和减少安全事件对学生造成的伤害,保障其健康成长。这既是落实立德树人的根本要求,也是新时代公共安全教育学科的时代担当和价值追求。

第一节

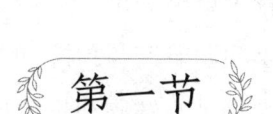

小学公共安全教育学科落实立德树人根本任务的历史演进

从公共安全教育学科的初始萌芽阶段到现代学科初步定型的整个发展轨迹,以及从学校教育的角度来定义,公共安全教育学科更确切地应称之为"生命安全教育"。20世纪90年代西方发达国家在教育界和学术研讨中提出了生命安全教育的概念,由此,学者们就开始对生命安全的教育理论和教学体系进行相关的研究,而我国的众多教育学者也逐步尝试探讨与"素质教育"教学理念相适应的生命安全教育内容体系。虽然由于世界各国的历史文化背景与社会制度、意识形态、生活情境不同,各个国家、地区学者对安全教育的阐述上有明显的差异,文字表述的形式也各具特点,但最终都是关注于人的生命健康与身体保护的"安全教育"。

一、国际关于安全教育的发展脉络

第二次世界大战之后的十多年间,生命教育的理论研究和实践活动在全球得到迅速的发展,美英等西方国家建立起以生命教育为核心的研究机构,国际社会的教育学者围绕"青少年生命发展""学校教育与生命教育"等研究焦点,纷纷提出各自的观点,同时也根据各自国家的宗教、文化、传统习俗、社会制度和教育方向,开始探索生命教育及与生命安全教育相关的理论问题。目前学术界较为一致的看法是:现代的生命安全教育起源于

"生命教育",美国学者华特士最早提出"生命教育"理念。[①] 1968年,华特士在一场关于"青少年自杀问题研究与预防"的国际研讨会上首次提出生命教育的含义,阐述了青少年身心健康和生命成长的教育真谛,认为要从生命教育着手,启发青少年理解人生的意义,努力创造自身的生命价值,提高个人心理素养和承受挫折的能力,保护自身的生命。1986年,华特士撰写了《生命教育:与孩子一同迎向人生挑战》一书,进一步拓展了生命教育的含义和外延,认为应该"让身、心、灵兼备的生命态度成为未来教育的新元素",主张生命教育是一种对个体生命状态进行教育的系统,每个人都能够在生命教育中追寻终极信仰的幸福。[②] 随着众多研究学者的参与及深入探讨、研究,生命健康教育逐步发展起来。

从另一个角度分析,安全教育也可以说源起于人类的生存教育,人类社会自古以来,就将生存之道放在生活的首位。生存与教育是人类进步、发展的根本动因。生存教育的理论形成,最早萌芽于卢梭的《爱弥儿》,卢梭在书中阐释了生存教育的理论观点,也记载了对爱弥儿进行生存教育的方法。[③] 德国哲学家雅斯贝斯在他的《生存哲学》一书中认为,生存是哲学的重要概念,生存能力、生存信念及实践是人生存的必需。[④] 人类具有一个主动、开放、可塑性强的生命系统,人的自然生命是生存、生活的物性前提,在自然生命这一物质基础上,生命的延续表现为生存和生活两方面,生存是维持生命存在的活动方式,是人的第一本质。20世纪70年代,国际教育发展委员会对世界各国的教育形势、观点和改革调研后,在完成的报告《学会生存—世界教育的今天和明天》中指出:"我们需要终身学习如何去建立一个不断演进的知识体系——学会生存。"各国教育界普遍认识到,生存教育的理论探索应该走向实践层面,学校应成为其理论与实践的主要场所,而学生则应成为接受生存教育的主要群体。在此理念的指导下,西方发达国

[①] 华特士:《生命教育:与孩子一同迎向人生挑战》,林莺译,四川大学出版社,2012,第32页。
[②] 肖川等:《生命教育引论》,天津教育出版社,2014,第16页。
[③] 卢梭:《爱弥儿:论教育》,彭正梅译,上海人民出版社,2011,第6页。
[④] 雅斯贝斯:《生存哲学》,王玖兴译,上海译文出版社,2005,第16页。

家已初步建立起一套生存教育培养模式并取得丰富的经验,例如美国把培养学生的道德教育、身体教育、健康生活教育,及个人决策能力作为生存教育的主要目标,鼓励7—15岁年龄段的学生参加童子军组织,学习掌握作为必修课内容的生存技能。[①]

二、国内关于安全教育的发展脉络

相对于国外学者对安全教育的研究而言,我国学者对安全教育的理论研究则起步较晚。国内学者的研究也更多的是将"生命教育"和"安全教育"相结合,形成既有生命价值的取向,又有生命保护实践的教育活动的"生命安全教育"。就目前综合国内的研究来看,对安全教育理论研究还存在着诸多的争议和分歧。如,在生命安全教育概念上的阐述上就存在三种观点:生命安全教育是一种保护技能教育,生命安全教育是一种学校体育教育,生命安全教育是一种全人教育。近十多年在各级政府和教育部门的主导和推动下,安全教育的课程实践其实还先行于理论构建,学校安全教育课程得到了快速的发展。

在国内,1996年,在原国家教委联同六个部委制定的《关于建立全国中小学安全教育日制度的通知》的文件中规定,每年3月的最后一周的星期一为"安全教育日";2004—2005年两年间,上海、辽宁、湖南等地相继颁布相关安全教育的指导纲要或方案文件;2007年,教育部制定并出台《中小学公共安全教育指导纲要》,要求各地通过开展公共安全教育,预防安全事故发生,保障中小学生健康成长;2008年,黑龙江、云南、长春等省市相继制定了相关生命教育和安全教育的法规、实施意见,安全教育正逐步成为学校教育中的热门课程;2008年9月1日,中央电视台推出了以生命安全教育为主题的"开学第一课",教育部也在同期倡议全国大中小学每年每学期进行应急避险教育,各省市、县的教育部门随之制定各地区、各学校的安全规划;

[①] 刘德:《生命安全教育课程体系的理论建构》,博士学位论文,北京体育大学,2016,第17页。

2010年7月,国务院颁布《国家中长期教育改革和发展规划纲要(2010—2020年)》,明确将"安全教育、生命教育"列入纲要当中;2020年,教育部又颁布了《大中小学国家安全教育指导纲要》,主要在以习近平总书记提出的总体国家安全观指导下,开展以"国家安全"为主题的更为全面、系统的安全教育。

综上所述,近年在各级政府和各地教育行政部门支持下,各省市、各地区如火如荼地开展学校安全教育的实践探索,同时,众多的高等院校也开始进行安全教育课程的研究探讨,包括对其课程、教材等方面进行深入的探究。我国的安全教育正在逐步形成政府主导、民间参与、社会配合、学校开展的发展趋势。

第二节

小学公共安全教育学科落实立德树人根本任务的学科特点

一、准确把握安全教育课程的基本属性

(一)安全教育课程的认知属性

在原始社会,人类一般是通过口耳相传的形式将其生存与生活经验一代代地传承下来,这就形成了原始形态的安全教育;近代社会安全教育则是在原始社会的经验基础上,在生产与生活过程中,根据实践经验,逐步摸索总结,形成初步的安全认知结构,并最终形成安全教育理论。通过安全教育知识体系的形成过程,可以看出,安全教育多产生于实践经验的归纳

与总结,因此,对安全教育课程要更侧重于学生的实践性、操作性,强调在实践经验基础上的形象认知,在既有经验基础上建构形象化的学科知识体系,认知属性就通过学生的经验感知与实践基础上的认知建构突显出来。具体来说,安全教育课程的认知属性表现在三个方面:一是经验性。重视学生通过各种风险应对、危机处理的练习,来获得安全经验和重构安全知识。二是差异性。强调尊重学生的主体参与意识,注重学生的个体差异和各自的实际安全环境,培养学生灵活应对风险、危机的能力。三是选择性。打破传统单一的学科框架,以多种生活安全的题材为学习单元,结合地域环境,有目的地选择相关的安全知识和特点开展活动。[1]

(二)安全教育课程的实用属性

安全教育主要强调安全,其课程的开设主要在于通过课程学习,让学生能够有效预防安全事故的发生以及出现安全问题时能够正确地处理或应对,充分凸显其课程的实用属性。近代以来,安全教育虽然也逐步形成了具有理论体系的独立学科,也在开展学术研究和理论探讨,并有相应的理论刊物作为研究的阵地,但最终其研究都不能脱离保障生命健康及安全的实用性特点。安全教育学科课程的建设也要基于其实用性特征,强调课程在实践操作基础上的具体的应用,这一理念将主导和贯穿安全教育的内容选择、教学过程及教学的方式方法。比如,安全教育内容当中涉及的自然灾难、意外事故、暴力伤害和伤病急症救护等内容,基本上采用动作技能的教学来实现让学生学会正确应对与处理,安全教育活动中跑、跳、攀、爬,拳腿的攻防自卫、身体躲闪等综合技能主要用于人体安全保护等,由此可以说明安全教育的内容的实用性特性;安全教育中还包括许多具体实用性的技能,如危机处理技能、自救互救技能、自卫技能等;安全教育课程教学强调教学形式的多样化,如,启智教学、沟通教学、情意教学、活动教学、技能教学等,也更突出表现为技能教学的实用性特点。

---

[1]刘德:《生命安全教育课程体系的理论建构》,博士学位论文,北京体育大学,2016,第73页。

(三)安全教育课程的实践操作属性

安全教育课程最主要的一个特征是"实践操作"。在实践操作中通过人的视觉、听觉、触觉等感官去认识自然与社会,把握事实与法则,以实现对知识的体验。安全教育课程教学中的"实践操作"强调通过观摩或直接使教学活动再现,使学生进入课程内容所描述的教学环境中进行学习、感悟来得到安全知识经验的一种学习方法;强调让学生通过亲身体验去感受、关注和体会安全学科知识和技能,并且将之应用于生活实践,从而进一步去理解知识、掌握知识、解决问题。同时,安全教育课程中各种模拟事故情景的直接经验和身体动作的练习过程,使师生、生生之间的沟通交流更为直接和深入,这种实践体验对学生的情感发展具有特殊的效果。具体来说,安全教育课程的实践操作属性的特点是:首先是重视学生的需要,有利于学生发挥学习的积极性;其次是强调教材组织,有利于学生在知识获得的交互作用过程中,获得人格的不断发展;再有是强调实践活动,重视学生通过亲身体验获得直接经验,有利于培养学生解决实际问题的能力;最后是重视课程的社会性、生活性,主张安全教育知识与技能在日常生活中的普及与运用,有利于学生将理论与实践相结合,解决现实生活中遇到的实际问题。[①]

(四)安全教育课程的系统结构属性

安全教育作为一门学科课程必然是在遵循系统论的基础上,按照课程的原则和思想,立足于课程所处环境的相互联系、相互制约关系,有目的地使安全教育课程体系内的各要素,达到合理的配置和构建,形成结构优化和功能优化的整体性的课程体系。根据安全教育课程的性质和特点,安全教育课程分为大、中、小学及幼儿园四个学段开设。在安全教育课程大系统下,每学段作为子系统分别由课程目标、课程内容、课程实施和课程评价

---

① 刘德:《生命安全教育课程体系的理论建构》,博士学位论文,北京体育大学,2016,第76页。

四个要素构成,每个要素各自构成一个分系统。"子系统"和"分系统"的结构形式就形成了一个由以大、中、小学及幼儿园安全教育课程四个子系统为经,以安全教育课程目标、课程内容、课程实施和课程评价四个分系统为维的纵横连接、依序贯通,具有整体性和有序性的安全教育课程系统体系。从整体上说,安全教育课程的系统结构在时间上具有全程性、空间上具有全面性,这种按照系统科学方法构建的安全教育课程结构,可以产生系统性的整体课程效应,同时有利于促进安全教育学科的持续、科学、有序地向前发展。①

二、厘清安全教育学科与立德树人的关系

从我国安全教育学科发展的历史来看,其学科起步较晚。安全教育作为一门实质性的、正规的、以法定形式进入学校的课程主要是从教育部制定的《中小学公共安全课程指导纲要》开始,2020年,教育部又颁布了《大中小学国家安全教育指导纲要》,使安全教育学科的覆盖面更广、涉及面更宽、学科体系更加完善,其主要是以习近平总体国家安全观指导下的以"国家安全"为主题的大安全观体系的安全教育,至此安全教育学科发展的框架结构趋于定型。从安全教育学科作为正规课程进入中小学及大学课堂以来,其学科的实质性要求就是坚持人的全面发展;坚持知识学习、能力发展与立德树人的紧密结合;坚持德育为先、能力为重、全面发展的理念。因此,在安全教育学科中如何认识、如何体现、如何落实安全教育立德树人的根本任务是当前安全教育学科需要解决的现实问题。

(一)安全教育的指导思想与立德树人理念一脉相承

《教育部关于全面深化课程改革 落实立德树人根本任务的意见》中提出"立德树人是发展中国特色社会主义教育事业的核心所在,是培养德智

---

①刘德:《生命安全教育课程体系的理论建构》,博士学位论文,北京体育大学,2016,第77页。

体美全面发展的社会主义建设者和接班人的本质要求。课程是教育思想、教育目标和教育内容的主要载体,集中体现国家意志和社会主义核心价值观,是学校教育教学活动的基本依据,直接影响人才培养质量"。而安全教育在作为一门涉及学生切身利益及生命安全与健康保障的实用性学科的同时也必须强调学生全面的发展的要求,特别是学科立德树人的根本任务的要求。教育部制定的安全教育学科指导性文件《中小学公共安全教育指导纲要》中指出:"必须坚持以邓小平理论和'三个代表'重要思想为指导,树立和落实科学发展观,坚持以人为本,把中小学公共安全教育贯穿于学校教育的各个环节,使广大中小学生牢固树立'珍爱生命,安全第一,遵纪守法,和谐共处'的意识,具备自救自护的素养和能力。"文件强调安全教育学科教学要坚持"以人为本"的思想与课程"立德树人"的思想是一脉相承、相互联系的,其本质就是要在安全教育学科教学中全面有效地贯彻落实"立德树人"的根本任务,实现学生的全面发展,而不是单方面的发展。在教育部印发的《大中小学国家安全教育指导纲要》指导思想一目中提到:国家安全教育要"以习近平新时代中国特色社会主义思想为指导,贯彻党的教育方针,落实立德树人根本任务,牢固树立和全面践行总体国家安全观,构建具有中国特色的国家安全教育体系,系统推进国家安全教育进课程、进教材、进校园,全面增强大中小学生的国家安全意识,提升维护国家安全能力,为培养社会主义合格建设者和可靠接班人打下坚实基础"。更是直接提出安全教育学科要切实落实立德树人的根本任务,为安全教育的学科建设、发展及定位提出了根本遵循。

(二)安全教育的目标与立德树人根本任务同向同行

在我国的传统教育中特别强调做人的教育,强调人的道德主体精神的弘扬,人的精神境界的追求。《礼记·大学》曰:"大学之道,在明明德,在亲民,在止于至善",并且提出"修身、齐家、治国、平天下"的主张,认为教育就在于格物致知。在当今时代,立德树人教育更是时代发展的基本要求,现

第十四章　小学公共安全教育学科落实立德树人根本任务的理论与实践

在的青少年学生处于科技高速发展,文化多元,各种思想相互交融与冲突的时代大背景下,学科教学的育人功能就显得十分重要,学科的建设与发展也必须适应时代发展的需求,坚持立德树人的基本导向,把培育和践行社会主义核心价值观融入国民教育全过程,坚持优化知识结构,努力提高学生的学习能力、实践能力、创新能力;坚持全面发展和个性发展的统一。安全教育学科作为学校教育诸多学科之一也必须坚持这一理念,强化学科的育人功能,在学科教学中有效落实立德树人的根本要求。当然,安全教育学科立德树人的落实也体现在其学科总体目标任务当中,《中小学公共安全教育指导纲要》指出安全教育学科的目标任务是:"通过开展公共安全教育,培养学生的社会安全责任感,使学生逐步形成安全意识,掌握必要的安全行为的知识和技能,了解相关的法律法规常识,养成在日常生活和突发安全事件中正确应对的习惯,最大限度地预防安全事故发生和减少安全事件对中小学生造成的伤害,保障中小学生健康成长。"《大中小学国家安全教育指导纲要》中指出"通过国家安全教育,使学生能够深入理解和准确把握总体国家安全观,牢固树立国家利益至上的观念,增强自觉维护国家安全意识,具备维护国家安全的能力"。从上面安全教育学科的目标任务来看,它要求安全教育教学不仅仅是学生对知识的学习,还要通过对相关安全知识的学习和技能的掌握,培养学生的社会安全责任感,帮助学生树立爱国主义思想,形成关心国家安全、维护国家安全的生活方式和思维方式,更在于引导学生自觉维护国家安全,坚持走中国特色的国家安全之路,同时也凸显了立德树人的价值目标,确立了新的历史时期"德"的实践要求和"人"的价值标准。

(三)安全教育的教学内容是落实立德树人的有效支撑

安全教育的内容十分丰富,主要内容包括预防和应对社会安全、公共卫生、意外伤害、网络、信息安全、自然灾害以及影响学生安全的其他事故或事件等。国家安全的内容则更为广泛,主要包括:国家安全的重要性,我国新时代国家安全的形势与特点,总体国家安全观的基本内涵、重点领域和重大意义,以及相关法律法规。还包括政治安全、国土安全、军事安全、经济安全、文化安全、社会安全、科技安全、网络安全、生态安全、资源安全、核安全、海外利益安全,以及太空、深海、极地、生物等不断拓展的新型领域安全等重点领域。因此,安全教育学科内容的广泛性为我们有效开展立德树人教育提供了知识载体,我们可以以安全知识的教学为基础,选择合适的教学内容开展以提升学生的道德情操和思想素质,以及在社会主义核心价值观指导下,以国家目标、社会理想与个人修养相结合的、统一的、正向的价值观为导向培养学生的个体习性、人格品质、社会责任与担当精神。

比如,《大中小学国家安全教育指导纲要》指出:小学阶段,重点围绕建立国家概念,启蒙国家安全意识。学生初步了解国家安全基本常识,感受个人生活与国家安全息息相关,增强爱国主义情感。初中阶段,重点围绕认识个人与国家关系,增强国家安全意识。学生初步了解总体国家安全观,掌握国家安全基础知识,理解国家安全对个人成长的重要作用,初步树立国家利益至上的观念。高中阶段,重点围绕理解人民福祉与国家关系,树立总体国家安全观。学生理解总体国家安全观,初步掌握国家安全各领域内涵及其关系,认识国家安全对国家发展的重要作用,树立忧患意识,增强自觉维护国家安全的使命感。大学阶段,重点围绕理解中华民族命运与国家关系,践行总体国家安全观。学生系统掌握总体国家安全观的内涵和精神实质,理解中国特色国家安全体系,树立国家安全底线思维,将国家安全意识转化为自觉行动,强化责任担当。这正体现了在不同学段通过相应的安全教育知识的学习实现安全教育学科育人的目的,落实学科立德树人的要求。

(四)安全教育的实施途径丰富立德树人的形式载体

安全教育学科具有实践性、实用性和时效性的基本特征,因此在进行课堂教学或活动时更多倾向于实践应用,教育行政部门和学校可以结合本地

第十四章 小学公共安全教育学科落实立德树人根本任务的理论与实践

及学校的实际情况,创造性地、积极主动地开展形式活泼、内容丰富的公共安全教育活动,其学习形式与实施途径也是形式多样、丰富多彩的,正是这种多样化的教育教学形式为安全教育学科有效实现立德树人的目标提供了有力的支持。比如,学科教学和综合实践活动课程中渗透公共安全教育内容;利用地方课程,采用班会、团会、校会、升旗仪式、专题讲座、墙报、板报、参观和演练等多种形式帮助学生系统掌握公共安全知识;通过游戏、模拟、活动、体验等主题教学活动和丰富的校园文化活动等方式来开展安全教育;通过与公安消防、交通、治安以及卫生、地震等部门以及家庭和社会共同联合开展形式多样的公共安全教育,最终以有效的形式深化课程学习内容,实现学科立德树人的目标。

《大中小学国家安全教育指导纲要》中也指出国家安全教育的实施路径:①开设专门课程。高等学校依托校内相关教学科研机构,开设国家安全教育公共基础课。鼓励支持地方和中小学(含中职)挖掘和利用校内外国家安全教育资源,开设地方课程和校本课程。②开展专题教育。围绕总体国家安全观和国家安全各领域,确定综合性或特定领域的主题。通过组织讲座、参观、调研、体验式实践活动等方式,进行案例分析、实地考察、访谈探究、行动反思,积极引导学生自主参与、体验感悟。③融入各学科专业教育教学。中小学各学科课程标准、普通高等学校和职业院校公共基础课及相关专业课,要结合本学科本专业特点,明确国家安全教育相关内容和要求,纳入课程思政教学体系。各学科专业教师要强化国家安全意识,通过延伸、拓展学科知识,引导学生主动运用所学知识分析国家安全问题,着力强化学生国家安全意识,丰富国家安全知识;要理解总体国家安全观,掌握国家安全基础知识,结合学科专业领域特点,在课程中有机融入国家安全教育内容,避免简单添加、生硬联系,注重教学实效。④发挥校园文化作用。充分利用学校各类社团、报刊媒体、广播站、宣传栏等平台,实现国家安全知识传播常态化。鼓励和支持学校网站开设国家安全宣传专栏或在线学习平台,开发适合互联网、移动终端等新兴媒体传播手段的国家安全教育精品资源。结合入学教育、升旗仪式、军训、节日庆典、全民国家安全教育日等重要时间节点,组织开展形式多样的国家安全教育活动。⑤充分利用社会资源。充分发挥国家安全各领域专业人才、专业机构和行业企业的作用,开设专题讲座、指导学生实践活动、培训师资、提供专业咨询和体验服务等。有效利用各类场馆、基地、设施等,开发实践课程,组织现场教学,强化体验感受。从上述安全教育的实施路径可以看出其形式的多样性、丰富性,我们完全可以根据安全教育的内容来优化选择有效的实施途径和手段开展立德树人的教育。

第三节 小学公共安全教育学科落实立德树人根本任务的基本要求

一、要回应党和国家对人才培养的基本要求

教育要促进人的全面发展,培养德智体美劳全面发展的社会主义建设者和接班人,这是新时代关于培养什么人问题的根本旨归。当前的中小学生将逐渐成长为担当国家建设和民族复兴大任的中流砥柱,他们的成长与发展必须符合党和国家的人才培养意志。针对如何扣好"人生第一粒扣子",在2018年全国教育大会上,习近平总书记就将实现立德树人的路径归纳为"六个下功夫",即在坚定理想信念上下功夫、在厚植爱国主义情怀上下功夫、在加强品德修养上下功夫、在增长见识上下功夫、在培养奋斗精神上下功夫、在增强综合素质上下功夫,并强调要树立健康第一的教育理念、

全面加强和改进学校美育、弘扬劳动精神,这是对新时代所树之人的具体要求。安全教育课程要积极作为,发挥其在立德树人中的学科担当和学科价值,要通过开展公共安全教育,培养学生的社会安全责任感,使学生逐步形成安全意识,掌握必要的安全行为的知识和技能,了解相关的法律法规常识,养成在日常生活和突发安全事件中正确应对的习惯,最大限度地预防安全事故发生和减少安全事件对中小学生造成的伤害,保障中小学生健康成长,为培养合格的社会主义建设者和接班人奠定良好的人才基础。

二、要符合公共安全教育的逻辑规律

教育作为一项安顿生命的事业,在培育能够促进社会进步与经济发展的人才的同时,更要关注人作为完整生命体的成长与发展,这两个方面不是割裂对立的,而是相互融合发展的。小学教育是义务教育的发轫阶段,是儿童个性品质、行为习惯、思维意识发展的关键时期,立德树人在此阶段的目标是进一步培养儿童的良好品德与行为习惯,为使其成长为有爱心、责任心、良好品质、行为习惯与爱国情怀的公民奠定基础。[1]《中小学公共安全教育指导纲要》提出,安全教育要遵循学生身心发展规律,把握学生认知特点,注重实践性、实用性和实效性。坚持专门课程与在其他学科教学中的渗透相结合;课堂教育与实践活动相结合;知识教育与强化管理、培养习惯相结合;学校教育与家庭、社会教育相结合;国家统一要求与地方结合实际积极探索相结合;自救自护与力所能及地帮助他人相结合。做到由浅入深,循序渐进,不断强化,养成习惯。在小学阶段,公共安全教育的重点在公共安全知识和技能的掌握,同时要加强学生法治教育、心理健康教育、社会责任感教育,强身固本、身心兼顾、德法兼修、以德为先。如小学低年级侧重了解危险的存在:知道躲避危险和求生、求助的简单方法、技能;强调个人安全。小学高年级侧重认识危险的危害:形成躲避危险的意识;掌

---

[1] 申霞、赵凯、申国昌:《基础教育思政课教材贯穿立德树人根本任务刍议》,《课程·教材·教法》2021年第4期。

握躲避危险的基本方法;强调个人安全。而初中侧重了解与安全有关的基本知识;强化自我保护意识;掌握确保安全的基本方法;强调个人安全,兼顾公共安全。高中则侧重了解与安全有关的基本方法:自觉抵制可能引发安全问题的事件,能够在保证自身安全的前提下救助别人,既强调个人安全,又强调公共安全和国家安全。可见,不同年级有各自的内容编排与分级目标,通过各类安全教学内容促进学生从关注个体安全,到关注公共安全,再到关注国家/世界安全的多层面递进式、进阶式培养,促进学生立身立德目标的逐渐实现。

三、要遵循学生学习与实践的内在要求

与其他学科课程相比,安全教育更注重主体性、探究性、情境性,鼓励学生在鲜活的情境中体验安全教育的真实,在亲自应对问题、参与实践中感受安全教育的重要性;在解决与学科知识关联的实践性问题时,提升学科思维能力、实践能力和创新能力,以此深化道德认知,内化道德规范,践行道德行为,形成积极向上的信念情感和意志,获得最自然、最有力的德性品质。[1]因此实施学科立德树人,首先要关注个体作为独立生命体的存在。安全教育作为教育的一种存在状态,以独特的个体生命为研究对象,以呵护人的肉体生命,完善人的社会生命、涵养人的精神生命为价值追求,将"以人为本"作为基本功能定位,帮助学生更好地理解生命的意义,维护生命的尊严,拥有一个美好的人生,这是安全教育落实立德树人的学科担当和学科价值。其次要坚持安全教育与安全实践的一体化。这里的安全实践扩大了实践体验的范畴,包括知识运用、习惯培养、行为实践等。这里需要和学生发展的核心素养联系起来,安全教育的目的是要形成学生内在的安全素养,安全素养是学生在安全教育过程中所形成的与解决安全问题相关的知识、能力、态度,其构成不仅包括对生命与自然生命、社会生命与自

---

[1] 李国强、严从根:《学科育德的内涵意蕴、现实样态及改进策略》,《课程·教材·教法》2021年第4期。

我等相关概念与原理的理解与掌握，也包括在此基础上对安全问题所做出的判断或决策，以及对所面临的安全问题所做出的探索、应有的态度和应尽的责任。关注安全教育和安全实践的一体化，也有助于改变传统安全教育的实施方式，促进安全教育，在生命中、由于生命并为了生命而纵深开展。艾斯纳认为："在某种意义上，人们所指的课程只有在儿童经验过之后才能被称为课程。"这种经验必然通过儿童的亲自参与实践才能更有效地获得。因此，安全教育更强调相关安全知识的学习与熟练掌握，注重与生活主题的真实连接，将所学内容运用到学生的日常生活场域。安全教育鼓励和倡导教师利用典型的、鲜活的、有教育性的案例、故事引发情感的共鸣，用真实的安全问题解决来触发学生安全思维的发展，引导学生从知识内化到真实生活经验的建构，在寻找安全问题解决的过程中，分析原因，寻找方法，发掘事件背后的道德价值，进而促进学生思维能力的提升和道德品质的养成。

第四节

小学公共安全教育学科落实立德树人根本任务的实践路径

一、坚持立德树人理念贯穿教材编用始终

教材是课堂教学的载体，课程的育人理念蕴含于教材之中，编好一套前后衔接、科学合理的教材是国家德育意志的鲜明体现。育人是课程的本质，也是教材编写的内在要求。目前，中小学公共安全教育课程在全国没

有统一的教材,也尚未出台课程标准,各地在《大中小学国家安全教育指导纲要》指导下,在准确理解和把握公共安全教育课程性质、育人价值、教育目标、基本原则等基础上,积极主动探索开发地方教材和各具特色的校本教材,让教师弄清楚为什么教,教什么,怎样教,教到什么程度。依重庆而言,目前使用的主要有两个版本,重庆出版社的《中小学公共安全与生命教育》和西南大学出版社的《重庆市中小学公共安全与生命教育》,现以后者为例,对教材进行简要分析。该套教材包括义务教育段3—9年级各两册,高中全一册,共15册,是贯彻落实中共中央国务院《关于进一步加强和改进未成年人思想道德建设的若干意见》的具体举措。在教材目标上,该套教材牢固树立和落实科学发展观,帮助学生关注生命、尊重生命、珍爱生命、欣赏生命、成全生命、敬畏生命,促进身心健康和谐发展,成为充满生命活力,具有健全人格、鲜明个性和创新智慧的一代新人,提高在经济全球化和文化多元化趋势下的应对能力。这个目标贯穿整个基础教育阶段,并通过精选内容编排落实到具体年段和具体任务中,形成全面、进阶、高效的育人格局。在内容编排上,将教育部要求的心理健康教育、生理卫生教育、公共安全教育、法治教育、国防教育、环境教育、灾难应急教育、禁毒教育和预防艾滋病教育等不同知识领域内容有机地整合到公共安全与生命教育课程中,也将社会主义核心价值观对个人、社会、国家三个层面的要求贯穿始终,既体现了育人内容的全面性,也避免了校内重复学习和校外补充性学习带来的学生课业负担和经济负担。在设计思路上,该套教材突出学生的主体性,淡化了安全知识的强制记忆,力争在案例、故事、情境中体现内容的安全问题认知和解决的开放性和实践性;确定生活主题模块的编写方式,形成了生动鲜活的内容结构;栏目新颖、图文并茂,形成了多元的表现方式。可以说,教材始终坚持以学生经验为引导,鼓励学生进行正面的行为判断和价值思考。教师稍加对比就会发现,这个体例以及各结构的编写意图跟安全教育的课程目标和学科素养要求几乎保持一致,并且根据不同的内容对教学素材、教学形式、教学组织等提出了非常明确的方向性指导。

因此，在使用教材时，教师要始终坚持以人为核心，深刻理解和钻研教材，把握教材的编写意图，重塑学生的主体地位，并根据学生的实际情况，选择贴切的教学素材、教学形式，合理设计教学流程，对教材内容加以适当地取舍、重组，有效整合教学资源，将教材转变成学生更丰富的学材，引导学生主动参与交流、主动建构个体学习经验，进而唤醒学生的内在积极学习动力。引导学生在习得安全知识的同时会用安全的眼光观察现实问题，会用安全的语言表达现实问题，会用安全的思维解决现实问题，做到知行合一，涵养德性。

二、安全教育课程化是安全教育落实立德树人的根本途径

习近平总书记多次强调，不管是什么情况，不论是什么天灾人祸，一定不要让下一代受到伤害，这是我们的责任。这个责任落实到学校教育中，就是立德树人的过程，所以安全教育必然通过安全教育类课程得以实施和实现，这个实施的过程就是安全教学的过程。经调查显示，越是注重安全教育课程化的学校，其安全教育实施效果越好。学生对安全教育的喜爱程度、接受程度及安全意识、安全技能、安全责任感等各方面的表现越好。这里的课程主要有两种形态：一是公共安全教育作为一门独立学科开展教育。《中小学公共安全教育指导纲要》明确要求采用课程渗透和利用地方课程时间相结合的方式开设安全教育课程，2007年重庆市人民政府办公厅《转发市教委关于贯彻实施中小学公共安全教育指导纲要意见的通知》，进一步明确了每周0.5节的课时安排，各区县、学校利用地方课程时间、延时服务时间等对学生开展专门的安全教育类课程。二是学科融合，在学科教学和综合实践活动课程中渗透公共安全教育内容。各科教师在学科教学中要挖掘显性和隐性的公共安全教育内容，与学科教学有机整合，按照要求予以贯彻落实。小学阶段主要在体育与健康、道德与法治、综合实践活动等课程中进行。近年来，安全问题的突出和各教育主体对安全教育的重

视,专门的安全教育课程和学科融合教育的发展趋向都说明安全教育的课程化是历史和现实的共同诉求。基于此,为进一步加强安全教育课程化、学科化建设,重庆积极探索地方性安全教育的课程指导意见,并依据指导意见编制安全教育地方教材和校本特色教材,以全面、系统地实施安全教育课程,让学生在全面、系统、有规划的安全教育课程中形成正确的安全认识、安全责任和安全意识,从而与智育德育美育体育一道实现培养全面发展的人的育人目标。

三、明确安全教育课程育德目标,是落实立德树人的思想本质

安全教育要促进人的生命安全和社会生活完满,这是安全教育学科区别于其他学科的属性和特点,也是安全教育课程的育人本质。具体而言,在情感态度上,要培养学生的社会安全责任感,使学生逐步形成安全意识。在知识与技能上要帮助学生掌握必要的有关安全行为的知识和技能,了解相关的法律法规常识。在行为习惯上,要引导学生养成在日常生活和突发安全事件中正确应对的习惯,最大限度地预防安全事故发生和减少安全事件造成的伤害,保障健康成长。这个目标要成为安全教育实施的总要求贯穿和指导教育的各个环节,教师要围绕这个目标来教,学生要围绕这个目标来学,就像立德树人要求一样,凡是不利于这个目标实现的行为都要坚决改过来。

安全教育作为一门常识性的学科,要建立在人的生理生命存在的基础上,才能积极思考生命存在的丰富价值和意义。因此,首先应该教授给学生必要的保护自己和他人生命不受侵害的基本科学,而后要挖掘藏在这些学科知识中的德育素材。其德育素材往往是隐性的,比如珍爱生命、尊重他人、律己达人、家国情怀、社会公共安全责任、优秀传统文化的保护传承与创新等都隐藏在具体的知识和能力传播中,只有适时融合在教师的教学活动里,并有意识地向学生进行指导和浸润,才能将德育目标和学科知识

第十四章 小学公共安全教育学科落实立德树人根本任务的理论与实践

的常态化教学有机结合起来协同达成,在潜移默化中积石成山,德智并进。

结合学生学情,确立合适的育德目标是学科育德的基本要求。科尔伯格曾指出:"对于年幼的儿童,我们在传递道德信息时确实可能会犯水平过高或过低的错误,而犯水平过低的错误比犯水平过高的错误更糟糕,这是因为,在信息水平过低的情况下,儿童会失去对所传递的信息的尊重。"[1]如表14-1里,在教授生命安全这一主题内容时,从习惯、能力到价值态度,各学段目标侧重有异。

表14-1 小学生生命安全主题教育目标

低段目标	中段目标	高段目标
1.认识新环境,主动参与集体活动,与人友好相处,能适应小学生活 2.进一步认识自己的身体,形成基本的生命意识,树立自我保护意识 3.了解基本的个人身体卫生常识,逐步养成良好的个人卫生和健康习惯	1.了解常见病的预防常识,初步学会简单的保健知识和方法,认识卫生健康的重要性 2.认识生命的独特性、平等性,自觉遵守人际交往的基本规则,自尊自信,关爱他人,提升解决纠纷的意识和能力 3.了解生命存在的各种状态,认识危及生命安全的一般问题,了解简单的求助及逃生的简单技能,逐步提高自我保护能力	1.了解传染病的危害、传播途径和预防措施,认识个人健康和公共健康的重要性 2.初步了解生长发育与青春期基础知识,形成明确的性别意识和自我保护意识,懂得爱与感恩,体悟生命成长之美 3.初步了解生命的基本历程,欣赏生命的多样与珍贵,敬畏自然,尊重生命,树立积极向上的人生态度

除了考虑课程标准,教师还应认真分析学生所处的道德发展阶段,满足学生的成长需求、解决学生面临的道德困惑、遭遇的价值冲突等,将课程标准与学情分析结合起来确定课堂育德目标。[2]在一节关于保护身体隐私部位的学校安全课上,教师意图通过展示小学段男生女生不同的身体隐私部位的图片引导学生遵守人际交往规则,自觉做到"隐私部位不能摸、不能看、不能谈"。然而,在日常生活中,学生所面对的真实生活情境远比此复杂。他们可能会遇到同学之间的无心冒犯,可能会有医生日常的诊疗检

---

[1] 柯尔伯格:《道德教育的哲学》,浙江教育出版社,2000,第272-273页。
[2] 程伟:《中小学教师课堂育德的内涵、困境与突破》,《当代教育科学》2020年第8期。

查,也可能有儿童不能自理的家庭照顾需要,简单地将保护归结为"不能摸、不能玩、不能谈",是不利于学生理解和认同这种交往规则的含义和作用的。脱离情境的安全教育课堂的育德不仅无法使学生真正理解课堂教学所传递的价值观念,而且也容易使课堂教学流于道德说教。

四、强化安全教育内容与德育素材的关照是落实立德树人的关键

安全教育学科育德就是要结合安全教学内容对学生进行思想政治、品德教育。学科德育的有效实施,关键在于去寻找开展德育素材与学科知识体系的内在联系,以及与学科知识点的具体联系。这种联系是内在的、客观存在的,不是人为附加的,这也是学科育德有效性得以实现的客观条件和理论基础。安全教育学科德育素材总是和与之相应的安全知识、安全技能和安全责任感融为一体而存在的。这种存在的状态我们通常可以分为两大类:隐性德育内容和显性德育内容。所谓"隐性",其实质是指学科育德素材与相应的学科知识技能融合得更紧密更深层,因而其存在形态更隐蔽更模糊。反之,所谓显性则表示学科德育因素的存在形态更显露更清晰。《中小学公共安全教育指导纲要》中明确了公共安全教育的主要内容包括六个模块:一是预防和应对社会安全类事故或事件;二是预防和应对公共卫生事故;三是预防和应对意外伤害事故;四是预防和应对网络、信息安全事故;五是预防和应对自然灾害;六是预防和应对影响学生安全的其他事件。重点在于帮助和引导不同年龄段的学生了解基本的保护个体生命安全和维护社会公共安全的知识与法律法规,树立和强化安全意识,正确处理个体生命与自我、他人、社会和自然之间的关系,了解保障安全的方法并掌握一定的技能。可见,安全教育是以规范人的行为安全为基本目的的社会活动,与人的生存与发展紧密联系,所以是终身教育。其核心目的是对人的安全教育,因此,教育对象、教师与受益人均是以人的生命为基础的,体现了对生命的普遍关怀。如果在安全教育课程实施中,只让学生掌

握上述大量的安全知识和安全技能,而不充分挖掘蕴藏在知识和技能中的育人、育德素材,使学生受到相应的安全道德教育,那么只能是机械的自保操作,只见教书不见育人,生命关怀更无从谈起。

道德的认知代替不了道德的实践,只有把获得的安全知识和技能运用到实际生活当中,在处理实际安全问题的过程中,深刻体会安全知识的教育性,才能实现由道德理性、道德情感与道德行为的提升,最终达成安全教育育德的目的。尽管各个学校在内容和形式上的安全教育没有特别显著的差异,但是他们在培养学生安全观念、安全情感和基本技能方面的效力是有差别的。因此,在安全教育课程化的基础上,系统地设计各学段安全教育的内容和形式,使各个学段安全教育的内容和形式既符合各学段学生的身心发展特点,又兼顾安全教育学科的特点,以全面提升学生安全素养,且满足社会和时代发展变化,是对安全内容和形式的新诉求,同时注重各学段安全教育内容和形式的连贯性、递进性,防止各学段和年级安全教育的割裂,或者简单重复的现象。在内容上,那些与学生生活、学习和时代关联度更高的安全教育内容与目标要求,更能提升学生的安全教育情感和态度,也更有助于学生掌握当前和今后社会发展以及个人生存发展所必需的安全品质和能力。比如在某一安全知识和技能的要求描述上,从小学的"知道""了解"到初中的"初步学会"再到高中的"灵活掌握",并要求在保护自身安全的情况下,力所能及地帮助其他人。可以看出,这在内容学习上,要求具有逻辑的层次性,但在学生发展上则体现为整体性。

除发掘教学内容上的德育关联,教师在将教学方案"预设"转化为实际教学活动中,师生双方的互动往往会"生成"一些新的德育内容。教师要及时把握、因势利导,适时调整实施方案,使德育功能在教学活动中收到更好的效果。例如,在一次优质课竞赛中,一节关于保护牙齿的课堂上,执教老师设置了学生实践刷牙的场景,提了三个要求:一是要态度认真,刷够3分钟;二是准确掌握动作要领,牙刷与牙齿呈45度角,在一定范围内引导学生对牙齿和牙龈各个面的清洁;三是不提倡横着刷牙,容易导致牙齿的楔状缺损。这里明确提出了个人口腔卫生的知识性和技能性要求。每个孩子拿出提前准备好的牙具开始动手刷牙,3分钟过后,孩子们纷纷反馈刷牙心得,有一个孩子说:"我手都酸了,原来3分钟这么长啊,我平常从来没刷这么久!"这个时候教师没有像同学们一样一笑而过,而是非常敏感地捕捉到了孩子真实的但是并不正确的生活经验信息,将坚持刷牙时长和健康的生活习惯加以引导,及时有效地给予纠正和指导,自然产生了一幅良性的师生互动、生动活泼的画面。公共安全教育是以人为本的价值体现和素质教育的重要内容,其德育的宗旨离不开对师生生命质量和美好生活的现实关照,否则就是形式上的育德,收效甚微。相反,在一堂教授游戏设备安全的课中,执教教师展现了某游乐场大摆锤设施老化致人死亡的现场视频,真实的学生表现是面带嬉笑,不断发出"哇哦"兴奋的呼声,且这种声音随着大摆锤的摆动幅度此起彼伏。这种事不关己的看热闹心态,与本课要传达的对生命的逝去所敲响的安全警钟的价值追求明显是相悖的,但教师并没有采取任何的调控策略,而是漠然处之,错失了对学生生命教育的良机。所以,教师要及时捕捉和灵活处理课堂上打破预设而涌现出来的新的育德点,不断培育和提升育德机智。

五、适切的活动组织方式,是保障安全教育德育实效的重要载体

学科育德的宗旨是教育者在不违背教材原有文本内容和知识结构的基础上,采取适当的方法,使整个育德过程在教学中"无痕"呈现,让学生在学习过程中自然而然地接受道德熏陶。[①]

因此,学科育德既要依据需要,依据学科自身特点,又要依据学生学习特点,前者要求教师对本学科独特的学科性质、育人价值有深入全面的认识与掌控能力,并有开阔的视野和创新的意识;后者要求教师准确了解不同学段学生认知和道德发展的特点,据此选择能充分生发德育内涵的呈现

[①] 张蕊:《"立德树人"背景下小学学科德育研究》,北京大学出版社,2017,第59页。

第十四章 小学公共安全教育学科落实立德树人根本任务的理论与实践

形式,根据学生身心发展的需要,循序渐进,重点突出地在教学中呈现相关德育内容。无论是显性的德育内容还是隐性的德育内容,都需要通过适合的教学组织方式得以呈现。因此德育内容的呈现应将内容的关联性和方式的科学性有机结合起来。既不能用简单直白的方式,像教授某一概念性的、知识性的知识点一样一股脑儿概括给学生,也不能贴标签式的、喊口号式的刻意关联,这样点到为止、看似显性化的育德,显得生硬又无力度。

  如何将德育内容呈现得既体现科学性,确保内容准确逻辑合理,又讲究艺术性,做到融合得恰到好处,形成得生动丰富,主要取决于两个方面。一是德育因素与本学科的知识和相应的素材结合得是否紧密,是否得当。不能让德育因素脱离了其所承载的各种生动形象的,能够凸显社会性、生活性和活力性的载体。二是德育因素所需借助的呈现载体能否正确体现德育因素的内涵,如果匹配度不高,则会降低德育因素呈现的清晰度和力度,影响教学效果。在形式上,公共安全教育可以针对单一主题或多个主题来设计教学活动;通过游戏、实际体验、影片欣赏、角色扮演等各种活动方式,辅以广播、电视、计算机、网络等现代教育手段进行教学。公共安全教育的形式在小学以游戏和模拟为主。因此,在进行学习活动和学习材料的设计与开发时,应充分考虑儿童的身心特点,以合作型、探究型、情境型活动为主,鼓励教师和学生共同建构一种积极的、真实的、生动的生活场景和精神体验。课堂上,学生在小组讨论、同伴交流、合作探究过程中,或思考,或商讨,或争论,相互启迪、相互协作,在竞争中寻求合作,在议论中得到发展,逐渐学会与他人沟通,建立起交往、决策的价值标准和思路,增强规则意识、团队精神,养成良好习惯,形成互帮互助、团结友爱等积极向上的思想修养。[1]

---

[1] 李国强、严从根:《学科育德的内涵意蕴、现实样态及改进策略》,《课程·教材·教法》2021年第4期。

六、加强课程资源开发和利用是落实立德树人的有力支持

课程资源为安全教育的有效开展提供了支持条件,具有广泛性、多样性和适切性。资源的使用不是越多越好,而要考虑资源利用与教育实效的投入和产出,避免形式化浪费,充分发挥资源素材的育人价值。《教育信息化2.0行动计划》指出,构建一体化的"互联网+教育"大平台,引入"平台+教育"服务模式,建成"国家数字教育源公共服务体系"。教育部门应统筹协调教材编写团队、教育技术工作者等相关人员,共同建立公共教育资源数据库,将教材中每一个板块的育人内容进行最大程度的拓展延伸,通过音频、视频、新闻、文献等将课本内容与时事建立联系,通过网址、二维码等形式搭建教材与公共教育资源数据库连接的桥梁,使学生可以"借助庞大的网络,随时随地链接学习系统",帮助其在学习时通过更加多元全面的育人素材理解相关板块内容,获得情感价值认同。[1]

一是有选定或学校选编的适合学生认知特点的安全教育教材或读本,部分区域特色明显的地区和学校,要加强地方性、校本性安全教育教材的编写和使用,做到适用、实用。如寄宿制学校要多关注学生生活中良好习惯和校园礼仪的培养,九年一贯制学校要关注不同学段学生重点安全风险防范等,农村学校要多关注留守儿童的心理健康成长等。二是要针对性地开发配套的多媒体音视频素材、案例库、课件、微课、专题网站、应用软件、微信公众号、在线(或线下)开放课程等集成的课程资源库,整合线上的、线下的,实体的、虚拟的,物质的、精神的,历史的、当下的,校内的、校外的资源共同服务课程学习。三是争取校内外支持,打造综合性教育实践基地和专题性教育实践基地。当前的安全教育较为关注安全知识的传授,缺乏生命体验、安全技能技巧的示范、训练以及创造活动。一方面政府应积极组建教育、交通、消防、地震、卫生、旅游等部门及有条件的学校建构区域性的安全教育实践和体验基地。另一方面聘请安全教育专家根据安全教育核

---

[1] 申霞、赵凯、申国昌:《基础教育思政课教材贯穿立德树人根本任务刍议》,《课程·教材·教法》2021年第4期。

心素养体系的要求,系统规划与设计安全教育实践基地的布局、设施设备、活动安排、考核方式等,根据区域内学校安全教育的进度,合理规划各项进入安全教育实践基地的时间和安排,避免旅游式、娱乐式、碎片式的安全教育活动体验,增强安全教育的育人性和时效性。

七、建立健全的学科育德支持评价体系

一是坚持课堂育德评价的引导性。教师要对学科教学活动历程进行指导和评价,并给出反馈意见和优化建议,帮助学生进一步明确学习方向;开展对安全教育案例与活动的评价,坚持评价的方向性、指导性、客观性、公正性等原则,引导学生的安全意识和安全责任的持续生长。二是坚持过程性督导。要重视对公共安全教育活动的评价和督导。各地教育行政部门要制订科学的公共安全教育评价标准,并将其列入学校督导和校长考核的重要指标之一。评价的重点应注重学生安全意识的建立、基本知识技能的掌握和安全行为的形成,以及学校对公共安全教育活动的安排、必要的资源配置、实施情况以及实际效果。学校要把教师开展公共安全教育的情况作为教师考核的重要依据。三是坚持发展性视域。教育具有滞后性,这种滞后性表现在教育内容的组织和教育效果的显现上,其中内隐的德育效果更不易被显化和量化。因此,安全教育学科育德,既要关注当前学生安全知识、技能、责任感的获得和养成,还应以发展的、动态的眼光,看到学生在当前和未来学习与生活中不断成长,关照其不断运用所学保护自我、救助他人,逐渐完善人格、丰盈德性、造福社会。

八、构筑专业的教师队伍是安全教育落实立德树人的根本保障

2019年6月23日,中共中央、国务院印发的《关于深化教育教学改革全面提高义务教育质量的意见》中要求"不断提高教师育德能力"。学科育德是学科教学的基本要求,也是更高层次的要求。教师要在学科教学中有意

识地研究学科德育的内涵与作用以及怎样科学有效地组织实施。当前,部分教师在观念上还存在育德误区,只顾学科教学而罔顾学科育德;部分教师则虽有育德之意但因育德能力不足,往往在教学中出现"突发性"育德、"强制性"育德、"间歇性"育德等。在现行的教师体系中,安全教育主要由负责德育教学工作的老师、班主任,分管安全工作的中层干部等担任,他们在经过适当培训过后,可以成为安全课程的专任教师,并且也有能力发挥对其他教师特别是新入职教师的引领示范作用。

首先,要加强育德专题培训和实践训练。习近平总书记反复强调,教师不能只做传授书本知识的教书匠,而要成为塑造学生品格、品行、品味的大先生。他在北京大学师生座谈会上的讲话中强调,要坚持教育者先受教育,让教师更好地担当起学生健康成长的指导者和引路人的责任。教师教给学生的安全知识,多年以后可能会过时,可能会被遗忘,但教给学生为人处世的道理是一生的财富,会让他们终生难忘。要引导教师重视相关理论的学习与实践训练,努力实现"每一名教师不仅要自觉遵守教师的专业伦理,还必须责无旁贷地像了解、掌握本学科教学一样去了解、掌握必要的品德心理及现代德育的基本理论,具备对学生进行合适的间接教育(含利用隐性课程开展德育),甚或适时开展某些必要的直接教育的专业能力"[1]。主动更新学科育德理念,努力提高学科育德能力,将成为教师继续教育和终身学习的重要内容。

其次,要促进学科协同育德教研常态化。教研活动是我国学科教学的一大特色,是研究解决课程教学改革实践中的实际问题、为广大一线教师提供专业服务与指导的基础性工作,是促进教师专业发展的重要途径。[2]因为安全教育内容在学科教学和综合实践活动课程中均有渗透,因此,除了专门的安全教育课程外,小学阶段在道德与法治、综合实践活动、劳动教育等课程中包含了部分安全教育的内容,因此,非常有必要开展多学科的

---

[1] 檀传宝:《再论"教师德育专业化"》,《教育研究》2012年第10期。
[2] 刘月霞:《质量大计,教研为先》,《人民教育》2019年第21期。

协同育德教研。重点围绕教师德育观念、德育能力等开展主题式、研究性讨论,根据学科特性、学生认知发展规律,区分不同年段学生的德育目标、德育内容、实现方式、效果测评等学科育德任务,一方面可以发挥学科育德合力,避免学科育德过程中的无效重复,实现众筹式的全学科育人,营造积极浓厚的学科育德环境和氛围。

再次,要努力提升学科育德能力。一是营造安全的教学氛围。在新课程理念下的安全教育课堂要营造民主、合作、对话、参与的课堂氛围,鼓励学生大胆探究与质疑,引导学生在自主学习和合作学习中正确看待、辨析自身和他人在公共安全中的价值和作用,并在此过程中强化责任体验和道德成长。二是创设真实的学习情境。正如杜威所指出的:"离开了任何直接的社会需要和动机,离开了任何现存的社会情境,要培养对社会有益和有用的习惯,是不折不扣地在岸上通过做动作教儿童游泳。"[1]教师要创设符合学生生活实际及认知特点、有助于学生认真思考和提出安全问题的学习情境,使学生在潜移默化中提高安全意识,促进学生学习并掌握必要的安全知识和生存技能,认识、感悟安全的意义和价值。三是要规范课堂育德行为。在教学技艺上,要严格按照《重庆市义务教育1—6年级公共安全教育课程教师课堂教学基本要求》,突出新课程、新教材、新方法、新技术培训,强化师德教育和教学基本功训练,不断提高安全教育教师课程意识、课堂教学、命题设计、实践操作和作业反馈指导等能力的综合培养,用精湛的学科教学素养赢得学生的尊重和喜爱。在道德垂范上,教师自身也要从严要求,注重自身修养,努力成为有理想信念、有道德情操、有扎实学识、有仁爱之心的"四有好教师",用自己的高尚品德和良好个性品质影响学生、感召学生、抚育学生健康成长。

---

[1] 杜威:《学校与社会·明日之学校》,人民教育出版社,2004,第141页。

附：教学课例

小学公共安全教育立德树人教学课例
——以《守护头顶安全》的教学为例

教学内容

本课选自《中小学生安全教育指导纲要》和重庆出版社版《中小学公共安全与生命教育》教材四年级上册第二单元中关于高空抛物或坠物的主题内容。

教学过程

一、看动画，揭课题

师：同学们，现代城市高楼林立，有我们温馨的小家，可城市里出现了一种城市病。(播放高空抛物视频《大头儿子上学记》)

师：城市病是什么？

生：高空抛物。

师：你理解的"高空抛物"是什么？

生：从高处抛下物品，这很危险。

师：是的，像这种人为从高处向下抛掷物品，危害公共安全的行为，就是高空抛物。它也被称为"悬在城市上空的痛"，给我们的生命安全造成了严重的威胁。这吓坏了大头儿子，都不敢去上学了。怎么办？这节课，我们就聊聊《守护头顶安全》这个话题，来帮帮大头儿子吧。

【评析】以视频为引，以卡通人物大头儿子激趣，用学生喜闻乐见的形式入课，引导学生从生活事例中认识什么是"高空抛物"，初步感知"高空抛物"的内涵和危害，抓住学生乐于助人的心理品质，激发学习兴趣。

二、举案例，知现象

师：生活中，你有听过或者见过高空抛物现象吗？请结合你课前搜集的资料说一说。

生1：有一次，我差点儿被楼上扔下的东西砸中。

生2：在小区，经常有人从楼上扔垃圾，很不文明。

生3：在新闻里我就听说过有人因此受伤，甚至失去宝贵的生命。

师：生活中有，新闻中有，看来高空抛物的现象还真不少！

师：那高空抛物到底有哪些危害呢？

生1：容易伤害人。

生2：容易破坏环境。

生3：损坏财物。

师：看来，高空抛物危害大，你们以前有过高空抛物的行为吗？

生如实回答。

师：为你们的诚实点赞。老师课前在咱们班做了问卷调查（课件），统计结果如下（课件出示圆形统计图），遭遇过高空抛物的有53.3%。

【评析】课前搜集资料，意在培养学生收集整理信息的能力。通过对统计图的分析，了解生活中高空抛物现象多，危害大，从而让学生认识到学习本课的必要，培养学生的个人安全意识，初步形成"高空抛物不可取"的基本道德判断。

三、亲体验，明危害

师：看来头顶上的隐患还真不少。这里面有些东西看似很小，所以大头儿子不以为惧（出示视频）。

师：孩子们，真的是这样吗？

生：不是这样，有的东西虽然小，但从高空落下危害就大了。

1. 体验一：抛橡皮

（1）师生演示。

师：耳听为虚，眼见为实。请看，一块很轻的橡皮（抛一下），老师已经检查了,没有尖锐的棱角,是安全的。下面我们来做个实验:(请一生上台)请蹲下去把手贴到地面;我把手抬到最高处,抛下橡皮(老师动作演示)。橡皮砸手上,是什么感受?

生:很疼。

(2)体验。

同排两人一组,分别体验从不同高度抛接橡皮,并交流感受。

2.体验二:鸡蛋砸玻璃

(1)师生演示。

师:一起来见证一枚小小的鸡蛋与坚硬的玻璃相遇。看到了什么?(鸡蛋碎)鸡蛋如此脆弱,胆敢碰撞玻璃,简直自不量力。

(2)看视频。

师:那条件变了,又会怎样呢?请看中央电视台的科学实验《是真的吗》。(播放视频)

(3)谈感受。

师:此刻,你看到的还是那脆弱的鸡蛋吗?

生1:那鸡蛋就像一颗子弹,落在人的头上一定会要命。

生2:太吓人了,把我的汗水就吓出来了。

生3:那鸡蛋就像一块巨石,威力无比。

师:其实,生活中不光是鸡蛋,还有很多小物品同样具有大威力。(出示鸡蛋、钉子、麻将等落下图)

3.科普

师:物体由于被举高会具有重力势能,被举得越高具有的重力势能就越大。在物体下坠的过程中动能也就越大。简单来说,物体所处的位置越高,落下来威力就越大。看来,大头儿子之前的认识有误哦。

4.拓展

师:其实,危害我们头顶安全的不仅有高空抛物,还有一些是因意外掉落之物。

生1：窗台上的花盆。

生2：阳台上的衣架。

生3：外墙的瓷砖、广告牌等。

师：它们是因为什么而掉落？

生：因为被大风吹落、材料老化、螺丝钉松动等客观原因造成的。

师总结：也就是说不是人为故意实施，而是因意外掉落的就叫"高空坠物"。

5.小结：高空抛物、高空坠物都是"高空杀手"，危害同样惊心。所以，我们今天回家就要及时排除家中的这些隐患。

【评析】本环节遵循学生身心发展规律，把握学生认知特点，注重实践性、实用性和实效性。把课堂教育与实践活动相结合，让学生在亲身体验活动中感受高空抛物危害大，内心深处受到强烈的震撼，达到"润物无声"的效果。同时对高空落下的物品产生巨大威力的原因进行初步感知，激发学生对物理原理的正确认识，充分体现了学科间的有效融合和科学渗透。

四、想策略，护安全

师：面对头顶上的隐形杀手，我们该怎样保护自己呢？请结合图片和生活经验再小组讨论。

1.小组辨析

2.汇报指导

策略一：管住手

师：明知道高空抛物危害大，为什么还要抛呢？

生1：有些人不想走路，图省事。

生2：把东西往楼下丢，觉得好玩。

生3：吵架的时候，发泄情绪。

师：针对这些情况，又如何管住手呢？

生：要把垃圾扔进垃圾桶，不能图方便。

师评:多走两步,文明就会离我们更近一步。

生:大人要管好孩子的手,尤其是我们自己的弟弟妹妹。

师评:有时抛下去的不仅是物品,也是美德,甚至是他人的生命。

生:发泄情绪要用正确的方式。

师评:理性排解,考虑后果。

策略二:细观察

师指导认识安全标识:当我们看到这些安全标识时,怎么做呢?

师评:我们走路不光要低头看路,有时还要抬头看天。谨遵提示,小心为妙。

策略三:早预测

师:听(出示课件),当大头儿子听到哭闹声,为什么站着不动?

生:他在看楼上是否有东西掉下来。

师:看来大头儿子的安全防范意识还挺强的,这就叫"早预测"。

策略四:巧避让

师:如果预测到头上可能有东西掉落,他该怎么做呢?

生:快速通过。

生:靠着有遮挡物的墙根走。

师:你们真是安全小达人。这些方法就叫"巧避让"。

师:面对生活中的复杂情况,还有小妙招吗?(结合图例说方法)

生:看好警示牌,远离工地。

生:恶劣天气,尽量不外出。

生:遵守规则,听从指挥。

师:预防高空抛物、高空坠物办法多,结合实际,灵活运用。

策略五：用法律

师：高空隐患就像不定时炸弹，让你防不胜防（播放蛮横抛物视频）。面对这种情况，勇敢地拿起法律，为自己撑起一把温情而有力的保护伞。

> 2020年，《民法典》将高空抛物列入违法行为：禁止从建筑物中抛掷物品。从建筑物中抛掷物品或者从建筑物上坠落的物品造成他人损害的，由侵权人依法承担侵权责任；经调查难以确定具体侵权人的，除能够证明自己不是侵权人的外，由可能加害的建筑物使用人给予补偿。

【评析】小组合作，提出有针对性与合理性解决问题的方案。让学生面对生活中的危险时，逐步形成较强的自我保护意识和及时避免安全隐患的能力，掌握必要的安全行为知识和技能。相关法律法规和案例的补充，让学生了解相关的法律法规常识，感受到法律就在我们身边，时刻警醒和保护着我们，养成在日常生活和突发安全事件中正确应对的习惯，最大限度地预防安全事故发生，减少安全事件造成的伤害，增强每个学生的社会责任感和法治精神，从而保障学生的健康成长。

五、守安全 我行动

师：预防高空抛物、坠物，为我们生活的小区、学校、社区建言献策。

生1：安装能抓拍高空抛物摄像头。

生2：一楼安装智能防护网、机械手。

生3：在门窗旁安装警报感应器。

生4：成立安全巡逻保卫队。

师：你们的想法务实又有新意！课后可以把这些妙招交到小区物管、业主委员会、学校安稳办，希望能为公共安宁贡献力量。

【评析】学以致用，由浅入深，内化于心，外化于行，养成习惯，践行生活。通过提出建议，书写宣传语，排查家庭隐患，采用多样化的形式，将无形的体悟用有形的事物再现，教学空间从课内向课外延伸，将课堂所明道理外化于自己的行动之中,引导学生在实际生活中发现安全问题,又在实践中解决安全问题。

六、谈收获,达共识

师:通过学习。你有哪些收获?

生:我知道了高空抛物、高空坠物危害大。

生:我知道了保护自己的五大策略。

生:我知道了杜绝高空抛物是每个人都应该做到的,公共安全人人有责,人人受益。

师:是的,城市因你我的共同守护,才能变得更加美好,愿我们在生活中的每一步,都走得安心,走得放心。

【评析】总结升华,强化安全意识,做有道德、有公共安全责任感的小公民,有效达成教学目标。

板书设计

守护头顶安全

第十四章　小学公共安全教育学科落实立德树人根本任务的理论与实践

课例点评

高空抛物、高空坠物被称为"悬在城市上空的剑",给我们的生命安全造成了严重的威胁。该主题与学生日常生活密切相关,情境性强,问题真实,本课充分挖掘蕴藏其中的育人、育德素材,使学生既掌握了避免高空抛物危害的知识和技能,又受到相应的安全道德教育。本堂课教学效果能达到预期,具体有以下几个特点。

一、关注整体,突出教育性

安全教育关注人作为完整生命体的成长与发展。在小学阶段,公共安全教育重点在公共安全知识和技能掌握,同时要加强学生法治教育、心理健康教育、社会责任感教育等,强身固本、身心兼顾。因此,学校安全教育要充分体现对学生物理生命的保护、社会生命的延展和精神生命的涵养,最终达到育人育德的目的。本堂课,不仅是对孩子"杜绝高空抛物"安全知识的传授、安全技能的培养,更注重课堂教育与实践活动相结合、知识教育与培养习惯相结合、自救自护与守护他人安全相结合,帮助学生提高认识,规范行为,践行美德。

二、强化体验,突出实践性

关注安全教育和安全实践的一体化,有助于突出学生主体,改变传统安全教育的实施方式。在小学,公共安全教育的形式以游戏和模拟为主,本课中,教师运用电视、计算机、网络等现代教育手段进行教学,学生通过互动游戏、实际体验、视频观摩、角色扮演等活动,寓教于乐、寓教于丰富多彩的活动,增强了公共安全教育的效果。特别是在体验高空抛物巨大的危害性时,学生的内心深处受到了强烈震撼,逐渐懂得了个人行为对他人及社会造成的困扰和危险,从而生发出强烈的自我约束感和公共责任感。

三、回归生活,突出实用性

把获得的安全知识、安全技能、安全情感运用到实际生活当中,是安全教育实效性的本真体现。本课中,以大头儿子上学情景模拟贯穿始终,其实人人为了大头儿子,人人亦是"大头儿子"。课中的一些资料、图片、视频都来源于鲜活的生活场域,只有解释和应对真实的安全问题,学生才有浓厚的兴趣,才能进行智慧的交流,才有强烈的探究欲望,才能获得正确的安全情感和行为理性。

课例作者:开州区汉丰第一小学　邹代平
点评:开州区汉丰第一小学　朱大彩

参考文献

赵生群:《春秋左传新注》(上),陕西人民出版社,2008

中华书局编辑部编《魏源集》(上),中华书局,2018

黎翔凤撰,梁运华整理《管子校注》(上),中华书局,2004

刘娜、杨士泰:《立德树人理念的历史渊源与内涵》,《教育评论》2014年第5期

张燕婴译注《论语》,中华书局,2006

孙培青主编《中国教育史》,华东师范大学出版社,2008

曾参:《中华传统文化经典普及文库 大学·中庸》,中国工人出版社,2016

中共中央文献研究室编《毛泽东文集》(第7卷),人民出版社,1999

上海高等学校、干校政治理论资料工作协作组编《马克思 恩格斯 列宁 斯大林 毛泽东及中共中央领导同志论劳动》,华东师范大学出版社,1958

中共中央文献研究室、中共湖南省委《毛泽东早期文稿》编辑组编《毛泽东早期文稿(1912.6-1920.11)》,湖南出版社,1990

张宏儒、长弓、筱平主编《中华人民共和国大事典(1949-1988)》,东方出版社,1989

《习近平谈治国理政》(第二卷),外文出版社,2017

中共中央马克思恩格斯列宁斯大林著作编译局编译《马克思恩格斯选集》(第二卷),人民出版社,2012

赵洁:《习近平"立德树人"教育观研究》,博士学位论文,新疆师范大学马克思主义学院,2021

列宁、中共中央马克思恩格斯列宁斯大林著作编译局编译《列宁全集》(第2卷),人民出版社,2013

中共中央文献研究室编《建国以来毛泽东文稿》(第七册),中央文献出版社,1992

中央档案馆、中共中央文献研究室编《中共中央文件选集(1949年10月-1966年5

月)》(第 29 册),人民出版社,2013

《邓小平文选》(第二卷),人民出版社,1994

中共中央文献研究室编《邓小平思想年编(1975-1997)》,中央文献出版社,2011

曾长秋、周含华:《中国德育通史简编》,湖南人民出版社,2011

俞国良、李森:《我国"立德树人"教育政策历史进程的文本分析与启示》,《西南民族大学学报(人文社科版)》2019 年第 6 期

余翔、陈金龙:《中国特色社会主义:概念演变与内涵升华》,《光明日报》2013 年 01 月 16 日,第 11 版

中共中央文献研究室编《十六大以来重要文献选编(下)》,中央文献出版社,2008

中共中央文献研究室编《十八大以来重要文献选编(上)》,中央文献出版社,2014

《习近平在北京市八一学校考察时强调 全面贯彻落实党的教育方针 努力把我国基础教育越办越好》,《人民日报》2016 年 9 月 10 日,第 001 版

《习近平在全国高校思想政治工作会议上强调 把思想政治工作贯穿教育教学全过程 开创我国高等教育事业发展新局面》,《人民日报》2016 年 12 月 9 日,第 001 版

《在北京大学师生座谈会上的讲话》,《人民日报》2018 年 5 月 3 日,第 002 版

刘建军:《论"时代新人"的科学内涵》,《思想理论教育》2019 年第 2 期

于珍:《继往开来谱新篇——中国教育现代化的探索之路》,《中国教育报》2021 年 7 月 3 日,第 004 版

《习近平主持召开学校思想政治理论课教师座谈会强调 用新时代中国特色社会主义思想铸魂育人 贯彻党的教育方针落实立德树人根本任务》,《人民日报》2019 年 3 月 19 日,第 001 版

王树荫:《立德树人 70 年——中国共产党"培养什么人"的战略抉择》,《教学与研究》2019 年第 10 期

《习近平在全国教育大会上强调 坚持中国特色社会主义教育发展道路 培养德智体美劳全面发展的社会主义建设者和接班人》,《人民日报》2018 年 9 月 11 日,第 001 版

冯建军:《立德树人的时代内涵与实施路径》,《人民教育》2019 年第 18 期

《习近平会见清华大学经济管理学院顾问委员会海外委员和中方企业家委员》,《人民日报》2017 年 10 月 31 日,第 001 版

参考文献

王学俭、王君：《新中国成立70周年中国共产党立德树人的历史回顾、基本经验与时代展望》，《新疆师范大学学报（哲学社会科学版）》2020年第1期

《习近平谈治国理政》（第一卷），外文出版社，2018

檀传宝：《德育原理》，北京师范大学出版社，2017

万资姿编《人的全面发展从理论到指标体系》，中央编译出版社，2011

亨利希·库诺：《马克思的历史、社会和国家学说：马克思的社会学的基本要点》，袁志英译，上海译文出版社，2006

檀传宝：《政治信仰与道德素质培育有效性的探究》，《上海高教研究》1998年第9期

苏霍姆林斯基：《怎样培养真正的人》，蔡汀译，教育科学出版社，1992

苏霍姆林斯基：《让少年一代健康成长》，黄之瑞、张佩珍等译，教育科学出版社，1984

杜威：《道德教育原理》，王承绪等译，浙江教育出版社，2003

陈春莲：《杜威道德教育思想研究》，中国社会出版社，2016

陆有铨：《皮亚杰理论与道德教育》，北京大学出版社，2012

科尔伯格：《道德发展心理学：道德阶段的本质与确证》，郭本禹、何谨、黄小丹、谢冬华等译，华东师范大学出版社，2004

科尔伯格：《道德教育的哲学》，魏贤超、柯森等译，浙江教育出版社，2000

赫尔巴特：《普通教育学》，李其龙译，人民教育出版社，2015

于钦波、刘民：《外国德育思想史》，四川教育出版社，2000

蔡元培：《中国人的修养》，青岛出版社，2020

陈善卿、张炳生、辛国俊：《生活德育论：陶行知德育理论的研究与实践》，东北师范大学出版社，2005

方明主编《陶行知全集·第4卷》，四川教育出版社，2009

李世奇：《21世纪以来我国中小学德育政策及其趋势研究》，《北京教育学院学报》2013年第2期

习近平：《思政课是落实立德树人根本任务的关键课程》，《求是》2020年第17期

王鉴、姜纪垒：《"立德树人"知识体系的百年演进及其经验总结》，《东北师大学报》（哲学社会科学版）2020年第6期

孟庆男、马宝娟、谭咏梅：《思想政治(品德)课程与教学论》，北京师范大学出版社，2011

张晓：《回顾与思考：30年我国德育课程设置价值取向的变迁》，《教育导刊》2008年第12期

周宏芬：《对我国小学德育政策(1978-2000)多元视角政策分析》，硕士学位论文，南京师范大学，2003

陈回花：《1980年来中小学德育课程标准(或大纲)的比较研究》，硕士学位论文，华中师范大学，2006

中华人民共和国教育部：《义务教育品德与社会课程标准(2011年版)》，人民教育出版社，2011

中华人民共和国教育部：《义务教育道德与法治课程标准(2022年版)》，北京师范大学出版社，2022

马克思、恩格斯：《共产党宣言》，载《马克思恩格斯选集》(第1卷)，人民出版社，2012

中华人民共和国教育部：《普通高中思想政治课程标准(2022年版)》，人民教育出版社，2020

程志、龚朝花：《活动理论观照下的微型移动学习活动的设计》，《中国电化教育期刊》2011年第4期

钟晓琳、唐延延：《小学道德与法治教师教学素养解读》，《中小学德育》2019年第6期

陈燕浩：《小学道德与法治师资队伍的现状及改进——基于C市教师调查数据的分析》，《教育参考》2021年第1期

《关于深化新时代学校思想政治理论课改革创新的若干意见》，《人民日报》，2019年8月15日，第003版

课程教材研究所编《20世纪中国中小学课程标准·教学大纲汇编(语文卷)》，人民教育出版社，2001

刘半农：《应用文之教授》，《新青年》1918年第4期

北京等七省市教育学院编《<中学语文教学论>参考资料》，山西人民教育出版社，1987

参考文献

中华人民共和国教育部:《全日制义务教育语文课程标准(实验稿)》,北京师范大学出版社,2001

于漪、孙军业:《语文教学应重在创建与发展——著名特级教师于漪访谈录》,《中学语文教学》1999年第9期

李吉林:《情境教育的独特优势及其建构》,《教育研究》2009年第3期

于永正:《对"儿童的语文"的几点思考》,《江苏教育》2018年第33期

中华人民共和国教育部:《普通高中语文课程标准(2017年版)》,人民教育出版社,2018

温儒敏:《"部编本"语文教材的编写理念、特色与使用建议》,《课程·教材·教法》2016年第11期

王本华:《守正创新,构建"三位一体"的语文教科书编写体系——部编义务教育语文教科书的主要特色》,《语文教学通讯》2016年第26期

《习近平在全国教育大会上强调 坚持中国特色社会主义教育发展道路 培养德智体美劳全面发展的社会主义建设者和接班人》,《人民日报》2018年09月1日

姜纪垒:《立德树人:中国传统文化自觉的视角》,《当代教育与文化》2019年第1期

杨伟:《语文核心素养概念的背景、意义与理论资源——论<普通高中语文课程标准(2017年版)>的创新》,《课程·教材·教法》2019年第7期

曲连坤、傅荣、王玉霞:《第三部分 中小学生心理特点与心理健康教育 第一讲 中小学生的认知和思维发展特点》,《中小学心理健康教育》2002年第7期

卢家楣:《情感教学心理学》,上海教育出版社,2000

陈先云:《文道统一原则在小学语文教科书选文中的具体运用》,《小学语文》2021年第4期

郭蕾:《学科素养形成机制下小学语文新旧教材课后习题比较分析》,《中小学教材教法》2018年第12期

郭蕾、陈燕浩:《统编教材革命文化题材课文的德育价值理解与实践——以小学语文统编教材四年级上册为例》,《中小学教材教法》2019年第9期

吴欣歆:《语文学科核心素养:语文课程目标的统整与重构》,《语文教学通讯 高中》2018年第16期

徐鹏：《语文核心素养评价：实施路径与未来展望》，《课程·教材·教法》2021年第2期

郭蕾、彭忍冬：《学习性评价在阅读策略教学中的应用》，《语文建设》2020年第24期

姜浩哲、沈中宇、汪晓勤：《新中国成立70年数学学科德育的回顾与展望》，《课程·教材·教法》2019年第12期

宋乃庆、张奠宙主编《小学数学教育概论》，高等教育出版社，2013

课程教材研究所编《20世纪中国中小学课程标准·教学大纲汇编（数学卷）》，人民教育出版社，2001

《中国人民政治协商会议共同纲领》，《江西政报》1949年2月12日

《邓小平文选（1975—1982）》，人民出版社，1983

钟启泉、崔允漷、张华主编《为了中华民族的复兴 为了每位学生的发展》，华东师范大学出版社，2001

中华人民共和国教育部：《义务教育数学课程标准（实验稿）》，北京师范大学出版社，2001

何伯镛：《大哉，数学之为德——试论数学的德育意义》，《数学教育学报》1996年第2期

朱美玉：《浅谈数学的德育功能》，《教育与职业》2009年第9期

付茁：《数学课程中的德育功能初探》，《教育评论》2006年第2期

齐建华、王春莲：《论数学教育的德育功能》，《教育研究》2001年第5期

张奠宙：《数学学科德育的基点和层次》，《数学教学》2006年第6期

邓鹏、黄群宾：《论数学教学中渗透德育的五个层面》，《天津师范大学学报（基础教育版）》2004年第3期

李正银：《数学教学中的德育渗透艺术》，《教育理论与实践》2011年第11期

骆祖英：《略论数学史的德育教育价值》，《数学教育学报》1996年第2期

郭莉、康世刚：《数学文化对数学学习影响的调查研究》，《教育评论》2018年第10期

丁石孙、张祖贵：《数学与教育》，大连理工大学出版社，2008

张奠宙主编《数学教育研究导引》，江苏教育出版社，1998

参考文献

汪晓勤:《HPM:数学史与数学教育》,科学出版社,2017

苗力田:《亚里士多德全集(第七卷)》,中国人民大学出版社,1977

孙宏安:《数学的特点刍议》,《数学教育学报》1993年第1期

华罗庚:《华罗庚科普著作选集》,上海教育出版社,1984年

邵瑞珍主编《教育心理学》,上海教育出版社,1988

颜秉海:《中学数学课程中数学史知识的引进》,《数学通报》1958年第4期

张奠宙:《关于数学史和数学文化》,《高等数学研究》2008年第1期

米山国藏:《数学的精神、思想和方法》,毛正中、吴素华译,四川教育出版社,1986

曹一鸣:《数学教育中的科学人文精神》,《中学数学教学参考》2001年第5期

侯维民:《"数学精神"与数学教育》,《数学教育学报》2004年第3期

中华人民共和国教育部:《义务教育数学课程标准(2011年版)》,北京师范大学出版社,2012

中华人民共和国教育部:《义务教育数学课程标准(2022年版)》,北京师范大学出版社,2022

习近平:《加快建设社会主义法治国家》,《求是》2015年第1期

教育部基础教育课程教材专家工作委员会:《义务教育数学课程标准(2011年版)解读》,北京师范大学出版社,2012

习近平:《推动我国生态文明建设迈上新台阶》,《求是》,2019年第3期

欧阳胜美:《我国小学英语教学的历史演变与现实发展》,硕士学位论文,湖南师范大学,2007

刘捷:《探索与经验:中国共产党外语教育百年回溯》,《课程·教材·教法》2021年第2期

周大军、李洪乾:《人民军队外语专业教育发展八十年》,《军事历史研究》2019年第3期

中华人民共和国教育部:《义务教育英语课程标准(2022年版)》,北京师范大学出版社,2022

王嘉毅、张晋:《立德树人的科学内涵与现实要求》,《中国电化教育》2020年第8期

程晓堂、赵思奇:《英语学科核心素养的实质内涵》,《课程·教材·教法》2016年第5期

龚亚夫:《英语教育的价值与基础英语教育的改革》,《外国语》2014年第6期

胡杰辉:《外语课程思政视角下的教学设计研究》,《中国外语》2021年第2期

王若语:《用英语讲好中国故事》,北京理工大学出版社,2021

钟春华:《小学英语教学中德育渗透研究》,硕士学位论文,上海师范大学,2018

曹艳敬:《小学英语教学评价方式的应用研究》,硕士学位论文,天津师范大学,2016

唐文杰:《小学英语教师评价素养的内容框架、影响因素及其提升策略》,《湖南第一师范大学学报》,2017年第5期

课程教材研究所编《20世纪中国中小学课程标准·教学大纲汇编(音乐·美术·劳技卷)》,人民教育出版社,2001

朱玉江:《百年中国学校音乐课程目标变迁的人学视野》,《中国音乐》2017年第1期

马克思:《1844年经济学–哲学手稿》,刘丕坤译,人民出版社,1979

周海宏:《"音乐特殊性"及音乐艺术的本质与功能——<由音乐审美经验感性论原理>而发之一》,《中央音乐学院学报》1995年第1期

刘沛:《音乐教育哲学观点的历史演进——兼论多维度音乐课程价值及逻辑起点》,《中国音乐》2004年第4期

舒飞群:《音乐教育实践哲学笔谈录(二)——音乐教育实践哲学的音乐文化观和社会实践观》,《中国音乐》2018年第8期

管建华:《世纪之交:中国音乐教育与世界音乐教育》,南京师范大学出版社,2002

刘沛:《音乐教育的实践与理论研究》,上海音乐出版社,2004

宇文俨琼:《教学,不仅仅是一种讲述——在生活和活动中体验音乐学习》,《中国音乐教育》2005年第1期

舒飞群:《音乐教育实践哲学笔谈录(六)——音乐教育实践哲学的整体音乐学习观》,《中国音乐》2018年第12期

余文森:《核心素养导向的课堂教学》,上海教育出版社,2017

课程教材研究所编《20世纪中国中小学课程标准·教学大纲汇编(体育卷)》,人民

教育出版社,2001

中华人民共和国教育部:《义务教育体育与健康课程标准(2001年版)》,北京师范大学出版社,2001

中华人民共和国教育部:《义务教育体育与健康课程标准(2022年版)》,北京师范大学出版社,2022

赵富学、焦家阳、赵鹏:《"立德树人"视域下体育课程思政建设的学理要义与践行向度研究》,《北京体育大学学报》,2021年第3期

郑香妞:《体育思想政治教育功能的实现路径》,《现代商贸工业》2016年第13期

贾志强:《以立德树人为指向的学生品德培养探究与实践》,《辽宁教育》2020年第14期

闫秀忠:《浅谈如何在体育教学中融入爱国主义教育》,《黑河教育》2020年第9期

李土宇:《如何利用多媒体进行篮球教学》,《广东教育(职教版)》2013年第3期

彭辉:《对学校篮球课运用多媒体教学的探索》,《河南机电高等专科学校学报》2010年第4期

冯理、徐许:《聚焦核心素养 落实立德树人——关于小学体育教学的思考》,《精品》2020年第2期

刘勇:《小学体育课堂创设情境游戏法对激发学生运动兴趣的浅谈》,《科技创新导报》2012年第19期

魏建国:《浅谈如何提高小学体育课堂教学效率》,《沙棘(教育纵横)》2010年第9期

余立峰:《优先优化体能教学视域下的运动能力培养》,《体育教学》2019年第2期

尹志华:《论运动能力、健康行为和体育品德三个方面学科核心素养的关系》,《体育教学》2019年第1期

季浏:《我国普通高中体育与健康课程标准(2017年版)解读》,《体育科学》2018年第2期

王伶俐:《水平四田径教学内容的理解》,《新课程学习(学术教育)》2011年第4期

李榷:《学校美育的回溯及改革构想》,《教育评论》1990年第3期

石鸥、雷熙:《新中国美术教科书60年之演进》,《湖南师范大学教育科学学报》2011年第3期

张慧泉:《中国大陆基础美术教育发展概况与展望(1978—2002年)》,硕士学位论文,上海师范大学,2003

中华人民共和国教育部:《全国学校艺术教育发展规划(2001年—2010年)》,教体艺〔2002〕6号

尹少淳:《从核心素养到美术学科核心素养——中国基础教育美术课程的大变轨》,《美术观察》2017年第4期

郑建业:《美术史在美术教学中的作用》,《山东纺织经济》2014年第2期

潘杰:《浅谈美术鉴赏的德育功能》,《学习方法报(教研版)》2012年第315期

顾晓明:《审美教育与思维能力的培养》,《教学月刊》2010年第1482期

李玲:《论小学美术教育的育人功能》,《美术教育研究》2017年第22期

张宇:《丰子恺的儿童美术教育观研究》,硕士学位论文,辽宁师范大学,2019

蔡元培:《对于新教育之意见》,《福建教育》2016年第21期

中华人民共和国教育部:《义务教育艺术课程标准(2022年版)》,北京师范大学出版社,2022

李一、刘宗超:《新中国书法60年 1949-2009》,河北美术出版社,2009

王镛:《中国书法简史》,高等教育出版社,2004

杜占明主编《中国古训辞典》,北京燕山出版社,1992

张居正编纂,周殿富点校《历代帝鉴图说》,北京时代华文书局,2013

苏轼:《论书》,载《历代书法论文选》,上海书画出版社,2014

项穆:《书法雅言》,载《历代书法论文选》,上海书画出版社,2014

陶明君编著《中国书论辞典》,湖南美术出版社,2001

杨广馨、欧京海:《书法教学指导》(三年级·上册),人民美术出版社,2015

杨志成:《核心素养的本质追问与实践探析》,《教育研究》2017年第7期

胡定荣:《学生发展核心素养的发展观及其教学变革》,《课程·教材·教法》2017年第10期

樊琪:《科学学习心理学:科学课程的教与学》,中国轻工业出版社,2002

刘德华:《科学教育的人文价值》,四川教育出版社,2003

靳玉乐、肖磊:《美国科学课程改革百年回眸》,《西南大学学报(社会科学版)》2013年第6期

参考文献

王素：《科学教育的目标与课程的发展》，《外国教育研究》1993年第4期

丁邦平、罗星凯：《美国基础科学教育改革及其主要特点——兼谈加强我国科学教育研究》，《首都师范大学学报(社会科学版)》2005年第4期

魏冰：《科学素养——美国科学教育改革的中心概念》，《外国中小学教育》1998年第5期

王晶莹、罗跃、高金英：《中学生科学素养水平的年级差异研究》，《全球教育展望》2015年第4期

林崇德：《21世纪学生发展核心素养研究》，北京师范大学出版社，2016

李小云、杨宇、刘毅：《中国人地关系的历史演变过程及影响机制》，《地理研究》2018年第8期

孙玉忠：《前提性知识研究的独特视角——俄苏科学哲学对科学思维方式的研究》，《自然辩证法研究》2019年第10期

吴国盛：《什么是科学》，广东人民出版社，2016

吴俊明等：《科学教育基础》，科学出版社，2008

赫胥黎：《科学与教育》，单中惠、平波等译，人民教育出版社，2004

张红霞：《科学究竟是什么》，教育科学出版社，2003

张天蓉：《科学是什么》，清华大学出版社，2019

李醒民：《论科学的精神功能》，《厦门大学学报(哲学社会科学版)》2005年第5期

北京桂馨慈善基金会主编：《刘默耕小学自然课改革探索》，崇文书局，2015

朱晶：《科学教育中的知识、方法与信念——基于科学哲学的考察》，《华东师范大学学报(教育科学版)》2020年第7期

郭元祥：《论学科育人的逻辑起点、内在条件与实践诉求》，《教育研究》2020年第4期

《坚持实事求是的思想路线》，《学习时报》2012年5月28日第1版

王晶莹：《科学探究论》，华东师范大学出版社，2011

李醒民：《科学与民主、自由和国际主义》，《山东科技大学学报(社会科学版)》2010年第2期

李醒民：《简释科学与民主、自由的关系》，《中国科学报》2012年10月15日第6版

林静、张乐潼:《社会性科学议题的内涵与教育价值》,《中国科技教育》2020年第9期

王惠颖、孙彩平:《全面发展与深层发展——让学科教学成为文化与意义的获得过程》,《人民教育》2013年第23期

张红霞:《小学科学课程与教学》,高等教育出版社,2010

伞晓辉:《计算机科学教育史研究》,硕士学位论文,东北师范大学,2009

刘振先:《信息技术的发展过程探讨》,《农技服务》2012年第5期

王世军:《我国中小学信息技术课程:历程与归因》,硕士学位论文,东北师范大学教育技术学系,2006

武晶晶:《小学信息技术课程的学科特点分析及教学建议》,《教育探索》2002年第7期

徐慧新:《核心素养下的小学信息技术学科教学》,《家长》2022年第8期

麻伟琦、刘俊强:《信息社会责任素养解读与教学建议》,《中国教育信息化》2022年第2期

刘玲:《综合实践活动课程在我国的演变与发展》,《中小学管理》2017年第12期

中华人民共和国教育部:《中小学综合实践活动课程指导纲要(2017年版)》,北京师范大学出版社,2017

中国教育科学研究院课程教学研究所课题组:《深化课程改革是落实立德树人根本任务的必由之路》,《中国教育学刊》2017年第7期

郭元祥、舒丹:《论综合实践活动的育人功能及其条件》,《教育发展研究》2019年第10期

华特士:《生命教育:与孩子一同迎向人生挑战》,林莺译,四川大学出版社,2012

肖川等:《生命教育引论》,天津教育出版社,2014

卢梭:《爱弥儿:论教育》,彭正梅译,上海人民出版社,2011

雅斯贝斯:《生存哲学》,王玖兴译,上海译文出版社,2005

刘德:《生命安全教育课程体系的理论建构》,博士学位论文,北京体育大学,2016

申霞、赵凯、申国昌:《基础教育思政课教材贯穿立德树人根本任务刍议》,《课程·教材·教法》2021年第4期

李国强、严从根:《学科育德的内涵意蕴、现实样态及改进策略》,《课程·教材·教

法》2021年第4期

程伟:《中小学教师课堂育德的内涵、困境与突破》,《当代教育科学》2020年第8期

张蕊:《"立德树人"背景下小学学科德育研究》,北京大学出版社,2017

李国强、严从根:《学科育德的内涵意蕴、现实样态及改进策略》,《课程·教材·教法》2021年第4期

檀传宝:《再论"教师德育专业化"》,《教育研究》2012年第10期

刘月霞:《质量大计,教研为先》,《人民教育》2019年第21期

杜威:《学校与社会·明日之学校》,人民教育出版社,2004